赵永忠 ◎ 著

当代中国西南民族发展史论

云南大学出版社
YUNNAN UNIVERSITY PRESS

图书在版编目（CIP）数据

当代中国西南民族发展史论 / 赵永忠著.－昆明:
云南大学出版社，2012
ISBN 978-7-5482-1261-4

Ⅰ.①当… Ⅱ.①赵… Ⅲ.①民族历史－研究－西南
地区 Ⅳ.①K280.7

中国版本图书馆CIP数据核字（2012）第226466号

策划编辑：蔡红华 / 责任编辑：李兴和 / 装帧设计：刘 雨

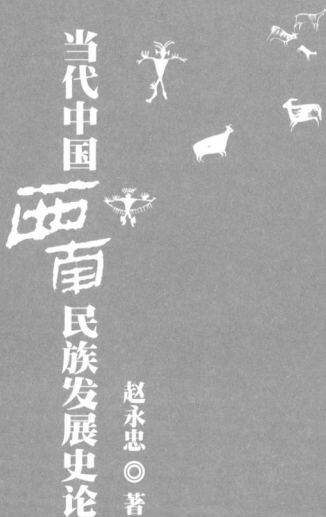

当代中国西南民族发展史论

赵永忠 ◎ 著

出版发行：云南大学出版社
印 装：昆明市五华区教育委员会印刷厂
开 本：787mm×1092mm 1/20
印 张：24
字 数：325千
版 次：2012年10月第1版
印 次：2012年10月第1次印刷
书 号：ISBN 978-7-5482-1261-4
定 价：48.00元

社 址：昆明市翠湖北路2号云南大学英华园内
邮 编：650091
电 话：（0871）5033244，5031071
E-mail：market@ynup.com

目 录

导　论

一、当代西南民族的发展变化

新中国成立初期的西南有广义和狭义之别。广义的西南包括川、黔、滇、康、藏5省区，狭义的西南主要指现在的云、贵、川三省。本书所涉及的内容主要是狭义的云、贵、川三省。西南地区地形十分复杂，北有大巴山脉横亘川陕边界，东有巫山山脉、武陵山脉纵贯川、鄂、湘、黔边境，成为西南诸省北部和东部的天然屏障。长江自重庆万州区以东穿巫山流入鄂境，形成西起奉节、东至宜昌长达200公里的峡谷区，是川鄂交通的咽喉，地形极为险要。云南省地处我国西南边陲，与越南、老挝、缅甸接壤，国境线长达4 000余公里，是我国西南的门户。在云、贵、川三省中，除四川盆地外，其余多为山地和起伏连绵的丘陵，山陡路小，崎岖不平，交通极为不便。但云、贵、川三省雨量充足，气候温暖，土地肥沃，物产丰富，人烟稠密，历来为我国兵、粮重要来源。

西南还是一个多民族地区，从古到今，有许多民族生活在这里。同时，各民族又处于不断发展变化之中，形成了壮族、彝族、苗族、瑶族、回族、藏族、白族、哈尼族、土家族、傣族、傈僳族、拉祜族、佤族、纳西族、羌族、景颇族、布依族、侗族、水族、仫佬族、布朗族、毛南族、普米族、怒族、独龙族、阿昌族、德昂族、基诺族、蒙古族、满族等诸多民族。到20世纪90年代以来，随着流动人口的加入，基本上全国的55个少数民族在西南地区都有分布了。

在西南各民族漫长的历史长河中，不断有新的民族进入，各民族杂居相处，相互学习，共同发展。但在新中国成立之前，西南各民族的发展变化还是比较缓慢的。如一部分少数民族长期处于刀耕火种、结绳记事的原始状态；一部分少数民族处于从原始社会向奴隶社会的过渡之中，盛行家长奴隶制；还有一些少数民族处于奴隶制阶段。

新中国成立后，党和政府采取了多项有利于西南少数民族发展的政策和措施，改善西南少数民族地区的生产生活条件，把公路、铁路修到了西南少数民族地区；在西南少数民族地区办起了各级各类学校，西南各民族的发展进入"快车道"。新中国成立以来短短五六十年的发展变化，是之前任何一个时期都无法相比的；这一时期取得的成就，远远超过了过去发展的总和。

首先是政治方面的变化。新中国成立之后，西南民族地区的巨大变化，首先表现在政治上。在新中国成立前，西南少数民族在总体上处于受剥削与压迫的地位，广大少数民族群众处境悲惨。新中成立以来，在军事上打倒了国民党在西南民族地区的反动统治。通过剿匪斗争和镇压反革命运动，推翻了卷土重来的反革命势力，基本上铲除了在西南民族地区的各种反动势力。这种政治上的巨大变革，在西南民族地区是从来没有过的。在这一变革中，西南各民族的政治觉悟也大大提高。

在铲除各种反动势力的基础上，在广大西南少数民族聚居区推行民族区域自治，少数民族真正实现了当家做主。少数民族干部的比例大幅度提高，少数民族的科学文化素质不断提高，涉及社会发展诸多方面的自治条例逐步制定并实施。在各民族自治地方，广大少数民族的生产积极性空前提高，生产生活条件不断改善。这些充分印证了西南少数民族不仅当家做主了，还充分展现了西南少数民族自治的能力。

与此同时，西南民族关系也发生了重大变化。新中国成立以来，平等、团结、互助、和谐的社会主义民族关系取代了民族歧视、民族仇恨与纷争。新中国成立之前，西南少数民族之间的矛盾冲突与械斗时有发生。新中国成立之后，在剿匪斗争和镇压反革命过程中，西南少数民族团结一致，打击共同的敌人，加深了友谊。通过民主改革和农业合作化，西南少数民族在根本利益上取得一致。改革开放和市场经济的发展，更有利于各少数民族互通有无，交流与发展。同时，中央和各级政府加大对民族地区的扶持，全国广大地区加大了对西南少数民族地区的支援，在各条战线上都有广大少数民族建功立业。因此，西南少数民族和全国广大少数民族一样，彼此之间形成了平等、团结、互助、和谐的社会主义民族关系。当然，随着市场经济的发展和对民族地区的开发，在民族关系方面也存在相互竞争的一面，以经济利益为核心问题的矛盾与纷争也逐渐增多。

其次是经济方面的变化。在新中国成立之前，绝大多数西南少数民族过着贫困的生活，吃不饱、穿不暖，住在低矮潮湿的茅屋中。交通阻隔，出行十分困难，各民族之间的交往不多。新中国成立后，党和政府把帮助少数民族改善生产生活放在首位，西南各民族的生产生活水平不断提高。到目前为止，绝大多数西南少数民族不但解决了温饱问题，而且商品经济有了很大发展，医疗、社会保障等各项社会事业都有了较大发展。

在主食方面，新中国成立之前，西南广大少数民族人民不仅吃的十分简单，还十分缺乏食物。西南少数民族中，除部分地区外，大部分少数民族从事的是农耕的生产活动，因此，主要以粮食作物为主食。但由于少数民族主要居住于山区、半山区，并且农作物品种单一，生产技术落后，农作物产量不高，造成广大少数民族长期处于缺少食物的状态。新中国成立以后，一部分少数民族下山种田种地，在广大西南少数民族地区兴修水利，加大资金和科技投入，粮食产量不断提高，广大西南少数民族人民的生活水平逐步提高。但在 20 世纪 80 年代以前，还是有一部分西南少数民族没有解决温饱问题。20 世纪 80 年代以来，随着家庭联产承包责任制的实行，广大西南少数民族的生产积极性空前提高，粮食产量大幅度提高，广大西南少数民族的吃饭问题得以解决。同时，经济作物种植不断发展，部分西南少数民族经济收入大幅度提高，过上了比较富裕的生活。

在衣着方面，西南少数民族的服饰是多姿多彩的。衣料以麻布等为主，也有皮革、毡毯等。但由于经济落后，在新中国成立之前，西南少数民族中的很多人没有一件像样的衣服。新中国成立以来，虽然穿着少数民族传统服饰的时间在不断减少，但少数民族的传统服饰向精细化方向发展。目前，广大西南少数民族平时以穿着现代时装为主，往往是在重大节日和重大活动时才穿着本民族的服装，无衣穿的时代已经一去不复返。

在住房方面，新中国成立以来，各少数民族逐渐住上了砖瓦房，许多少数民族还建盖起了钢筋混凝土楼房，特别是实施"兴边富民工程"以来，即使是在边境少数民族地区，居住条件也有了很大的改善，基本上消灭了茅草房和杈杈房。

在出行方面，新中国成立之前，西南少数民族广大地区既没有公路、铁路，也没有现代化的交通工具。新中国成立后，党和政府加大改善西南少数民族地区的交通条件，一条条铁路、公路通往西南少数民族地区，特别是西部大开发以来，西南少数民族地区的交通条件发生了巨大的变化。到目前为止，西南少数民族地区所有的乡镇都通了公路，只有极少数行政村没有通公路；还修筑了多条高速公路，大大方便了各少数民族人民群众的出行。与此同时，现代化的交通工具大大缓解了西南各民族的出行难的问题。许多少数民族家庭还拥有了属于自己的汽车。

西南少数民族的发展变化还体现在民族文化的发展变化方面。从总体上看，自新中国成立以来，特别是 20 世纪 80 年代以来，西南各民族的文化在快速发展过程中也在快速衰退，但许多民族文化得到了弘扬，民族文化成为少数民族生活的重要组成部分，并成为少数民族地区发展的重要资源。各民族地区加强对民族文化的保护与开发，取得了很大的成绩。

除了上述政治、经济、文化方面外，西南少数民族的分布也发生了较大的变化。新中国成立之前，西南各民族主要是藏缅语族、苗瑶语族和南亚语系的孟高棉语族等的民族。新中国成立以来，随着干部交流和工作分配等，其他语族的少数民族不断进入西南少数民族地区。20世纪80年代以来，随着商品经济的发展，因务工、经商等原因，更多的其他语系语族的少数民族进入西南少数民族地区；同时西南少数民族也外出务工、经商，进入全国各大中小城市和乡村。这样，原来在西南没有分布的少数民族出现在西南各地，原来没有来自于西南的少数民族的城市和乡村，也出现了数量不等的西南少数民族。同时，由于兴建水利水电工程等因素，一部分少数民族迁出原来的居住地，搬迁到其他地区，使西南少数民族地区内部的分布也出现一些局部性的变化。

为了更好地适应西南少数民族地区的发展，西南民族自治地方的行政区域也在不断调整。这种调整，从大的方面来看，主要是遵循两个原则：一是为了更好地服务于民族区域自治。在这一原则之下，部分与民族聚居区相邻的民族杂居区被划入民族自治地方；原为同一个行政区划下的民族聚居区被划出成立新的民族自治地方。二是为了适应城市化的发展，这主要表现在一部分地区由县改建为市，由乡改建为镇。在西南民族地区，虽然没有出现民族自治地方改建为市，但民族自治州所辖县改建为市的已经不少。同时，一部分民族乡被改建为镇。越来越多的市、镇的发展，将进一步推动西南民族地区的城市化进程。

二、当代西南民族发展史的研究现状

由于西南少数民族处于不断发展变化之中，如果不加强对其进行调查研究，就不可能结合西南少数民族的具体实际制定出正确的方针政策。因此，古人很早就开始对西南少数民族进行研究。早在先秦时期的典籍中，就有对西南少数民族的记载。在《史记》中，对西南少数民族的记载就更多，司马迁专门为西南少数民族列传，写出了《西南夷列传》。在整个"二十五史"中，除了《陈书》和《北齐书》外，都有关于西南少数民族历史的记载。除了各朝正史中有西南少数民族的记载外，历史官家编纂或私人著述的各种类书、丛书、方志、游记、笔记中，也有大量的关于西南少数民族的记载。

除了汉文文献记载和探讨西南少数民族历史之外，还有一些有文字的少数民族如纳西族、傣族、藏族、彝族等民族也对自身的历史发展演变进行了记录和流传。它们也是研究西南少数民族的宝贵资料。

到了 20 世纪，对西南少数民族的研究进入了一个十分重要的阶段。在 20 世纪前五十年，一部分学者依据史料，把史学重要分支的民族史学作为一门独立的史学分支学科进行研究并取得了许多成果，如王桐龄的《中国民族史》、吕思勉的《中国民族史》、林惠祥的《中国民族史》等。这一时期，西南民族史也是研究的重要内容。在他们的著作中，都有专门的章节对西南民族史进行研究。

与此同时，还有一部分学者结合实地调查，从人类学或民族学的角度对西南民族史开展了一些研究实践，并取得了显著的成果。另外，近代的一些西方探险家和传教士来到西南少数民族地区，他们也对西南少数民族进行了一些考察和描述。

抗日战争爆发后，众多大学和研究机构转移到西南民族地区。这些大学和研究机构的学者结合文献记载，对西南少数民族进行调查研究。由于他们是经过专门训练的专业人士，他们的研究质量较高，把西南民族史的研究在范式、深度、广度上都向前推进了一大步。

新中国成立后，为了更好地开展民族工作，加大了对西南少数民族的研究。1950 年，中央访问团分为西康、云南、贵州三个分团访问了西南民族地区，对西南少数民族的社会经济和民族关系进行了广泛的调查，取得了一些成果。在此基础上，从1954年开始，为了识别西南少数民族，又进行了一系列的调查研究，直到1979年确认基诺族为单一民族才基本结束。与此同时，还分别组建了四川调查组、贵州调查组和云南调查组，对西南少数民族的社会历史进行大规模的调查研究，先后对西南三十多个少数民族的社会历史、经济结构、宗教信仰、风俗习惯等进行了综合调查，收集和保存了大量的珍贵资料。

进入20世纪80年代，对当代西南民族史的研究继续向前推进，主要以整理调查时期搜集的资料撰写"民族问题五种丛书"为主，至1989年，"民族问题五种丛书"工作基本完成，西南各少数民族都有一本单独的简史。同时，随着20世纪80年代一批民族自治地方的建立，每一个民族自治地方还编写了一本"民族自治地方概况"。

到了20世纪90年代以来，涉及西南少数民族研究的实地调查继续开展。如1999年云南大学组织实施了云南25个少数民族村寨调查，以及此后对全国其他省市包括西南各省区的少数民族村寨调查，为中国的每一个少数民族都出版了一本《村寨民族志》。与此同时，四川、贵州、云南三省都加快了对本省民族志、民族工作的总结和编写工作，先后出版了《贵州省志·民族志》、《云南省志·民族志》、《四川省志·民族志》、《云南民族工作40年》、《贵州民族工作50年》、《四川民族工作六十年》等。另外，部分自治州也编写了民族志，如《迪庆州民族志》、《红河州民族志》等。这些民族志和对民族工作的总结，进一步深化了当代西南民族发展历史的研究。

在编写民族志的同时，云、贵、川三省还编写了各省的简史，即《当代云南简史》、《当代四川简史》、《当代贵州简史》。这些简史中也有一部分内容涉及当代西南民族发展的历史，对当代西南民族发展史中的一些问题进行了研究。

除了上述比较综合的研究之外，针对当代某个民族简史的研究也取得了重大进展，如云南省已经完成的《当代云南景颇族简史》、《当代云南蒙古族简史》、《当代云南回族简史》、《当代云南藏族简史》等。这些当代少数民族简史，丰富了当代西南民族发展史的研究。

进入新世纪，针对某一阶段的研究也不断深入，如西南民族大学对"四川民族地区民主改革与社会文化发展"的研究，从制度层面、思想观念及文化变迁等方面认识民主改革对四川彝族、藏族及羌族等社会变革、思想解放的重要促进及广泛影响。目前，完成并出版了《四川民族地区民主改革大事记》、《民主改革与四川彝族地区社会文化变迁研究》、《民主改革与四川羌族地区社会文化变迁研究》、《民主改革与四川藏族地区社会文化变迁研究》、《民主改革与四川彝族地区经济发展研究》、《民主改革与四川羌族地区经济发展研究》、《民主改革与四川藏族地区经济发展研究》、《民主改革口述历史资料选编》、《四川民族地区民主改革资料集》、《川西北藏族羌族社会调查》、《四川民主改革口述历史论集》等著作。这种对某一阶段某一问题的研究，是当代西南民族发展史研究中比较欠缺的，也是未来西南民族发展史研究的重要突破方向。只有不断加强阶段性局部问题的研究，才能不断推动当代西南民族史的研究。

除了上述专业性的研究之外，在云南、四川、贵州三省中，还有一些经历过或熟悉当代西南民族发展史的前辈以回忆性文章的方式，在省、州、市（县）等"文史资料"中陈述当代西南民族发展史中的一些重大事件或人物。这些对重大事件或人物的回忆，对于当代西南民族发展史的研究，也是十分有益的。

总之，上述众多研究把当代西南民族发展史的研究不断推向深入，为进一步加强当代西南民族发展历史的研究，奠定了坚实的基础。

总结新中国成立以来对当代西南民族发展史的研究，具有这

样一些特点:

一是文献资料研究和实地调查相结合。在当代西南民族发展史的研究中,除了传统的文献资料的研究之外,实地调查研究明显增多。这是因为新中国成立以来,不仅需要加强对藏、彝等影响较大的民族的研究,还要深入到原来关注不够的弱小民族地区,而文献资料对许多弱小民族地区的记载是十分少甚至是没有的。对这些文献记载较少和没有记载的少数民族,只有进行实地调查,才能弄清楚他们的历史与现状,从而有针对性地制定相应的政策和措施。

二是加强了对弱小民族、偏远民族地区的研究。新中国成立后,加强了对弱小民族、偏远民族地区的扶持。与国家的民族政策相呼应,学者们也加强了对弱小民族和偏远民族地区的调查研究。这是新中国成立之前的学术研究中没法比的。这也是专家、学者用自己的研究成果服务社会的一种体现。

三是分省分地区的研究多,把西南民族地区当做一个整体来进行研究的少。由于受到政治上分省分地区治理的影响,在对当代西南民族发展史的研究中,分省进行研究的多,而从整体上对西南民族进行研究的较少。

四是对单个民族的研究多于对西南民族的整体性研究。新中国成立以来,加强了对族别史的研究,基本上每个民族都写了简史简志,还进行了较多的调查研究,而从总体上对当代西南民族发展变化历史的研究相对比较少。

新中国成立以来,当代西南民族发展史的研究确实取得了很大的成绩,但要进一步推动西南民族发展史的研究,还需要从以下几方面继续努力:

一是从总体上对当代西南民族的发展变化进行研究。当代西南民族的发展变化既表现在个体方面,也表现在总体上。新中国成立以来,党的民族政策使当代西南民族在总体上发生了翻天覆地的变化。虽然对这些变化的研究一直在进行,但由于多方面的原因，对当代西南民族的整体性研究还是不够的，还需要进一步加强。

二是加强阶段性的研究。当代西南民族在发展过程中，阶段性的特点是比较明显的。如20世纪50年代、60~70年代、80年代和90年代。在不同阶段，西南各民族的发展变化并不一样，呈现出不同的特点。因此，要加强对不同阶段当代西南民族发展变化的研究，特别是要加强对20世纪50年代的研究。只有把阶段性的问题研究清楚了，才能从整体上推动对当代西南民族发展历史的研究。

三是加强对未识别民族的研究。到20世纪80年代，西南民族识别问题已基本解决，但仍有极少数未识别民族存在。虽然对未识别民族的研究存在一些敏感问题，但不能因此而停止对其进行研究。对这些未识别民族，只有多加强对他们的研究，才会有助于其族别问题的解决。如2009年，云南的克木人、莽人的族称问题最终得以解决，克木人、莽人归入布朗族。这其中也有学术界不断加强对其研究的功劳。因此，继续加强对未识别民族的研究，会帮助他们更好地认识自己，从而找到自己的族别归属。

四是继续深入对单个民族的发展变化的研究。新中国成立以来，每个民族都发生了许多变化，只有不断加强对单个民族发展变化的研究，才能推动西南民族发展变化的研究。

五是加强城市散杂居民族的研究。新中国成立以来，随着城市的发展和少数民族流动人口的增多，城市散杂居民族越来越多。对城市散杂居民族的研究，是当代西南民族研究中不可回避的问题。

六是加强当代西南民族关系发展变化的研究。新中国成立以来，西南民族关系也在不断发生变化。深入研究这些变化，也是当代西南民族发展史研究的一个重要任务。

三、当代西南民族发展史的主要内容

当代西南民族发展的历史涉及面十分广泛，从大的方面来讲，可以概况为政治、经济、文化三大方面。但无论是政治、文化，还是经济方面，内容都十分丰富，本书无法把这些内容都囊括进去。因此，本书主要阐述对当代西南民族发展有较大影响的事件。对于那些主要从全国、全省层面来展开的事件，虽然也属于西南民族地区的重大事件，但并非都属于民族方面的范畴，因此，本书在内容上涉及得较少。

本书共分七章，第一章主要阐述西南民族地区的解放和巩固人民政权的斗争。在解放战争之前，在西南民族地区发生过许多次军事斗争，每一次军事斗争的最大受害者都是广大少数民族群众，最大的受益者往往是各民族上层。而解放战争、剿匪斗争和镇压反革命运动的最大受益者，变成了广大少数民族群众。这是以往的军事斗争从来没有过的。通过解放战争、剿匪斗争和镇压反革命运动，彻底推翻了压在广大少数民族群众头上的各族统治者，广大少数民族群众翻身解放。同时，通过解放战争、剿匪斗争和镇压反革命运动，党和政府赢得了广大少数民族群众的初步信任和支持，为进一步在西南少数民族地区开展工作打下了坚实的基础，也为在西南民族地区进一步开展工作积累了一些经验。

西南民族地区解放后，首先是进行了军事接管，紧接着建立了各级人民政权。为了巩固新生的人民政权，西南民族地区必须解决面临的首要问题——粮食问题。因此，征粮成为新中国成立初期与剿匪同等重要的中心任务。广大西南少数民族积极纳粮，为巩固人民政权奠定了坚实的物质基础。

第二章阐述新中国成立初期西南的少数民族。新中国成立初期，虽然西南民族地区军事上解放了，但对西南少数民族的了解还不多，有的甚至还基本不了解。因此，中央派出了西南民族访问团，到西南地区少数民族分布最多的西康、云南和贵州进行访

问。一方面慰问西南少数民族，另一方面也加强对西南少数民族的调查了解。与此同时，西南各级地方政府也派出工作组加强对本地区少数民族的调查研究。通过上述工作，对西南少数民族的政治、经济、文化有了一定的了解，对西南少数民族的社会经济形态有了一定的认识。这些对西南少数民族的认识和了解，对于建国初期党和政府有针对性地制定民族政策提供了重要的依据。

第三章阐述当代西南民族地区的政治设置。新中国成立以后，西南民族地区的政治设置受到高度重视。由于西南民族地区的特殊性，民族区域自治对许多少数民族来说是陌生的，也没有自治的要求，而且对民族区域自治还存在一些误解甚至是错误的认识。因此，在许多地区都不具备实行民族区域自治的条件。为此，在建立人民政权的过程中，只能先成立民族民主联合政府，然后在具备条件的情况下再改建为民族区域自治政府。在取得经验的基础上，民族区域自治在西南民族地区的实践取得了巨大的成功，成为我国民族区域自治的重要组成部分。

我国的民族区域自治是民族自治和区域自治相结合，为了更好地推动民族区域自治和民族自治地方的发展，对行政区划的调整就不可避免。因此，新中国成立以来，多次对西南民族地区的行政区划进行调整。这种调整，主要服从于两个大局：一是有利于实行民族区域自治；二是有利于城市化的发展。为了更有利于民族区域自治，把一部分非民族聚居区划入民族自治地方；一部分民族聚居区单独划出成立新的民族自治地方；同时还对隶属于不同地区的民族自治地方进行整合。

城市化是民族地区发展的一个重要内容。不能只要民族区域自治而不要城市化，城市对民族自治地方的带动作用是十分巨大的。为了推动民族自治地方城市化的发展，一部分具备条件的县、乡被改建为市、镇；一部分民族自治地方划为城市的一部分。

第四章阐述西南民族地区不同形式的民主改革。西南民族地区的民主改革主要分为以汉族为主地区的土地改革和以少数民族为主地区的土地改革。西南边疆民族地区的土地改革有别于内地，在深入调查研究的基础上，在西南民族地区先开展以汉族为主地区的土地改革。广大以汉族为主地区的土地改革，为进一步推动少数民族聚居区的和平协商土地改革奠定了坚实的基础。由于和平协商土地改革符合西南民族地区的具体实际，得到了广大少数民族群众的支持。当然，一部分不愿退出政治舞台的少数民族上层害怕改革危及到他们的利益，起来反对改革，在西南部分少数民族中发生了叛乱。在党和政府的领导下，边平叛边进行土地改革。通过土地改革，西南各民族之间的剥削与压迫基本被消灭，各民族之间基本形成了劳动者之间的民族关系。

　　第五章阐述西南各民族的发展。本章主要包括西南地区的民族识别、西南少数民族社会历史调查和西南民族地区的发展与民族分布等内容。民族识别是当代西南民族发展史上一个具有重大意义的事件。新中国成立以后，民族平等、团结的政策不断在西南民族地区进行实践。民族识别充分体现了党的民族平等政策，各民族不论大小，一律平等，包括身份平等、族称平等。通过民族识别，那些原来受歧视等原因而隐匿自己族称的弱小民族得以以公开的身份平等地参与国家和地区事务。同时，为了进一步弄清各少数民族地区的具体情况，还在西南少数民族地区进行了大规模的社会历史调查。通过民族识别调查和社会历史调查，基本搞清楚了西南各民族的分布及社会、经济、政治、文化等方面的一些情况。在20世纪80年代以前，西南各民族的分布与过去相比，变化不大。但20世纪80年代特别是90年代以来，由于大量人口流入和流出，西南少数民族的分布发生了重大变化。一方面是西南少数民族在全国各地都有分布；另一方面是全国各民族也来到西南少数民族地区。

　　第六章阐述当代中国西南的民族关系。本章主要包括社会主义新型民族关系在西南民族地区的建立、改革开放和市场经济条件下的西南民族关系、当代中国西南民族关系的基本特征等内容。在旧中国，各民族之间的关系实质上是阶级关系，充满了剥削与压迫。新中国成立初期，旧有的民族关系发生了一些变化，但没有彻底改变。通过民主改革和社会主义改造之后，才逐渐形成了劳动者之间的关系，平等、团结、互助的社会主义民族关系才最终形成。到了 20 世纪 80 年代以后，和全国一样，西南各民族之间的关系多了一个竞争。同时，党和政府也加大了对西南民族地区的扶持，西南民族地区还得到了全国其他地区的大力支援。这也是西南民族关系的重要内容。

第七章阐述当代中国西南的民族文化与文化变迁。在本章中，主要阐述当代西南民族文化的基本特点与类型、当代西南民族文化的变迁和西南民族文化的保护等三方面的内容。作为一个多民族地区，西南地区的民族文化是丰富多彩的，并且有自身的特点。这些丰富多彩的民族文化，从大的方面来讲，可以分为物质文化和非物质文化。不管是物质文化还是非物质文化，随着新中国成立以来的经济、社会发展，都发生了巨大的变迁，特别是在衣食住行等方面，发生了翻天覆地的变化。民族文化的变化，令人喜忧参半。一方面是广大西南少数民族的生产生活水平提高了，人们的思想观念进步了；另一方面是许多具有民族特色的文化在加速消失、衰退和变异，给民族文化的保护带来了很大的压力。当前民族文化的保护，一是要抢救、保存；二是要进行适当开发。要形成保护与开发相互促进的良性循环。由于多方面的努力，民族文化的保护取得了很大的成绩，同时也还有许多工作要做。

第一章　西南民族的解放和巩固人民政权的斗争

西南是全国解放比较晚的地区。人民解放军于 1949 年 11 月 15 日解放贵阳，30 日解放重庆。12 月上旬至中旬，滇、康将领刘文辉、卢汉、邓锡侯、潘文华等相继通电宣布起义，云南、西康两省得以和平解放。12 月 30 日，成都解放。1950 年 4 月 7 日，西昌战役结束，至此，川、黔、康、滇四省除昌都一隅外，全部解放。当解放一个地方之后，由于兵力有限，人民解放军仅留下少量部队来维持地方秩序，这为匪特反扑创造了条件。因此，当人民解放军大部队前往解放其他地区之后，已经解放的西南民族地区的大部分地区又重新被匪特所占据，剿匪斗争成为人民解放战争的继续。

第一节　西南民族地区的解放

一、人民解放军向大西南进军

到 1949 年 10 月，人民解放军先后解放了华北全境、华东大部和西北、中南大部地区，国民党政府被迫由广州迁往重庆，其残存于大陆的两个主要集团胡宗南部和白崇禧部正分别撤向西南各省和广西一隅。盘踞西南地区之敌，有川陕甘边区绥靖公署胡宗南部第五、第七、第十八兵团，西南军政长官公署张群部第十四、第十五、第十六、第十九、第二十兵团，连同新组建的部队在内，总计 37 个军约 45 万人，此外还有地方保安部队和大批土杂武装。蒋介石企图依靠这些残存力量，依托云南、贵州、四川、西康四省，与共产党"持久作战"，等待国际局势变化，然后与驻台湾国民党军相配合，实施反攻；迫不得已时，则向康、滇退却，或逃窜国外。对此，中共中央早在 1949 年 1 月和 3 月的政治局会议和七届二中全会上就作出了决定，由第二野战军担任进军并经营西南诸省的任务。1949 年 5 月 23 日，中央军委指示：第二野战军在一个时期内，准备协助第三野战军对付美帝国主义可能进行的武装干涉，待上海、宁波、福州等地解放后，美帝国主义武装干涉的可能性减少，即可在第一野战军一部的配合下向西南进军。同年 10 月 13 日，中共中央、中央军委确定了西南地区领导机构人选及分工：邓小平、刘伯承、贺龙分别任第一、第二、第三书记；贺龙任西南军区司令员，邓小平任政治委员；刘伯承任西南军政委员会主席，贺龙、邓小平任副主席，经营川、滇、黔、康及西藏。① 11 月 23 日，中共中央西南局在湖南常德正式成立。在西南局的具体领导下，西南民族地区的解放斗争有序展开。

在西南局正式成立之前，第二野战军前委遵照中央军委的指示，于 1949 年 8 月 3 日至 10 月 23 日先后多次研究确定了进军西南的主要问题，并作出了具体的部署：第四兵团第一步协同第四野战军出广东、广西，然后再由广西迂回昆明；以第三、第五兵团首先由浙西、闽北、赣东北地区向湖南之常德、邵阳一线集结，之后第五兵团的第十六、第十七、第十八军和第三兵团的第十军西出贵州，解放贵阳、遵义，进而迂回川南，占领叙府、泸州、纳溪，切断敌人退往云南的道路，协同第三兵团主力作战；第三兵团的第十一、十二军直出川东，占领黔江、彭水，牵制川

---

① 军事科学院军事历史研究部编著：《中国人民解放军战史》第三卷《全国解放战争时期》，军事科学出版社 1987 年 7 月版，第 381、382 页。

东地区之敌，然后会同第五兵团歼灭重庆地区敌军。待第三、第五两兵团完成上述任务后，再会同由陕入川的第十八兵团的第六十、第六十一、第六十二军等部围歼胡宗南集团于川西部地区，占领全川。①

经过充分的进军准备后，1949 年 10 月 19 日，毛泽东发出进军西南的指示：明确西南的重心是四川，二野主力必须于 12 月到达叙永、泸县、重庆一线，切断敌胡宗南集团和川境诸敌退往云南的道路及同白崇禧部的联系；二野第三、第五兵团进至湘黔边境待命；贺龙率第十八兵团于 1950 年 1 月占领成都一带，并迅速扩占全川。10 月 23 日，二野领导机关率第三兵团从南京出发西进到达郑州火车站，刘伯承宣布向四川进军，造成大军将由陕入川的假象，以迷惑敌人。同时，刘伯承、邓小平对二野下达《进军川黔的作战命令》，29 日又下达《进军川黔作战的补充命令》，要求二野先攻取贵阳及川东南，以大迂回动作先进击宜宾、泸县、江津地带，并控制上述地区，以使宋希濂、孙震及重庆等之敌完全孤立于川东地区而聚歼之。刘伯承、邓小平命令第五兵团及第三兵团第十军担任战略迂回任务，出敌不意，以极其迅猛的动作，挺进贵州境内，直出川南，断敌逃路；以第三兵团主力和第四野战军第四十七军为左集团，攻夺酉阳、秀山、黔江、彭水地区，迂回敌宋希濂集团右侧，协同以第五十军、第四十二军和湖北军区部队组成右集团，会歼宋希濂集团，并打开入川通道。为配合二野的作战意图，贺龙命令第十八兵团在秦岭北麓积极向敌胡宗南集团实施佯攻；陕西军区部队亦攻占平利、安康等县，形成解放军主力有从甘南、陕南进攻川北的态势，迷惑蒋介石，让其分不清二野主力入川方向。至此，二野和第十八兵团已完成解放四川和西南作战的部署和准备工作，只待中央军委下达

①　军事科学院军事历史研究部编著：《中国人民解放军战史》第三卷《全国解放战争时期》，军事科学出版社 1987 年 7 月版，第 383～384 页。

进军命令了。①

二、占领贵阳、重庆和云南、西康的和平解放

在解放贵州、四川、西康、云南四省的过程中，战斗首先从贵州开始。1949 年 11 月 1 日，在鄂西、湘西隐蔽待命的二野第三、第五兵团和第四野战军第四十二、第四十七、第五十军等部在南起贵州天柱、北至湖北巴东 500 余公里的地段上，向敌人实施多路攻击。11 月 3 日，担任战略迂回任务的第五兵团和第三兵团第十军，分别由湘西的邵阳和桃源地区出发，达到湖南芷江后，即分为左、中、右三路向贵州挺进。11 月 4 日，解放了贵州第一座县城——天柱县。第十六军于 14 日下午占领贵阳，15 日贵阳市宣告解放。

贵阳是人民解放军进军西南后解放的第一座省会城市。贵阳的解放，粉碎了敌人"川湘黔边防线"，而且将敌所谓大西南防线拦腰斩断，打破了白崇禧西撤云贵的企图。②

解放军第五兵团解放贵阳后和第三兵团第十军攻占遵义后，两部根据刘、邓电令，继续向川黔滇边境挺进，先敌到达叙永、筠连、盐津地区，切断了敌退逃之路。与此同时，担任正面攻击的解放军右集团，于 19 日将西逃的四十七军在涪陵木根铺歼敌一部后，活捉敌十四兵团司令钟彬，进而解放涪陵，矛头直指重庆。③ 1949 年 11 月 30 日，重庆宣告解放。1949 年 12 月 2 日，中央人民政府任命刘伯承为西南军政委员会主席，陈锡联、曹获秋

① 温贤美主编：《四川通史》第七册，四川大学出版社 1994 年 2 月版，第 407～408 页。
② 杨勇：《回顾贵州解放》，中国人民政治协商会议贵州省委员会文史资料研究委员会编《贵州文史资料选辑》第十一辑《回顾贵州解放（一）》，贵州人民出版社 1982 年 9 月版，第 3 页。
③ 温贤美主编：《四川通史》第七册，四川大学出版社 1994 年 2 月版，第 414～415 页。

为重庆市正、副市长。①

重庆是西南十分重要的城市，并一度成为国民政府的陪都所在地。重庆的解放，对国民政府在西南的最后顽抗是一个沉重的打击。同时，重庆的解放，也加速了解放大西南的进程。

解放重庆后，二野刘、邓大军分兵两路：一路向川南荣昌、泸州、内江进军，继续执行包抄溃集于川西的国民党军队的战略任务；另一路从垫江、邻水、铜梁、璧山、永川西进，紧追国民党军孙震、罗广文等部后尾，向内江、遂宁、资中推进；同时，原挺进贵州的二野第三兵团第十军于12月1日解放赤水后，即向川南推进，于12月3日解放纳溪、泸州。二野第五兵团亦由黔江进入川南，向纳溪、富顺、泸州、宜宾进攻。12月3日，二野首长刘伯承、邓小平命令贺龙率华北第十八兵团迅速南下，以形成对敌胡宗南集团的南北钳形攻势。12月6日，刘伯承、邓小平命令二野部队继续西进，切断胡宗南部妄图从乐山、邛崃、大邑向康、滇退逃的道路。

在加强军事打击的同时，人民解放军也对国民党军加强政治攻势。刘伯承、邓小平于11月21日向西南地区国民党军政人员发出忠告：（一）国民党军队应立即停止抵抗，停止破坏，听候改编。（二）国民党政府机关政治、经济、文化、教育工作等人员，应即保护原有机关和学校财产、用具、档案，听候接收。（三）国民党特务人员，应即痛改前非停止作恶。（四）乡保人员，应即在解放军指示下，维持地方秩序，为人民解放军办差事，有功者奖，有罪者罚。在强大的政治攻势和人民解放军广大指战员的努力争取下，国民党云南省政府主席兼云南绥署主任卢汉、西康省政府主席刘文辉、西南军政长官公署副长官邓锡侯、潘文华等，于12月9日率部分别在昆明、雅安、彭县等地通电起

---

① 温贤美主编：《四川通史》第七册，四川大学出版社1994年2月版，第424～426页。

义、云南、西康宣告和平解放。与此同时，敌刚组建的第二十二兵团司令郭汝瑰率领所属第七十二军在宜宾起义。[①]

卢汉率部起义，云南和平解放。卢汉起义后，蒋介石不甘心失败，下令进攻昆明。从12月16日下午开始到22日，经过7昼夜的英勇奋战，保卫昆明的战斗取得了胜利。[②] 卢汉起义和昆明保卫战的胜利，彻底粉碎了国民党残余力量从四川退守云南，或借道云南逃往国外的企图。[③]

1949年12月9日，刘、邓、潘发表通电起义，12月12日，国民党第二十四军驻雅安、西昌、康定的部队也宣布起义。同时，西康省民政厅长、代省长张为炯也通电全省各县宣布起义。至此，除西昌地区尚为国民党胡宗南、贺国光的部队控制外，西康的康、雅两属地区基本上已和平解放。西康和平解放，使国民党在迫不得已时退往西康的梦想化为泡影。

三、成都、西昌解放和滇南战役

人民解放军解放重庆及川东、川南广大地区后，胡宗南集团和第十五、第十六、第二十兵团残部纷纷向川西地区撤退。与此同时，人民解放军第四野战军已在广西境内歼灭了白崇禧集团，蒋介石眼看"确保西南，准备反攻"的战略计划已经破灭，乃授权胡宗南指挥川西所有部队，在成都地区继续组织抵抗。

在解放军强大的军事压力和政治争取下，国民党军队内部进一步动摇分化。在一部分部队起义后，胡宗南集团只剩下第五兵团李文部还在坚持顽抗。12月24日李文部开始从新津地区向邛

① 军事科学院军事历史研究部编著：《中国人民解放军战史》第三卷《全国解放战争时期》，军事科学出版社1987年7月版，第386页。
② 《当代云南简史》编委会主编：《当代云南简史》，当代中国出版社2004年5月版，第39～40页。
③ 《当代云南简史》编委会主编：《当代云南简史》，当代中国出版社2004年5月版，第37页。

崃突围，在解放军第十二军一〇六、一〇八团等部的坚决阻击下，李文部惨败，并于 27 日率部投降。至此，被解放军包围在成都地区的国民党胡宗南等部 30 多万人被彻底歼灭，成都战役胜利结束。南北两线解放军于 12 月 27 日在成都会师。12 月 30 日，贺龙司令员率解放军举行盛大的入城仪式，成都解放。12 月 31 日，中国人民解放军成都军事管制委员会成立，李井泉任主任，周士第、王新亭、阎秀峰任副主任。

1949 年 12 月下旬，逃至黔西的敌第十九兵团残部，在副司令王伯勋率领下，在贵州普安、盘县地区宣布起义，贵州全省宣告解放。[1]

国民党第八军、第二十六军进攻昆明失败后，南逃至离国境线很近的蒙自、个旧、建水地区，企图继续与人民解放军周旋，能守则守，不能守则乘机逃到台湾或流亡国外。1949 年 12 月 27 日至 1950 年 1 月 1 日，人民解放军分左路和中路军分别从广西百色、南宁地区出发，挥师西进，揭开了滇南战役的序幕。1950 年 2 月 19 日把五星红旗插到中缅边境重镇打洛，滇南战役胜利结束。[2]

滇南战役自 1949 年 12 月 27 日开始，至 1950 年 2 月 19 日结束。人民解放军苦战 55 昼夜，西驰 1 800 多公里，以伤亡 700 多人的极小代价，换取了巨大的胜利。战役中共俘获敌人 2.3 万多名，毙、伤敌 3 600 多名，迫敌 4 300 多名投诚，累计歼敌 3.1 万多名。至此，除少数敌人逃往缅甸、越南外，境内国民党正规部队全部被歼，云南全境获得解放。[3] 1950 年 2 月 20 日，陈赓、宋

---

① 军事科学院军事历史研究部编著：《中国人民解放军战史》第三卷《全国解放战争时期》，军事科学出版社 1987 年 7 月版，第 389 页。

② 《当代云南简史》编委会主编：《当代云南简史》，当代中国出版社 2004 年 5 月版，第 43~44 页。

③ 《当代云南简史》编委会主编：《当代云南简史》，当代中国出版社 2004 年 5 月版，第 44 页。

任穷率领的西南兵团机关和部分部队进驻昆明，并举行了隆重的入城仪式。22 日在昆明拓东体育场举行盛大的迎军大会，陈赓在大会上宣布云南全境解放。①

1950 年 2 月 22 日，西南军区宣告成立，贺龙任司令员，邓小平任政治委员，陈赓、周士第任副司令员，李达任副司令员兼参谋长，宋任穷、李井泉任副政治委员，张春际任副政治委员兼政治部主任。②

滇南战役结束之后，在西南只有西昌还未解放。成都解放后，贺国光企图依托西康偏僻山区，在西昌、康定等地建立反革命根据地继续顽抗。③ 为歼灭敌人，西南军区以第十四军、第十五军、第六十二军及滇桂黔边纵部队各一部共 13 个团的兵力，于 3 月 12 日发起西昌战役。3 月 27 日，南北两路解放军正式会师西昌城。4 月 7 日，西昌战役结束，共歼灭国民党军残部及地方部队万余人。④ 至此，大西南的川、黔、康、滇四省除昌都一隅外，全部解放。

西南民族地区的解放，推倒了阻碍西南民族发展的最强大力量——国民党政权，为解决西南民族地区的诸多问题提供了前提条件，开启了西南各民族平等团结发展之门。在解放前，西南各民族在国民党的反动统治之下，民族之间纠纷、械斗不仅没有停止，反而更多；各少数民族受到歧视、压迫，与汉族的隔阂更深；广大少数民族群众受到剥削、压迫，经济生活十分困难，处于水深火热之中。西南民族地区解放以后，在中国共产党的领导

---

① 《当代云南简史》编委会主编：《当代云南简史》，当代中国出版社 2004 年 5 月版，第 48 页。

② 军事科学院军事历史研究部编著：《中国人民解放军战史》第三卷《全国解放战争时期》，军事科学出版社 1987 年 7 月版，第 390 页。

③ 军事科学院军事历史研究部编著：《中国人民解放军战史》第三卷《全国解放战争时期》，军事科学出版社 1987 年 7 月版，第 390 页。

④ 温贤美主编：《四川通史》第七册，四川大学出版社 1994 年 2 月版，第 434～437 页。

下，西南各民族之间的平等、团结、互助的关系逐步建立；各民族广大群众逐步当家做主，对各族群众的剥削与压迫逐步被革除。因此，西南民族地区的解放，是西南民族发展史上的重要里程碑。

西南民族地区的顺利解放，一方面是中央的正确军事部署和人民解放军英勇善战的结果，另一方面是因为对西南少数民族有一个正确的认识和执行了党的民族政策。

西南是一个多民族地区，面对西南复杂的民族关系、长期以来大汉族主义对少数民族的歧视和压迫以及国民党反动势力的利用、挑拨，邓小平等要求部队的各级干部要关注民族问题。1949年8月7日，第二野战军全体官兵在整装待发时，二野政治部指示各部队，在西南将接触到苗、瑶、彝、藏等少数民族，我军要严格执行"三大纪律八项注意"，还要特别尊重他们的风俗习惯。9月，邓小平在南京邀请熟悉西南少数民族情况的人士来到二野总部，与他们座谈了解西南地区的民族情况，为进军西南开展民族工作作准备。9月20日，二野前委向所属部队发出《关于少数民族工作的指示》和《进入少数民族区域内的一些注意事项》。在遵循中央对民族问题的基本原则的基础上，并结合西南的具体情况，二野前委制定出比较细致的进军纪律。这些带有政策性质的纪律，主要有以下几方面：一是尊重各民族风俗习惯；二是尊重各民族的宗教信仰；三是要注意发挥少数民族上层的作用；四是少数民族地区的改革事宜不可操之过急；五是进军中不应给少数民族带来经济负担，而应帮助他们解决生产、生活困难。① 这些带有纪律性的民族政策，无疑是符合西南民族地区的具体实际的，是正确的。

由于执行了党的正确的民族政策，在解放西南多民族地区的

---

① 郎维伟主编：《邓小平与西南少数民族——在主持西南局工作的日子里》，四川人民出版社 2004 年 4 月版，第 37~38 页。

过程中，人民解放军受到了广大少数民族群众的热烈欢迎。这也为进一步在西南民族地区开展建立人民政权和进行民主改革的工作，奠定了良好的群众基础。

第二节　西南各地的军事接管和各级人民政权的建立

一、贵州的军事接管和人民政权的建立

西南各民族在完成军事解放之后，面临的首要任务就是进行军事接管和建立各级人民政权。只有消灭旧政权，建立代表广大人民群众利益的新政权，才能逐步消灭西南各民族中的剥削与压迫。因此，每当人民解放军解放一个地区之后，都留下了一部分队伍专门从事人民政权建设。

在贵州，1949 年 11 月 15 日解放贵阳，11 月 17 日，接管贵阳的部队举行了入城仪式，受到贵阳各族人民的热烈欢迎。11 月 22 日，中国人民解放军贵阳市军事管制委员会（以下简称"军管会"）成立，苏振华任主任，宣布从即日起，对省会贵阳实行军事管制。军管会的任务是肃清反革命残余势力，保证全市人民生命财产的安全，维护社会安定，确立革命秩序。军管会下设军事、民政、财政、文教、建设、公安 6 个接管部，对省级机关和重要企业事业单位按系统和部门开展接管工作。随后，安顺、遵义等地也建立了军事管制委员会，开展军事接管工作。到 12 月底，接管工作大部分完成。12 月 26 日，贵州省人民政府成立，杨勇任主席，曾固任副主席。省人民政府下设财政经济委员会、人民监察委员会、民族事务委员会、民政厅、公安厅、财政厅、工商厅、交通厅、农林厅、文教厅、劳动局、卫生处、新闻出版处等机构。同时，在全省设 1 个省辖市（贵阳市）和贵阳、遵义、铜仁、镇远、独山、兴仁、安顺、毕节 8 个专区。到 1951 年

5月，全省79个县和1个市都建立了人民政府。[①]

二、云南的军事接管和人民政权的建立

在云南，卢汉起义后，于1949年12月12日成立了云南人民临时军政委员会，负责处理过渡时期的军政事务。1950年3月4日，昆明市军事管制委员会成立，陈赓任主任，周保中任副主任。军管会下设军事、政务、财经、工业、交通、文教、卫生、公安等接管部，从1950年3月6日开始接管政权。4月上旬，省级机关和昆明市的接管工作基本结束。[②]3月中旬以后，全省专、县两级政权接管工作也陆续开始，到5月中旬，全省专、县政权接管工作基本结束。[③]在接管的基础上，各级人民政权逐步建立。1950年3月24日，撤销云南人民临时军政委员会，成立云南省军政委员会，卢汉任主任，宋任穷、周保中任副主任。1950年3月10日，经中央批准，成立云南省人民政府。同年6月8日，中央人民政府内务部通知，中央人民政府委员会批准任命陈赓为云南省人民政府主席，周保中、张冲、龚自知、杨文清为副主席。各地人民政权的设置，于1950年初经中共云南省委批准成立了12个行政专员公署，即武定、昭通、曲靖、宜良、楚雄、玉溪、蒙自、文山、宁洱、大理、保山、丽江专员公署，1个省直辖市人民政府（昆明市），130个县级人民政权。1950年10月30日至11月5日，云南省军政委员会和云南省人民政府委员会的全体成员，在昆明市五华山隆重宣誓就职。1950年12月25日，云南各族各界人民代表会议第一次会议在昆明举行，标志着云南各族

---

① 《贵州通史》编委会：《贵州通史》第五卷，当代中国出版社2003年1月版，第7~8页。

② 《当代中国的云南》编委会：《当代中国的云南》（上），当代中国出版社1991年3月版，第81页。

③ 《当代云南简史》编委会主编：《当代云南简史》，当代中国出版社2004年5月版，第52页。

人民当家做主的开始。①

三、川康的军事接管和人民政权的建立

在四川解放之初，按照中央人民政府的决定，分为川东、川南、川西、川北4个行署区，重庆为中央直辖市，西康仍为一个省，全川共6个省级行政区。各行政公署及省、市政府所在地的成都、重庆、泸县（开始在自贡）、南充、雅安及其他主要城市解放后立即成立了军事管制委员会。由于四川解放较晚，解放前夕国民党中央政府及其所属军、政、宪、特等机关陆续迁来四川，在西南地区的90余万旧军队大部分在四川，各省溃逃的国民党军政人员也主要麇集于此，加上川、康、渝原有的各级政权机构，情形之复杂，人员之庞大，实为全国所罕见，接管和改造的任务十分艰巨。接管工作在解放后的两三个月内集中进行，取得了很大成绩。仅成都市就接收了国民党政权机关及各种公共机构284个，各类人员5.6万余人（不含军队），还接管了包括28架飞机、2 300多辆汽车、1.5万余支枪、1万多两黄金等在内的大批物资。重庆市军管会接管机关、工厂、银行、仓库、公共机构等单位374个，接收员工10万余人。对于旧政权留下来的军政公务人员，军管会采取了一律包下来的政策，只要他们不反抗新秩序，均维持其生活费用，并酌情分别安排录用。重庆市在接管中没收官僚资本工业企业48家，其固定资产占全市工业固定资产的79%。全川共没收以国民党政权"四行、两局、一库"（中央银行、中国银行、交通银行、农民银行、中央信托局、邮政储金汇业局和中央合作金库）为核心的官僚资本金融机构158家，从而掌握了金融命脉。各地军管会还采取多种措施，收容散兵游勇，收缴非法武器电台，整饬社会秩序，成都市在解放后两个月

---

① 《当代云南简史》编委会主编：《当代云南简史》，当代中国出版社2004年5月版，第52～53页。

内，就收容散兵 5 000 余人，收缴各类枪支 3 000 余支（挺）。重庆市收容国民党各级军官及家属 9 000 余名，收缴枪支近 8 000 支（挺）及部分电台、收发报机及其他军用器材。在军管会的监督和帮助下，公私工商企业陆续开工，车站码头开始运转，城市社会秩序逐步趋于正常。[1]

人民解放军西南军区对起义、投诚部队实行"宜集不宜散，宜养不宜赶；集中整编，认真改造；分别对象，逐步处理"的方针，指定地点进行集训，在教育改造的基础上分别情况进行整编，使之各得其所，不游散四方。对起义较早的地方部队如刘文辉部等，在政治上及其他方面给予适当照顾，其部队按实有人数进行整编，不打乱各组人员，解放军只派干部和指挥员参与其间进行领导和指挥。对国民党嫡系部队，则分散编入解放军各部。对游杂、土顽武装，将其武器全部集中，军官调出，士兵集中学习，分别不同情况进行处理，愿意回乡者发给遣散费，给予适当安置。新中国成立后，已经起义、投诚的国民党部队，先后有 27 个单位发生反叛，参加者 3 万余人。对这些叛乱军队在坚决歼灭后，对首恶分子给予严厉打击，其余人员分别情况进行处理。改造旧军队的工作，到 1950 年 9 月基本结束。[2]

在进行接管的同时，陆续筹组和建立了省、市、行署和县一级政权机构。重庆市人民政府最先于 1949 年 12 月 11 日成立，市长陈锡联，副市长曹荻秋。接着依次成立的有：川东行政公署，主任阎红彦，副主任魏思文、余际唐；川南行政公署，主任张国华（1950 年 2 月后为李大章），副主任郭影秋、刘披云、罗忠信；川北行政公署，主任胡耀邦，副主任秦仲方、刘聚奎、裴昌会；川西行政公署，主任李井泉，副主任阎秀峰、钟体乾；西康省人

<hr>

① 杨超等主编：《当代四川简史》，当代中国出版社 1997 年 5 月版，第 22 页。
② 杨超等主编：《当代四川简史》，当代中国出版社 1997 年 5 月版，第 23 页。

民政府主席廖志高，副主席张为炯、格达、夏克刀登、困基木古、鲁瑞林。全川 207 个县（含县级市及大市的县级区）的人民政府也相继成立。①

在西康，为及早向西康进军，经中共中央批准，中共西康区委员会于 1950 年 1 月在成都正式宣告成立，由廖志高任书记，具体着手实施进军西康、建设西康的战略部署。1950 年 2 月 1 日，中国人民解放军第 62 军进驻雅安，随即成立雅安军事管制委员会，主任廖志高。雅安军事管制委员会成立后，开始正式接管西康省的军、政、民、财工作。1950 年 4 月 26 日，西康省人民政府成立，省府驻康定，省主席廖志高，全省分设康定、雅安、西昌等 3 个专区。1950 年 12 月康定专区改为西康省藏族自治区。1951 年由雅安县城区析置雅安市，为西康省人民政府驻地。1952 年，凉山地区被划出西昌专区，设凉山彝族自治区。

各级人民政权的建立是继西南民族地区军事解放之后的又一件大事。在人民政权建立之前的历代西南民族地区的政府，都是有剥削有压迫的政府，对广大少数民族群众进行剥削与压迫。而共产党领导下的各级人民政权的建立，第一次在西南民族地区建立了代表广大少数民族群众利益的政府，开始了广大少数民族群众当家做主的历史新篇章。它有力地保证了西南各民族之间平等、团结民族关系的逐步建立。因此，各级人民政权的建立，是西南各民族发展史上具有里程碑意义的事件。正是在各级人民政权的领导之下，西南各民族才真正实现了翻身解放，逐步走上了平等、团结、发展、繁荣的道路。

---

① 杨超等主编：《当代四川简史》，当代中国出版社 1997 年 5 月版，第 24～25 页。

第三节　西南民族地区的征粮、剿匪斗争和
镇压反革命运动

一、西南地区的征粮工作

新中国成立初期，西南面临的首要重大问题是粮食问题。驻西南各部队、各级地方工作人员、学校教职工、起义部队及国民党留下的大量人员的吃饭问题，都要靠人民政府来解决；稳定社会，平抑市场粮食价格，保证城乡人民的基本生活都离不开粮食。因此，解决粮食问题，不仅是一个经济问题，而且是一个重大的政治问题。而人民政府接收的原国民政府的粮仓，基本上都是空空的。如何才能解决西南面临的粮食问题呢？

要解决粮食问题，切实可行的办法只有把国民政府下达的1949年的公粮任务征收起来。因此，征粮成为解放初期剿匪之外的另一大中心任务。为了更好地指导征粮工作，1950年2月28日，中央人民政府政务院颁布了《关于新解放区土地改革和征收公粮的指示》，规定中央人民政府所征收之公粮，在新区不到农业收入的17%；地方人民政府附加公粮不得超过正粮的50%。[①]在邓小平的领导下，西南地区对征粮问题十分重视。

新中国成立初期，西南接收了近90万的国民党军，40万左右的旧有员工，加上进入西南的人民解放军，吃饭的人数接近200万人。如果不好好解决这200万人的吃饭穿衣问题，势必大乱。根据测算，西南1949年度要征收40亿斤公粮。这个数字虽然不轻，但未超过农民粮食总收获量的20%。由于农民应负担的比例比历史上负担的要轻，而且政治上已获解放，故缴纳非常踊

[①]　段志洪、徐学初主编：《四川农村60年经济结构之变迁》，巴蜀书社2009年9月版，第27页。

跃。但地主历史上总是把负担转嫁到农民身上，而这次必须破例
按照应负担量缴纳，于是他们利用某些不合理的事件，大喊大
叫，甚至勾结土匪破坏征粮。① 整个西南地区的征粮工作，由于
受到匪患的影响，有的地区曾一度停止，等剿匪取得较大成效
后，征粮工作才又有起色。因此，到1950年5月，全区公粮只征
到40%左右。西南并不缺少粮食，只要消灭股匪和办理得当，完
全可以收齐。经验证明，凡是善于运用各界代表会议和农民代表
会议，提高了群众认识，团结了一些开明绅士，同时又能对于某
些不合理部分作了适时调整的，都能很快见效。②

　　针对完成收缴40亿斤公粮的艰巨任务，邓小平于1950年6
月17日指示：全区至少完成75%即30亿斤才能勉强渡过财政难
关。如果在全区完成75%，就必须在四川各区完成23亿斤即
77%~80%才行。所以征粮工作丝毫不能疏忽，即使在已完成
75%的县份，也应以足够的力量抓紧清理尾欠和调整负担，凡属
贫苦农民无力缴纳者应予减免；凡属地富因负担过重而无力缴纳
者应予酌情减少；凡属地富并未超过应负担量而确系一时难于缴
纳者，应准其打借条，允许在秋收时补缴；凡属本应缴纳而又有
能力缴纳者，应坚决继续催收；凡属坚决抗拒的恶霸地主，应由
法庭依法惩办。③

　　鉴于上海等大城市已储备了足够的粮食，全国的物价上涨风
已经回落，考虑到西南自身粮食困难和长途运输不便等因素，

　　① 邓小平：《西南工作情况》，中共中央文献研究室、中共重庆市委员
会编《邓小平西南工作文集》，中央文献出版社、重庆出版社2006年12月
版，第126~127页。
　　② 邓小平：《关于剿匪和征粮情况的报告》，中共中央文献研究室、中
共重庆市委员会编《邓小平西南工作文集》，中央文献出版社、重庆出版社
2006年12月版，第147~148页。
　　③ 邓小平：《关于征粮、剿匪、整风等几项工作的指示》，中共中央文
献研究室、中共重庆市委员会编《邓小平西南工作文集》，中央文献出版
社、重庆出版社2006年12月版，第178~179页。

1950 年 6 月政务院电令西南停止向中央调运粮食。到 1950 年 7 月，中财委批准西南减征公粮 25%，即减至 30 亿斤，西南征粮的压力才大大减轻。并且这时川东征粮已达原派任务的 80% 以上，川西可达 80%，川南已达 72%，川北已达 60%。只要川南完成 75%，川北、云南完成 70%，贵州完成 60%，征粮的任务就可全部结束。① 在这种情况下，西南军政委员会决定，西南地区 1950 年夏收不再另收公粮，所有 1949 年未缴纳的公粮，准在夏收以后缴纳完毕。西南财委、西南军政委员会财政部据此分别指示各省区：凡已完成原任务 70% 以上者，欠粮户确为赤贫无法，得斟酌减免；应纳而现在困难者，准秋收补交；应纳而有力量缴纳但采取拖赖态度者，则加紧催征。②

在云南，为了完成征粮的任务，中共云南省委于 1950 年 5 月 21 日召开省地县会议，专门研究征粮、剿匪问题。由于把剿匪和征粮很好地结合起来，征粮工作不断走上正轨。至 1951 年 1 月中旬，云南完成全国 1949 年公粮任务的 98%，胜利完成了征粮任务。③

在贵州，1950 年 1 月专门制定和颁发了征粮办法，全省组织了 12 500 多人的征粮工作队，深入广大农村开展征粮工作。到 1950 年 10 月，全省共征粮 12.93 万吨；到 1951 年 3 月，全省共征粮 46.9 万吨，其中补征 1949 年度 36.4 万吨，④ 贵州省 1949 年

① 邓小平：《半年来的工作成绩使我们开始摆脱被动状态》，中共中央文献研究室、中共重庆市委员会编《邓小平西南工作文集》，中央文献出版社、重庆出版社 2006 年 12 月版，第 207 页。
② 王海光：《征粮、民变与"匪乱"——以中共建政初期的贵州为中心》，华东师范大学中国当代史研究中心编《中国当代史研究》第 1 辑，2009 年 4 月，第 226～227 页。
③ 《当代云南简史》编委会主编：《当代云南简史》，当代中国出版社 2004 年 5 月版，第 56～57 页。
④ 《贵州通史》编委会：《贵州通史》第五卷，当代中国出版社 2003 年 1 月版，第 30 页。

公粮任务完成。

西南少数民族对征粮工作积极支持。在贵州，苗民缴纳公粮比汉人还要踊跃，[①] 水族聚居的三都县，共征收 1949 年公粮 3 070 000 公斤稻谷。[②] 在云南，如思普区哈尼族彝族聚居的江城县，经过几个月的努力，胜利完成了征收 1949 年度公粮任务，全县共征收 54.5 万公斤，占总产量的 6.59%。[③] 在白族聚居的大理区，到 1950 年 10 月上旬，共征收粮食 1.13 亿斤，较好地完成了分配的征粮任务。[④] 但在一些经济比较落后的少数民族聚居区，并没有分派 1949 年公粮任务，有的是自愿缴纳，有的干脆就不征收。如在藏族聚居的马尔康县，1954 年冬季才开始征收爱国公粮。又如在云南德宏少数民族地区，号召各族农民自愿、自动缴纳公粮；对于最贫苦的民族如景颇族，决定不征粮。

对于 1950 年度的公粮征收，中央根据西南实际，决定只进行一次秋征，总任务为 26 亿斤，比 1949 年度的 40 亿斤大大减少。1950 年 9 月 30 日，西南军政委员会发布《关于 1950 年农业税征收工作的指示》，要求各地政府以常年产量为计征标准，做好田亩、产量和人口的调查评议，以揭发黑地为重心推动征粮任务的完成。由于中央政府和地方各级政府有了明确的征粮原则，征粮政策也较为成熟，征粮技术得到了完善；也由于匪乱已逐渐平息下来，群众已经初步组织起来，干部的强迫命令作风得到了纠正，政策观念有了提高，1950 年秋粮征收的情况非常顺利，大

---

① 邓小平：《西南工作情况》，中共中央文献研究室、中共重庆市委员会编《邓小平西南工作文集》，中央文献出版社、重庆出版社 2006 年 12 月版，第 127 页。

② 中共三都水族自治县委党史研究室：《中共三都水族自治县历史》第一卷（1949—1978），2006 年 7 月，第 36 页。

③ 中共江城哈尼族彝族自治县委员会党史研究室：《中共江城地方史》第一卷，2009 年 3 月，第 101 页。

④ 中共云南省委党史研究室：《宜将剩勇追穷寇 进军云南 保卫边疆》（下集），2007 年 8 月，第 365 页。

体上两个月时间就顺利超额完成。

经过一系列复杂的斗争与政策调整，到 1950 年 10 月 1 日，邓小平正式宣布，西南区"一九五〇年度公粮已基本完成"了。这一征粮任务的完成，使西南财政问题得到解决；同时也打击了封建势力和地主阶级的气焰，提高了共产党在西南民众中的威信。征粮问题的解决，不仅有力地保证了西南地区军需民食供给和粮食外调，而且也初步积累了关于西南农村粮食生产、储存状态和各阶层经济状况的基础资料，为今后的土地改革创造了一定的条件。

二、西南的剿匪斗争

剿匪斗争是新中国建立初期西南除征粮之外的又一中心任务。蒋介石集团不甘心在大陆的失败，专门进行了"复国战略部署"，其中重要内容就是利用土匪和潜藏的特务进行破坏和捣乱。对此，中共中央在人民解放军渡过长江不久就明确指出："剿匪是肃清残余反动力量的一个重要组成部分，又是保障各种政治、经济、文化、国防建设的先决条件。"[1] 1949 年 8 月 6 日，党中央在新华社社论中指出："凡是解放区，起初必须相当长期地集中进行剿匪反霸斗争，摧毁国民党反动派统治势力，才能打开局面，站稳脚跟，这几乎已经成为斗争发展必经的过程。"[2] 后来又针对大西南作了特别指示："大西南解放后，各部队要用相当长的时间，集中主要精力，进行一段剿匪斗争。"因此，时任西南局书记邓小平称其为"解放大西南的第二个战役"。[3]

---

① 《当代云南简史》编委会主编：《当代云南简史》，当代中国出版社 2004 年 5 月版，第 62 页。

② 欧杜主编：《西南大剿匪》，国防大学出版社 1997 年 1 月版，第 6 页。

③ 《当代云南简史》编委会主编：《当代云南简史》，当代中国出版社 2004 年 5 月版，第 62 页。

新中国成立初期，西南各省匪患十分严重，云、贵、川、康四省的土匪汹涌如潮，仅在半年间就有65万人之多，是当时全国105万武装土匪的一半多。[①] 各地土匪起来之快，一方面是因为国民党在西南作了较其他各地更为周密的部署，另一方面也有征粮的直接影响。

在贵州，土匪于1950年1、2月份开活动，提出"抗粮、保家、反禁烟"、"破产保产、拼命保命"的反动口号。1950年3~4月份，全省的匪患达到高潮，除各地反动势力纷纷自树旗帜，占地为王外，原起义的部分国民党军约15个团和各地的乡保武装也相继叛变为匪。这一时期，我地方工作人员和分散执勤的小分队、征粮队，遭到袭击杀害的达2000余人，县城遭围攻的计30余座，有2/5被占领，土匪盘踞的地区迅速扩大。据统计：至1950年2月10日，贵州全境完全为土匪占领并控制的面积，占全省面积的34%；至1950年2月底，全境完全为土匪占领并控制的面积，占全省面积的47%；至1950年3月30日，全境完全为土匪占领并控制的面积，占全省面积的73%。[②] 贵州省为了集中力量，坚决扼守几个中心城市和几条重要的交通线、运输线，曾主动放弃暂时不利于控制的23个县城。[③]

在云南，到1950年5月底，全省内地约有股匪170余股，匪众4.5余人。匪患最严重时，全省通往省外的公路交通全部中断。在内地的匪乱中，1950年4月发生在玉溪和曲靖专区的匪乱是最早的。全省内地的匪乱，主要集中于玉溪、曲靖、楚雄、宜

① 欧杜主编：《西南大剿匪》，国防大学出版社1997年1月版，第8页。

② 欧杜主编：《西南大剿匪》，国防大学出版社1997年1月版，第20~21页。

③ 欧杜主编：《西南大剿匪》，国防大学出版社1997年1月版，第22页。

良和武定等滇中腹心地区。①

在四川，民国时期的匪患就特别严重，平时全川匪众常在 14 ~ 15 万人以上。据不完全统计，新中国建立初期，四川地区尚有大股土匪 300 余股。另外，新中国成立前夕，国民党不甘心在大陆的失败，曾在成都举办了 5 期"游击干部训练班"，共培训了特务骨干 3 000 多名，这些国民党特务骨干潜伏于四川各地，并与当地的恶霸地主、反动会道门和土匪势力互相勾结，企图趁社会秩序尚未安定，人民政权立足未稳之际，发动反革命暴乱，以土匪游击战争的形式，对抗共产党和人民政府，实现"反共复国"之梦。② 1950 年 1 月份局部地区有土匪活动，2 月份发展为遍及全省的武装暴乱。由坚决与人民为敌的国民党特务、惯匪、反动会道门头子、恶霸等欺骗和裹胁群众组成的国民党土匪武装，打着"反共救国军"、"国民党救民义军"等旗号，到处袭扰城镇，抢掠财物，杀害人民群众和革命干部。川东地区 3 月间匪特暴乱达到顶点，全区几乎没有一个县未发生叛乱。川西区从 2 月 5 日成都市郊龙潭寺、石板滩土匪暴乱开始，匪患在 2、3 月间蔓延到温江专区全境和眉山专区大部分地区，成都附近有 14 座县城遭到土匪围攻。3 月底、4 月初，川南区百人以上的股匪有 91 股，反革命活动遍及全区。川北区 3、4 月间有股匪 3 万余人。在西康省，2 月 1 日解放军进驻雅安不久，即有土匪万余人围攻，天全县城被围 7 天。当时西昌尚未解放，川西、川南、西康的股匪多与在西昌的胡宗南、贺国光有联系，有的则由台湾美蒋特务机关直接指挥。

针对匪患特别严重的情况，中共中央西南局在结束成都战役后，马上投入到剿匪的斗争中。1950 年 1 月下旬，西南军区命令

---

① 《当代云南简史》编委会主编：《当代云南简史》，当代中国出版社 2004 年 5 月版，第 55 ~ 56 页。

② 段志洪、徐学初主编：《四川农村 60 年经济结构之变迁》，巴蜀书社 2009 年 9 月版，第 28 页。

驻川、康的 25 个师迅速分遣各地，开始剿匪作战。其部署是：川东军区部队（第十一军、第十二军 6 个师），重点控制长江（合江史坝索至巫山段）、嘉陵江（合川至重庆段）、涪江（潼南至合川段）、渝万（源）公路（重庆至在竹段）、成渝公路（石燕桥至重庆段）。川南军区部队（第十军、第十八军各 3 个师，第十五军 2 个师），重点占领岷江（乐山北的悦来场至宜宾段）、长江（宜宾至合江史坝索段）、沱江（简阳五凤溪至泸县段）、成渝公路（石燕桥至龙泉驿段）、渝乐（山）路（石燕桥至乐山段）。川西军区部队（第六十军 3 个师，第六十二军、第七军各 2 个师），重点控制成都盆地、川康路（成都至雅安段）、川陕公路（成都至绵阳段），并确实控制灌县至乐山的水陆交通。川北军区部队（第六十一军 3 个师），重点控制境内渠江、涪江、嘉陵江沿岸及广安、南充至三台县之成万（县）公路。①

1950 年 2 月 2 日，西南军区发出第一号剿匪令："为迅速扑灭匪患，保证征粮任务的完成，要求各部队根据匪特活动特点，抓紧控制交通要道与匪特活动枢纽地区，全力制定通盘剿匪计划，直到完全肃清。战术上应根据具体情况，灵活运用，适时分散、集结，分别驻剿、跟剿、奔袭、合围，尤应结合民众，组织精密侦察，多方寻剿，务求迅速期限肃清有关地区股匪。"② 邓小平还专门指出：剿匪已成为西南的中心任务，必须贯彻中央"军事打击、政治瓦解、发动群众三结合"的方针，正确执行"镇压和宽大相结合"的政策，③ 要求各部队作通盘剿匪计划，限期肃清有关地区的股匪，以保证征粮任务按期完成及农村工作顺利发

---

① 欧杜主编：《西南大剿匪》，国防大学出版社 1997 年 1 月版，第 7 页。

② 吴辅佐：《世纪大征战：挺进西南》（二野卷），长征出版社 2000 年 1 月版，第 241～242 页。

③ 欧杜主编：《西南大剿匪》，国防大学出版社 1997 年 1 月版，第 61 页。

展。2月15日、21日，西南军区发出第二、三号剿匪指示，必须采取政治为主、军事为辅的方针。3月，各地贯彻执行中共中央西南局、西南军区的指示，自省军区、军分区至县、乡、保，层层建立剿匪委员会，吸收非共产党人参加，实施一元化领导，开展剿匪斗争，大力宣传"首恶必办、胁从者不问、立功者受奖"的政策，把军事进剿、政治瓦解与发动群众结合起来。

西南的剿匪斗争大概分为四个阶段：第一阶段从1950年2月至8月，首先在腹心地区与交通线两侧，集中兵力重点围剿肃清危害最大的匪徒。第二阶段从1950年9月至1951年4月，组织边沿大规模围剿，同时继续开展腹地清匪斗争。第三阶段从1951年5月至1952年底，剿匪转入清匪斗争，开展兄弟民族地区工作。据1951年5月统计，境内残匪尚有15 000余名，随着清匪及土地改革的深入，其阴谋活动更加毒辣。主要匪首特务向边沿少数民族地区流窜，煽动上层分子，挑拨民族关系。边疆的土匪也在境外蒋介石残部及特务分子支持与指挥下大肆窜扰。根据这些情况，内地开展了群众性的清匪，对潜入少数民族地区的土匪则大力进剿，这一阶段共歼匪14万人。1953年为第四阶段，除极少数地区外，西南区的有形股匪已完全肃清。据统计，4年来西南地区共歼匪116万余人，毙伤俘匪师、纵队司令以上匪首519人；缴获各种炮692门，各种枪584 592支。[①]

在贵州，1950年6月3日，贵州军区决定抽调部队组成东、西两个剿匪集团，有计划地实施重兵合围，力求进剿一地净化一地，并选择瓮安、余庆、湄潭三角地区及金沙地区为东、西两个剿匪集团首先合围的地区。根据西南军区的决定，1950年7月成立了贵州省剿匪委员会，苏振华任主任，统一领导一省的剿匪斗争。1950年6月至7月，东集团对盘踞在瓮安、余庆、湄潭三角

---

① 吴辅佐：《世纪大征战：挺进西南》（二野卷），长征出版社2000年1月版，第242~245页。

地区的土匪进行合围；7月至9月，展开对石阡西部合围战和石阡、岑巩合围战，取得了重大胜利。与此同时，西集团也从6月中旬开始，开展金沙合围战，历时50余天，歼匪5 100余人。1950年9月中旬，人民解放军第十五军的3个师及毕节、昭通、泸州、宜宾、乐山、西昌6个军分区的部队，对窜扰川、康、黔、滇边境地区的2万多名股匪实施重兵围剿。其中四十五师及四十三师的2个营、曲靖军分区2个加强营负责围剿盘踞在威宁、赫章地区的股匪，经过20余天的奋战，歼匪10 700多人。同时，对盘踞在雷山地区的"黔东南绥靖区"匪部也实施了重兵合围，历时1个月，歼匪7 495人。12月，对黎平、从江、榕江地区的"湘桂黔边区民众自卫救国军"匪部实施合围，共歼匪5 410人。12月上旬，对三穗、天柱、岑巩、玉屏及晃县交界处的"湘黔边区反共游击司令部"匪部实施合围，歼匪3 070人。同时，对盘踞在惠水、平塘地区的"黔桂边区反共救国委员会"匪部实施合围，歼匪7 252人。12月下旬，对"滇桂黔边区反共抗俄同盟军"实施合围，歼匪3 610人。1951年上半年，还先后对镇远地区的股匪，对独山、平塘交界地区以及独山、三都交界地区的股匪，对荔波地区的股匪、罗甸地区的股匪、册亨及望谟地区的股匪等进行了合围进剿，彻底肃清了匪患。在历经一年半的贵州剿匪斗争中，与土匪进行大小战斗4 246次，缴获各种炮294门、轻重机枪1 247挺、步枪和短枪11.69万支，[1] 毙、伤、俘、降匪中队长以上匪首14 397名，匪众263 739名，共歼匪278 136名。[2] 到1951年上半年，取得了剿匪斗争的重大胜利。

在云南，到1950年底，全省内地军民艰苦战斗1 700多次，

---

① 《贵州通史》编委会：《贵州通史》第五卷，当代中国出版社2003年1月版，第14～16页。

② 薛光：《忆贵州解放初期的剿匪斗争》，中国人民政治协商会议贵州省委员会文史资料研究委员会编《贵州文史资料选辑》第九辑，贵州人民出版社1981年11月版，第134页。

毙、伤、俘土匪 2.9 万多人，另有 3.3 万多名土匪缴械投诚，缴获各种枪支 4.15 万支（挺）。到此，云南内地再无 5 人以上股匪，腹心区基本净化。从昆明到滇南、滇西、滇东的主要交通干线畅通无阻，人民群众得以安居乐业。① 在基本消灭内地股匪之后，云南的剿匪斗争转向边沿地区。由于云南边沿地区的匪众大多为不明真相的少数民族群众，同时又与流窜境外的国民党残部相勾结，使边沿地区的剿匪斗争较内地更为复杂。从 1950 年到 1957 年 7 月，云南边疆军民共同战斗，共与国民党残余部队作战 4 363 次，歼敌 12.82 万人，在国境线上查获特务、间谍 1 689 人，先后争取 4 000 多人投诚来归，有效遏制了国民党残余部队在云南边疆民族地区肆无忌惮的骚扰和破坏活动。②

在四川，首先清剿大股土匪。川西军区在镇压龙潭寺、石板滩反革命暴乱之后，从 1950 年 2 月 16 日起，重点进剿温江、灌县、郫县及岷江两岸的股匪，10 天歼敌 5 800 余人，基本肃清了这一带的股匪。3 月中旬，解放军在绵竹县歼灭了起义后叛变的原国民党三二〇师，将首犯缉获归案。到 5 月底，川西区共歼灭股匪 60 余股，4 万余人。到 1950 年底，四川共歼灭国民党土匪武装 46 万余人，除边远少数民族地区外，全省匪患基本肃清。③

剿匪斗争的胜利，使新生的人民政权经历了第一次考验，坚定了西南各族人民对党和政府的信心。剿匪斗争的胜利，对西南各民族的发展也具有十分深远的意义。匪患的肃清，打击了以国民党为首的反动势力卷土重来的企图，基本上消灭了盘踞在西南民族地区、以国民党为首的反动势力，从此，党和人民政府领导

---

① 《当代云南简史》编委会主编：《当代云南简史》，当代中国出版社 2004 年 5 月版，第 69 页。

② 《当代云南简史》编委会主编：《当代云南简史》，当代中国出版社 2004 年 5 月版，第 72 页。

③ 杨超等主编：《当代四川简史》，当代中国出版社 1997 年 5 月版，第 34~37 页。

下的人民革命力量完全掌握了自己的命运，压在西南各民族头上的各种反动势力再也不可能在各族人民头上作威作福。这为西南少数民族地区的各项社会改革打下了良好的政治基础。

肃清匪患，西南少数民族地区社会秩序很快好转，为西南各民族经济社会的恢复与发展提供了从未有过的好的社会环境，极大地提高了各民族人民群众的生产积极性。

西南虽然是多民族地区，但在解放大西南的战争中，主要是共产党领导下的人民解放军同国民党在西南的残余部队作战，少数民族卷入战争不多或者不深。但是在剿匪的斗争中，多种斗争与民族问题交织在一起，使西南多民族地区的民主建政和剿匪斗争极其复杂。一部分少数民族及其上层被匪特所利用，在匪特的欺骗宣传下，对共产党和人民解放军不信任，逆反心理很大，有的甚至准备迎战。如1950年5月，中国人民解放军一个加强连途经云南省景颇族聚居区——盈江县盏西区大慕文村寨时，受国民党特务欺骗的景颇族山官排启仁带领景颇族民众武装，四面吹响号角，弹箭齐发，向部队发起进攻，当场打死打伤解放军干部战士20多人。[①] 对于诸如此类的少数民族武装对抗，共产党采取了十分冷静的处理方式。如在上述事件中，解放军部队在四面受击、断水断粮的情况下，始终坚持只进行警告性的对天鸣枪，始终未向群众射击，后在救援部队的帮助下主动撤出景颇族村寨。在耐心细致的教育、交流下，排启仁也转向人民一边，1950年12月还被任命为云南省腾冲县第十区区长，后来还担任了德宏州政协副主席职务。[②] 因此，在剿匪斗争中，一定要区别对待少数民族和匪特分子。争取和团结各少数民族进行剿匪是西南多民族地区剿匪工作的一大特点和一项重要工作。正是得到了广大少数民

---

① 《当代云南景颇族简史》编辑委员会：《当代云南景颇族简史》，云南人民出版社2010年11月版，第28页。

② 《当代云南景颇族简史》编辑委员会：《当代云南景颇族简史》，云南人民出版社2010年11月版，第28页。

族同胞的帮助和支持，西南民族地区剿匪才能很快取得胜利。

三、西南的镇压反革命运动

在进行剿匪的同时，西南各省还进行了镇压反革命的活动。为了更好地指导各省的镇压反革命活动，中共中央于1950年3月18日颁发了《中共中央关于镇压反革命活动的指示》。

在贵州，镇压反革命运动从1950年3月开始到1953年上半年结束。1950年4月4日，贵州全省和贵阳市组织了千余名公安、政法、机关干部和街道积极分子，拉开大网，在贵阳市进行了大搜捕，逮捕了国民党匪特和其他反革命分子共249人，缴获了一批枪支弹药、电台设备等，一举粉碎了国民党匪特策划的"四月暴动"计划。与此同时，遵义、安顺、毕节、铜仁、都匀、兴仁等城镇也先后开展了大搜捕活动，逮捕了一批国民党匪特和其他反革命分子。在此基础上，各地相继召开了公审大会，公开审判和处决了一批罪大恶极、怙恶不悛的反革命分子。在镇压反革命运动中，重点打击匪首、惯匪、特务、恶霸、反革命分子、反动会道门头子和反动党团骨干分子。1951年3月17日，贵阳市在第二次大搜捕中，逮捕了混进革命队伍中的国民党军统特务、贵州绥靖区副司令杨伯楹和其他反革命分子187人。与此同时，还开展取缔反动会道门行动。到1953年5月，全省共取缔一贯道等反动会道门，摧毁了一贯道及其在全省发展的27个支系，共逮捕反动道首571人。① 到1953年上半年，历时3年的镇压反革命活动结束，基本肃清了贵州的国民党反革命残余势力。

与四川、贵州相比，云南的反革命势力比较强大。1950年冬，中共云南省委遵照中央指示作出部署，坚决要求各级党委和人民政府充分发动群众，吸收各民主党派和各界人士参加，结合

---

① 《贵州通史》编委会：《贵州通史》第五卷，当代中国出版社2003年1月版，第17～18页。

中心工作，在内地 96 个县和部分缓冲区大张旗鼓地开展镇压反革命活动。之后，云南的镇压反革命与剿匪、减租退押、土地改革、民主改革结合进行，分为三个阶段：第一阶段，从 1951 年 3 月到 11 月，结合清匪反霸、减租退押，集中搜捕特务、匪首、恶霸。第二阶段，从 1951 年冬至 1952 年 10 月，结合内地农村土地改革和城市"三反"、"五反"、民主改革，继续搜捕残余反革命分子，打击破坏土改的地主、恶霸，清查隐藏的特务、反动党团骨干、城市街道恶霸、封建把头、反动会道门头子。同时解决某些边远山区、结合部地区镇反不彻底的问题，搜捕漏网逃匿的匪首、恶霸、反革命分子。第三阶段，从 1953 年初至 1954 年 3 月，主要是取缔反动会道门，同时清理、解决镇反不彻底地区、单位的问题和运动中的遗留问题。① 云南的镇压反革命运动，历时 5 年，沉重打击了危害新生人民政权的反革命分子，巩固了人民政权，保障了民主改革和国民经济的顺利进行。

在四川，1950 年 12 月，全川大张旗鼓地开展镇压反革命运动。1951 年 3 月 13 日，重庆市公安机关在严密侦察、掌握罪证材料的基础上，实施了一次大逮捕，共捕获反革命分子 4 000 余人，其中有"国民党内调局重庆调查处二线潜伏组织"首犯，美帝国主义特务机关直接指使的间谍组织、所谓第三种势力的"中国平民革命党"及"自由联盟"的首犯，有中统、军统特务分子，有继续进行反革命活动的反动军官、反动党团骨干，以及从事抢劫活动达十余年的惯匪，一贯道点传师，外号"土皇帝"、"二老虎"的恶霸分子，等等。3 月 27 日，成都市公安机关实施大逮捕，一次捕获反革命分子 1 200 余人。② 在镇压反革命运动中，根据西南军政委员会主席刘伯承的命令，坚决取缔一贯道等

---

① 《当代云南简史》编委会主编：《当代云南简史》，当代中国出版社 2004 年 5 月版，第 73～76 页。

② 杨超等主编：《当代四川简史》，当代中国出版社 1997 年 5 月版，第 41 页。

反动会道门，并注意把首恶分子与一般迷信的道徒群众严格区分开来。大规模的镇压反革命运动在 1951 年冬基本结束以后，镇压反革命的斗争仍在继续。从 1950 年 10 月至 1953 年上半年，全省共清查出（包括自首）匪首和惯匪 17 万多名，恶霸 11 万多名，特务 4.6 万多名，反动党团骨干 2.8 万多名，反动会道门头子 3.7 万多名，其他反革命分子 1.9 万多名，均分别情况作了处理。①

镇压反革命运动的开展，基本上消灭了解放战争、剿匪之后还潜藏着的各种反革命残余势力，把与人民为敌的各种反动势力基本清除，为西南民族地区经济社会发展提供了前所未有的好环境。同时，各族人民在镇压反革命斗争中得到了锻炼，提高了政治觉悟，有利于西南各民族当家做主。

---

① 杨超等主编：《当代四川简史》，当代中国出版社 1997 年 5 月版，第 42 页。

第二章　新中国成立初期的
西南少数民族

　　西南是我国少数民族最多的地区之一，少数民族人口众多、所占比例大。由于历史上对少数民族的歧视，一部分西南少数民族隐瞒了自己的族称等原因，造成了新中国成立初期不能很准确地认识西南少数民族的族称和人口数量等问题。对一些边疆或边远的少数民族，甚至基本不了解。这不利于党的民族平等团结政策的实施。因此，从新中国成立起，就开始调查研究西南少数民族的具体情况。通过派出西南访问团对少数民族地区慰问和各地开展的调查研究，对西南少数民族的认识逐渐增多。

第一节　新中国成立初期西南少数民族概况

一、新中国成立初期西南主要少数民族人口

　　新中国成立初期，由于还未进行民族识别，西南少数民族的人口数量与分布状况其实并不十分准确。西南访问团访问西南少数民族地区时的调查资料，是第一份较全面反映新中国成立初期西南少数民族状况的材料。

　　据西南访问团初步估计，西南可能有 1 800 万到 2 000 万人的少数民族。

　　在这些少数民族中，人口最多的是藏族，包括西藏在内的人口约 400 万，聚居在西藏全境、西康大部分地区、云南西北部及

川西松潘、理番、懋功地区。

人口第二多的是彝族，约有 300 万人，主要聚居在西康、川南和云南北部相连的大小凉山地区，一部分散居于云南及贵州西部的毕节等地。

人口第三多的是苗族，约有 200 万人，主要居住在贵州台江、雷山一带的苗岭山脉与清水江流域，其余大部散居于贵州各地，小部散居于云南。

人口第四多的是仲家（布依族），约有 160 万人，居住在贵州西南部，以册亨、望谟一带为中心。

人口第五多的是回族，约有 100 万人，在云南省有 60 万人，其他各省有 40 万人。

人口第六多的是民家（白族），约有 60 万人，主要居住在云南剑川、大理、鹤庆一带。

人口第七多的是僰族（傣族），约有三四十万人，主要居住在云南西部的德宏地区及云南西南部的西双版纳地区。

其余各民族的人口都在 30 万以下，最少者有几千人的，都散布在云南、贵州等广大地区。

在少数民族人口所占比例方面，各少数民族在西康、云南约占 60%，贵州约占 40%，四川虽然没有比较确切的统计，但肯定比贵州还少。西南少数民族，除贵州的仲家（布依族）和云南的民家（白族）、拿喜（纳西族）等大部住在平坝以外，其余多住在深山高原和"瘴气"流行的地方。贵州有句话说："苗家住山头，夷家（指仲家）住水头，客家（汉人）住街头。"云南有句话："官占坪，民占坡，苗家无地方。"这些话语基本反映了西南少数民族居住的状况。

西南少数民族之间民族仇视和隔阂严重。如云南西北部傈僳族地区，在 1915 年的一次清乡中即被杀 4 000 人，有的村子竟至男丁被杀绝。大凉山彝族的沙马土司，名为"威镇凉山兵马司"，但见了汉人的保长也要磕头。

红军长征时，在西南少数民族中留下了良好的印象。西南地区解放前，云南大部分地区普遍展开了游击战争（只有 12 个县没有发动）。当时，有百分之四十的游击部队是少数民族的人民所组成的。贵州苗族和仲家等族的游击武装，以及西康藏族的革命青年和爱国人士，并早已与人民解放军取得联系。各族人民对人民解放军、人民政府是热诚拥护的，他们踊跃缴纳公粮，积极协助人民解放军解放各地、剿匪平叛，支援进军西藏的部队，大力帮助运输工作。西南各民族人民之间的关系，已起了根本的变化。①

二、新中国成立初期西南少数民族地区的贸易与交通

在历史上，贸易在西南民族地区有着十分重要的地位。西南丝绸之路、茶马古道等都印证了贸易对西南民族发展的巨大作用。新中国成立初期，贸易仍是发展少数民族经济、改善少数民族生活的重要事业。西南各少数民族，除了藏族的喇嘛寺和部分土司、头人，滇西各族土司和云南回族、民家（白族）、拿喜族（纳西族）中一小部分商业经营者经营较大商业和西南回族一般群众较普遍地经营小商业外，其他民族经营商业的很少，特别是彝族、苗族和其他小民族，几乎没有经营商业的。他们的土产，过去是经过奸商之手出售的。而奸商用欺骗手段进行大斗小秤的不等价交换，正是造成少数民族经济贫困的一个重要原因，也是引起民族仇恨的一个重要因素。

交通是少数民族地区发展经济贸易的重要条件。在西南少数民族地区，除了贵州、云南部分地区有公路、铁路，交通比较方便外，大部分地区的交通都很困难。如云南从省会昆明到西南部

---

① 此部分内容主要来自于刘格平《中央民族访问团访问西南各民族的总结报告》，《民族政策文献汇编》，人民出版社 1953 年 1 月版，第 39～50 页。

边境要花一个月时间；从西康的康定到西藏的拉萨，需时约三四个月。据说一包茶叶（十六两）从康定运到拉萨，其价值就要等于一两金子。[①]

因此，加强贸易、改善交通状况，成为新中国成立初期西南少数民族地区经济发展的重要内容。

三、新中国成立初期西南少数民族地区旧有的政治制度

新中国成立初期，在西南少数民族地区仍在发挥作用的旧有的政治制度主要有土司制度、政教制度和家支制度等。

新中国成立初期，旧有的土司制度主要在西康和云南少数民族地区仍在发挥作用。在西康省彝族地区，曾建立了土知府、土知州等众多土司。但在清朝改土归流之后，仅盐源、盐边、会理、昭觉等县保存部分土司制度。其中，盐源的土司较多，如木里宣慰司在新中国成立初期仍保持完整的土司制度；左所土千户、右所土千户尚有部分势力。昭觉的宣抚司在天地坝、布拖一带还有相当的势力。[②]

在西康省藏族地区的土司，到清光绪三十二年（1906 年），赵尔丰任川滇边务大臣时，将各土司印信次第收缴，改土归流。到民国初期，康地当局又有发还土司印信之议，有很多土司又恢复了旧日的权势。至 1939 年西康正式建省后，各地土司虽均改土归流，划县设治，但有的土司名位依然存在，有的土司依其职位及辖区大小被委为区长、乡长等职。这样就保存了一些旧土司和土目，并因委派了许多新的区、乡长，而产生了一些新的

---

① 刘格平：《中央民族访问团访问西南各民族的总结报告》，《民族政策文献汇编》，人民出版社 1953 年 1 月版，第 44 页。

② 中央人民政府民族事务委员会编：《中国少数民族地区旧有政制简况》，1951 年 10 月，第 37 页。

土目。①

川西北的嘉绒部落在新中国成立初期也还保存着旧有的土司制度。分为二大部，以理县的马塘为两部的分界处。马塘以西共有十二土司，合称嘉绒本部；马塘以南称嘉绒冲部。嘉绒本部东自马塘，西达大小金川，又分为三小部，分部内有若干土司：（一）四土部：包括梭磨、卓克基、松岗、党坝四土司地，位于理县西北境。（二）大金部：已于1939年划归西康省管辖，分隶道孚、丹巴两道，土司制度名存实亡。（三）小金部：土司于清乾隆年间撤废，其地分划入四川之懋功、西康之宝兴县及金汤设治局。嘉绒冲部，在马塘以南的地方，分三小部：（一）来苏部：原由杂谷土司管辖，清乾隆年间杂谷改流，来苏划由梭磨管辖。（二）杂谷部：包括五屯地。（三）瓦寺部：为瓦寺土司地，在岷江以西汶川县属，其土司制度在新中国成立初期名存实亡。川西北的嘉绒部落，实际上只有"四土"保存着旧有的政治制度。"四土"的情况，除卓克基土司外，其他多因土司绝嗣，由大小头人分别割据。②

在云南，民国以后，原土司辖地大多设治，有的土司制度已无形取消了。只是在边远的地方，如南部的思普沿边、西部的腾龙沿边，仍保有完整的土司制度。在蒙自、丽江等专区的一些县份，还有些土司存在。在民国时期，设治后的思普沿边，土司制度仍存。车里宣慰司及十二版纳各土司仍有较完整的土司制度和人事制度。在腾龙沿边，新中国成立初期仍有较大的土司，如南甸、干崖、芒市、耿马、猛卯、遮放、陇川等宣抚司、安抚司、副宣抚司等。只有腾龙边区各土司，以旧有的职位言，虽小于车里宣慰，但大于十二版纳境内之任何其他土司，其政治组织及经

① 中央人民政府民族事务委员会编：《中国少数民族地区旧有政制简况》，1951年10月，第44页。

② 中央人民政府民族事务委员会编：《中国少数民族地区旧有政制简况》，1951年10月，第33～34页。

济情况，也远较南部各土司为完整和富裕。①

蒙自专区的元阳、红河、金平等县为土司区，俗称为江外十八土司。辖地最大的约有数千户左右，一般约在五百户至一千户。伪民国时代，多半根据各土司管辖面积的大小，名义上改为乡镇保长等职，因有悠久的统治历史，土司与人民间仍保持着以往旧有的关系。②

除此之外，在丽江专区的中甸、德钦等，武定专区、昭通专区、玉溪专区和文山专区，都存在一定数量的土司。在土司辖区内，土司与人民的关系，以土地关系表现得最为显著。人民没有私有土地，一切土地名义上是公有的，实际上是土司掌握土地的最高所有权。人民耕地都是从土司处领来，领得耕地后，便做了土司的属民。凡境内属民，对土司须负担各种租役。③

除了土司制度外，政教制度对西南少数民族的影响也比较大。政教制度就是政治与宗教不分，宗教上的领袖，同时又是政治上的领袖。政教制度最典型的就是西藏。除西藏外，在西康的金沙江以西地区，盐源的木里区，也是实行政教合一的制度。④

家支制度主要存在于凉山彝族地区。黑彝以同姓为基础，依据父系血统关系的远近，分成许多不相隶属的家族组织；在各个黑彝的家族组织内，又分别奴役了许多不同姓的白彝。若干家的黑彝，又可推出他们的共同祖先，这便是"支"；在各家之内也可按照血缘关系的远近分成许多"房"。每个房有自己的头人，这个头人往往成为本家主要领袖之一，但是任何头人却不能成为

① 中央人民政府民族事务委员会编：《中国少数民族地区旧有政制简况》，1951年10月，第48~50页。

② 中央人民政府民族事务委员会编：《中国少数民族地区旧有政制简况》，1951年10月，第72页。

③ 中央人民政府民族事务委员会编：《中国少数民族地区旧有政制简况》，1951年10月，第51页。

④ 中央人民政府民族事务委员会编：《中国少数民族地区旧有政制简况》，1951年10月，第8页。

一个"家"的统一的共同的领袖。这便是彝族社会组织的特点。凉山彝族支系甚多，大小合计不下数十，分属于"姑候"、"曲宜"二宗。姑候各支多居凉山腹地及凉山东麓之雷、马、屏、峨等县；曲宜各支则散处于西康省的宁属八县，[①] 即越西、冕宁、西昌、会理、宁南、昭觉、盐源、盐边等八县。

四、新中国成立初期西南少数民族的语言文字和医疗卫生

西南少数民族，除藏族等族有比较能通行的宗教文字外，彝族有爨文，拿喜（纳西族）有东巴文，水家（水族）有水书（亦称反书），都是用于经典的文字；苗族、栗粟（傈僳族）、倮黑（拉祜族）、卡瓦（佤族）、山头（景颇族）等族，有基督教传教士创制的拼音文字；回族（宗教上用阿拉伯文和波斯文）和民家、仲家等族通用汉文，其余各少数民族多半没有文字。

在教育方面，新中国成立前，反动统治曾在西康大部县份办有小学，强迫少数民族学汉文汉语，结果形成了"学差"。除巴安从赵尔丰时代起就办了学校，曾有二三百人能懂汉文外，其他各地所办学校均无多大成绩。在大凉山彝区，因国民党反动统治者用学生做"人质"，彝民都不敢出来读书，只有一个黑彝土司办了一个小学，才有一百多人能懂汉文。在汉、彝杂居地区，有一部分彝民读过汉文，但为数不多。苗族、仲家、民家等读汉文的比较多些。此外，外国教会在各地亦办有学校。

在医疗卫生方面，西南各少数民族极端缺乏科学的医药卫生设备，他们有了疾病，只能靠打卦、念经、祭鬼、求神，因此常倾家荡产。如小凉山彝族胡金山因患风湿病，在十个月内即连续杀牛一百八十多头献鬼。因此，各民族人民对人民解放军的医生

---

① 中央人民政府民族事务委员会编：《中国少数民族地区旧有政制简况》，1951 年 10 月，第 37～38 页。

和药品都极为欢迎。因为少数民族生活艰苦，疾病很多，特别是藏区流行的性病，云南、西康一带的麻风病和云南边境的瘴气病（恶性疟疾）为害最大。此外，砂眼、胃病、肠寄生虫病、甲状腺肿大、风湿性疾病等，各地都很普遍。婴儿死亡率一般很高，云南、贵州有的地区竟达80%。过去帝国主义利用教会和医药进行文化侵略，在一些地方，特别是云南边境的部分少数民族中，曾有相当影响。[1]

五、西南少数民族与国防问题

在西南地区，边境线长，并且有许多少数民族居住在边境地区，其中一部分跨界而居，彼此之间亲戚朋友众多，来往频繁。因此，少数民族问题与国防问题紧密相关。并且，帝国主义利用政治、军事、经济和文化等手段，通过边境地区的少数民族，侵入中国内地。在新中国成立初期，云南西部和西北部地区，仍有帝国主义分子假借宗教外衣的活动。从保山专区的山头族，经历丽江专区的栗粟、怒、俅等族，到楚雄、武定专区的苗、彝、栗粟等族，从此向东伸入贵州西北部的毕节、威宁的苗、彝地区，向西伸入西康凉山的彝族区，都有他们的积极活动。他们的最高目标是指向川南。这一带地区，都有外国教会散布的毒害影响。在新中国成立前，在边境地区有英、美、加等国籍的基督教传教士大肆活动，制造谣言，挑拨民族感情，诱骗少数民族迁移。缅北密支那设有移民局，专门办理移民工作。对于腾冲、龙陵边区的山头族，除招诱服兵役外，还发给枪支，唆使其"向东打"，经常制造这一些地带各民族之间的纠纷。当访问团到达云南西部时，帝国主义传教士即满怀敌意地说："哼！民族工作，我们已经做了几十年了！"由于帝国主义长期欺骗麻醉的结果，少数民族教民中有许

---

[1]　刘格平：《中央民族访问团访问西南各民族的总结报告》，《民族政策文献汇编》，人民出版社1953年1月版，第46～48页。

多人视教规高于政府法令，称外国教士为"大大人"。此外，边境地区某些民族上层分子和帝国主义有直接间接的联系。①

正是因为上述原因，西南少数民族问题才与国防问题紧密相联，在处理西南少数民族问题时，要站在国防问题的高度，绝不能掉以轻心。

第二节　西南少数民族的特殊社会经济形态

一、从原始社会向奴隶制过渡的社会经济形态

西南少数民族众多，且发展不平衡，除了地主经济之外，西南各少数民族地区还存在一些发展相对比较缓慢的社会经济形态。在这些特殊的社会经济形态中，一部分处于原始社会末期并开始向奴隶制过渡的阶段，一部分还处于奴隶制阶段，一部分已经发展到农奴制阶段。

直到20世纪40年代，在中国少数民族中，有鄂温克（部分）、鄂伦春、赫哲、独龙、怒、傈僳、景颇、布朗（部分）、基诺、拉祜（部分）、佤（部分）、黎（部分）等民族及白、苗、瑶等族的个别地区，处于原始社会末期或由原始社会向阶级社会的过渡阶段。其中，独龙、怒、傈僳、景颇、布朗（部分）、基诺、拉祜（部分）、佤（部分）等民族及白、苗、瑶等族的个别地区，就生活在西南地区，主要是在云南。

直到20世纪50年代，地处独龙江流域的独龙族，还处于父系家庭公社发展阶段。他们以血缘为纽带，共同占有生产资料，集体劳动，共同消费。怒族和傈僳族的血缘纽带关系虽已被冲破，但在所形成的地域性村寨中，土地公有，私人占用，以共耕

---

① 刘格平：《中央民族访问团访问西南各民族的总结报告》，《民族政策文献汇编》，人民出版社1953年1月版，第49～50页。

的形式进行集体耕作，以耕地的私有为基础，已经出现贫富分化和轻微的剥削关系。在德宏州景颇族地区，保留着生产资料所有制的二重性，即土地公有和私人占有，但水田的买卖已经发生；贫富分化已趋悬殊，个别富有的山官已经开始由民主管理的村寨头人蜕化为统治阶层。在西盟佤族中，实行未开垦的土地等自然资源公有，生产中还保留着互助合作的传统和维系人与人之间平等的原始习惯法，但社会已经分化为富有者、贫困者和家庭奴隶等阶层。①

在勐海布朗族中，土地公有制虽还占有优势，但私有制却有了一定的发展。② 在景洪县的景洪、勐笼、勐罕，勐腊县的勐腊、勐仑、勐捧、尚勇，勐海县的布朗山、西定等地的哈尼族中，还保持着农村公社土地所有制的特点，阶级分化不明显，除少数水田、茶园等属个体家庭私有外，绝大部分山地为村社公有，自由开种。③

在滇中峨山、元江一带高寒贫瘠山区的彝族支系山苏人，生产和文化十分落后，经营着原始经济，生活极为贫困。④ 在原碧江县和福贡县的白族支系勒墨人，内部阶级分化不明显，还保持着原始公社和家长奴役制的残余。⑤

二、奴隶制社会经济形态

分布于四川省南部和云南省北部的大小凉山地区的彝族，在

① 宋蜀华、满都尔图主编：《中国民族学五十年》，人民出版社2004年4月版，第152页。
② 宋蜀华、满都尔图主编：《中国民族学五十年》，人民出版社2004年4月版，第157~158页。
③ 《云南民族工作40年》编写组：《云南民族工作40年》下册，云南民族出版社1994年6月版，第397页。
④ 《云南民族工作40年》编写组：《云南民族工作40年》下册，云南民族出版社1994年6月版，第394页。
⑤ 《云南民族工作40年》编写组：《云南民族工作40年》下册，云南民族出版社1994年6月版，第395页。

20 世纪中叶仍处于奴隶制社会发展阶段。在这一地区，奴隶主占有大量土地和奴隶，利用奴隶劳动、高利贷、地租及其他一些掠夺性的剥削手段来榨取财富，过着腐朽的寄生生活。

凉山彝族社会基本上可以划分为兹莫、诺伙、曲诺、安家、呷西五个等级或等第，又可简化为兹诺（兹莫、诺伙两个等第）、曲诺、濮节（安家、呷西两等第）三个等级。兹莫，始称兹敏，亦称兹，意为掌权者，是贵族中的最高等第。1956 年民主改革前，约占凉山彝族总人口的 0.1%。[1] 诺伙，亦称诺，有黑色的意思，汉称黑彝，是贵族中的较低等第。民主改革前，约占凉山彝族总人口的 6.9%。曲诺，亦称曲伙，曲有白色的意思，汉称白彝，是隶属于土司、土目、土舍或黑彝的直接生产者，也是必须取得主子保护的被保护者。民主改革前曲诺约占凉山彝族总人口的 50%。安家，亦称阿加，意为给主子守门的奴隶，有的地方汉称分居奴。民主改革前安家约占凉山彝族总人口的 33%。呷西，全称呷西呷洛，意为锅庄旁边的手脚，汉称锅庄娃子。民主改革前呷西约占凉山彝族总人口的 10%。[2]

据 1956 年民主改革时的调查资料，在整个凉山地区，占总户数 5% 的奴隶主（绝大多数为黑彝）占有总耕地的 70%，占有大部分其他生产资料，平均每户占有奴隶 11 人，劳动者 5 人。[3]

三、封建领主制社会经济形态

新中国成立前，西双版纳傣族地区还保持着比较完整的封建领主制经济。其特点是建立在农村公社基础之上，政治统治权和

---

① 胡庆钧：《凉山彝族奴隶制社会形态》，中国社会科学出版社 2007 年 3 月版，第 78 页。

② 胡庆钧：《凉山彝族奴隶制社会形态》，中国社会科学出版社 2007 年 3 月版，第 78 ~ 79 页。

③ 胡庆钧：《凉山彝族奴隶制社会形态》，中国社会科学出版社 2007 年 3 月版，第 89 ~ 90 页。

土地所有权合为一体，实行劳役地租，并逐渐向实物地租转化，阶级关系表现为严格的等级结构。地处云南省德宏及孟连、耿马、沧源、金平等地的傣族，则由封建领主经济向地主经济过渡，基本上仍是封建领主经济。封建领主以辖区最高土地所有者的身份，仍保留着分配和夺取土地之权，村社界限仍然存在，农民不能自由抵押、典当和买卖土地。原有的村社组织已经失去直接控制和分配土地的权力，完全蜕变为领主剥削奴役农民的基础组织。①

除此之外，云南红河南岸彝族哈尼族土司统治下的彝族、哈尼族和武定、禄劝土司土目统治下的彝族地区，基本上保持着封建领主经济。② 在泸水、云龙、兰坪、鹤庆等县的部分地区，土司统治下的白族也还保留着封建领主制经济。③

另外，分布在云南省宁蒗县和四川省盐源县交界的泸沽湖畔的部分纳西族，在封建领主制下长期保留着母系制家庭。④ 在云南、四川藏区，还保持着封建领主制经济。云南宁蒗永宁地区的普米族也处于封建领主制经济形态中。

以上社会经济形态，反映了西南少数民族在其发展过程中有一定的特殊性。这就要求民主改革、政治设置等方面不能完全以地主经济为主地区同样对待，而要实行有一定差别的政策。

---

① 《云南民族工作40年》编写组：《云南民族工作40年》下册，云南民族出版社1994年6月版，第398、400页。

② 《云南民族工作40年》编写组：《云南民族工作40年》下册，云南民族出版社1994年6月版，第392页。

③ 《云南民族工作40年》编写组：《云南民族工作40年》下册，云南民族出版社1994年6月版，第395页。

④ 宋蜀华、满都尔图主编：《中国民族学五十年》，人民出版社2004年4月版，第159页。

第三章　西南民族地区的政治设置

新中国成立以后，党和政府十分重视西南民族地区的政治设置问题。在少数民族聚居区建立民族自治地方；在民族杂居区建立民族民主联合政府。民主建政极大地提高了少数民族群众的生产和自我管理的积极性。随着西南民族地区经济社会的不断发展和为了更好地服务于西南民族地区经济社会的发展，必须不断对西南民族地区的行政区划进行调整。通过行政区划的调整，西南民族地区的政治设置更加科学、合理。

第一节　20 世纪 50 年代民族区域自治在西南的实践

一、1954 年 9 月之前的西南民族区域自治

《共同纲领》规定："各少数民族聚居的地区，应实行民族的区域自治，按照民族聚居的人口多少和区域大小，分别建立各民族自治机关。凡各民族杂居的地方及民族自治区内，各民族在当地政权中均应有相当名额的代表。"① 新中国成立后，根据《共同纲领》的规定，在全国各少数民族聚居的地方开始推行民族区域自治，建立民族自治地方。西南作为多民族地区，当然也就成为民族区域自治实践的重点地区之一。从新中国成立以来到现在，

① 《民族政策文献汇编》，人民出版社 1953 年 1 月版，第 1 页。

西南的民族区域自治和全国一样，大概可以划分为三个阶段：初创阶段、曲折发展阶段、恢复和发展的新阶段。初创阶段从新中国成立到1958年。这一阶段又分为前后两段。前半段从新中国成立到1954年9月《中华人民共和国宪法》颁布。后半段从1954年10月到1958年。1958年至1976年是民族区域自治的曲折发展阶段。1978年以后民族区域自治得以恢复并进入一个新的发展阶段。

从新中国成立到1954年9月，主要任务是建立民族区域自治和民族民主联合政府。在这一段时间，云南、西康、四川、贵州等省区都建立了数量不等的民族自治地方，为民族自治进一步发展奠定了坚实的基础和积累了宝贵的经验。

民族区域自治是中国共产党把马克思主义民族理论与中国民族问题具体实际相结合的产物，是中国共产党用来解决中国民族问题的基本形式。在新中国成立以前，民族区域自治就在内蒙古取得成功，为我国民族区域自治的实行积累了一些经验。但西南民族地区与内蒙古等民族地区的差别很大，不能直接照搬其经验。根据中央"慎重稳进"的方针，首先需要进行试点，在积累经验的基础之上，才能铺开。1950年中央访问团访问西南时，就把西康藏族地区作为一个试点，并在中央访问团的指导下建立了西康省藏族自治区。

之所以选择西康藏族地区作为试点，是因为：第一，这里藏族同胞集中；第二，历史上有工作基础；第三，人民解放军进军到这个地方后，同藏族同胞建立了良好关系；第四，这里还有个进步组织叫东藏民主青年同盟，有一百多人。[1] 在具备基本条件的前提下，1950年7月，康定军事管制委员会与各族各界人士协

①　邓小平：《关于西南少数民族问题》，中共中央文献研究室、中共重庆市委员会编《邓小平西南工作文集》，中央文献出版社、重庆出版社2006年12月版，第199页。

商实行区域自治的问题。9 月，中央访问团西南访问分团到达康定后即对筹备工作进行指导。11 月 17 日至 24 日，召开了西康省藏族自治区第一届各界人民代表会议，选举产生了自治区人民政府组成人员。自治区人民政府委员会由 35 人组成，藏族 26 人，汉族 7 人，回族 1 人，彝族 1 人。①

　　西康藏族自治区成立，这是新中国成立后最早建立的自治州一级的民族自治地方，也是西南最早的民族自治地方，为西南民族区域自治的实践积累了宝贵经验，具有十分重要的意义。因为从全国来看，在内蒙古自治区成立之前，蒙古族一直为实现"自治"而斗争，而对于西南广大少数民族而言，基本没有"自治"的要求。因此，西康藏族自治区的成立，回答了一部分人提出的对于没有"自治"要求的民族和民族地区，要不要实行民族区域自治及怎样实行区域自治的问题。

　　为了更好地分享各地民族区域自治的成功经验，1951 年 2 月 5 日，中央人民政府政务院在《关于民族事务的几项决定》中强调："各大行政区军政委员会（人民政府）须指导各有关省、市、行署人民政府认真地推行民族区域自治及民族民主联合政府的政策和制度，并随时向政务院报告推行经验。"② 政务院在 1952 年 2 月 22 日通过的《中华人民共和国民族区域自治实施纲要》，对之前的民族区域自治进行了初步总结，规定各少数民族地区，依据当地民族关系、经济发展条件，并参酌历史情况，以一个或多个少数民族聚居区为基础而建立自治区。1953 年中央民族事务委员会（扩大）会议对新中国成立以来在全国推行民族区域自治的工作进行了系统、全面的总结，产生了《关于推行民族区域自治的基本经验》，为在西南推行民族区域自治提供了宝贵的经验。到

　　① 杨超等主编：《当代四川简史》，当代中国出版社 1997 年 5 月版，第 29 页。
　　② 金炳镐主编：《民族纲领政策文献选编》第二编，中央民族大学出版社 2006 年 10 月版，第 445 页。

1954 年 9 月《中华人民共和国宪法》颁布，西南民族区域自治取得了很大成绩。

到 1951 年 12 月，除西康藏族自治区外，西南还建立了 21 个县级自治区，15 个区级自治区，49 个乡级自治区。① 到 1952 年底，西南区又建立了 2 个州级和 11 个县级自治区。这 2 个州级自治区是四川省藏族自治区和西康省凉山彝族自治区。11 个县级自治区是：西康昭觉彝族自治区，贵州炉山县苗族自治区、惠水县苗族布依族联合自治区、丹寨县苗族自治区、云南峨山彝族自治区、红河县爱尼族自治区、梁河县傣族景颇族自治区、德钦县藏族自治区、碧江县各民族自治区、福贡县傈僳族自治区、贡山县傈僳族自治区。②

1953 年，又建立了一批民族自治地方：1 月 1 日，四川省撤销茂县专区，设立藏族自治区；云南省弥勒彝族自治区成立。1 月 7 日，贵州省台江苗族自治区成立。1 月 24 日，云南省第一个州级民族自治地方——西双版纳傣族自治区建立。2 月 19 日，西康省木里藏族自治区成立。4 月 7 日，云南省澜沧拉祜族自治区建立。

1954 年建立的民族自治地方如下：1 月 1 日，云南省红河哈尼族自治区在红河爱尼族自治区（县级）的基础上建立。5 月 18 日，云南省江城哈尼族彝族自治区建立。6 月 16 日，云南省孟连傣族拉祜族佤族自治区成立。7 月 24 日，云南省德宏傣族景颇族自治区成立。8 月 23 日，云南省怒江傈僳族自治区建立。

上述民族自治地方的建立，是在西南民族聚居区实行民族区域自治的重要实践，为其后进一步实行民族区域自治奠定了坚实的基础。其他一些民族聚居区之所以暂时还未建立民族自治地

---

① 王维舟：《西南民族工作情况》，《民族政策文献汇编》，人民出版社 1953 年 1 月版，第 127 页。

② 张尔驹：《中国民族区域自治史纲》，民族出版社 1995 年 1 月版，第 136 页。

方，主要是因为还不具备实行民族区域自治的条件。

在新中国成立初期，一些人不赞成实行民族区域自治，一些人即使赞成实行民族区域自治，但主张不管不问，要求"毫无准备毫无步骤地实行区域自治和民族民主联合政府"。①这是由于他们还不了解，无论成立民族区域自治或民族民主联合政府，都必须在有关各民族的各阶层人民中进行政治方面的和组织方面的必要的准备工作，而如果不要这种准备工作，有关各民族的各阶层人民因此还处于盲目状态中，就会使民族区域自治和民族民主联合政府这个好的政策和制度流于有名无实。因此，党和人民政府要求各地必须坚决而又正确地推行这种政策和制度，既要纠正消极拖延现象，又要防止放弃准备的草率行动。②

那么，民族区域自治地方需要准备到什么程度，在具备什么样的条件下才可以成立呢？邓小平 1950 年 5 月在《关于做好彝民工作的意见》中谈到："我们觉得组织一个彝民自治区（命名为西康省凉山彝民自治区人民政府）是有极大好处的。但是在许多支头分割统治的情况下，有无成立这样一个统一的自治区政府的条件，是值得考虑的。如果这些条件还不成熟，则可暂时组织汉彝联合性质的各级政府，等到条件成熟后再说。"③ 在这里，邓小平同志强调"民族团结"是实行区域自治的一个重要条件。

1950 年 7 月 21 日，邓小平在《关于西南少数民族问题》中谈到："今天我们在西南实行民族区域自治，首先开步走的应是康东，因为各种条件比较具备。第一，藏族同胞集中；第二，历史上有工作基础；第三，我们进军到那个地方后，同藏族同胞建立了良好关系；第四，那里还有个进步组织叫东藏民主青年同

---

① 《民族政策文献汇编》，人民出版社 1953 年 1 月版，第 17 页。

② 《民族政策文献汇编》，人民出版社 1953 年 1 月版，第 17 页。

③ 中共中央文献研究室、中共重庆市委员会编：《邓小平西南工作文集》，中央文献出版社、重庆出版社 2006 年 12 月版，第 144 页。

盟，有一百多人。"① 在这里，邓小平其实讲了三个条件：少数民族聚居区、民族关系友好、有少数民族的支持。

1951 年 12 月 29 日，西北军政委员会民族事务委员会主任委员汪锋在《西北各民族人民两年来在毛泽东旗帜下团结前进》的发言中总结道："凡是根据民主集中制和人民代表会议制基本原则建立起来的区域自治机关或联合政府，都受到了少数民族人民的普遍欢迎。"② 这里强调的是在进行民族区域自治过程中，自治机关的产生问题，只有解决好了自治机关问题，才能成立民族区域自治政府。

1952 年 2 月颁布实施的《中华人民共和国民族区域自治实施纲要》，是对新中国成立初期两年多来实行民族区域自治进行的初步总结。在《附则》中规定："全国少数民族聚居的地区，除已经实行区域自治者外，凡革命秩序初步建立，各阶层人民愿意实行区域自治时，即应着手实行区域自治，并设立筹备机构或应用现有的适当机构，进行关于召集人民代表会议及其他必要的准备工作。"③ 根据这一精神，西南局针对西南民族地区的情况，对民族区域自治的条件提出了要求："革命秩序已经建立，各族人民群众对实行区域自治已有相当程度的自觉和自愿，已有相当数量的代表人物，已有相当数量的民族干部。"④

综上所述，新中国成立初期民族区域自治的条件大概有如下几方面：一是革命秩序建立，社会安宁；二是各族群众及相当数量的代表人物包括民族上层自觉自愿要求实行民族区域自治；三是各民族之间要团结；四是有相当数量的少数民族干部。

---

① 中共中央文献研究室、中共重庆市委员会编：《邓小平西南工作文集》，中央文献出版社、重庆出版社 2006 年 12 月版，第 199 页。
② 《民族政策文献汇编》，人民出版社 1953 年 1 月版，第 139 页。
③ 《民族政策文献汇编》，人民出版社 1953 年 1 月版，第 170 页。
④ 赵永忠：《从自治区的设置过程看民族区域自治在西藏得以实现的条件》，载《西藏民族学院学报》2009 年第 4 期。

在具备基本条件的基础上，还要经过精心筹备。上述建立的西南民族自治地方，在正式建立前都进行过精心筹备。筹备工作一般由该自治地方的上级国家机关提出方案后，同各有关民族的各界人士进行协商、研究确定建立自治地方方案的各项内容。待成立自治地方的意见形成草案后即着手建立筹备委员会负责筹备工作。

筹备委员会的任务主要是：第一，宣传工作。广泛宣传党和国家的民族政策，建立自治地方的重要意义，组织学习有关建立民族自治地方的有关文件等，使民族区域自治政策深入人心。第二，负责提出自治机关、人民法院组成人员人选名单，拟定参加自治地方成立大会代表名额分配方案。第三，负责提交大会通过的各种文件、条例的起草工作。第四，负责人民代表会议的各项筹备工作。①

在1954年9月之前，由于经验不足，上述民族区域自治的实践也存在一定的问题：一是对民族区域自治地方的行政地位规定不明确，出现了称谓上的混乱，把乡、区、县、专区及专区以上的民族自治地方都统称为自治区。二是一些民族自治地方人口较少、地域较小，实际上不可能全面行使自治权，这主要是县以下的区、乡。② 在党中央的领导下，不断总结经验，及时纠正了这些存在的问题，并在1954年《宪法》中作了明确规定：我国民族自治地方分为自治区、自治州和自治县三级。

在建立民族自治地方的同时，还在民族杂居区及未具备实行民族区域自治条件的民族聚居区建立了民族民主联合政府。为了更好地指导各地民族民主联合政府的建立，党中央于1950年4月3日向西南局等下发了《中共中央关于在民族杂居地区成立民族

---

① 张尔驹：《中国民族区域自治的理论和实践》，中国社会科学出版社1988年10月版，第97页。

② 王连芳主编：《马克思主义民族理论与中国解决民族问题的实践》，云南人民出版社1996年6月版，第307页。

民主联合政府的指示》，指出："西南汉族与藏、苗、彝等族杂居的专区和县的各级政府，若当地少数民族占多数时，原则上应按各民族人口比例，分配当地政府委员会及人民代表会议的名额，大量吸收少数民族中能够和我们合作的人参与政府工作。若当地少数民族占少数时，各少数民族在当地政府机关中均应有相当名额的代表……这样的各级联合政府中，少数民族的委员就可以反映他们民族的要求和意见，政府凡在处理关涉到少数民族的工作问题时，必须和少数民族的委员充分协商，力求取得他们的同意，然后做出决定。"① 1951 年 2 月 5 日，在《中央人民政府政务院关于民族事务的几项决定》中也规定：各大行政区军政委员会（人民政府）须指导各有关省、市、行署人民政府认真地推行民族区域自治及民族民主联合政府的政策和制度。② 1952 年 2 月 22日，政务院还通过了《中央人民政府政务院关于地方民族民主联合政府实施办法的决定》，规定下列地区得建立民族民主联合政府："（一）境内汉族人口占绝对多数，但少数民族人口达总人口数量百分之十以上的省（行署）、市、专区、县、区和乡（村）；（二）少数民族人口不达境内总人口数量百分之十，但民族关系显著，对行政发生多方面影响的省（行署）、市、专区、县、区和乡（村）；（三）两个以上少数民族杂居，但未实行联合自治的地区；（四）民族自治区内汉族居民特别多的地区；（五）其他因特殊情况，经大行政区人民政府或中央人民政府政务院认可，有

---

① 《中共中央关于在民族杂居地区成立民族民主联合政府的指示》，中央文献研究室编《建国以来重要文献选编》第一册，中央文献出版社 1992年 5 月版，第 170 页。

② 《中央人民政府政务院关于民族事务的几项决定》，金炳镐主编《民族纲领政策文献选编》第二编，中央民族大学出版社 2006 年 10 月版，第 445 页。

必要建立民族民主联合政府的地区。"①

根据中央的指示，西南局高度重视西南民族地区的民主建政问题。在1951年2月2～4日召开的西南民族事务委员会第二次全体会议上，把建立各民族联合政权确定为1951年的工作任务之一。② 西南民族事务委员会结合西南民族地区的具体实际，制定了《关于西南少数民族地区实行民族区域自治及建立民族民主联合政府的意见》，并于1951年2月24日在西南军政委员会第25次行政会议上获得批准。③ 在西南局的领导下，西南民族地区开始着手开展成立民族民主联合政府的工作。

1950年11月22～30日，云南省委召开全省少数民族工作会议，决定在条件具备的民族杂居的专署、县、区乡成立民族联合政府。④ 在1951年2月5～15日召开的地委书记联席会议上，云南省委强调要首先从上而下地、有步骤地成立边缘各专区和内地楚雄、武定、宜良等专区的民族民主联合政府。⑤ 1951年3月1日，云南省昆明县各族人民委员会成立，是云南省首先成立各族人民委员会的县份。1951年3月24日，云南省第一个专区级民族民主联合政府——宁洱区民族民主联合政府成立。⑥ 1951年4月10日，云南省委发出《关于目前少数民族工作问题的指示》，

① 《中央人民政府政务院关于地方民族民主联合政府实施办法的决定》，金炳镐主编《民族纲领政策文献选编》第二编，中央民族大学出版社2006年10月版，第461页。
② 郎维伟主编：《邓小平与西南少数民族——在主持西南局工作的日子里》，四川人民出版社2004年4月版，第233页。
③ 郎维伟主编：《邓小平与西南少数民族——在主持西南局工作的日子里》，四川人民出版社2004年4月版，第233～234页。
④ 云南省民族事务委员会：《云南民族工作大事记：1949～2007》，云南民族出版社2008年5月版，第7页。
⑤ 云南省民族事务委员会：《云南民族工作大事记：1949～2007》，云南民族出版社2008年5月版，第10页。
⑥ 云南省民族事务委员会：《云南民族工作大事记：1949～2007》，云南民族出版社2008年5月版，第10页。

要求各少数民族地区尽快在民族杂居区成立民族民主联合政府。现在未成立的，最迟须于 1951 年 9 月以前成立。① 1951 年 6 月 10 日，云南省人民政府拟定下发了《云南省少数民族地区各级政权机构组织暂行条例》（草案）。1951 年 5 月 10 日，蒙自专区民族民主联合政府成立。② 1951 年 5 月 18 日，丽江专区召开第二届各族各界人民代表会议，成立了民族民主联合政府。6 月 15 日，保山专区民族民主联合政府成立。11 月 9 日，玉溪专区召开第一届各族各界人民代表会议，成立了玉溪专区民族民主联合政府。③ 至 1954 年 8 月，云南省共建立了各级民族民主联合政府 524 个，其中专区级的 6 个，县级的 22 个，市级的 1 个，区级的 23 个，乡级的 477 个。④

　　1950 年 12 月 9 日，贵州省人民政府第八次行政会议通过了《关于少数民族地区工作的指示》，决定在民族杂居的地区成立各级民族民主联合政府。⑤ 1951 年 2 月 21 日，贵州省在贵阳召开民族工作会议，决定迅速成立区域自治或民族民主联合政府，并强调只有成立民族民主联合政府，才能根据少数民族的要求，逐步进行社会民主改革。这次会议后，贵州各级政府相继召开了各族各界人民代表会议，民主选举产生各级民族民主联合政府。1951 年 4 月 24 日，贵阳专区召开各族各界人民代表会议，正式成立了民族民主联合政府。1951 年 6 月 22 日，镇远专区召开首届各族

　　① 云南省民族事务委员会：《云南民族工作大事记：1949～2007》，云南民族出版社 2008 年 5 月版，第 11 页。
　　② 《云南民族工作 40 年》编写组：《云南民族工作 40 年》，云南民族出版社 1994 年 6 月版，第 279 页。
　　③ 郎维伟主编：《邓小平与西南少数民族——在主持西南局工作的日子里》，四川人民出版社 2004 年 4 月版，第 236、237、241 页。
　　④ 《云南民族工作 40 年》编写组：《云南民族工作 40 年》，云南民族出版社 1994 年 6 月版，第 278～279 页。
　　⑤ 贵州省民族事务委员会编：《贵州民族工作五十年》，贵州民族出版社 1999 年 9 月版，第 109 页。

各界人民代表会议，正式成立了镇远专区民族民主联合政府。8月22日，安顺专区召开首届各族各界人民代表会议，正式成立了安顺专区民族民主联合政府。9月11日，独山专区召开首届各族各界人民代表会议，正式成立独山专区民族民主联合政府。10月23日，毕节专区召开首届各族各界人民代表会议，成立了毕节专区民族民主联合政府。① 据统计，在1951年，贵州就有5个专区、30个县建立了民族民主联合政府。② 据1953年1月统计，全省先后建立了贵阳、镇远、安顺、独山、毕节5个专区民族民主联合政府，建立了贵筑、贵定、龙里、长顺、惠水、平越、都匀、独山、三都、炉山、黄平、丹寨、施秉、三穗、清镇、平坝、安顺、贞丰、水城、黔西、大定、织金、纳雍、毕节、金沙、赫章、威宁等县和松桃县第一、二、三区民族民主联合政府。③

在川康地区，少数民族主要分布在川西北高原、川西南和川东南地区。1951年12月，西康省在11个专区、53个县、27个区和72个乡建立了民族民主联合政府。④ 在四川，1950年12月25日召开了西昌专区各族各界人民代表大会，成立了西昌专区民族民主联合政府。⑤ 之后，凡多民族的县、区、乡也都相继成立了民族民主联合政府。到1951年，西昌地区有5个县和若干区、

① 郎维伟主编：《邓小平与西南少数民族——在主持西南局工作的日子里》，四川人民出版社2004年4月版，第235、237、238、239、240页。
② 贵州民族事务委员会：《贵州少数民族飞跃发展的十年》，贵州人民出版社1960年12月版，第7页。
③ 贵州省民族事务委员会编：《贵州民族工作五十年》，贵州民族出版社1999年9月版，第109页。
④ 王维舟：《西南民族工作情况》，《民族政策文献汇编》，人民出版社1953年1月版，第127页。
⑤ 梁文英：《民族问题理论在实践中的检验》，民族出版社1999年12月版，第12页。

乡成立了民族民主联合政府。① 1951 年 12 月，马边县召开第一届各族各届人民代表会议，成立了马边民族民主联合政府。同年，在峨边县也成立了民族民主联合政府。与此同时，更多地区举行各族各界代表会议。1951 年 1 月 13 日，西康省西昌专区举行首届各族各界代表会议，成立了各族各界协商委员会。3 月 5 日，川南首届民族会议召开，彝、苗、回等少数民族代表 190 人参会，订出各族人民团结公约。3 月 23 日，川西茂县、西康康定、西昌等地，先后召开了各族代表会议，讨论如何加强民族团结等问题。10 月 2 日，川南宜宾专区召开首届各民族代表会议。11 月 11 日，茂县专区的四土、阿坝、卓斯甲举行首届各族各界人民代表会议，决定成立各土行政委员会。12 月 27 日，川南乐山专区召开民族代表会议。②

在党中央和西南局的领导下，西南民族地区建立民族民主联合政府的成绩是显著的，到 1952 年底，西南地区在大约 1 000 万人口左右的地区建立了 172 个包括州、县、区、乡四个级别的民族自治政府和 358 个包括专区、县、区、乡四个级别的民族民主联合政府。③ 之后，还有更多的民族民主联合政府建立。建立民族民主联合政府主要是解决人民代表会议的代表名额问题。根据建立民族民主联合政府的地区各民族人口比例的不同情况分配代表名额，对人口特别少的民族也给予照顾，也有代表名额，使这

① 梁文英：《民族问题理论在实践中的检验》，民族出版社 1999 年 12 月版，第 13 页。
② 郎维伟主编：《邓小平与西南少数民族——在主持西南局工作的日子里》，四川人民出版社 2004 年 4 月版，第 232、234、235、240、241、242 页。
③ 杨凌林、罗文德：《邓小平与西南地区的政权建设》，《邓小平主政大西南的历史经验：重庆市纪念邓小平同志诞辰 100 周年文集》，重庆出版社 2006 年 1 月版，第 315 页。

些民族也能有代表人物参加到政权中去共商本地方的大事。① 经过几年的努力，凡在区域内有少数民族的地方各级人民政府中，各民族都有了适当的代表名额。根据 1954 年 9 月颁布的《中华人民共和国宪法》，民族民主联合政府的使命已经完成，需要作相应的改变。周恩来总理于 1955 年 12 月 29 日在《国务院关于改变地方民族民主联合政府的指示》中作了明确规定：对于过去建立的民族民主联合政府，凡适合建立自治州、自治县的改为自治州、自治县；适合建立民族乡的，改建为民族乡。凡不适合建立自治州、自治县和民族乡的，改为专区、一般县和乡。② 到 1956 年完成了改建工作。

民族民主建政工作，在当时产生了重大的影响：加强了各族人民的爱国主义思想，提高了各族人民对帝国主义和蒋残匪斗争的积极性；给各族人民的经济、贸易、卫生、文教事业的发展创造了极为有利的条件；培养了大批民族干部。它在新中国成立初期对于在民族杂居区加强民族团结，发动少数民族人民的积极性，保障少数民族平等权利等方面发挥了重要作用。同时，它的建立也为以后在该地区实行民族区域自治作了准备，它对于各族人民来说，是一次民主建政的实践和教育。③

二、1954 年 9 月至 1958 年的西南民族区域自治

1954 年 9 月以后，处于初创阶段的民族区域自治进入后半阶段。后半段的民族区域自治实践中，更改民族自治地方的名称是一项重要工作。1954 年 9 月通过的《中华人民共和国宪法》明确

---

① 张尔驹：《中国民族区域自治的理论和实践》，中国社会科学出版社 1988 年 10 月版，第 99 页。

② 周恩来：《国务院关于改变地方民族民主联合政府的指示》，金炳镐主编《民族纲领政策文献选编》第二编，中央民族大学出版社 2006 年 10 月版，第 538 页。

③ 张尔驹：《中国民族区域自治史纲》，民族出版社 1995 年 1 月版，第 139 页。

规定我国民族自治地方分为自治区、自治州和自治县三级。根据
《宪法》的精神，上述州级民族自治地方逐渐更名为自治州，如
西康省藏族自治州、凉山彝族自治州，四川省阿坝藏族自治州，
云南省西双版纳傣族自治州、德宏傣族景颇族自治州、怒江傈僳
族自治州。县级自治区逐渐更名为自治县。区、乡一级民族自治
地方众多，且较为复杂，因此国务院专门于 1955 年 12 月 29 日下
发了《关于更改相当于区的民族自治区的指示》和《关于建立民
族乡若干问题的指示》，1956 年 10 月 16 日又下发了《关于更改
相当于区和相当于乡的民族自治区的补充指示》。根据这些指示
精神，区、乡一级自治区逐渐更名为民族乡或者作其他变更。通
过更名，民族区域自治更加规范。

在更改民族自治地方名称的同时，把具备条件的民族民主联
合政府改建为民族自治地方，也是后半阶段的重要任务。1955 年
12 月 29 日，周恩来总理作了《国务院关于改变地方民族民主联
合政府的指示》。根据这一指示，一部分民族民主联合政府改建
为民族自治地方，如贵州三都民族民主联合政府改建为三都水族
自治县。一部分民族民主联合政府不适合改建为民族自治地方
的，就改为一般的专员公署、区公所、县、乡等，如云南丽江专
区民族民主联合政府改为丽江专区。[1]

与此同时，还在其他具备条件的地区建立民族自治地方。从
1954 年 10 月到 1958 年，在民族民主联合政府基础上改建和非民
族民主联合政府地区建立的民族自治地方大概如下：

在云南，自治州的设置取得了很大成就：1956 年 11 月 22
日，建立了大理白族自治州。1957 年 9 月 13 日，建立了迪庆藏
族自治州。1958 年 4 月 1 日，成立了文山壮族苗族自治州。1958

① 张尔驹：《中国民族区域自治的理论和实践》，中国社会科学出版社
1988 年 10 月版，第 99 页。

年 4 月 15 日，成立了楚雄彝族自治州。① 自治县的设置也成就巨大：1955 年 10 月 16 日，建立了耿马傣族佤族自治县。1956 年 9 月 20 日，建立了宁蒗彝族自治县。1956 年 10 月 1 日，建立了贡山独龙族怒族自治县。1956 年 11 月 9 日，建立了巍山彝族自治县。1956 年 11 月 13 日，建立了永建回族自治县。1956 年 12 月建立了路南彝族自治县。②

在贵州，1954 年 11 月，威宁彝族回族苗族自治县成立。1955 年 7 月，雷山苗族自治区成立，1955 年 10 月改为雷山苗族自治县。1956 年 7 月，在雷山、台江、炉山、丹寨四个自治县的基础上，成立了贵州省黔东南苗族侗族自治州。③ 1956 年 8 月 8 日，黔南布依族苗族自治州成立。④ 1956 年 12 月，松桃苗族自治县成立。1957 年 1 月 2 日，三都水族自治县成立。

在四川，1958 年 7 月 7 日，茂汶羌族自治县成立。⑤

综上所述，20 世纪 50 年代，西南民族区域自治的成就巨大，共建立了 13 个自治州和 16 个自治县，分别占当时全国 28 个自治州和 54 个自治县的 46% 和 30%。不过，在这一阶段，西南各省民族区域自治的发展不平衡，在四川、云南，已经完成了建立民族自治州的基本任务。在自治县的设置方面，西南三省众多民族聚居区都还未建立民族自治地方。这一阶段西南民族区域自治的实践，为其后继续在西南民族地区推行民族区域自治奠定了坚实

---

① 张尔驹：《中国民族区域自治史纲》，民族出版社 1995 年 1 月版，第 218 ~ 220 页。

② 张尔驹：《中国民族区域自治史纲》，民族出版社 1995 年 1 月版，第 183 页。

③ 《黔东南苗族侗族自治州概况》修订本编写组：《黔东南苗族侗族自治州概况》，民族出版社 2008 年 5 月版，第 99 ~ 101 页。

④ 贵州省民族事务委员会编：《贵州民族工作五十年》，贵州民族出版社 1999 年 9 月版，第 118 ~ 119 页。

⑤ 曲木车和主编：《四川民族工作 50 年》，四川民族出版社 2004 年 11 月版，第 237 页。

的基础和积累了许多宝贵的经验。

三、20 世纪 50 年代西南民族区域自治实践的基本经验

20 世纪 50 年代，由于民族区域自治处于初创阶段，在推行民族区域自治过程中，党中央和国务院十分重视这方面的经验总结。1951 年 2 月 5 日，在《中央人民政府政务院关于民族事务的几项决定》中，在第一条中指出："各大行政区军政委员会（人民政府）须指导各有关省、市、行署人民政府认真地推行民族区域自治及民族民主联合政府的政策和制度，并随时向政务院报告推行经验。"在第六条中规定："扩大中央民族事务委员会委员名额，责成中央民族事务委员会提出补充名单的建议，并准备于今年下半年召开中央民族事务委员会的扩大会议，以检讨与总结关于推行民族区域自治及民族民主联合政府的经验。"① 1951 年 12 月 21 日，中央人民政府召开了民族事务委员会第二次委员会扩大会议，李维汉作了《有关民族政策的若干问题》的报告，澄清了人们思想上就区域自治的有关问题存在的疑虑和误解，统一了对民族区域自治的认识。1952 年 8 月 13 日《人民日报》社论《加强民族区域自治的工作》，对几年来推行民族区域自治的经验进行了初步总结。1953 年 6 月 15 日，中央人民政府民族事务委员会第三次（扩大）会议专门对推行民族区域自治的经验进行了总结，并以中央人民政府政务院命令的方式进行公布。这充分说明中央人民政府对民族区域自治的经验总结是高度重视的。综合几次经验总结的成果，新中国成立初期在民族区域自治实践中主要积累了以下基本经验：

第一，坚持中国共产党的领导。新中国成立初期，对建立一般的各级人民政权，是有经验的。但要建立民族自治政府，对于

---

① 《民族政策文献汇编》，人民出版社 1953 年 1 月版，第 13 ~ 14 页。

广大民族地区来讲，那就是几乎没有经验。因此，从在哪些地区建立自治区、自治区如何筹备到自治机关的成立，都离不开共产党的领导。在共产党的领导下，民族自治地方发生了翻天覆地的变化。所以，1952 年 8 月 13 日，《人民日报》社论《加强民族区域自治的工作》中指出："几年来我们在推行民族区域自治的工作中所得到的经验是什么呢？最基本的经验是：第一，民族区域自治的实行和自治区的建设，一定要在中国共产党和人民政府的领导之下才是可能的；而区域自治的实行，同时就使各民族对于中国共产党和人民政府更加热爱。"①

第二，要充分估计各少数民族的特点和具体情况。各少数民族的情况是极其复杂的。在政治、经济、文化、宗教信仰、风俗习惯等方面，不但多与汉族不同，而且各少数民族之间也互不相同，甚至在一个民族内部的各部落间，各教派间，农业区与畜牧区间，情况也多不相同或不完全相同。新中国成立初期民族区域自治之所以获得成功，一条十分重要的经验就是充分估计各少数民族的特点和具体情况，并从这一具体实际出发来实行民族区域自治。如有的地方直接实行民族区域自治，有的地方先成立民族民主联合政府，然后再建立民族区域自治。从来不一刀切。对此，1951 年 12 月 21 日，李维汉在《有关民族政策的若干问题》中指出：建立民族自治区的步骤和筹备方式，决定于当时当地的具体情况，不可能一律，也不需要一律。是否先建地方民族民主联合政府，然后建立民族区域自治，也要看当地具体情况决定。②在《推行民族区域自治和若干牧业区、畜牧业生产的基本总结》中也强调："必须在一定工作中充分地估计各少数民族的特点和具体情况。"③

---

① 《民族政策文献汇编》，人民出版社 1953 年 1 月版，第 24 页。
② 《民族政策文献汇编》，人民出版社 1953 年 1 月版，第 84 页。
③ 《推行民族区域自治和若干牧业区、畜牧业生产的基本总结》，民族出版社 1953 年 12 月版，第 52 页。

第三，必须加强、巩固民族间和民族内部的团结。坚持民族平等，加强民族团结，是实行民族区域自治的出发点；巩固和发展平等、团结、互助的社会主义民族关系，实现各民族的共同繁荣，是实行民族区域自治的归宿。① 新中国的成立，从根本上改变了各族人民之间的关系，使之由仇视、隔阂转为平等、友爱、互助，为我国各民族人民的团结和发展奠定了坚实的基础。但各民族人民之间所残存的仇视、隔阂、歧视和不信任现象，因为有着长久的历史渊源，尚不能完全消除；而帝国主义侵略势力以及隐藏的反革命分子则利用这种空隙，继续进行挑拨离间，故各民族人民之间以及各少数民族内部的团结，还必须加强。而要进一步加强民族团结，在各少数民族聚居区实行区域自治是很重要的。而要使民族区域自治进一步变为现实，也同样需要民族团结。因此，民族团结与民族区域自治是相互促进的，没有民族团结，就不可能实行真正的民族区域自治。1952 年 8 月 13 日，《人民日报》社论《加强民族区域自治的工作》中指出：几年来我们在推行民族区域自治的工作中所得到的经验是什么呢？最基本的经验是："第三，民族区域自治的实行，有赖于自治区内部各民族的团结互助以及全国汉族人民的帮助，而区域自治的实行同时又必然会进一步加强各民族之间的团结互助。"② 在《推行民族区域自治和若干牧业区、畜牧业生产的基本总结》中也强调："必须加强、巩固民族间和民族内部的团结。"③

第四，坚持民族自治地方是中国一级地方行政机构和自治机关民族化。由于中国共产党早期曾主张各民族实行民族自决，在中国建立蒙、回、藏与中国本部的联邦制国家，所以在新中国成

---

① 哈坚、邱树森主编：《发展与完善民族区域自治制度》，云南人民出版社 1997 年 6 月版，第 94 页。

② 《民族政策文献汇编》，人民出版社 1953 年 1 月版，第 24 页。

③ 《推行民族区域自治和若干牧业区、畜牧业生产的基本总结》，民族出版社 1953 年 12 月版，第 52 页。

立初期的民族区域自治中，"联邦制"的声音还时有出现。对于这种主张，中共中央 1949 年 10 月 5 日在给二野前委的指示中作了详细说明："关于少数民族的'自决权'问题，今天不应再去强调，过去在内战时期，我党为了争取少数民族，以反对国民党的反动统治（它对各少数民族特点表现为大汉族主义）曾强调这一口号，这在当时是完全正确的。但今天的情况，已有了根本的变化，国民党的反动统治基本上已被打倒了，我党领导的新中国业经诞生，为了完成我们国家的统一大业，为了反对帝国主义及其走狗分裂中国民族团结的阴谋，在内部民族问题上，就不应再强调这一口号，以免为帝国主义及国内各少数民族中的反动分子所利用，而使我们陷于被动的地位。在今天应强调，中华各民族的友爱合作和互助团结。"① 这是中国共产党对 1922 年以来有关"民族自决"主张的总结与反思和对中国千百年来民族关系深刻总结得出的一条基本经验：中国各民族是团结互助统一为一体，各民族自治地方只能是中国一级地方行政机构。

与此同时，在新中国成立初期民族区域自治的实践中，还不断加强自治机关民族化。在《推行民族区域自治和若干牧业区、畜牧业生产的基本总结》中也强调："必须逐步使自治机关民族化；必须帮助自治区逐步地行使自治权利。"②

民族化就是实行区域自治的民族，运用民族形式，使用民族语文，任用民族干部管理民族内部事务。③ 自治机关民族化，主要包括三方面的内容：一是自治机关以实行自治的民族的人员为主组成；二是以当地民族通用的语言文字行使职权；三是自治机

---

① 《中共中央关于少数民族"自决权"问题给二野前委的指示》（1949 年 10 月 5 日），中央文献研究室编《建国以来重要文献选编》第一册，中央文献出版社 1992 年 5 月版，第 24 页。

② 《推行民族区域自治和若干牧业区、畜牧业生产的基本总结》，民族出版社 1953 年 12 月版，第 52 页。

③ 陈嘉陵：《中国民族区域自治制度》，湖北人民出版社 1988 年 9 月版，第 93 页。

关的组织形式和工作方法，适应当地民族的特点。民族化的中心环节是自治机关的干部民族化。[①] 1952 年 8 月 13 日，《人民日报》社论《加强民族区域自治的工作》中指出："几年来我们在推行民族区域自治的工作中所得到的经验是什么呢？最基本的经验是……第二，实施区域自治的民族，通过自己的民族形式，使用自己的民族干部，充分行使自己当家做主的自治权利，按照本民族人民及与人民有联系的领袖人物的志愿发展地方的建设事业，就能够高度发扬本民族人民的积极性和自动精神，使自治区各方面的工作获得迅速的发展。"[②] 自治机关中应该做到有一定比例的民族干部组成的干部队伍，是自治机关民族化的主要内容和标志。首先是干部民族化。在新中国成立初期，中国共产党十分重视干部民族化问题。少数民族干部熟悉当地民族特点，理解当地民族心理，和少数民族群众有着天然的广泛联系。[③] "推行区域自治和民族民主联合政府的中心环节，是普遍和大量地培养各少数民族自己的干部。这同时又是做好民族工作，保证各民族健全发展的根本环节。"[④] 西北军政委员会民族事务委员会主任委员汪锋 1951 年 12 月 29 日在《西北各民族人民两年来在毛泽东旗帜下团结前进》的发言中总结道："少数民族人民看见自己民族干部担任各级政权的负责领导工作，并用自己所喜好的形式，来管理本民族的事务，其兴奋程度是难以形容的。"[⑤] 玉树地区的藏民说："我们藏民过去在反动政府的统治下，连个当卡长、科长的人都没有，今天我们选本民族的人当主席，自己管理自己的事，

---

① 刘鸿文：《论国内民族问题》，河南人民出版社 1960 年 3 月版，第 36 页。

② 《民族政策文献汇编》，人民出版社 1953 年 1 月版，第 24 页。

③ 王连芳主编：《马克思主义民族理论与中国解决民族问题的实践》，云南人民出版社 1996 年 6 月版，第 320 页。

④ 《民族政策文献汇编》，人民出版社 1953 年 1 月版，第 17 页。

⑤ 《民族政策文献汇编》，人民出版社 1953 年 1 月版，第 139 页。

多少年来的愿望，今天实现了，这是毛主席领导的好处。"①

　　针对新中国成立初期少数民族干部缺乏的状况，还颁布了《培养少数民族干部试行方案》，加快培养少数民族干部。党中央也高度重视少数民族干部的作用。1949 年 11 月 14 日，毛泽东在给彭德怀和西北局《关于大量吸收和培养少数民族干部的指示》中指出："请你们注意这一点，要彻底解决民族问题，完全孤立民族反动派，没有大批从少数民族出身的共产主义干部，是不可能的。"② 对于少数民族干部，"首先需要有足够数量的一般政治干部，而随着各种建设事业的发展，还需要逐渐增多专门的技术干部……中央人民政府政务院要求各地须认真而有计划地执行去年（1950 年）颁发的培养少数民族干部的试行方案，采取以开办政治学校与政治训练班，培养普通政治干部为主，迫切需要的专业与技术干部为辅的方针，大批培养少数民族干部，以适应紧迫的需要"。③

　　在实行民族区域自治一年后，就形成了培养少数民族干部的一些经验："培养少数民族干部的有效办法，除了努力办好民族的学校和训练班外；还须采取团结教育的方针，教育当地的现有人员，并给他们以适当的工作；大量地吸收新的干部和知识青年参加工作，给以必要的锻炼。"④

　　第五，必须在条件可能的情况下大力发展民族自治地方的经济、教育、文化、卫生事业。在新中国成立初期，民族自治地方对发展经济、教育文化和卫生事业特别是卫生事业的要求十分强烈。在与 1950 年少数民族国庆参观团中各民族代表的谈话和访

　　① 《民族政策文献汇编》，人民出版社 1953 年 1 月版，第 140 页。
　　② 毛泽东：《关于大量吸收和培养少数民族干部的指示》，中央文献研究室编《建国以来重要文献选编》第一册，中央文献出版社 1992 年 5 月版，第 39 页。
　　③ 《民族政策文献汇编》，人民出版社 1953 年 1 月版，第 17～18 页。
　　④ 《民族政策文献汇编》，人民出版社 1953 年 1 月版，第 18 页。

问中，他们就提出了希望"多办民族学校，大量培养干部。恢复或设立各民族的中小学。内地的高等学校和中学要设立少数民族学生的公费名额，投考时要适当照顾目前少数民族学生的文化水平。多用各民族的文字出版书报和翻译著作，多去少数民族地区进行文艺工作"，"多给各项卫生和医疗设备"，"加强贸易工作，把少数民族地区的土产输出，生活必需品输进"。① 因此，在民族区域自治实践中，党和政府十分重视加强民族地区经济、教育、卫生事业。为此，还专门召开了全国性的有关民族地区贸易、教育、卫生事业方面的会议。

大力发展民族自治地方的经济、教育、文化、卫生事业，成为新中国成立初期民族区域自治实践中的重要内容和一条基本经验。在《推行民族区域自治和若干牧业区、畜牧业生产的基本总结》中总结道："必须在可能条件下尽力发展自治区的政治、经济、文化事业。"② "一切民族皆应发展其经济和文化教育的事业，才能逐步消灭长期历史上造成的各民族间事实上的不平等，逐步实现各民族间的完全的平等。为要实现政治上的平等，以至逐步实现经济和文化上的平等，则各民族内部不可避免地需要有步骤地实行适合于本民族发展情况的改革。这个一般的规律，同样适用于西藏民族。"③ 为了能更快地帮助少数民族发展经济、教育、文化和卫生事业，"各级人民政府除了认真地有计划地培养各少数民族自己的干部而外，还必须调派数量上必需和质量上适当的汉民族干部去参加和帮助各少数民族地区的工作，并使他们同少数民族的干部和群众建立友爱合作的关系，诚心诚意为他们服务，这是对于各少数民族的政治、经济和文化的发展，是极其重

---

① 《民族政策文献汇编》，人民出版社 1953 年 1 月版，第 24 页。
② 《推行民族区域自治和若干牧业区、畜牧业生产的基本总结》，民族出版社 1953 年 12 月版，第 52 页。
③ 《民族政策文献汇编》，人民出版社 1953 年 1 月版，第 201 页。

要而且不可缺少的"。①

从 1952 年到 1958 年的几年中，国家对各民族自治地方的工业基本建设投资共达 34 亿 1 000 多万元。同时，国家还有计划地从内地动员青壮年，前往迫切需要劳动力支援的边疆少数民族地区，参加社会主义建设。驻在边疆少数民族地区的人民解放军，也积极帮助当地人民发展经济和文化。②

以上民族区域自治方面的宝贵经验的形成，标志着中国共产党关于民族区域自治的理论和政策在不断完善。中央对全国民族区域自治实践经验的这些总结，其中一部分就来自西南民族区域自治的经验总结。这些经验总结也是在西南民族区域自治实践中被验证了的，这些实践经验也是西南民族区域自治的实践经验。

第二节　西南民族区域自治的曲折发展和新发展

一、1958 年到 1976 年民族区域自治的曲折发展

从 1958 年到 1976 年，是民族区域自治曲折发展的阶段。在这一阶段，民族区域自治也取得一定的成就。云南、贵州、四川都有新的民族自治地方设立。在云南，1961 年 6 月 10 日，丽江纳西族自治县（现为玉龙纳西族自治县及古城区）建立。1963 年 7 月 1 日，屏边苗族自治县成立；7 月 11 日，河口瑶族自治县成立。1964 年 2 月 28 日、1965 年 3 月 5 日，沧源和西盟两个佤族自治县成立。1965 年 11 月 27 日，南涧彝族自治县成立。③

在贵州，1963 年 9 月 11 日，镇宁布依族苗族自治县成立。

① 《民族政策文献汇编》，人民出版社 1953 年 1 月版，第 19 页。
② 民族出版社编：《十年民族工作成就 1949—1959》（上），民族出版社 1959 年 12 月版，第 4 页。
③ 国家民委民族问题研究中心：《中国民族自治地方发展评估报告》，民族出版社 2006 年 12 月版，第 7~8 页。

1965 年 11 月 13 日，国务院第 159 次全体会议讨论通过，撤销安龙、贞丰、册亨、望谟 4 个县，设立安龙、贞丰、望谟 3 个布依族苗族自治县和册亨布依族自治县。[①] 1966 年 2 月 1 日，望谟布依族苗族自治县和册亨布依族自治县正式成立。1966 年 2 月 3 日，贞丰布依族苗族自治县正式成立。2 月 7 日，安龙布依族苗族自治县正式成立。1966 年 2 月 11 日，紫云苗族布依族自治县成立。[②]

在四川，经国务院批准，撤销盐源县，设立盐源彝族自治县。1964 年 1 月 1 日，盐源彝族自治县成立。[③]

在这一阶段，西南的民族区域自治和全国一样，也受到强烈冲击，处于曲折发展之中。1958 年 5 月，中共八大二次会议通过了"鼓足干劲，力争上游，多快好省地建设社会主义"的总路线，之后发动了"大跃进"和人民公社化运动。前者是生产力发展的急于求成，后者是生产关系的急于过渡。与此同时，刮起了一股"民族融合风"，批判和抹杀民族工作的特殊性、复杂性和长期性。西南大多数少数民族地区丢掉了"慎重稳进"的工作方针，普遍存在忽视民族自治权，忽视少数民族语言、风俗习惯和宗教信仰等问题，有的民族自治地方被取消或合并。如在云南省，1958 年 10 月，西双版纳、怒江、迪庆 3 个自治州的州党委被撤销，州人民政府同所在县政府合并，只保留一个牌子，自治机关名存实亡。不久，寻甸、永建、路南 3 个自治县被撤销，并入附近的县。之前建立的一大批民族区、民族乡也先后被撤销。其他民族自治地方，虽然保留下来，但自治机关却不能正常行使

① 《黔西南布依族苗族自治州概况》修订本编写组：《黔西南布依族苗族自治州概况》，民族出版社 2007 年 9 月版，第 98 页。

② 张尔驹：《中国民族区域自治史纲》，民族出版社 1995 年 1 月版，第 221 页。

③ 张尔驹：《中国民族区域自治史纲》，民族出版社 1995 年 1 月版，第 222 页。

自治权。与此同时，一些民族自治地方自治机关任职的民族上层人士，遭到批判斗争，有的被停职或撤职，这就从组织上削弱和损害了少数民族当家做主的自治权利。①

1961 年，中共中央提出了"调整、巩固、充实、提高"的方针。1962 年批转了《关于全国民族工作会议的报告》，根据这一报告有关民族区域自治的精神，云南恢复了西双版纳、怒江、迪庆 3 个自治州的人民委员会，直属省人民委员会领导。1963 年 8 月，恢复了德宏傣族景颇族自治州原来的建制。1964 年，恢复了路南彝族自治县。② 但由于"左"的指导思想未得到彻底纠正，西南各民族自治地方仍然未能依法行使自治权。

1966 年 5 月，"文化大革命"爆发，西南和全国广大民族地区一样，民族区域自治遭到全面破坏，民族地方的自治机关不能行使自治权，有些民族自治地方被撤销。许多少数民族干部被当做"走资本主义道路上的当权派"而挨批斗、被"打倒"，有些民族干部和民族上层爱国人士被迫害致死，造成严重的政治创伤。③

二、西南民族区域自治的恢复和新发展

1976 年粉碎"四人帮"以后，特别是 1978 年 12 月中国共产党十一届三中全会的胜利召开，标志一个新的历史时期的开始，也标志民族区域自治进入一个新的发展阶段。首先是在民族问题上拨乱反正，纠正长期存在的"左"的错误思想和政策，恢复被撤销的民族自治地方，为大批民族干部和群众的冤假错案进行了

---

① 《云南民族工作 40 年》编写组：《云南民族工作 40 年》，云南民族出版社 1994 年 6 月版，第 286~287 页。

② 《云南民族工作 40 年》编写组：《云南民族工作 40 年》，云南民族出版社 1994 年 6 月版，第 287 页。

③ 《云南民族工作 40 年》编写组：《云南民族工作 40 年》，云南民族出版社 1994 年 6 月版，第 289 页。

平反。其次是大力起用和培养少数民族干部，自治地方行政的主要领导由少数民族干部担任；有计划地提拔少数民族干部走上各种岗位，形成少数民族干部队伍体系。第三是扩大了民族区域自治的范围，更大地满足各地少数民族的自治要求。这一阶段，新设立的民族自治地方如下：

在贵州，1981 年 9 月 21 日，国务院批准撤销兴义地区，设立黔西南布依族苗族自治州。1982 年 5 月 1 日，黔西南布依族苗族自治州宣告成立。① 1981 年 12 月 31 日，关岭布依族苗族自治县成立。1984 年 11 月 7 日，玉屏侗族自治县成立。1987 年 11 月 20 日、11 月 23 日，印江土家族苗族自治县和沿河土家族自治县成立。1987 年 11 月 26 日、11 月 29 日，务川和道真两个仡佬族苗族自治县先后成立。②

在四川，1983 年 11 月 7 日和 11 月 11 日，建立了秀山土家族苗族自治县和酉阳土家族苗族自治县。1984 年 10 月 5 日、9 日，峨边彝族自治县和马边彝族自治县成立。1984 年 11 月 10 日、11 月 13 日、11 月 18 日，建立了彭水苗族土家族自治县、黔江土家族苗族自治县、石柱土家族自治县。③ 2003 年 7 月，撤销四川省北川县，设立四川省北川羌族自治县，以原北川县的行政区域为北川羌族自治县的行政区域。

在云南，1979 年成立了寻甸回族彝族自治县、墨江哈尼族自治县。1980 年成立了元江哈尼族彝族傣族自治县和新平彝族傣族自治县。1985 年成立了双江拉祜族佤族布朗族傣族自治县、维西傈僳族自治县、景东彝族自治县、景谷傣族彝族自治县、普洱哈

---

① 《黔西南布依族苗族自治州概况》修订本编写组：《黔西南布依族苗族自治州概况》，民族出版社 2007 年 9 月版，第 98~100 页。

② 国家民委民族问题研究中心：《中国民族自治地方发展评估报告》，民族出版社 2006 年 12 月版，第 7 页。

③ 张尔驹：《中国民族区域自治史纲》，民族出版社 1995 年 1 月版，第 263 页。

尼族彝族自治县（现为宁洱哈尼族彝族自治县）、漾濞彝族自治县、禄劝彝族苗族自治县、金平苗族瑶族傣族自治县。1988 年成立了兰坪白族普米族自治县。1990 年 5 月成立了镇沅彝族哈尼族拉祜族自治县。①

这些新设立的民族自治地方，是新时期西南民族区域自治取得的重大成就之一。至此，西南在少数民族聚居区设置民族自治地方的任务已经完成。在民族杂居区，还设立了众多的民族乡，根据 1992 年的统计，贵州省设有民族乡 253 个，是全国设有民族乡最多的省份。云南省设有民族乡 195 个，在全国仅次于贵州。四川省设有民族乡 117 个，在全国排在第四位，仅次于贵州、云南、辽宁三省。②

在这一新阶段设立的民族自治地方中，贵州、四川与云南相比，有所不同。贵州、四川新设立的民族自治地方基本上是由于 20 世纪 80 年代以来因民族识别而引起本地区民族构成发生变化，从而要求设立民族自治地方的结果。

进入新世纪，西南民族区域自治在自治权方面取得了一些新的突破，一些与本地区经济社会紧密相关的自治条例应运而生。如《云南省文山壮族苗族自治州丘北辣椒产业发展条例》、《云南省大理白族自治州农村公路条例》、《云南省大理白族自治州湿地保护条例》、《云南省怒江傈僳族自治州矿产资源管理条例（修订）》、《云南省怒江傈僳族自治州水资源保护与开发条例》、《云南省迪庆藏族自治州白马雪山国家级自然保护区管理条例》、《云南省金平苗族瑶族傣族自治县马鞍底蝴蝶谷保护管理条例》、《云南省墨江哈尼族自治县水资源保护管理条例》、《云南省澜沧拉祜族自治县民族民间传统文化保护条例》、《云南省迪庆藏族自治州

---

① 国家民委民族问题研究中心：《中国民族自治地方发展评估报告》，民族出版社 2006 年 12 月版，第 8 页。

② 沈林、李红杰等：《散杂居民族工作概论》，民族出版社 2001 年 3 月版，第 186 页。

民族团结进步条例》、《云南省漾濞彝族自治县漾濞核桃产业发展条例》等，这些条例将进一步促进民族自治地方经济社会的进一步发展，充分体现民族区域自治的优越性。

第三节　西南民族地区的区划调整

一、西康省的撤销

到 1950 年 3 月，西南大行政区，除西藏尚待解放外，共辖川东、川西、川南、川北四个行政区（原四川省因地域较大，人口近 5 000 万，为便利行政管理，已分划为相当于省的四个行政区），云南、贵州、西康三省和重庆直辖市等 8 个单位。计有专区 41 个、省辖市 4 个、县 375 个、区 2 348 个。人口 72 085 000。川东行政区辖璧山、大竹、万县、涪陵、酉阳 5 个专区，34 个县，323 个区，人口 1 453 万。行政公署设重庆近郊，行署主任阎红彦。川西行政区辖眉山、温江、绵阳、茂县 4 个专区及成都市，37 个县，183 个区，人口 801 万。行政公署设成都，行署主任李井泉，副主任阎秀峰。川南行政区辖内江、乐山、泸县、宜宾 4 个专区及自贡市，34 个县，283 个区，人口 1 164 万。行政公署设泸县，行署主任李大章，副主任郭影秋、刘披云。川北行政区辖剑阁、遂宁、达县、南充 4 个专区，36 个县，311 个区，人口 1 245 万。行政公署设南充，行署主任胡耀邦，副主任秦仲方。云南省辖玉溪、楚雄、武定、曲靖、路南、文山、蒙自、思（茅）普（洱）、保山、丽江、大理、昭通 12 个专区及昆明市，全省 113 个县，565 个区，人口 1 200 万。云南省军政委员会主任卢汉，副主任宋任穷、周保中。省人民政府主席陈赓，副主席周保中、张冲、杨文清。贵州省辖贵阳、安顺、遵义、镇远、铜仁、兴仁、独山、毕节 8 个专区及贵阳市，全省 79 个县、513 个区，人口 1 050 万。省人民政府主席杨勇，副主席曾固。西康省辖雅安、西昌、康定、昌都 4 个专区，全省 42 个县、170 个区，人口 1 755 000。省人民政府主席廖志高，副主席张为炯、鲁瑞林。重庆直辖市人口 120 万，市长陈锡联、副市长曹荻秋。[①] 从新中国成立初期到现在，西南地区的行政区域已经作了多次调整，行政区划已经发生了较大的改变。

在西南民族地区中，民族自治地方具有十分重要的地位。如在四川，据 20 世纪 80 年代的统计，民族自治地方占全省面积的 55.47%，少数民族人口占全省少数民族人口总数的 91.44%。[②] 在贵州，1982 年和 1990 年，民族自治地方的少数民族分别占全省少数民族总数的 71.2% 和 62.0%。[③] 在云南，1990 年民族自治地方人口占全省人口总数的 52%，占全省少数民族人口的 87%。因此，民族自治地方基本上反映了西南民族地区的基本状况。本书所涉及的民族地区区划调整，也主要是民族自治地方的区划调整。

新中国成立后，为了更好地实现民族区域自治和促进民族地区经济社会发展，西南民族地区的区划调整的力度在一些地区还是比较大的，特别是在川康民族地区，调整的力度最大。其中，力度最大的又是西康省的撤销。

西康省成立的时间并不长，1939 年 1 月 1 日才正式宣告成立，而且是在特殊的历史条件下成立的。

"西康"作为地名，最早见于清末代理川滇边务大臣傅嵩炑的奏折。傅嵩炑系川滇边务大臣赵尔丰的"文案"（秘书长），深得赵尔丰的赏识，他于宣统三年（1911 年）6 月在奏折中建议成立西康省："查边境乃古康地，其地在西，拟名曰'西康'，建设

① 《西南行政区划介绍》，新华社 1950 年 3 月 31 日。

② 四川省民族研究所：《四川少数民族人口研究》，四川民族出版社 1991 年 7 月版，第 11 页。

③ 严天华：《贵州少数民族人口发展与问题研究》，中国人口出版社 1996 年 2 月版，第 13 页。

方镇，以为川滇屏蔽，藏卫根基。"但在清末民初大多数情况下，政府文件、地方文书等也一直沿用"川边"之名。"川边"是指四川西部、西藏东部，介于川、滇、青、藏之间的广大地区。而自从"西康"一词于宣统三年（1911 年）出现后，它逐渐开始取代"川边"。1913 年，北京政府设"川边特别行政区"，设"川边镇守使"，裁撤原有府、厅、州，一律改设县（共 34 县），改"西康支度局"为"川边财政分厅"。1917 年，西藏地方政府的藏军相继攻占类乌齐、昌都等金沙江西岸的 13 县，以及金沙江东岸的德格、邓柯、石渠、白玉等县，造成民初建立的西康地区 34 县大半由藏军占领的事实。1925 年春，段祺瑞执政的北洋政府裁撤川边外镇守使，任命刘成勋为西康屯垦使，下令改"川边"为"西康特别行政区"，与热河、察哈尔、绥远、京兆合称为"五特别行政区"。但"西康特别行政区"的建立，也无力改变藏军所占地区的事实。不过，自此以后，"西康"正式取代了"川边"作为行政区划的名称。[①]

1927 年，时任国民革命军第 24 军军长的刘文辉打败了西康屯垦使刘成勋及其部队后，接管了西康地区。此后，凭借强大的军力和与川军各派系的关系，刘文辉长期统治西康地区及川西北各地。1928 年 3 月 10 日，"西康特区政务委员会"在康定成立，这是西康最高的行政机关。从该年起，刘文辉在占据上下川南、宁、雅属和上下川东部分地区共 70 余县之后，势力大增，开始筹备经营西康。1932 年 10 月 1 日，刘文辉与四川另一军事实力派的刘湘爆发了"二刘之战"。1933 年秋，刘文辉兵败，率 24 军仅存的 12 个团从成都退到雅安，开始筹划全国经营西康。[②]

出于平衡刘湘、刘文辉势力的政治斗争的需要，以蒋介石为

---

① 王川：《西康地区近代社会研究》，人民出版社 2009 年 12 月版，第 58~60 页。

② 王川：《西康地区近代社会研究》，人民出版社 2009 年 12 月版，第 61~63 页。

首的南京国民政府中央当局在默认"二刘"等川康地区军阀割据现实的同时，也对这些川康地区强势军阀采取了分而治之的策略。同时，国民政府行政院院长汪精卫念及刘文辉在1930年曾附和他在北平组织的扩大会议，鉴于刘文辉处境困难，也极力支持他全权经营西康建省。在多方因素的作用下，南京国民政府于1934年12月任命刘湘为四川省主席的同时，下令组建"西康建省委员会，任命刘文辉为委员长"，颁发了《西康建省委员会组织条例》。这样，刘文辉经营西康建省，又向前推进了一步。1935年7月22日，"西康省委员会"在雅安正式成立，刘文辉为委员长。1936年9月15日，西康建省委员会从雅安移往康定，并在康定成立西康行政督察专员公署。11月，刘文辉抵达康定。建省委员会的成立，标志着西康建省正式提上了议事日程。①

但是，刘文辉占据的19县和1个设治局，人口仅有30万人左右，每年赋税收入只有50万元左右，与初步拟定的建省后开支年需300多万元相差甚远。因此，在建省委员会成立两个月前，刘文辉就向国民政府提出两项要求：一是请求按照绥远、察哈尔建省曾划入河北省部分地区的旧例，将四川的宁、雅两属（西昌和雅安地区）15个县和两个设治局划归西康管辖。二是除本省收入外，差额由国民政府全部补助。1935年至1938年12月，刘文辉的西康建省主要有以下工作：整顿各县行政；整顿财政支出；确定西康省的具体行政辖区。1938年华北失守后，西康地区在全国的政治经济军事地位也日益提高，在这一抗战形势日益严峻逼迫的背景下，处于中央的重庆国民政府在加强对西南地区领导建设管理的主流趋势下，加快了西康建省的步伐。1938年1月20日，四川省主席刘湘病逝于汉口，蒋介石认为中央势力整合四川地方的良机来到。22日，重庆国民政府行政院明令张群为

---

① 王川：《西康地区近代社会研究》，人民出版社2009年12月版，第68~69页。

四川省主席。但是川康地区强势军阀并不都接受这一任命。蒋介石为首的南京国民政府中央当局需要拉拢刘文辉等川康强势军阀，获得他们的支持，这成为刘文辉积极筹划宁、雅二属划入西康版图的大好时机。①

1938 年 1 月 25 日，国民政府行政院第 347 次会议决定改组西康省委员会，指定刘文辉为委员长，成立了以刘文辉为首的西康建省委员会。1938 年 4 月，刘文辉到汉口见蒋介石，蒋当面答应了刘文辉就建省所提的"疆域之调整、财政之援助、交通之改进"三事，即划拨四川省的宁、雅两属归于西康，并且在西康省政府成立之后，按省预算由国民政府与四川省政府补助西康不足的行政和建设经费，并拨款修筑川康公路。到此，西康建省活动获得了重大进展。与此同时，刘湘部下第 44 军军长王缵绪也极力拉拢刘文辉支持其出任四川省主席，并许诺刘文辉在他出任四川省主席后，将四川的雅属 6 县、宁属 8 县以及宁东、金汤 2 设治局划入西康，促成西康建省，并由四川省政府对西康作财政上的援助。1938 年 5 月，王缵绪任四川省主席，川康两省商定，并上报行政院转呈国防最高会议批准，四川的第 17 行政督察区（即雅属）的雅安、芦山、天全、荥经、汉源、宝兴和第 18 行政督察区（即宁属）的越西、冕宁、西昌、会理、宁南、昭觉、盐源、盐边一共 14 个县及金汤、宁东 2 个设治局，自 9 月 1 日起，正式交西康省接管。9 月 1 日，除名山县外，其余全部正式划归西康建省委员会管辖，西康达到了 34 个县，初具一省的规模。至此，西康建省问题和疆域问题得以彻底解决。②

在西康建省的各项条件都得以满足之后，1938 年 11 月中旬，西康建省委员会电告行政院："所有建省一切事宜，亦业经筹备

---

① 王川：《西康地区近代社会研究》，人民出版社 2009 年 12 月版，第 69～71 页。

② 王川：《西康地区近代社会研究》，人民出版社 2009 年 12 月版，第 71～72 页。

告竣，请由中央明令建省，即于二十八年（1939年）一月元日正式组府。"[1] 1938年11月28日，行政院致电西康建省委员会委员长刘文辉，批准西康建省。1939年1月1日，西康省政府在省府康定正式宣告成立。至此，川、康分治，西康建省终于成为事实。

西康省正式成立时，重庆国民政府划归西康省政府管辖46个县和3个设治局。但由于金沙江以西的西藏昌都、恩达、太昭等13个县处于当时西藏地方政府控制之下，刘文辉的势力实际并未进入，因而西康省实际上共辖有33个县和3个设治局。[2]

西康建省是国民中央政府加强康区治理、促进康藏各民族联系的一项重要举措，具有重要意义。西康建省，成为抗日战争真正的大后方，起到了抗战救亡、开发西康的重大作用；西康建省，有利于维系中央政府、川康滇地方政府与西藏地方政府之间的正常交往，加强了藏汉民族的政治、经济联系；西康建省，表明了国民政府加强西南国防的决心，是抗战救国时期国民政府遏制所谓"西藏独立"的有力措施，客观上鼓舞了广大爱国康藏同胞，起到了加强康藏各民族之间联系的重大作用；西康建省，推动了中国政治制度的近代化，既是民国时期地方行政的重大建制举措，也是近现代中国政区建置史上的一件大事，并对以后我国政区的建制产生了重大影响。

新中国成立后，于1950年5月，在雅安市设立了西康省最高行政机关——西康省人民政府。同年10月，昌都地区解放。到1950年底，西康辖雅安、西昌2个专区和藏族自治区、昌都地区（实际未设）共49县、4设治局。之后，西康省的区划也作局部调整。1951年1月，昌都等金沙江以西14县正式划出成立昌都

① 转引自王川《西康地区近代社会研究》，人民出版社2009年12月版，第73页。
② 王川：《西康地区近代社会研究》，人民出版社2009年12月版，第74页。

地区人民解放委员会，直属西南军政委员会。1951 年 7 月，绰斯甲地区划归川西行署区茂县专区管辖；撤销金汤设治局并入康定县。① 7 月 25 日，以雅安县城区析置雅安市，为省辖县级市。

1952 年 9 月，置石棉、米易 2 县。设立西康省藏族自治区甘孜办事处（地级）、理塘办事处（地级）。② 在 1952 年 10 月凉山彝族自治区成立时，辖有昭觉、布拖、金阳、美姑、喜德、普雄、普格等 7 个县。随着形势的发展，为了进一步开展大小凉山地区的民族工作，1955 年 3 月，在雷波成立了凉山临时军政委员会（1956 年 2 月撤销），将乐山地区的雷波、峨边、马边县和原属西昌地区的越西县、甘洛县划入。③

1954 年，四川省名山县划归西康省雅安专区。

到 1955 年 9 月，西康省全省辖雅安和西昌 2 个专区、2 个自治区（藏族自治区和凉山彝族自治区），2 个地级办事处，1 个县级市雅安市，46 个县，1 个自治县木里藏族自治县（属西昌专区）。

1955 年 7 月 30 日，第一届全国人民代表大会第二次会议通过了《关于撤销西康省等建制的决议》。10 月，西康省撤销，西康作为一个省级行政单位，退出了历史舞台。西康省撤销后，金沙江以东各县划归四川省，金沙江以西各县划归西藏自治区筹备委员会。金沙江以西各县，刘文辉在主政西康期间，其实并未真正进入。因此，把金沙江以西各县划归西藏自治区筹备委员会，是充分尊重这一地区与西藏一直保持紧密联系的历史事实的具体体现。

---

① 四川省地方志编纂委员会：《四川省志·民族志》（上），四川人民出版社 2000 年 12 月版，第 85 页。

② 四川省地方志编纂委员会：《四川省志·民族志》（上），四川人民出版社 2000 年 12 月版，第 85 ~ 86 页。

③ 《凉山彝族自治州概况》编写组：《凉山彝族自治州概况》，四川民族出版社 1985 年 11 月版，第 144 页。

新中国成立以后，在西康省建立了藏族自治区和彝族自治区，对西南和新中国的民族区域自治作出了重要贡献。但由于各方面的条件，仅靠藏、彝两族的力量，很难把藏族、彝族地区建设好。西康撤销并入四川后，藏族、彝族地区可以得到四川各地更多的支持。事实也证明，并入四川的藏族、彝族地区，在四川各族人民的大力支持下，发展迅速，人民生活水平不断提高。因此，西康撤销，不但没有削弱，反而更有利于藏、彝两族的民族区域自治。

二、四川民族地区的区划调整

四川解放之初，按照中央人民政府的决定，分为川东、川南、川西、川北4个行署区，重庆为中央直辖市，西康仍为一个省，全川共6个省级行政区域。[①] 1952 年 7 月，中央人民政府决定合并四川四个区，并划四川为一个省，川东、川南、川西和川北行署于 8 月底撤销。1952 年 9 月 1 日，四川省人民政府正式成立。1954 年 6 月，中央人民政府决定撤销大区一级行政机构，当年 7 月 1 日起改中央直辖的重庆市为四川省省辖市。1955 年 10 月 1 日，按照全国人大的决议，撤销西康省建制，将西康、四川两省合并（原属西康省的金沙江以西地区划归筹建中的西藏自治区）。[②] 之后，四川的省级行政区划趋于稳定，直到重庆直辖市的设立才发生较大的变动。

1953 年 3 月 12 日，重庆市改为中央直辖市，但仍由西南行政委员会代管。1954 年 6 月 19 日，重庆市改为省辖市，由四川省直辖。

1955 年 10 月，雅安市划归雅安专区。1959 年 3 月 27 日撤销

---

① 杨超等主编：《当代四川简史》，当代中国出版社 1997 年 5 月版，第 20 页。
② 杨超等主编：《当代四川简史》，当代中国出版社 1997 年 5 月版，第 27 页。

雅安市，行政区域划入雅安县。1979 年 7 月 19 日，设立西昌市
（县级），11 月 6 日，设立乐山市（县级），由所在州、地区管
辖。1983 年 3 月 3 日，升泸州市为地级市。9 月 9 日，设雅安市
（县级）。1985 年 2 月 11 日，升内江、乐山为地级市。[1]

　　乐山专区 1950 年设，属川南行署区。辖乐山、犍为、沐川、
屏山、雷波、马边、峨边、峨眉、井研等 9 县。1951 年，由犍为
县析置五通桥市。1953 年，原眉山专区所属眉山、彭山、青神、
夹江、洪雅（驻洪川镇）、丹棱 6 县划入乐山专区。1953 年，五
通桥市改为省辖市，委托乐山专署代管。1955 年，将雷波、马
边、峨边 3 县划归凉山彝族自治州，峨边、马边 2 县委托乐山专
署代管。1957 年，将屏山县划归宜宾专区。1958 年，原属内江
专区的仁寿县划入乐山专区。1959 年，撤销五通桥市，并入乐山
县。撤销青神、彭山 2 县，并入眉山县；撤销丹棱县，并入洪雅
县。1962 年，恢复彭山、青神、丹棱 3 县。1970 年，乐山专区改
称乐山地区。撤销乐山县，设立乐山市。乐山市的行政区域包括
原乐山县的行政区域和原由乐山地区直属的五通桥区。1979 年由
原属峨边县的金口河区析置金口河工农区（相当于县级）。1984
年，撤销马边、峨边 2 县，设立马边彝族自治县和峨边彝族自治
县，由凉山彝族自治州划归乐山地区管辖。1985 年，撤销乐山地
区和乐山市、金口河工农区，设立地级乐山市和市中区、五通桥
区、沙湾区、金口河区。[2]

　　1965 年 4 月 22 日，以四川省会理、盐边县和云南省的永仁、
华坪县部分地区设立渡口市（地级），直辖于四川省。[3] 1978 年
10 月 4 日将西昌地区的米易县、盐边县划归渡口市。米易县，

---

　　① 四川省地方志编纂委员会：《四川省志·地理志》（上），成都地图
出版社 1996 年 7 月版，第 86 页。
　　②《乐山市历史沿革》，www. xzqh. org，2008 – 10 – 22.
　　③ 四川省地方志编纂委员会：《四川省志·地理志》（上），成都地图
出版社 1996 年 7 月版，第 90 页。

1952 年 5 月析会理、德昌部分地区置迷易县，属西昌专区。1952年 8 月改为米易县。盐边县，1950 年 3 月 7 日解放，仍置，属西昌专区。①

1965 年由攀枝花特区改设渡口市，由省直辖。1965 年 2 月设市时，将云南省永仁县的仁和、大田两区的 27 个乡划入，设立大田区、大河区；将云南省华坪县大兴区的 10 个乡划入，设立玉泉区；由盖达县五、六两区 4 个乡和会理县红格区 2 个乡划入，设立金江区。1972 年 10 月将大田、大河、玉泉、金江四区合并为郊区，另设立东区、西区 2 个城区。后分别于 1974 年和 1978年先后从永仁县划入 2 个乡，从会理县划入 4 个乡。1987 年，渡口市更名为攀枝花市。②

1983 年 3 月 3 日，泸州市由宜宾地区所辖县级市升为省辖地级市，同时将宜宾地区所辖泸县、纳溪、合江、古蔺、叙永 5 县划归泸州市。同年 9 月 9 日划古蔺、叙永 2 县属宜宾地区。1985年 6 月 4 日划叙永、古蔺 2 县属泸州市。③

峨边彝族自治县：1949 年 12 月 19 日峨边县解放，仍置，属乐山专区。1950 年县府驻地由大堡子（今大堡区大堡乡）迁沙坪（今沙坪镇）。1955 年 11 月 9 日划归凉山彝族自治州，委托乐山专区代管，1984 年 4 月 9 日改置峨边彝族自县。1985 年属乐山市。④

马边彝族自治县：1950 年 8 月 23 日马边县解放，仍置，属乐山专区。1955 年 11 月 9 日划归凉山彝族自治州，委托乐山专

---

① 四川省地方志编纂委员会：《四川省志·地理志》（上），成都地图出版社 1996 年 7 月版，第 91 页。

② 《攀枝花市历史沿革》，www. xzqh. org，2008 - 10 - 22.

③ 四川省地方志编纂委员会：《四川省志·地理志》（上），成都地图出版社 1996 年 7 月版，第 91 页。

④ 四川省地方志编纂委员会：《四川省志·地理志》（上），成都地图出版社 1996 年 7 月版，第 94 ~ 95 页。

区代管，1984 年 4 月 9 日改置峨边彝族自治县。1985 年属乐山市。[1]

凉山彝族自治州成立后，出于彝族自治的考虑，把马边、峨边二县划归凉山州。但由于长期的经济文化联系和交通运输条件乐山长于凉山，因此决定由乐山代管，马边、峨边二县只是参加凉山州组织的人民代表会议，其他方面很少与凉山州发生往来，主要是乐山专区在行使管辖权。[2]　显然，划归凉山州只是表面上有利于这二县的民族区域自治，实际上不能充分发挥民族区域自治的作用。而把马边、峨边两县划归乐山市并成立两个彝族自治县，更有利于在乐山市的领导下发挥民族区域自治的作用。因此，马边、峨边两个彝族自治县划归乐山市，正是体现了我国的民族区域自治是民族自治与区域自治的结合。

黔江土家族苗族自治县：1949 年 11 月 12 日黔江县解放，仍置，属西阳专区。1952 年 12 月属涪陵专区。1983 年 11 月 14 日改建为黔江土家族苗族自治县。[3]

石柱土家族自治县：于 1949 年 11 月 19 日解放，仍置石柱县。1983 年 11 月 14 日改建为石柱土家族自治县。

彭水苗族土家族自治县：于 1949 年 11 月 18 日解放，仍置彭水县，属涪陵专区。1983 年 11 月 14 日改建为彭水苗族土家族自治县。

西阳土家族苗族自治县：于 1949 年 11 月 11 日解放，仍置西阳县，属西阳专区。1952 年 12 月 10 日属涪陵专区。1983 年 4 月 4 日改建为西阳土家族苗族自治县。

---

① 四川省地方志编纂委员会：《四川省志·地理志》（上），成都地图出版社 1996 年 7 月版，第 95 页。
② 曲木车和主编：《四川民族工作 50 年》，四川民族出版社 2004 年 11 月版，第 34 页。
③ 四川省地方志编纂委员会：《四川省志·地理志》（上），成都地图出版社 1996 年 7 月版，第 97 页。

秀山土家族苗族自治县：于 1949 年 11 月 7 日解放，仍置秀山县，属酉阳专区。1952 年属涪陵专区。1983 年 11 月 14 日改建为秀山土家族苗族自治县。①

1958 年 10 月 18 日，撤销遂宁专区，所辖遂宁、蓬溪、潼南、中江、三台、射洪、盐亭 7 县，划归绵阳专区，安岳、乐至 2 县划归内江专区。1960 年 7 月 14 日，撤销泸州专区，所辖泸州市和泸县、古蔺、富顺、叙永、纳溪、合江、隆昌 7 县划归宜宾专区。②

1968 年 5 月 13 日，成立四川省革命委员会，各专区改为地区，并相继成立各地区革命委员会。到 1968 年底，四川省辖温江、绵阳、内江、宜宾、乐山、江津、涪陵、万县、南充、达县、雅安、西昌 12 个地区。

1978 年 10 月 4 日，撤销西昌地区，所辖西昌、德昌、冕宁、会理、宁南、会东 6 县和盐源彝族自治县、木里藏族自治县合并于凉山彝族自治州，米易、盐边 2 县划归渡口市。同时，各地区革命委员会改为地区行政公署。③

1985 年 2 月 8 日，撤销绵阳地区，原辖区分别划归绵阳市、遂宁市、广元市。2 月 11 日，撤销内江、乐山地区，原辖区分别划归内江市、乐山市。到 1985 年底，四川省共辖宜宾、涪陵、万县、南充、达县、雅安 6 个地区。④

宜宾地区：1957 年 2 月 9 日，由乐山专区划屏山县来属。1960 年 1 月 7 日庆符县入高县。1960 年 7 月 14 日，撤销泸州专

---

① 四川省地方志编纂委员会：《四川省志·地理志》（上），成都地图出版社 1996 年 7 月版，第 97 页。

② 四川省地方志编纂委员会：《四川省志·地理志》（上），成都地图出版社 1996 年 7 月版，第 95 页。

③ 四川省地方志编纂委员会：《四川省志·地理志》（上），成都地图出版社 1996 年 7 月版，第 95 页。

④ 四川省地方志编纂委员会：《四川省志·地理志》（上），成都地图出版社 1996 年 7 月版，第 95 ~ 96 页。

区，所辖 8 个市、县并入宜宾地区。1978 年 4 月 7 日隆昌县划归
内江地区。1983 年 3 月 3 日，富顺县划属自贡市。1985 年 3 月，
泸州市升为地级市，泸县、纳溪、合江、古蔺、叙永 5 县划归泸
州市。同年 9 月 9 日古蔺、叙永 2 县划归宜宾地区。1985 年 6 月
4 日，古蔺、叙永 2 县划归泸州市。1985 年底，宜宾地区共辖 1
市、9 县：宜宾市、宜宾县、南溪县、江安县、长宁县、兴文县、
珙县、高县、筠连县、屏山县。① 1996 年 10 月，撤销宜宾地区和
县级宜宾市，设立地级宜宾市。宜宾市辖原宜宾地区的宜宾县、
江安县、珙县、兴文县、长宁县、筠连县、南溪县、高县、屏山
县和新设立的翠屏区。

泸州市：1983 年 3 月 3 日，由宜宾地区所辖县级市升为省辖
地级市，同时将宜宾地区所辖泸县、纳溪、合江、古蔺、叙永 5
县划归泸州市。同年 9 月 9 日划古蔺、叙永 2 县属宜宾地区。
1984 年 7 月 16 日置市中区。1985 年 6 月 4 日划叙永、古蔺属泸
州市。1985 年底，泸州市共辖 1 市中区、5 县：泸县、纳溪县、
合江县、叙永县、古蔺县。② 1995 年 12 月，市中区更名为江阳
区；撤销纳溪县，设立泸州市纳溪区；设立泸州市龙马潭区。泸
州市辖泸县、合江县、古蔺县、叙永县、江阳区、纳溪区和龙马
潭区。

涪陵地区：1985 年底，涪陵地区共辖 1 市、9 县：涪陵市、
垫江县、南川县、丰都县、武隆县、黔江土家族苗族自治县、石
柱土家族自治县、彭水苗族土家族自治县、酉阳土家族苗族自治
县、秀山土家族苗族自治县。1988 年 5 月 18 日将黔江、石柱、

---

① 四川省地方志编纂委员会：《四川省志·地理志》（上），成都地图
出版社 1996 年 7 月版，第 96 页。

② 四川省地方志编纂委员会：《四川省志·地理志》（上），成都地图
出版社 1996 年 7 月版，第 91 页。

彭水、酉阳、秀山 5 个民族自治县划出，建置黔江地区。① 1995年 12 月，撤销涪陵地区、涪陵市，设立地级涪陵市。1996 年 9月，将万县市、涪陵市和黔江地区委托重庆市代管。

雅安地区：1955 年 10 月划属四川省。1959 年 3 月 22 日撤销雅安市。1983 年 3 月 3 日撤销雅安县，复置雅安市（县级）。1985 年底，辖 1 市 7 县：雅安市、名山县、荥经县、汉源县、石棉县、天全县、芦山县、宝兴县。② 2000 年 6 月，撤销雅安地区和县级雅安市，设立地级雅安市。市人民政府驻新设立的雨城区。雅安市辖原雅安地区的芦山县、石棉县、名山县、天全县、荥经县、宝兴县、汉源县和新设立的雨城区。

阿坝藏族自治州：1953 年 3 月 14 日，撤销茂县专区，设立四川省藏族自治区（地级），自治区政府驻茂县，辖松潘、茂、理、汶川、靖化、懋功 6 县，卓克基、松岗、党坝、绰斯甲等 5土司，阿坝、若尔盖等 12 部落。③ 同年陆续建置阿坝、黑水、绰斯甲、南坪、若尔盖 5 县。1954 年 3 月自治区政府驻地由茂县迁理县刷经寺。1955 年 11 月 9 日，更名为四川省阿坝藏族自治州。1956 年 4 月 21 日撤销四川藏族自治州办事处，置马尔康县。1958 年 4 月 21 日撤销茂县、汶川县，并析理县部分地区合并置茂汶羌族自治县。5 月 23 日州政府迁马尔康县。10 月 20 日置壤塘县。1960 年撤销绰斯甲县，分别并入金川、壤塘 2 县；撤销理县，置红原县；撤销南坪县入松潘县；改大金县为金川县。1963年复置理、汶川、南坪 3 县。1985 年底，辖 13 县：马尔康县、红原县、阿坝县、若尔盖县、黑水县、松潘县、南坪县、汶川

① 四川省地方志编纂委员会：《四川省志·地理志》（上），成都地图出版社 1996 年 7 月版，第 96～97 页。
② 四川省地方志编纂委员会：《四川省志·地理志》（上），成都地图出版社 1996 年 7 月版，第 99 页。
③ 四川省地方志编纂委员会：《四川省志·地理志》（上），成都地图出版社 1996 年 7 月版，第 95 页。

县、理县、小金县、金川县、壤塘县、茂汶羌族自治县。[①] 1987年7月，阿坝藏族自治州更名为阿坝藏族羌族自治州。撤销茂汶羌族自治县，恢复茂县。2005年，阿坝州辖马尔康、金川、小金、阿坝、若尔盖、红原、壤塘、汶川、理县、茂县、松潘、九寨沟、黑水13县，州府驻马尔康镇。[②]

2003年7月，撤销四川省北川县，设立四川省北川羌族自治县，以原北川县的行政区域为北川羌族自治县的行政区域。

甘孜藏族自治州：1955年11月9日，西康省藏族自治州更名为四川省甘孜藏族自治州。同时，泸定县划归雅安专区。同年4月建置色达县。1956年10月8日泸定县由雅安专区划入。1978年7月1日撤销乾宁县，分别并入道孚、雅江2县；撤销邓柯县，分别并入石渠、德格2县；撤销义敦县，分别并入巴塘、理塘县。1985年底，甘孜藏族自治州共辖18县：康定县、炉霍县、甘孜县、新龙县、白玉县、德格县、石渠县、色达县、泸定县、丹巴县、九龙县、雅江县、道孚县、理塘县、巴塘县、乡城县、稻城县、得荣县。[③] 2005年，甘孜州辖康定、泸定、丹巴、九龙、雅江、道孚、炉霍、甘孜、新龙、德格、白玉、石渠、色达、理塘、巴塘、乡城、稻城、得荣18个县，州府设在康定县。[④]

凉山彝族自治州：1955年11月9日，西康省凉山彝族自治州更名为四川省凉山彝族自治州。同时，西昌专区的越嶲县和乐山专区的雷波、马边、峨边3县划属凉山彝族自治州。马边、峨边2县仍由乐山专区代管。1956年4月13日建置呷洛县、瓦岗县、洪溪县，均属凉山彝族自治州。1959年呷洛县更名为甘洛

① 四川省地方志编纂委员会：《四川省志·地理志》（上），成都地图出版社1996年7月版，第100~102页。
② 《中国民族年鉴》（2006），第432页。
③ 四川省地方志编纂委员会：《四川省志·地理志》（上），成都地图出版社1996年7月版，第102~103页。
④ 《中国民族年鉴》（2006），第438页。

县。1960 年 1 月 7 日瓦岗、金矿、洪溪、普雄、布托 5 县撤销。1962 年 10 月 20 日又复置布拖县。1963 年 10 月 23 日撤销盐源县，改置为盐源彝族自治县。1978 年 10 月 4 日西昌地区撤销，所辖西昌、德昌、冕宁、会理、宁南、会东 6 县和盐源彝族自治县改隶凉山彝族自治州；米易、盐边 2 县属渡口市。自治州人民政府由昭觉县迁往西昌县。"西凉合并"是从行政区划上恢复了这一历史民族区的统一管理，是凉山社会经济文化发展和民族关系的重要转折点，是对民族区域自治制度的进一步落实和完善，体现了党和国家维护少数民族权益，尊重历史，实事求是的精神，使彝族人民能够走出大山，在更广阔的空间和更有利的条件下参与主流社会。[1] 1979 年 7 月 19 日析西昌县城区等地建置西昌市。1984 年 4 月 9 日，马边、峨边县均改为彝族自治县。1985 年 2 月 11 日乐山地区撤销，马边、峨边 2 彝族自治县划归乐山市。1985 年底，凉山彝族自治州共辖 1 市、16 县、1 自治县：西昌市、西昌县、昭觉县、甘洛县、雷波县、宁南县、会东县、会理县、德昌县、美姑县、金阳县、布拖县、普格县、喜德县、越西县、盐源县、冕宁县、木里藏族自治县。[2] 1986 年 6 月，撤销西昌县，将其行政区域并入西昌市。2005 年，凉山彝族自治州辖西昌市及德昌、会理、会东、宁南、普格、布拖、昭觉、金阳、雷波、美姑、甘洛、越西、喜德、冕宁、盐源及木里藏族自治县等 16 个县，州府西昌市。[3]

1997 年 3 月 14 日第八届全国人民代表大会第五次会议决定，设立重庆直辖市，撤销原重庆市。重庆直辖市辖原重庆市、万县市、涪陵市、黔江地区所辖行政区域。5 月，设立眉山地区，管

---

① 金炳镐主编：《中国民族自治州的民族关系》，中央民族大学出版社 2006 年 5 月版，第 141 页。

② 四川省地方志编纂委员会：《四川省志·地理志》（上），成都地图出版社 1996 年 7 月版，第 103～105 页。

③ 《中国民族年鉴》（2006），第 436 页。

辖从原乐山市划出的眉山、洪雅、丹棱、彭山、仁寿、青神6个县，地区行政公署驻眉山县东坡镇。调整后的乐山市辖市中区、五通桥区、沙湾区、金口河区4个区和夹江、犍为、沐川、井研、马边、峨边6个县（自治县），代管峨眉山市（县级）。

2005年底，四川省辖18个地级市、3个自治州（共计21个地级单位），43个市辖区、14个县级市、120个县、4个自治县（共计181个县级单位），238个街道、1865个镇、2586个乡、93个民族乡（共计4782个乡级单位）。其中，米易、盐边、平武、石棉、金口河、仁和6个县（区）按民族县对待。[1]

米易县：1952年5月析会理、德昌县部分地区建置为迷易县，属西昌专区。1952年改名为米易县。1978年10月4日划归渡口市。[2]

盐边县：1950年3月7日解放，仍置，属西昌专区。1978年10月4日划归渡口市。[3]

平武县：1949年12月20日解放，仍置，属剑阁专区。1952年属广元专区。1958年属绵阳专区。1985年属绵阳市。[4]

石棉县：1952年5月9日，析越西县安顺和汉源县美罗区置，属雅安专区。[5]

仁和区：1965年4月，渡口市设大田、大河、玉泉、金江4

① 曲木车和主编：《四川民族工作50年》，四川民族出版社2004年11月版，第2页。
② 四川省地方志编纂委员会：《四川省志·地理志》（上），成都地图出版社1996年7月版，第91页。
③ 四川省地方志编纂委员会：《四川省志·地理志》（上），成都地图出版社1996年7月版，第91页。
④ 四川省地方志编纂委员会：《四川省志·地理志》（上），成都地图出版社1996年7月版，第92页。
⑤ 四川省地方志编纂委员会：《四川省志·地理志》（上），成都地图出版社1996年7月版，第99页。

区。1973 年将 4 区合并为郊区。1981 年 8 月郊区更名为仁和区。[1]

金口河区：1978 年置金口河工农示范区，1979 年改称金口河工农区。1985 年 2 月，撤销金口河工农区，改置金口河区，并入乐山市。[2]

三、贵州民族地区的区划调整

1949 年 11 月贵州解放之初，在民国时期所划贵阳市及省政府直辖区、第 1 至第 6 行政督察专员区共 8 个地级行政区的基础上调整为贵阳市及贵阳、安顺、兴仁、毕节、遵义、铜仁、镇远、独山 8 个专区，共 9 个地级行政区。进入 20 世纪 50 年代，开始不断进行政区调整。在整个 50 年代，较大的调整是：1952年，贵阳专区迁往贵定，改称贵定专区；兴仁专区迁往兴义，改称兴义专区；独山专区改称都匀专区（原即驻都匀）。

自新中国成立以来，贵州主要民族聚居区的区划调整如下：

黔东南苗族侗族自治州：1949 年 11 月 8 日，中国人民解放军第十六军解放镇远县城，随即建立镇远专员公署，辖镇远、三穗、黄平、施秉、岑巩、天柱、锦屏、炉山、雷山、台江、剑河、余庆 12 县。1951 年在炉山县建立贵州省第一个民族自治地方——凯里苗族自治县。1952 年 5 月 24 日，内务部和中央民委决定，划贵州东南部靠清水江一带苗族居住区为自治区域，12 月建立炉山县苗族自治区。1954 年建立台江县和雷山县苗族自治区。1955 年将炉山、台江、雷山三个县级自治区改为自治县。1956 年 4 月 18 日，撤销镇远专区，建立黔东南苗族侗族自治州，将原属镇远专区的镇远、三穗、岑巩、施秉、黄平、剑河、天

---

① 四川省地方志编纂委员会：《四川省志·地理志》（上），成都地图出版社 1996 年 7 月版，第 90~91 页。

② 四川省地方志编纂委员会：《四川省志·地理志》（上），成都地图出版社 1996 年 7 月版，第 94 页。

柱、锦屏、雷山、炉山、台江及原属都匀专区的黎平、从江、榕江、麻江、丹寨一并划归黔东南苗族侗族自治州，同时撤销炉山、台江、雷山、丹寨四个自治县，分别设立雷山、炉山、台江、丹寨四县。同年7月23日，黔东南苗族侗族自治州人民委员会正式成立。1958年12月1日，黔东南州人民委员会从镇远移驻凯里。在"大跃进"的影响下，12月29日，将炉山、丹寨、雷山、麻江四县并为凯里县，将天柱县并入锦屏县，将台江县并入剑河县，将从江县并入榕江县，将施秉县并入黄平县，将岑巩县和三穗县并入镇远县，黔东南苗族侗族自治州共辖7县。1961年8月18日，恢复岑巩、天柱、从江、雷山、麻江五县。1962年10月20日，恢复施秉、三穗、台江、丹寨四县，黔东南州仍辖16县。1983年撤销凯里县，改设凯里市。到1984年底，黔东南苗族侗族自治州辖1市15县。[①] 2005年，黔东南州辖凯里市及黄平、施秉、三穗、镇远、岑巩、天柱、锦屏、剑河、台江、黎平、榕江、从江、雷山、麻江、丹寨15个县和凯里经济开发区，首府凯里市。[②]

　　黔南布依族苗族自治州：所属各市、县，建州前分别属独山专区（后改为都匀专区）和贵阳专区（后改为贵定专区）。1949年11月15日，贵筑县及独山县解放，随即建立贵阳地区专员公署和独山地区专员公署。贵阳专员公署驻贵筑县花溪，辖贵筑、龙里、贵定、惠水、长顺、清镇、修文、息烽、开阳、瓮安10县。独山专员公署驻都匀县城，辖独山、都匀、三都、荔波、平塘、罗甸、丹寨、麻江、平越、黎平、从江、榕江12县。1951年，罗甸县划归贵阳专区。1952年11月8日，政务院同意将贵阳专员公署移驻贵定，改称贵定专员公署；将独山专员公署改称

———————
　　① 贵州省地方志编纂委员会：《贵州省志·地理志》，贵州人民出版社1985年12月版，第118~119页。
　　② 《中国民族年鉴》（2006），第441页。

都匀专员公署。同年，建立惠水县彝族苗族自治区和丹寨县苗族自治区，又将贵筑县划归贵阳市。1953 年，平越县更名为福泉县。1954 年，惠水县彝族苗族自治区更名为惠水县布依族苗族自治区，又建立罗甸县布依族自治区。1955 年，将惠水、丹寨、罗甸三自治区改为自治县，又将贵筑县划回贵定专区。1956 年 4 月 18 日，撤销贵定专区和都匀专区，建立黔南布依族苗族自治州。将原属都匀专区的都匀、独山、荔波、平塘、三都五县，原属贵定专区的长顺县、惠水布依族苗族自治县、罗甸布依族自治县以及原属安顺专区的紫云、镇宁二县和原属兴义专区的望谟、册亨、安龙、贞丰四县，共计 14 县划归黔南布依族苗族自治州，同时撤销惠水、罗甸 2 个自治县，改设惠水县和罗甸县。1956 年 8 月 8 日，黔南布依族苗族自治州正式成立，州人民委员会驻都匀。同年建立三都水族自治县。故到 1956 年底，黔南布依族苗族自治县共辖 1 自治县、13 个县。1958 年 5 月，建立都匀市。12 月 29 日，将惠水县划归贵阳市，将安龙、册亨、镇宁 3 县划归安顺专区，将原属安顺专区的瓮安、福泉、龙里、贵定 4 县划归黔南布依族苗族自治州。同时，将福泉县并入瓮安县，将龙里县并入贵定县，将紫云县并入望谟、长顺两县，将荔波县并入独山，将平塘县并入独山、罗甸两县，将都匀县并入都匀市，黔南州辖都匀市、三都水族自治县及独山、贵定、瓮安、长顺、望谟、罗甸 6 县。1961 年 8 月 18 日，恢复荔波、平塘、紫云、龙里、福泉 5 县。1962 年改都匀市为都匀县。1963 年又将安顺专区所属的贞丰、册亨、安龙 3 县及贵阳市所属的惠水县划入黔南布依族苗族自治州。1965 年，将安龙、贞丰、册亨、望谟 4 县划归兴义专区，将紫云县划归安顺专区。1966 年，都匀市、县分治。1983 年都匀县并入都匀市。到 1984 年底，黔南布依族苗族自治州辖都匀市、三都水族自治县及荔波、独山、平塘、罗甸、惠水、长顺、贵定、龙里、福泉、瓮安等 10 县。[①] 到 2005 年底，黔南州辖都匀、福泉 2 个县级市，荔波、贵定、瓮安、独山、平塘、罗甸、长顺、龙里、惠水 9 个县和三都水族自治县，首府都匀市。[②]

黔西南布依族苗族自治州：黔西南布依族苗族自治州是在原兴义专区的基础上建立起来的。兴义专区之前为兴仁专区。1949年 12 月，兴仁地区和平解放。1950 年初建立兴仁专区，辖兴仁、兴义、晴隆、普安、盘县、关岭、贞丰、望谟、册亨、安龙 10县。1956 年 4 月，撤销贵定、都匀、镇远、兴义 4 专区，建立黔东南苗族侗族自治州和黔南布依族苗族自治州。1957 年，撤销贵筑县，辖地划入贵阳市。1952 年 11 月 8 日，政务院同意将兴仁专员公署由兴仁城关镇迁往兴义城关镇，改名兴义专员公署。1956 年 4 月 18 日，将原属安顺专区的郎岱县划归兴义专区。7 月18 日，撤销兴义专区，将原属兴义专区的兴义、兴仁、晴隆、关岭、普安、盘县、郎岱 7 个县划归安顺专区；将望谟、册亨、安龙、贞丰四县划归黔南布依族苗族自治州。1956 年 7 月 28 日，恢复兴义专区，将原属安顺专区的兴义、兴仁、晴隆、普安、盘县五县及原属黔南布依族苗族自治州的望谟、册亨、安龙、贞丰四县划归兴义专区。同年 11 月 13 日，国务院同意建立安龙、贞丰、望谟 3 个布依族苗族自治县和册亨布依族自治县。1966 年建立盘县特区。1970 年撤销盘县，并入盘县特区，改属六盘水地区。1981 年 9 月 21 日，国务院批准撤销兴义地区行政公署，建立黔西南布依族苗族自治州，同时撤销安龙、贞丰、册亨、望谟四个自治县，分别改设安龙、贞丰、册亨、望谟四县。1982 年 5月 1 日，黔西南布依族苗族自治州正式成立。到 1984 年底，黔西南布依族苗族自治州共辖兴义、兴仁、普安、晴隆、贞丰、册

---

① 贵州省地方志编纂委员会：《贵州省志·地理志》，贵州人民出版社 1985 年 12 月版，第 122～123 页。

② 《中国民族年鉴》(2006)，第 445 页。

亨、望谟、安龙 8 县。① 到 2005 年底，黔西南州辖兴义市和兴
仁、普安、晴隆、贞丰、望谟、册享、安龙 7 个县及顶效开发
区，首府兴义市。②

紫云苗族布依族自治县：原为紫云县，1950 年属安顺专区。
1956 年 4 月 18 日，将紫云县划归黔南布依族苗族自治州。1958
年 12 月 29 日，撤销紫云县建制，将原属紫云县的洗马河、猫营
两个区划归长顺县，将松山、宗地、猴场、火烘四个区划归望谟
县。1961 年 8 月 18 日，恢复紫云县建制。1965 年 8 月 17 日，将
紫云县划入安顺专区。1965 年 12 月 19 日，国务院批准撤销紫云
县，改设紫云苗族布依族自治县。1966 年 2 月 11 日，紫云苗族
布依族自治县成立。③

镇宁布依族苗族自治县：原为镇宁县，1950 年属安顺专区。
1956 年 4 月 18 日，划归黔南布依族苗族自治州。1958 年 12 月 29
日，又将镇宁县划回安顺专区，同时将关岭县并入镇宁县。1961
年 8 月 18 日，恢复关岭县，将并入部分拨出。1963 年 5 月 20
日，国务院批准撤销镇宁县，改设镇宁布依族苗族自治县，9 月
11 日，自治县正式成立。④

关岭布依族苗族自治县：原为关岭县，1950 年属兴仁专区。
1952 年属兴义专区。1956 年 7 月，关岭县划归安顺专区。1958
年 12 月 29 日，撤销关岭县，并入镇宁县。1961 年 8 月，恢复关
岭县建制。1981 年 3 月 21 日，撤销关岭县，改设关岭布依族苗

①　贵州省地方志编纂委员会：《贵州省志·地理志》，贵州人民出版社
1985 年 12 月版，第 126 ~ 127 页。
②　《中国民族年鉴》（2006），第 449 页。
③　贵州省地方志编纂委员会：《贵州省志·地理志》，贵州人民出版社
1985 年 12 月版，第 131 页。
④　贵州省地方志编纂委员会：《贵州省志·地理志》，贵州人民出版社
1985 年 12 月版，第 131 ~ 132 页。

族自治县。1982 年 2 月 16 日，关岭布依族苗族自治县正式成立。[1]

威宁彝族回族苗族自治县：原为威宁县，1950 年属毕节专区。1953 年 6 月，在威宁牛栅子建立民族自治区筹备委员会。1954 年 6 月，贵州省人民委员会免去牛栅子民族自治区筹备委员会，建立威宁彝族回族苗族自治区筹备委员会。9 月 11 日，撤销威宁县，改设威宁县彝族回族苗族自治区。11 月 11 日，威宁县彝族回族苗族自治区正式成立。1955 年 1 月 7 日，更名为威宁彝族回族苗族自治县。[2]

松桃苗族自治县：原为松桃县，属铜仁地区专员公署。1956 年 9 月 11 日，撤销松桃县，改设松桃苗族自治县。12 月 31 日，松桃苗族自治县正式成立。[3]

玉屏侗族自治县：原为玉屏县，属铜仁地区专员公署。1958 年 12 月 29 日，撤销玉屏县，并入铜仁县。1961 年 8 月 18 日，恢复玉屏县建制。1960 年 2 月，将万山区的高楼坪、黄道、新庄三个公社划归万山特区，将万山的下溪、长坳两公社划归铜仁县。1968 年 9 月，万山特区撤销，上述五公社划回玉屏县。1970 年 8 月，将玉屏县万册区的万山镇及高楼坪、黄道、新庄、蔡家坪、长坳、小田坪、下溪等七个公社划给万山特区。[4] 1982 年经过返本归原，侗族人数占总人口 52%。玉屏县人民政府根据民族识别返本归原的侗族人数，对照《中华人民共和国宪法》和《民族区域自治实施纲要》的规定，认为已具备建立侗族自治县的条

① 贵州省地方志编纂委员会：《贵州省志·地理志》，贵州人民出版社 1985 年 12 月版，第 132 页。
② 贵州省地方志编纂委员会：《贵州省志·地理志》，贵州人民出版社 1985 年 12 月版，第 134 页。
③ 贵州省地方志编纂委员会：《贵州省志·地理志》，贵州人民出版社 1985 年 12 月版，第 137~138 页。
④ 贵州省地方志编纂委员会：《贵州省志·地理志》，贵州人民出版社 1985 年 12 月版，第 138 页。

件，玉屏县人民政府于 1982 年 5 月 31 日《关于建立侗族自治县的报告》呈报贵州省铜仁行署。经地区、省层层上报国务院后，国务院 1983 年 9 月 7 日批复，同意成立玉屏侗族自治县，撤销玉屏县，自治县以原来的玉屏县的行政区域为行政区域。1984 年 11 月 7 日，玉屏侗族自治县宣告成立。①

印江土家族苗族自治县：原为印江县，1950 年属铜仁专区，之后长时期保持不变。20 世纪 80 年代，土家族恢复民族成分以后，印江县提出了设立自治县的申请。国务院于 1986 年 12 月 13 日批准撤销印江县，设立印江土家族苗族自治县。1987 年 11 月 20 日，印江土家族苗族自治县成立。②

沿河土家族自治县：原为沿河县，1950 年属铜仁专区，③ 之后长时期未发生变化。20 世纪 80 年代，土家族恢复民族成分以后，贵州沿河县提出了设立自治县的申请。经国务院审批，1986 年 10 月 7 日批准撤销沿河县，设立沿河土家族自治县。1987 年 11 月 23 日，沿河土家族自治县正式成立。④

务川仡佬族苗族自治县：原为婺川县，1950 年属遵义专区。1959 年改名为务川县。⑤ 20 世纪 80 年代，经过民族识别，恢复民族成分，大批仡佬族人返本归原，1986 年国务院决定撤销务川县，设立务川仡佬族苗族自治县，1987 年 11 月 26 日，务川仡佬

---

① 赵永忠：《改革开放以来民族识别对贵州民族区域自治的推动》，载《黔南民族师范学院学报》2010 年第 1 期。
② 国家民委民族问题研究中心：《中国民族自治地方发展评估报告》，民族出版社 2006 年 12 月版，第 7 页。
③ 贵州省地方志编纂委员会：《贵州省志·地理志》，贵州人民出版社 1985 年 12 月版，第 166 页。
④ 国家民委民族问题研究中心：《中国民族自治地方发展评估报告》，民族出版社 2006 年 12 月版，第 7 页。
⑤ 贵州省地方志编纂委员会：《贵州省志·地理志》，贵州人民出版社 1985 年 12 月版，第 163 页。

族苗族自治县成立。①

道真仡佬族苗族自治县：原为道真县，1950 年属遵义专区。1958 年撤销道真县，并入正安县。1961 年恢复道真县。② 20 世纪 80 年代，经过民族识别，恢复民族成分，大批仡佬族人返本归原，1986 年国务院决定撤销道真县，设立道真仡佬族苗族自治县。1987 年 11 月 29 日，道真仡佬族苗族自治县成立。③

四、云南民族地区的区划调整

1950 年，云南省将民国时期的 13 个行政督察区调整为昆明市、武定专区、昭通专区、曲靖专区、宜良专区、楚雄专区、玉溪专区、蒙自专区、文山专区、宁洱专区、大理专区、保山专区、丽江专区。此外，撤销河口、麻栗坡对汛办，设立了河口市、麻栗坡市；撤销碧江、潞西、宁江、龙武四个设治局，设立了碧江、潞西、宁江、龙武四个县。④ 之后，逐渐对民族地区的区划进行调整。

西双版纳傣族自治州：1950 年属普洱区专员公署。1953 年 1 月 23 日，由普洱专署划出车里、佛海、南峤、镇越 4 县和江城县的整董乡，思茅县的象明区、普文区，六顺县的整糯区，宁江县的安康区、勐往区成立西双版纳傣族自治州，仍由普洱专署代管。⑤ 1953 年 5 月，撤销县一级建制，把辖区重新划分为大于区、

---

① 国家民委民族问题研究中心：《中国民族自治地方发展评估报告》，民族出版社 2006 年 12 月版，第 7 页。

② 贵州省地方志编纂委员会：《贵州省志·地理志》，贵州人民出版社 1985 年 12 月版，第 162 页。

③ 国家民委民族问题研究中心：《中国民族自治地方发展评估报告》，民族出版社 2006 年 12 月版，第 7 页。

④ 云南省地方志编纂委员会：《云南省志》卷一《地理志》，云南人民出版社 1998 年 1 月版，第 124 页。

⑤ 云南省地方志编纂委员会：《云南省志》卷十七《政府志》，云南人民出版社 2001 年 12 月版，第 371 页。

小于县的十二个版纳及二个民族自治区（相当于区）、一个区、一个生产文化站（相当于区）。1957年底，撤销原十二个版纳、二个自治区、一个生产文化站、一个区，改建成为五个县级版纳，即版纳景洪、版纳勐海、版纳勐遮、版纳勐腊、版纳易武。1958年8月，根据思茅专署及省人民政府委员会决定，将5个县级版纳合并为3个县级版纳，即将原版纳勐海、版纳勐遮合并为版纳勐海，版纳易武、版纳勐腊合并为版纳易武，版纳景洪保持原建制。1959年10月至1960年9月，根据省及中央有关批示，三个县级版纳统一称县，并将版纳易武驻地设于勐腊，改称勐腊县。1973年8月16日，经中共中央、国务院批准，西双版纳傣族自治州由云南省委、省政府直接领导，西双版纳又恢复了民族自治州的建制。[①] 到1978年，西双版纳傣族自治州辖景洪、勐腊、勐海3县。1994年4月12日，经国务院批准，景洪撤县设市。[②] 西双版纳傣族自治州所辖行政区划变为1市2县：景洪市、勐腊县和勐海县，至今未变。

　　文山壮族苗族自治州：1950年属文山区专员公署。1949年6月1日，在西畴县城正式建立滇东南行政专员公署。1950年1月7日，文山县城解放，滇东南行政专员公署迁入文山县，下辖文山、砚山、西畴、马关、马列（1950年3月改为麻栗坡市）、河口、丘北、广南、富宁9县。1950年3月，经政务院批准，将滇东南行政专员公署改称文山专员公署，辖文山、砚山、西畴、马关、丘北、广南、富宁7个县和麻栗坡市。1955年10月，麻栗坡市改为麻栗坡县。1958年4月1日，文山专区专员公署改称文

　　① 西双版纳傣族自治州地方志编纂委员会：《西双版纳傣族自治州志》上册，新华出版社2002年12月版，第104页。
　　② 云南省地方志编纂委员会：《云南省志》卷十七《政府志》，云南人民出版社2001年12月版，第117页。

山壮族苗族自治州人民委员会。① 1959 年 3 月，河口县划入蒙自专区管辖，4 月屏边县划入蒙自专区管辖。1954 年 6 月，砚山、文山两县合并为文山县，西畴、麻栗坡县合并为西畴县。1961 年 9 月，文山与砚山、西畴与麻栗坡分县设置。② 至 1966 年底，文山壮族自治州共辖文山、砚山、丘北、西畴、马关、广南、富宁、麻栗坡等 8 县。之后，长期保持不变。2010 年 12 月，经国务院批准，文山县撤县设市。文山壮族苗族自治州辖 1 市 7 县。

迪庆藏族自治州：1950 年属丽江区专员公署。1952 年 11 月批准德钦县改建为德钦藏族自治区。③ 1957 年 9 月 13 日，自治州成立，辖中甸、维西、德钦 3 县和奔子栏办事处，由丽江地区代管。1959 年奔子栏办事处划入德钦县。④ 从自治州成立一直到 1972 年，均由丽江地区代管。⑤ 1973 年，中共中央、国务院指示："云南省四个自治州不再由地区代管。"10 月 20 日经中共云南省委批准，组成迪庆藏族自治州革命委员会，直属省领导。⑥ 之后，迪庆州不再由丽江地区代管。1985 年 10 月，维西县改建为维西傈僳族自治县。⑦ 2001 年 12 月 17 日，民政部批准将中甸县更名为香格里拉县。至此，迪庆藏族自治州共辖香格里拉县、德钦县和维西傈僳族自治县。

---

①　文山壮族苗族自治州地方志编纂委员会：《文山壮族苗族自治州志》第四卷，云南人民出版社 2001 年 10 月版，第 120 页。

②　文山壮族苗族自治州地方志编纂委员会：《文山壮族苗族自治州志》第四卷，云南人民出版社 2001 年 10 月版，第 121 页。

③　云南省地方志编纂委员会：《云南省志》卷十七《政府志》，云南人民出版社 2001 年 12 月版，第 367、371 页。

④　迪庆藏族自治州地方志编纂委员会：《迪庆藏族自治州志》，云南民族出版社 2003 年 10 月版，第 370 页。

⑤　迪庆藏族自治州地方志编纂委员会：《迪庆藏族自治州志》，云南民族出版社 2003 年 10 月版，第 375 页。

⑥　迪庆藏族自治州地方志编纂委员会：《迪庆藏族自治州志》，云南民族出版社 2003 年 10 月版，第 377 页。

⑦　云南省地方志编纂委员会：《云南省志》卷十七《政府志》，云南人民出版社 2001 年 12 月版，第 410 页。

　　红河哈尼族彝族自治州：1949 年 12 月，滇南人民行政公署成立。1950 年 2 月改称蒙自区行政督察专员公署，3 月驻地迁蒙自，12 月改称蒙自区专员公署（简称蒙自专署），辖蒙自、屏边、开远、个旧、金平、建水、石屏、曲溪、元江（1954 年 7 月划归玉溪专区）、红河、新民（1951 年改为元阳）11 县及河口市和龙武设治局。1954 年 1 月，红河哈尼族自治区成立，辖金平县、红河县、元阳县及河口市第四区，由蒙自专署代管。1957 年 11 月 18 日，红河哈尼族自治区与蒙自专署合并成立红河哈尼族彝族自治州，首府设在蒙自。1958 年自治州驻地迁到个旧市。1951 年 1 月，撤销个旧县，设立个旧市（省辖市）。1958 年 8 月 16 日，个旧市由省辖市改为红河哈尼族彝族自治州州辖市，同时将开远、蒙自两县撤销并入个旧市。1960 年 9 月 13 日恢复开远、蒙自两县建制，仍归个旧市辖。1961 年 2 月 14 日开远、蒙自划出分治。1958 年撤销曲溪县，划归建水县。1950 年，龙武设治局改为县的建制。1951 年撤销龙武县，恢复龙武设治局。1952 年 11 月改设龙武县。1958 年 11 月，撤销龙武县，划归石屏县。1953 年 1 月，撤销弥勒县，设立弥勒彝族自治县，属宜良专区。1954 年划归蒙自专区。泸西县 1950 ～ 1954 年属宜良专区，1954 ～ 1958 年属曲靖专区，1958 年 10 月至 1959 年 2 月，撤销泸西县划归师宗县，仍属曲靖专区。1959 年 2 月，泸西县划归弥勒县，改隶红河哈尼族彝族自治州，1961 年 6 月，恢复泸西县，仍属红河州。1950 年由建水、个旧、蒙自各划出一部分，成立新民县，驻新街。由于同辽宁省新民县重名，1951 年更名为元阳县。新中国成立初期，金平县属蒙自专区。1951 年，更名为金屏县，1953 年复名金平。1954 年红河哈尼族自治区成立后，金平县改隶红河哈尼族自治区。1985 年 12 月 7 日，撤销金平县，设立金平苗族瑶族傣族自治县。绿春在新中国成立初期属红河、元阳、金平、墨江县地。1955 年 3 月 10 日成立六村办事处（县级），1958 年 5 月设县，定县名为绿春。屏边县 1950 年属蒙自专区，1957 年红河哈尼族彝族自治州成立后，改隶之。1958 年 9 月撤销屏边县，设立屏边苗族自治县。1960 年 2 月，屏边县并入河口县，1962 年 4 月又分置屏边、河口两县。1963 年 7 月，正式成立屏边苗族自治县。1950 年元旦，成立河口县人民政府，隶属文山行署。1950 年 5 月，设立河口市，隶属蒙自专区。1955 年 2 月，撤销河口市，设立河口县。1958 年 9 月，撤销河口县，设立河口瑶族自治县，1960 年 2 月，撤销河口瑶族自治县、屏边苗族自治县，合并成立河口瑶族苗族自治县。1962 年 4 月，恢复河口瑶族自治县和屏边苗族自治县，原屏边县瑶山自治区撤销，划归河口县。1963 年 7 月，正式成立河口瑶族自治县。①

　　1958 年底和 1959 年初，撤销蒙自、开远，并入个旧市，个旧市改为州辖市。龙武并入石屏，曲溪并入建水。1960 年恢复蒙自、开远，1961 年恢复泸西县。②

　　到 1966 年，红河哈尼族彝族自治州辖 1 市 12 县：个旧市、蒙自县、开远县、建水县、石屏县、金平县、元阳县、红河县、弥勒县、泸西县、绿春县、河口瑶族自治县和屏边苗族自治县。1981 年 11 月，开远县改建为开远市。1985 年 12 月，金平县改建为金平苗族瑶族傣族自治县。③ 到 1997 年底，红河哈尼族彝族自治州共辖 2 市 8 县 3 自治县：个旧市、开远市、蒙自县、建水县、石屏县、弥勒县、泸西县、元阳县、红河县、绿春县、金平苗族瑶族傣族自治县、屏边苗族自治县、河口瑶族自治县。2003 年 1 月，红河哈尼族彝族自治州人民政府驻地由个旧市迁移至蒙自县。2010 年 11 月，蒙自县正式撤县设市，红河哈尼族彝族自治

　　① 红河哈尼族彝族自治州地方志编纂委员会：《红河州志》第一卷，生活·读书·新知三联书店 1997 年 7 月版，第 111～115 页。
　　② 云南省地方志编纂委员会：《云南省志》卷十七《政府志》，云南人民出版社 2001 年 12 月版，第 381～382 页。
　　③ 云南省地方志编纂委员会：《云南省志》卷十七《政府志》，云南人民出版社 2001 年 12 月版，第 408 页。

州辖 3 市 7 县 3 自治县。

大理白族自治州：1950 年为大理区专员公署，共辖大理、凤仪、漾濞、永平、云龙、祥云、宾川、弥渡、蒙化、云县、顺宁、缅宁、邓川、洱源 14 县和下关区。1952 年 11 月所属缅宁划归新成立的缅宁专员公署。下关区于 1951 年 3 月改建为下关市。1954 年，蒙化县、顺宁县分别更名为巍山县和凤庆县。1956 年 11 月 22 日，撤销大理专署，成立大理白族自治州，从丽江专署划入剑川、鹤庆 2 县，把云县、凤庆 2 县划归临沧专署，共辖 14 县 1 市。[①] 1958 年到 1959 年，撤销大理、凤仪、漾濞 3 县，并入下关市，扩大成立大理市。撤销宾川、弥渡 2 县，并入祥云县。撤销洱源县、邓川县，并入剑川县。撤销云龙县，并入永平县。撤销永建回族自治县，并入巍山彝族自治县，成立巍山彝族回族自治县。1961 年，恢复下关市、大理县、漾濞县、云龙县、宾川县、弥渡县、洱源县，同时撤销大理市建制。从巍山彝族回族自治县划出部分新建南涧彝族自治县。[②] 到 1966 年底，大理白族自治州共辖 1 市 12 县。1983 年 9 月，下关市与大理县合并设立大理市；1985 年 11 月漾濞县改建为漾濞彝族自治县。[③] 之后，大理白族自治州 1 市 11 县辖区未有大的变动：大理市、祥云县、宾川县、弥渡县、永平县、云龙县、洱源县、剑川县、鹤庆县、巍山彝族回族自治县、南涧彝族自治县、漾濞彝族自治县。

德宏傣族景颇族自治州：1950 年属保山区专员公署。1953 年 7 月，潞西、梁河、盈江、莲山、瑞丽、陇川 6 县及畹町镇从保山区专员公署划出成立德宏傣族景颇族自治区，仍由保山专署

　① 云南省地方志编纂委员会：《云南省志》卷十七《政府志》，云南人民出版社 2001 年 12 月版，第 370、373、377 页。

　② 云南省地方志编纂委员会：《云南省志》卷十七《政府志》，云南人民出版社 2001 年 12 月版，第 381、383 页。

　③ 云南省地方志编纂委员会：《云南省志》卷十七《政府志》，云南人民出版社 2001 年 12 月版，第 409 页。

代管。① 1956 年 4 月，经国务院批准撤销保山专署，辖区全部划归德宏傣族景颇族自治州人民委员会领导。1963 年 12 月又经国务院批准恢复保山专署，原划归德宏州领导的保山专署辖区划回保山专署管辖。1958 年 10 月撤销莲山县，并入盈江县；撤销梁河县，划归腾冲、陇川、盈江、潞西 4 县。撤销陇川县并入瑞丽县。1959 年 11 月恢复陇川县。1961 年 4 月又恢复梁河县建制。② 到 1966 年底，德宏傣族景颇族自治州共辖 5 县 1 镇：潞西县、盈江县、瑞丽县、陇川县、梁河县和畹町镇。1969 年 1 月自治州建制被撤销，划归保山专区管辖；1971 年 11 月 24 日又恢复德宏州的建制。1985 年 1 月畹町改为市。1992 年 7 月 16 日，瑞丽撤县改市。1997 年潞西撤县建市。1999 年 2 月撤销县级畹町市，划归瑞丽市。③ 到 1999 年，德宏傣族景颇族自治州共辖 2 市 3 县：瑞丽市、潞西市和盈江县、陇川县、梁河县。2010 年 7 月 12 日，国务院批准将潞西市正式更名为芒市。至此，德宏傣族景颇族自治州辖 2 市即瑞丽市、芒市，3 县即盈江县、陇川县、梁河县。

怒江傈僳族自治州：1950 年分属丽江区专员公署和保山区专员公署。1952 年 11 月，碧江县改建为碧江傈僳族自治区。1954 年 8 月，从丽江专署划出碧江、福贡、贡山 3 县和保山专署划出泸水县成立怒江傈僳族自治区人民政府，仍由丽江专署代管。④ 1956 年 10 月 1 日，贡山县改建为贡山独龙族怒族自治县。1956 年 11 月 27 日，国务院批准兰坪县从丽江专区划归怒江州管辖，1957 年正式划出。1973 年 8 月，怒江傈僳族自治州改由云南省直

① 云南省地方志编纂委员会：《云南省志》卷十七《政府志》，云南人民出版社 2001 年 12 月版，第 370～371 页。
② 云南省地方志编纂委员会：《云南省志》卷十七《政府志》，云南人民出版社 2001 年 12 月版，第 376～383 页。
③ 云南省地方志编纂委员会：《云南省志》卷十七《政府志》，云南人民出版社 2001 年 12 月版，第 394、395、400 页。
④ 云南省地方志编纂委员会：《云南省志》卷十七《政府志》，云南人民出版社 2001 年 12 月版，第 370～372 页。

接领导，不再由丽江专区代管。1986 年 9 月，经国务院批准，撤销碧江县建制，属地分别划归泸水县和福贡县。[①] 1987 年 11 月 27 日，经国务院批准，撤销兰坪县，设立兰坪白族普米族自治县，1988 年 5 月 25 日，兰坪白族普米族自治县正式成立。至此，怒江傈僳族自治州县级行政区划基本稳定，共辖 2 自治县、2 县：贡山独龙族怒族自治县、兰坪白族普米族自治县、福贡县、泸水县。

楚雄彝族自治州：1950 年属楚雄区专员公署和武定区专员公署。楚雄专区辖楚雄、双柏、镇南、牟定、姚安、大姚、盐丰、永仁、禄丰、广通、盐兴 11 县。武定专区辖武定、安宁、昆明、罗茨、富民、禄劝、元谋 7 县。1951 年 2 月，武定专署所辖昆明县划归昆明市。1953 年 4 月，武定专署撤销，所属武定、安宁、罗次、富民、禄劝、元谋 6 县划归楚雄专署。[②] 1956 年 11 月，经国务院批准，安宁划归昆明市。1958 年 4 月，撤销盐兴县，并入广通县。1958 年 4 月 15 日，撤销楚雄专署，成立楚雄彝族自治州。[③] 在同年，富民划归昆明市。之后，在 1958 年底和 1959 年初，又撤销广通、罗次县，并入禄丰县。撤销双柏、南华、牟定 3 县，并入楚雄县。撤销盐丰、姚安、永仁 3 县，并入大姚县。撤销元谋县，并入武定县。1959 年 11 月又恢复元谋县、双柏县、牟定县。1961 年恢复姚安、永仁、南华县。[④] 1983 年 9 月，将楚雄县改为楚雄市。10 月，禄劝县划归昆明市。之后，楚雄彝族自治州的县（市）级行政区划未发生大的变化，共辖 1 市 9 县：楚

---

① 云南省地方志编纂委员会：《云南省志》卷十七《政府志》，云南人民出版社 2001 年 12 月版，第 380、376、81、401 页。

② 云南省地方志编纂委员会：《云南省志》卷十七《政府志》，云南人民出版社 2001 年 12 月版，第 369~370 页。

③ 云南省地方志编纂委员会：《云南省志》卷十七《政府志》，云南人民出版社 2001 年 12 月版，第 378 页。

④ 云南省地方志编纂委员会：《云南省志》卷十七《政府志》，云南人民出版社 2001 年 12 月版，第 381、383 页。

雄市、双柏县、牟定县、南华县、姚安县、大姚县、永仁县、元谋县、武定县、禄丰县。

　　普洱市：普洱市虽然不是一个民族自治地方，但确实是一个多民族聚居区。现在的普洱市，除了思茅区之外，都是民族自治地方，这在全国地级市中，可能是唯一的。1950 年为宁洱区专员公署，辖宁洱、思茅、六顺、车里、镇越、南峤、佛海、景谷、镇远、景东、墨江、江城、澜沧、宁江 14 县和沧源设治局。1951 年 4 月改称普洱区专员公署，1955 年 4 月由于由普洱县迁驻思茅县复兴镇，改称思茅区。1953 年 4 月澜沧拉祜族自治区人民政府成立。1953 年 7 月，撤销六顺县、宁江县，分别划归西双版纳傣族自治区、思茅县、澜沧县。沧源县划归缅宁专署。1954 年 5 月，江城哈尼族自治区人民政府成立。1954 年 6 月，从澜沧拉祜族自治区划出孟连区、南佧区新建立孟连傣族拉祜族佧佤族自治区人民政府（1963 年 4 月改"佧佤族"为佤族后，孟连傣族拉祜族佧佤族自治县更名为孟连傣族拉祜族佤族自治县）。原辖车里、佛海、南峤、镇越 4 县划出建立西双版纳傣族自治区。[①]1954 年管辖区为 9 县：思茅、普洱、景谷、镇沅、景东、墨江、澜沧、江城、孟连。1958 年 12 月，撤销思茅县，划归普洱县；撤销镇沅县，划归景谷、景东、墨江、普洱和新平，后于 1961 年 3 月恢复。1956 年 6 月，由澜沧拉祜族自治县划出西盟山区成立西盟佤族自治县筹备委员会，并于 1965 年 3 月正式成立了西盟佤族自治县。1957 年 10 月 19 日，国务院曾批准撤销思茅专署，把所辖区域划归西双版纳傣族自治州和临沧专署，思茅专署迁至西双版纳州景洪县办公，停止西双版纳自治州人民委员会的职权。1959 年 7 月 30 日又恢复了西双版纳傣族自治州人民委员会的职权，思茅专署迁回思茅县原址办公。1964 年 8 月 18 日，国

---

　　① 云南省地方志编纂委员会：《云南省志》卷十七《政府志》，云南人民出版社 2001 年 12 月版，第 367、370 页。

务院又正式批准恢复专署和州人委的建制。① 到 1966 年底，思茅专署仍为普洱、景谷、镇沅、景东、墨江 5 县和澜沧、江城、孟连、西盟 4 自治县。1973 年西双版纳州与思茅地区分设，不再代管西双版纳州。1979 年 11 月，墨江县改建为墨江哈尼族自治县。1981 年 10 月恢复思茅县，1993 年 11 月 8 日，正式撤县改市，思茅地区行政公署辖 1 市 9 县。1985 年 12 月普洱县改建为普洱哈尼族彝族自治县，景谷县改建为景谷傣族彝族自治县，景东县改建为景东彝族自治县。1990 年 5 月，镇沅县改建为镇沅彝族哈尼族拉祜族自治县。② 到 1990 年底，思茅地区行政公署共辖思茅市和 8 个自治县，这在全国是很少见的。2003 年 10 月，撤销思茅地区，设立地级思茅市。2007 年 2 月，国务院批准思茅市更名为普洱市，普洱哈尼族彝族自治县更名为宁洱哈尼族彝族自治县。

双江拉祜族佤族布朗族傣族自治县：1950 年为保山区专员公署所辖双江县。1952 年 10 月 14 日，新组建的缅宁区专员公署成立，1952 年 11 月，双江划归缅宁专署。1954 年 8 月，缅宁改名临沧。1958 年撤销双江县，并入临沧县，改称临双县。1959 年 12 月又恢复两县建制。1985 年 12 月，双江县改建为双江拉祜族佤族布朗族傣族自治县。③ 之后，未发生大的改变。

耿马傣族佤族自治县：1950 年为保山区专员公署所辖耿马设治局。1952 年 11 月，耿马划归缅宁专署。1953 年耿马设治局改建为县。1955 年 10 月 16 日，耿马县改建为耿马傣族佧佤族自治县。④ 1963 年 4 月改"佧佤族"为佤族，耿马傣族佧佤族自治县

---

① 云南省地方志编纂委员会：《云南省志》卷十七《政府志》，云南人民出版社 2001 年 12 月版，第 375 页。

② 云南省地方志编纂委员会：《云南省志》卷十七《政府志》，云南人民出版社 2001 年 12 月版，第 402、405、406 页。

③ 云南省地方志编纂委员会：《云南省志》卷十七《政府志》，云南人民出版社 2001 年 12 月版，第 370、371、373、381、407 页。

④ 云南省地方志编纂委员会：《云南省志》卷十七《政府志》，云南人民出版社 2001 年 12 月版，第 367、371、372、380 页。

更名为耿马傣族佤族自治县。之后，未发生大的变化。

沧源佤族自治县：1950 年为宁洱区专员公署所辖沧源设治局。1951 年 4 月，宁洱区专员公署更名为普洱区专员公署，沧源设治局为普洱区专员公署的一部分。1952 年缅宁专区成立后，沧源设治局划归缅宁专区。1954 年 3 月，沧源设治局改建为沧源县。1964 年 2 月 28 日沧源县改建为沧源佤族自治县。① 之后，未发生大的变化。2003 年 12 月，临沧撤地设市，沧源佤族自治县属临沧市的一个县。

新平彝族傣族自治县：1950 年属于玉溪区专员公署，之后未发生变化。1980 年 11 月 28 日，新平县改建为新平彝族傣族自治县。1997 年 12 月，玉溪地区行政公署改为玉溪市，② 新平成为玉溪市的一个县。

元江哈尼族彝族傣族自治县：1950 年为蒙自区专员公署所辖元江县。由于元江离蒙自专区较远，离玉溪更近，故 1954 年 7 月元江县划归玉溪专署管辖，之后未发生调整。1980 年 11 月 22 日元江县改建为元江哈尼族彝族傣族自治县。③ 1997 年地级玉溪市成立后，元江哈尼族彝族傣族自治县成为玉溪市的一个县。

宁蒗彝族自治县：1950 年，宁蒗为设治局，属于丽江区专员公署。1953 年宁蒗设治局改建为宁蒗县。1956 年 9 月 20 日，宁蒗县改建为宁蒗彝族自治县，④ 之后长期未发生改变。直到 2002 年 12 月 26 日，国务院批准撤销丽江地区和丽江纳西族自治县，设立地级丽江市，宁蒗彝族自治县成为丽江市的一个县。

---

① 云南省地方志编纂委员会：《云南省志》卷十七《政府志》，云南人民出版社 2001 年 12 月版，第 367、370、371、372、417 页。

② 云南省地方志编纂委员会：《云南省志》卷十七《政府志》，云南人民出版社 2001 年 12 月版，第 423、402 页。

③ 云南省地方志编纂委员会：《云南省志》卷十七《政府志》，云南人民出版社 2001 年 12 月版，第 367、370、423 页。

④ 云南省地方志编纂委员会：《云南省志》卷十七《政府志》，云南人民出版社 2001 年 12 月版，第 367、372、380 页。

玉龙纳西族自治县：1950 年为丽江区专员公署所辖丽江县。1961 年丽江县改建为丽江纳西族自治县。[①] 2002 年 12 月 26 日，国务院批准撤销丽江地区和丽江纳西族自治县，设立地级丽江市。原丽江纳西族自治县的大研镇、龙山乡、七河乡、大东乡、金山白族乡、金江白族乡改建为丽江市古城区；原丽江纳西族自治县的黄山镇、石鼓镇、巨甸镇、白沙乡、拉市乡、太安乡、龙蟠乡、金庄乡、鲁甸乡、塔城乡、大具乡、宝山乡、奉科乡、鸣音乡、石头白族乡、仁和傈僳族乡、黎明傈僳族乡、九河白族乡改建为玉龙纳西族自治县。原丽江纳西族自治县的一部分改建为古城区，是丽江城市化发展的需要，也是对民族自治地方行政区划调整的一个突破。从目前来看，古城区经济、文化发展迅速，并未受到区划调整的影响。

峨山彝族自治县：1950 年为玉溪区专员公署所辖峨山县。1951 年 5 月，峨山县改建为峨山彝族自治县。之后一直隶属于玉溪专署，到 1997 年地级玉溪市成立后，峨山彝族自治县成为玉溪市的一个县。

石林彝族自治县：1950 年为宜良区专员公署所辖路南县。1954 年 6 月宜良区专员公署撤销后，路南县划归曲靖专署。1956 年 12 月 13 日，路南县改建为路南彝族自治县。1958 年撤销路南彝族自治县，并入宜良县。1964 年 3 月恢复路南彝族自治县建制。1983 年 9 月，路南彝族自治县划归昆明市。[②] 1998 年 10 月，国务院批准，将路南彝族自治县更名为石林彝族自治县。石林是闻名世界的风景区，是世界自然遗产。同时，景区离县城也不远，景区和县城互为依托，共同发展。更名为石林彝族自治县后，自治县的知名度大大提高，这对彝族等各民族的经济、文化

---

① 云南省地方志编纂委员会：《云南省志》卷十七《政府志》，云南人民出版社 2001 年 12 月版，第 367、417 页。
② 云南省地方志编纂委员会：《云南省志》卷十七《政府志》，云南人民出版社 2001 年 12 月版版，第 367、369、417、402 页。

的发展是有利的。

寻甸回族彝族自治县：1950 年为曲靖区专员公署所辖寻甸县。1956 年 12 月 31 日经国务院批准建立寻甸回族自治县。1958 年并入嵩明县，1959 年 6 月又将合并后的嵩明县改称寻甸县。1961 年恢复寻甸县建制，但未恢复回族自治县建制。1979 年 12 月 20 日建立寻甸回族彝族自治县。①1998 年 12 月 6 日，国务院批准将曲靖市管辖的寻甸回族彝族自治县划归昆明市管辖。

20 世纪 80 年代以来，在区划调整过程中，出现了一种"更名"现象。严格来说，这不属于区划调整，因为更名之后行政区划没有实质性的改变。这种更名主要是出于发展经济、宣传、推销本地区的考虑。如路南彝族自治县更名为石林彝族自治县，就是在石林作为著名风景名胜区的名声越来越大的情况下更名的，这对于宣传、推动石林彝族自治县的发展有一定的帮助。又如在普洱茶在全国越来越红火的情况下，思茅市更名为普洱市，借助普洱茶来推介自己。还有迪庆州中甸县更名为香格里拉县，是在香格里拉这一旅游品牌名气越来越大的情况下更名的。从目前来看，这些更名都是比较成功的。

五、西南民族自治地方区划调整的意义

新中国成立以来，西南民族地区的行政区划经历了多次调整，一部分民族自治地方反复合并撤建，这对民族地区的行政区划和民族区域自治都产生了一定的影响。概括起来，这些影响主要有以下几方面：

一是有利于实现民族区域自治。我国的民族区域自治是在民族聚居区实行区域自治，设立自治机关，行使自治权。通过行政区划的调整，把原来隶属于不同地区的同一个民族聚居地设置为

① 云南省地方志编纂委员会：《云南省志》卷十七《政府志》，云南人民出版社 2001 年 12 月版，第 366、417、423 页。

一个自治地方，有利于实行民族区域自治。与此同时，把原来隶属于其他地区的某个民族聚居区单列出来实行区域自治，这也有利于实现民族区域自治。

二是有利于民族自治地方经济社会的发展。我国的民族区域自治是民族自治与区域自治相结合，它不是单一的民族自治或地方自治。由于历史上的原因，少数民族多聚居在自然条件较差的山区，经济文化比较落后。而在新中国成立初期实行的民族区域自治，主要是在政治上满足少数民族当家做主和自己管理本民族内部事务的强烈愿望。因此一些行政区划未充分考虑到经济发展的问题。后来在区划调整中，一部分汉族地区或民族杂居区调整为民族自治地方的一部分，这在一定程度上可以带动民族自治地方经济社会的发展。

三是有利于民族地区城市化进程的推进。城市化是一种必然趋势。在西南民族地区行政区划调整中，一部分民族地区的县份改设为市，一部分民族乡改为镇，在城镇的带动之下，民族地区将会更快发展，同时民族地区城市化进程也会更快推进。

四是有利于民族关系和谐发展。如 20 世纪 80 年代以来一些地区由于民族成分的变更，少数民族人口的比例提高，提出了实行民族区域自治的要求。民族自治地方的设立，满足了这些民族的愿望和要求，化解了一些社会矛盾。

行政区划不应该是固定不变的，应该随着社会经济的发展而作相应的变更，这样才能更好地服务于社会、服务于经济建设。当然，行政区域划定之后，也应该具有一定的稳定性，频繁变更也会影响经济、社会的发展。新中国成立以来，一部分民族自治地方的区划确实存在变更过频的问题，区划的不稳定，在一定程度上影响了民族地区的发展。

第四章　西南民族地区不同形式的
民主改革

　　民主改革是新中国成立以后西南民族地区的重大事件。只有通过民主改革，才能从根本上废除西南民族地区存在的剥削与压迫，才能从根本上废除西南民族地区残存的土司制度的经济基础。通过民主改革，西南广大少数民族翻身解放，当家做主，提高了生产积极性和保卫、建设新生人民政权的积极性。因此，民主改革是共产党领导下的人民政权所采取的区别于之前任何政权的重大举措，也是共产党人之所以能赢得广大少数民族群众支持的重要原因之一。由于西南民族地区社会经济制度不一，民主改革的形式也不完全相同，呈现出多样化的特点。

第一节　以汉族为主地区的土地改革

一、西南民族地区土地改革的条件

　　西南各省在军事上的解放和剿匪、镇压反革命斗争的胜利，只铲除了长期以来压在各族人民头上的反动政府和反人民势力，各族人民原来的经济地位并没有发生实质性的变革。因此，进行以土地改革为中心的民主改革，成为新中国成立初期西南民族地区的重要任务。但由于西南是一个多民族地区，各民族发展不平衡，决定了这一地区的土地改革不能一刀切。
　　在汉族地区进行土地改革，这是没有疑义的。但在少数民族地区进行土地改革，肯定与汉族地区是不一样的。对此，毛泽东在 1950 年 6 月 6 日就指出："少数民族地区的社会改革，是一件重大的事情，必须谨慎对待。我们无论如何不能急躁，急了会出毛病。条件不成熟，不能进行改革。一个条件成熟了，其他条件不成熟，也不要进行重大的改革。"① 1950 年 6 月 14 日，刘少奇在《关于土地改革问题的报告》中指出："在少数民族聚居的地区，除东北朝鲜族地区和蒙古族地区已经实行土地改革，以及其他若干地区少数民族中已有多数群众要求实行土地改革得予进行外，其余二千万左右人口的少数民族地区在什么时候能够实行土地改革，今天还不能决定。这要看各少数民族内部的工作情况与群众的觉悟程度如何，才能决定。"② 在 1950 年 6 月 30 日公布实施的《中华人民共和国土地改革法》第三十五条中明确规定："本法只适合用于一般农村……不适用于少数民族地区，但在汉人占多数地区零散居住的少数民族住户，在当地土地改革时，应依本法与汉人同等待遇。"③

中央强调少数民族地区的土地改革要慎重，但并不是说在少数民族地区就绝对不能进行土地改革，而是要根据少数民族的意愿来看。这一点，邓小平在 1950 年 7 月讲得很清楚："我们在少数民族地区确定不搞减租，不搞土改，但是贵州苗族人要求减租，要求土改，而且比汉人还迫切。究其原因，这是很自然的，因为贵州苗族中地主很少，他们绝大部分种汉人的地，而且是山坡地。他们的要求很合理。如果不允许他们实行减租、土改，那就是大汉族主义，就是不直接照顾他们的利益。但是这样的要

---

① 毛泽东：《少数民族地区的改革要慎重》，金炳镐主编《民族纲领政策文献选编》第二编，中央民族大学出版社 2006 年 10 月版，第 421 页。

② 刘少奇：《关于土地改革问题的报告》，中央文献研究室编《建国以来重要文献选编》第一册，中央文献出版社 1992 年 5 月版，第 288 页。

③ 《中华人民共和国土地改革法》，中央文献研究室编《建国以来重要文献选编》第一册，中央文献出版社 1992 年 5 月版，第 344 页。

求，可能苗族上层少数地主分子不赞成。所以我们特别作了规定，凡是种的土地是汉人地主的，就实行减租、土改，而种的土地是苗族地主的，就不实行减租、土改，由他们本民族慢慢地采取协商的办法去解决。这就是说，减租、土改在少数民族地区不是完全不提，有些地区还应该进行，但必须有一个条件，就是他们有这个要求，而且不是少数人要求，而是大多数人要求，不是我们从外面给他们做决定，而是他们自己做决定。"① 1950 年 10 月 1 日，周恩来同样强调："对于各民族的内部改革，则按照各民族大多数人民的觉悟和志愿，采取慎重稳进的方针。"② 1950 年 11 月，邓小平讲得更具体："各地提出，在民族杂居地区的少数民族中是否减租、退押及是否土改的问题。这个问题在藏族和大小凉山彝族聚居地区，在云南沿越南、缅甸、印度的国境边界各部落都不存在，在那些地方是肯定不能做的。但是这个问题，在贵州全省及云南八十县腹地是存在的。这里主要是苗彝两族与汉族杂居，经济条件与汉人地区相同，各族农民均有强烈的土地要求，听说我们在少数民族区域不进行土改，都很不高兴。因为苗族地主很少，受汉、彝地主压迫最深，拥护我党我军亦最为积极。不满足苗民的土地要求是错误的。但彝族的情况就要复杂得多。我们考虑在彝族中是否进行土改时，首先必须着眼于十分重视民族问题，谨慎地决定政策，严防'左'的偏向。但另一方面，如果不在有彝族的杂居区域实行土改，则不但不能发动彝族农民，而且不能消灭这些地区的土匪和反革命势力，广大地区的社会秩序很难巩固。我们讨论结果，认为原则上应批准上述民族

① 邓小平：《关于西南少数民族问题》，中共中央文献研究室、中共重庆市委员会编《邓小平西南工作文集》，重庆出版社 2006 年 12 月版，第 201～202 页。
② 周恩来：《在欢宴各民族代表大会上的讲话》，金炳镐主编《民族纲领政策文献选编》第二编，中央民族大学出版社 2006 年 10 月版，第 438 页。

杂居地区实行土改，但必须具备下列两个条件的地区才能实行。即：第一，认真实行了区域自治或联合政府。第二，必须是少数民族人民大多数赞成，自己举手通过。在步骤上，应坚持先汉后彝，以促进彝族人民的觉悟。如果少数民族人民不赞成在那一地区，甚至不赞成在那一家实行时，即应坚决不实行。"① 在《一九五一年的工作任务》中，邓小平仍然坚持上述观点："在民族杂居地区，对少数民族人民已经提出同样实行减租退押和分配土地的要求，不考虑是不对的，但完全与汉族区域一样实行也是不妥当的。在这些地区，如果已经实行了区域自治或联合政府，如果少数民族人民绝大多数真正赞成，是可以实行的。但在实行当中应该允许例外，即少数民族自己不赞成在那一地区，甚至不赞成对那一家实行时，就不应在那一地区或那一家实行。总之，有关各少数民族的改革事宜，必须通过各族人民代表会议，依据少数民族自己绝大多数的意愿并经过他们的同意才能进行。"② 在1951 年 10 月 23 日，周恩来还强调相同的问题："各民族内部的适当改革，是各民族发展进步、逐渐跻于先进民族水平所必须经历的过程。但这种改革必须适合其本民族当前发展阶段的特点，必须根据其本民族大多数人民的意志，并采取妥善步骤，依靠其本民族干部去进行。"③

在 1952 年 8 月中央人民政府通过的《中华人民共和国民族区域自治实施纲要》中，以法律的形式作了规定："各民族自治区的内部改革，依照各民族大多数人民及与人民有关系的领袖人

---

① 邓小平：《谨慎决定在少数民族地区进行减租退押和土改》，中共中央文献研究室、中共重庆市委员会编《邓小平西南工作文集》，重庆出版社2006 年 12 月版，第 269～270 页。

② 邓小平：《一九五一年的工作任务》，中共中央文献研究室、中共重庆市委员会编《邓小平西南工作文集》，重庆出版社 2006 年 12 月版，第333～334 页。

③ 周恩来：《民族关系》，金炳镐主编《民族纲领政策文献选编》第二编，中央民族大学出版社 2006 年 10 月版，第 456 页。

物的志愿。"①

　　总之，在新中国建立初期，在西南局的领导下，已经充分认识到西南民族地区的改革并不是一件简单的事情，必须在满足条件的情况下才能进行改革。这些条件，邓小平在《一九五一年的工作任务》中有一些阐述："凡属清匪反霸减租退押运动告一段落的地区，就应及时转到分配土地的改革，以期于 1951 年内，在群众业已发动的地区，基本上完成分配土地的改革任务。"② 但由于土地改革事关重大，只有在具备一定的群众条件和干部条件的情况下才能进行，否则会适得其反。对此，邓小平进一步指出："目前，社会秩序已经安定；群众的觉悟程度及组织程度业已提高，并普遍地要求提早分配土地；各干部对于当地情况已进一步熟悉了解；一年的群众运动里面，也涌现了大批的积极分子和本地干部，我们已经具备了实行土地改革的条件。"③

　　为了指导包括西南在内的少数民族地区更好地开展土地改革，党中央也在不断总结，形成了一些土地改革必须具备的条件的经验：一是社会秩序安定；二是民族关系正常；三是对社会经济、阶级关系确有调查研究和正确分析；四是本民族中大多数人民已有要求；五是本民族中与人民有联系的领袖人物与一般社会人士同意，本民族内部团结；六是有本民族的革命骨干和实际工作人员。这六方面的条件缺一不可。同时，还要注意以下几点：一是先做好与人民有联系的上层人物和宗教人物的统战工作，尽

---

　　① 《中华人民共和国民族区域自治实施纲要》，金炳镐主编《民族纲领政策文献选编》第二编，中央民族大学出版社 2006 年 10 月版，第 471页。

　　② 邓小平：《一九五一年的工作任务》，中共中央文献研究室、中共重庆市委员会编《邓小平西南工作文集》，重庆出版社 2006 年 12 月版，第332 页。

　　③ 邓小平：《一九五一年的工作任务》，中共中央文献研究室、中共重庆市委员会编《邓小平西南工作文集》，重庆出版社 2006 年 12 月版，第332 页。

量争取他们协助土改，至少保持中立。先搞好这一层，然后去发动群众，不要把这两个步骤颠倒过来实行。二是尽量缩小打击面，照顾与人民群众有联系的上层人物和宗教人物，给他们以出路。凡我们已经团结和应该团结的人，在土改中必须加以保护。三是分配土地时必须由党领导，严格控制，采用温和的、稳妥的方法去进行，禁止打人，限制捕人，尽可能不杀一个人。四是依靠当地少数民族的干部去做工作，不应由汉族干部及其他外来干部包办代替。五是对于少数民族宗教寺院的土地、房屋及其他有关宗教信仰和风俗习惯的公共的土地、房屋，原则上基本不动。六是在民族杂居区，应特别注意民族关系。七是农牧交错区不进行土改。[①] 西南民族地区的土地改革，也基本上是具备了这些条件的基础上才进行的。

二、以汉族为主地区的土地改革

到 1950 年底，贵州、四川和云南内地的土匪基本被肃清，社会秩序根本好转。同时，通过人民政府的不断努力，各民族之间初步建立了平等、团结的民族关系。在西南民族地区进行土地改革的社会环境已经具备。

为了创造群众和干部条件，在土地改革之前，要做的重要工作就是减租退押反霸工作。要通过减租退押反霸运动来提高群众的觉悟程度和组织程度。因此，"减租退押反霸为农村改革不可超越的步骤，做好这一步就是在群众条件和干部条件等等方面，为土地改革做了最实际的工作"。[②] 但在实际工作中，针对西南少

---

① 《中共中央批发全国统战工作会议〈关于过去几年内党在少数民族中进行工作的主要经验总结〉》，中共中央文献研究室编《建国以来重要文献选编》第五册，中央文献出版社 1993 年 11 月版，第 664～665 页。

② 邓小平：《一九五一年的工作任务》，中共中央文献研究室、中共重庆市委员会编《邓小平西南工作文集》，重庆出版社 2006 年 12 月版，第 332 页。

数民族的特点，西南地区"原则上确定对少数民族地主只减租，不退押"。[①]

西南区从 1950 年 11 月开始在全区开展减租退押运动，到 1951 年 5 月，除云南省外，全西南约在 5 000 多万农村人口地区，215 个县市，胜利完成了减租退押任务。减租退押运动的开展，使新区广大佃农获得了减租退押的经济利益，农民经济收入增加。据西南区各地统计，减租退押运动以后，大约有 50% ~ 70% 的农户增加了经济收入。他们用增加的收入，购买耕牛和农具，增施肥料，兴修水利，改良土壤，开垦荒地。减租退押运动，进一步增加了农民之间的团结，把过去分散的农民组织起来，充分发挥了广大青年农民和妇女的积极作用，普遍发展了农民协会，建立了新民主主义青年团和妇女联合会组织，有重点地建立和发展了农民武装力量——民兵组织。减租退押运动中涌现出一大批农民积极分子，他们经过与违法地主进行面对面的斗争的考验，学会了与违法地主开展说理斗争和依据政府法令为武器斗倒违法地主的实际本领，为下一步实行土地改革，准备了群众条件。经过减租退押运动，锻炼和培养了一大批农村工作干部。他们在斗争中，经受了锻炼，接受了考验，立场更加坚定，政策水平和工作方法均有很大的提高和改进。他们中的许多优秀分子被选拔充实到各级领导岗位。这从而为下一步全面实行土改，准备了干部条件。因此，清匪反霸和减租退押运动的深入开展，为土改的顺利进行准备了充分的前提条件。

在不断创造条件的基础上，西南各省的土地改革首先从解放较早的贵州开始。贵州的土地改革前后分四期进行。

第一期从 1951 年 5 月上旬开始到 7 月底结束，在全省中心地

---

① 邓小平：《谨慎决定在少数民族地区进行减租退押和土改》，中共中央文献研究室、中共重庆市委员会编《邓小平西南工作文集》，重庆出版社 2006 年 12 月版，第 270 页。

区 133 个乡、1312 个村、133 万多人口的地区进行。土地改革按五个步骤进行：第一步，向广大农民宣传中国共产党和人民政府有关土地改革的方针、政策和法令，根据中央人民政府颁布的《农民协会组织原则》，组织农民队伍，成立农民协会，并明确农民协会是农村改革土地制度的合法执行机关；第二步，根据中央人民政府《关于划分农村阶级成分的决定》，查清农村土地占有情况，划分农村阶级成分；第三步，报产、评产，登记没收地主的土地和其他财产；第四步，民主讨论，合理分配土地、耕畜、农具和其他斗争胜利果实；第五步，总结经验，搞好基层政权建设，组织农民发展生产。[①]

第二期从 1951 年 8 月上旬开始，到 10 月下旬结束。这一期土地改革的中心地区有 419 个乡、3 002 个村、467 万人口。因为有了第一期土地改革的经验，第二期土地改革工作更加细致，发动贫雇农更加充分。

第三期从 1952 年 1 月开始，到 5 月下旬结束。这一期主要是在边沿地区的 390 个乡、3 343 个村、403 万人口的地区进行。

第四期从 1952 年 6 月开始进行，主要在边沿地区 377 个乡、3 153 个村、350 万人口的少数民族地区展开。到 9 月底，第四期土地改革胜利结束。至此，除了册亨、望谟两个偏远县 23 万人口的地区外，贵州全省土地改革基本结束。

在土地改革基本结束后，及时组织了复查工作。一是对中农被错划为地主的，无条件地退还被没收的土地及财产；中农被错划为富农的，被征收的土地全部退还。二是对富农被错划为地主的，除依法征收其应征收土地外，其余土地尽量退还原耕地，房屋全部退还，其他财物原则上退还原物。三是对小土地出租者被错划为地主的，如系城市工作，小学教员、小贩等生活困难者，

① 《贵州通史》编委会：《贵州通史》第 5 卷，当代中国出版社 2003 年 1 月版，第 19~20 页。

退还原土地及其他财产。通过复查，及进纠正了土地改革中因工作粗糙而发生的某些偏差。同时，对土地改革不彻底的地方及时进行了"补课"。册亨、望谟两县大部分地区的土地改革，也于1954年3月完成。但还剩下黔西南25个乡186个村作为"末期土改"，其中册亨11个、望谟12个、关岭2个。[①]

经过土地改革，在贵州彻底摧毁了封建剥削制度，使全省1 194万无地少地农民分到了土地1 065万亩，分得耕畜30多万头，分得农具7万多件，分得粮食36 899吨，还分得一部分房屋及其他生产资料。实现了生产者与生产资料的直接结合，极大地解放了农村生产力，使农业生产得到了较大的发展。[②]

四川的土地改革从1950年11月在4个行政区的两个乡进行典型试验，随后全面展开。每个乡村的土改，大体分为以下步骤：第一，准备工作；第二，划分阶级成分；第三，登记及没收、征收土地，评议查实土地数量与质量；第四，分配土地；第五，发给土地所有证，成立乡人民政府，总结庆祝胜利，动员生产。第一期土改于1951年2月开始，4月结束；第二期土改于5月开始，10月结束；第三期土改于10月开始，到1952年5月结束。1952年9月恢复四川省建制时，全省除少数民族地区外，已在126个县的7 902个乡完成了土地改革。同一时期，原西康省在17个县的汉族地区完成了土地改革。至此，四川全境除了少数民族地区外，在约5 700万人口的地区完成了土地改革的伟大历史任务，共没收和征收地主、富农田地5700多万亩，分给了无地少地的农民。[③] 与此同时，以汉族为主地区的土地改革的胜

---

① 《黔西南布依族苗族自治州概况》编写组、修订本编写组：《黔西南布依族苗族自治州概况》，民族出版社2007年9月版，第80页。

② 《贵州通史》编委会：《贵州通史》第5卷，当代中国出版社2003年1月版，第21~22页。

③ 杨超等主编：《当代四川简史》，当代中国出版社1997年5月版，第48~49页。

利完成，深深地影响着四川民族地区的广大农牧民，他们以各种方式迫切要求废除剥削制度，实行民主改革。

云南以汉族为主地区的土地改革首先在内地和缓冲区进行。内地坝区以大规模群众阶级斗争方式分两批进行。第一批有昆明、呈贡、晋宁、宜良、曲靖、澄江 6 个县 243 个乡，从 1951 年 9 月开始，年底基本结束。第二批包括 38 个整县及 28 个县的部分地区，共 3 314 个乡，从 1952 年 1 月开始，到 7 月底结束。内地山区又称"杂居区"，包括 25 个整县和 25 个县的一部分，共 3 800 多个乡，从 1952 年 7 月中下旬全面铺开，到 12 月中旬结束。

缓冲区是指内地实行土地改革地区与暂时不实行土地改革的边疆少数民族地区之间的缓冲地带。云南省首先划定了蒙自专区的元江、屏边、河口等 8 个整县，20 个整区和 8 个乡及部分地区为缓冲区，但在最后执行过程中，作了调整，实际为 19 个县。这 19 个县的土地改革从 1952 年个别试点开始，到 1954 年下半年结束，历时 2 年。①

总之，在西南地区（包括四川、云南、贵州、西康四省和重庆市），约 8 500 多万农业人口，分四期进行土改。第一期土改于 1951 年 4 月结束，涉及 1 316 万多人口，占总人口的 14%；第二期土改于 1951 年 10 月结束，涉及人口 2 476 万多人，占总人口的 27%；第三期土改于 1952 年 4、5 月间结束，涉及人口 3 599 万人，占总人口的 40.35%；第四期土改于 1953 年春结束，涉及人口 900 万人，占总人口的 11.29%。至此，除暂不进行土地改革的一些少数民族地区外，西南地区的土地改革任务胜利完成。②

---

① 中共云南省委党史研究室编：《云南土地改革回忆录》，云南民族出版社 2008 年 11 月版，第 2～5 页。

② 张永泉：《中国土地改革史》，武汉大学出版社 1985 年 6 月版，第 314 页。

三、以汉族为主地区的土地改革中对民族问题的处理

西南是一个多民族的杂居区,以上土改地区虽然是汉族居多,但也居住着众多的少数民族。如果处理不好与这些少数民族的关系,也会影响这些地区的土地改革。因此,西南各省在以汉族为主地区的土地改革中,还是比较注意从民族特点出发来开展工作的。如在贵州,在认真总结了第三期土地改革经验的基础上,中共贵州省委于1952年7月21日提出了《对目前少数民族地区进行土地改革的意见》,并强调:"少数民族是在民族团结,完全在少数民族自觉自愿并有了干部条件的基础上进行土改的,是要求达到各民族进一步团结,而不是制造新的纠纷。所谓阶级斗争必须在这个前提之下进行,这是汉人地区土改所没有而在少数民族地区则是最重要的问题……在方式上要采取自上而下与自下而上相结合、协商和斗争相结合的方式,目的是为了在少数民族地区更好地贯彻政策,迅速地进行土改……为了减少土改阻力,对少数民族上层人物(如土司、阿訇、宗教上层人士等),虽封建色彩浓厚,但对其目前赞成土改者应联合之,而且应争取这些人赞成土改……在少数民族地区进行土改更应注意搞好生产工作,结合进行土产交流、贸易、文教、卫生等工作,而不应孤立地进行阶级斗争和单打一的工作内容……关于进入土改前的反封建斗争,少数民族地区以清匪反匪首结合进行减租退押。根据少数民族情况,打击面要窄,不进行反恶霸斗争。血债问题在少数民族地区相当多,情况也很复杂,因而不算旧账,主要打击封建势力中解放后仍然进行反革命活动者……减租退押切实依据政策,并应结合少数民族实际情况进行。如清真寺的土地不进行减租;彝族的'私房'、'手粮'、'小催粮'、转押或转当地等,以及土司的超经济剥削,凡涉及少数民族特殊问题者不应作押金

退。在土改中，对划分阶级、没收、分配要切实根据政策及少数民族特点严加控制，必须认真由少数民族自觉自愿进行，不得有任何强迫。"① 根据这个意见，坚持本民族事务由本民族解决的方针，充分尊重民族意愿，坚持条件成熟才进行土改。在土地分配上，尊重少数民族的风俗习惯，对于少数民族的特殊用地、用树、用林、用畜、公共娱乐场所等不予征收分配。② 如在黔南地区，根据少数民族地区的特殊情况制定和执行了以下特殊政策：何时进行土地改革，由各少数民族群众自己决定（如在荔波县瑶族人民群众聚居的瑶麓乡，直到 1955 年根据瑶麓群众的要求才进行土地改革）；建立民族民主联合政府和少数民族上层人士参加的土地改革委员会；下大力培养少数民族干部；尊重少数民族的风俗习惯，适当保留"游方地"、"姑娘田"、"麻园地"、"蓝靛地"和一部分"学田"等。③

在四川的羌族、苗族、土家族和其他少数民族地区，虽然按照全国土地改革法进行土地改革，但在具体执行政策的过程中，要比汉族宽一些。④

在云南，也十分注意民族问题。如在内地坝区的土地改革时，在回族地区的土改中，坚持工作队的组成以本民族干部为主，本族地主由本族农民说理斗争，汉族农民不分回族的房屋等政策。⑤ 在内地山区的土地改革中，原则上哪族没收哪族分配，

① 贵州省民族事务委员会编：《贵州民族工作五十年》，贵州民族出版社 1999 年 9 月版，第 18~20 页。

② 贵州省民族事务委员会编：《贵州民族工作五十年》，贵州民族出版社 1999 年 9 月版，第 20 页。

③ 金炳镐主编：《中国民族自治州的民族关系》，中央民族大学出版社 2006 年 5 月版，第 440 页。

④ 曲木车和主编：《四川省民族工作 50 年》，四川民族出版社 2004 年 11 月版，第 20 页。

⑤ 《云南民族工作 40 年》编写组：《云南民族工作 40 年》上册，云南民族出版社 1994 年 6 月版，第 140 页。

哪村没收哪村分配，不轻易向外村调整。遇有重大问题，通过民族大多数群众自觉自愿和自己起来行动，加以解决。坚持先反汉族恶霸，先斗汉族地主；征收没收少数民族地主的土地必先征得该族多数群众的真正同意，多采取协商调解的方式进行。土司头人一般都养起来，给以生活出路。镇反要通过召开民族代表会议，征得本族群众的真正同意。土改中尊重少数民族的风俗习惯和宗教信仰。慎重对待民族间的租佃关系；分配中特别照顾少数民族农民的困难；不硬性进行民族间土地调整；少数民族地主的财产，原则上归本民族群众分配。①

　　当然，也存在对民族特点注意不够，政策控制不严，在部分地区发生了不少错误。第一，没有依靠少数民族干部和通过少数民族广大群众自觉自愿去进行，汉族干部包办代替，有的甚至错误地利用民族矛盾，组织这一个民族群众斗争另一个民族地主，结果引起若干新的民族问题。第二，严重违反民族风俗习惯，例如征收少数民族祭祖田、祭祀山、清真寺、马郎坡等土地，毁坏寺庙，挖掘祖坟，激起了群众性的不满。第三，个别地区乱斗、乱捆、乱打的现象时有发生，甚至有大批死人和杀错人的严重事件。②

第二节　以少数民族为主地区的土地改革

一、云南和平协商土地改革

　　在云南、四川以少数民族为主的地区，实行有别于以汉族为主地区的"和平协商"土地改革。所谓"和平协商"土地改革，

---

　　① 《云南民族工作40年》编写组：《云南民族工作40年》上册，云南民族出版社1994年6月版，第141页。
　　② 《云南民族工作40年》编写组：《云南民族工作40年》上册，云南民族出版社1994年6月版，第144页。

就是在消灭封建制度并适当满足农民土地要求的前提下，对各民族的领主（土司）、地主在政治上和经济上适当照顾，实行更宽的政策，采取和平的、协商的办法进行土地改革。①

在云南，"和平协商"土地改革于1955年初首先在条件较好、原为缓冲区的河口、江城、双江、镇康等县和凤庆县大雪山区展开，随后又在澜沧、潞西等县180个乡分批铺开，到1956年2月顺利结束。中共云南省委认真分析总结了上述地区土地改革的经验后，1956年在德宏、西双版纳州和红河州的红河、元阳、金平3县，以及耿马、孟连等县，分批进行和平协商土地改革，年底全部结束。位于滇西北的中甸、德钦、维西、宁蒗等藏、彝族地区，由于奴隶主与西藏的反动上层勾结串通一气，于1956年、1957年公开发动武装叛乱，反对和抵制改革，省委和昆明军区采取坚决进军的措施，发动和武装群众，平息叛乱，建立民族区域自治，然后采取和平协商方式进行土地改革，到1958年9月全部结束。② 这些以和平协商方式进行土地改革的边疆民族地区，共有160万人口，分属29个县市，即河口、金平、元阳、绿春、石屏、红河、江城、勐腊、景洪、勐海、澜沧、孟连、耿马、镇康、永德、双江、龙陵、潞西、畹町、瑞丽、陇川、盈江、梁河、腾冲、保山、维西、中甸、德钦、宁蒗。其中，除红河、镇康、畹町、中甸、德钦、宁蒗6个县市全部实行和平协商土改外，其余23个县市都只在部分区乡实行和平协商土地改革。

通过和平协商土地改革，废除了封建领主、地主的土地所有制和官租、地租、劳役、杂派、高利贷等剥削，实行农民的土地所有制；过去无田无地的农民分到了土地，并在国家的大力帮助下解决了耕牛、农具等需求，促进了生产、贸易和文化事业的

---

① 中共云南省委党史研究室编：《云南土地改革回忆录》，云南民族出版社2008年11月版，第5页。

② 《当代云南简史》编委会主编：《当代云南简史》，当代中国出版社2004年5月版，第135页。

发展。

　　在和平协商土地改革中，1955 年 9 月，中共云南省委分析总结了河口、江城、澜沧、双江、镇康等县和凤庆县大雪山区和平协商土地改革的情况和经验并上报中央。中共中央于同年 12 月 10 日作出正式批示，认为"云南根据 6 个县的特点，采取和平协商方式进行土地改革的效果是好的，所取得的经验也值得重视"，并转发有关省和自治区参考。1956 年 10 月，中共云南省委第一书记谢富治在中共八大上发言，系统介绍了云南边疆和平协商土地改革的情况与经验。同年，毛泽东接见西藏上层代表时，肯定了云南边疆和平协商土地改革的成就和经验，希望代表西藏农奴主的上层人士到云南参观。① 因此，云南和平协商土地改革对川、藏地区产生了一定的影响。

　　在云南，还有部分阶级分化不明显、土地占有不集中的尚未完全进入阶级社会的少数民族地区，没有进行土地改革，而是采取直接过渡到社会主义的办法。这类地区主要是云南的景颇、傈僳、佤、独龙、怒、德昂、布朗、基诺等族聚居区和部分苗、瑶、拉祜、哈尼族居住区，约 60 万人口，简称"直过区"。按照现在的行政区划，直过区包括贡山、福贡、泸水、沧源、西盟 5 个整县和其他 17 个县的一部分。

二、四川甘、阿、凉三州更和缓的土地改革

　　在四川民族地区，和平协商土地改革主要在甘孜、阿坝和凉山三个自治州进行。在新中国成立初期，由于历史上遗留下来的民族隔阂还依然存在，匪特尚未肃清，各级人民权未普遍建立，少数民族干部还未大量成长，这些少数民族地区进行民主改革的条件尚不具备。为了充分做好民主改革的准备工作，川南人民行

---

　　① 《当代云南简史》编委会主编：《当代云南简史》，当代中国出版社 2004 年 5 月版，第 136 页。

政公署在《1951 年民族工作总结中所提的问题》中指出，如已具备以下条件，可以讨论凉山彝区是否进行民主改革：一是彝区秩序走向安定，土匪特务已基本肃清；二是彝胞政治觉悟提高，对政府爱戴拥护，民族隔阂基本消除；三是彝区已涌现出一批积极分子，有本民族相当数量的干部可以依靠，或已实行区域自治，成立民族民主联合政府；四是确为广大彝胞群众所迫切要求；五是部分地区已受汉区社会改革的影响，已作了不同程度的部分的改革；六是上层分子经过说服教育一般都自愿接受改革。[①]

1955 年 12 月，四川省第一届人民代表大会第三次会议通过了在甘孜、阿坝、凉山三州实行民主改革的决议。在正式进行民主改革之前，各地同样遵循先试点后推广的办法。从 1954 年至 1956 年初，阿坝州在汶川、金川、小金、理县、茂县，甘孜州在丹巴、康定县，凉山州在昭觉、越西县等地进行了民主改革试点。1955 年初，阿坝州还组织了全州 30 多名上层人士到威州、雁门的试点乡参观，他们对不搞面对面斗争、不挖底财和不算旧账的做法感到满意，表示要协助政府开展民主改革。[②]

1956 年 1 月，凉山州第三次人民委员会第一次会议通过了《四川省凉山彝族自治州民主改革实施办法》，规定改革采取和缓方式，自上而下颁布法令支持群众斗争，自下而上发动群众贯彻法令，和平协商，不面对面斗争。但是部分少数奴隶主还是不满意这种和缓的方式，反对民主改革，于 1955 年 12 月 24 日首先在普雄县申果庄、洪溪县侯布列拖等地，发动武装叛乱。接着，在多个地区相继发生叛乱。[③] 党中央和四川省委高度重视，1956 年 6 月和 1957 年 2 月，中央政治局和书记处两次召开会议，研究解

---

① 《凉山彝族奴隶社会的变革资料摘编》，1981 年 8 月，第 88 页。

② 曲木车和主编：《四川省民族工作 50 年》，四川民族出版社 2004 年 11 月版，第 20 页。

③ 秦和平、冉琳闻编著：《四川民族地区民主改革大事记》，民族出版社 2007 年 12 月版，第 17 页。

决四川民族地区平息武装叛乱和民主改革的问题，明确指出：
"人民群众同叛乱分子的斗争是阶级斗争性质，平息叛乱是解放
战争"，要"边平叛边改革"。①

　　同时，党中央还对四川藏、彝族地区如何改革进行具体指
导。1956 年 7 月，周恩来代表中共中央、国务院作了重要指示。
按照指示精神，民主改革采取和平协商的方式进行，即根据群众
的意愿，经过同上层人士协商，取得同意后进行。在制定政策上
本着从宽的精神，在步骤方法上采取和缓的方式。对奴隶主和封
建主，除没收其耕地进行分配，解放奴隶，废除封建特权和高利
贷外，对其多余的耕畜、农具、粮食等不予征收，若当地劳动人
民缺乏这些生产资料而又确实需要者，由政府出钱购买再分发给
农民。对奴隶主和封建主均不算老账，不挖底财，对其房屋、牛
羊及其他生活资料一律不动。继续妥善安置上层人士，使之失去
剥削统治后，生活仍有保障。对群众开展运动时，上层人士只采
取"背靠背"的斗争，即群众的揭发和控诉不面对面进行。对寺
庙的封建特权及封建财产采取了更为宽大的方针，政府不干涉群
众对寺庙的差役负担，不动寺庙占有的耕地、枪支和高利贷，只
要求不凭借这些枪支和特权去为非作歹。②

　　由于执行了正确的政策，四川彝区的和平协商土地改革进行
得比较顺利，从 1956 年 2 月起到 1958 年 3 月，彝区基本完成了
民主改革。据统计，在民主改革中，凉山彝族自治州（含原西昌
专区彝族聚居区）共解放奴隶 52 万余人，没收、征收及征购奴
隶主的土地 130 余万亩，征收、征购奴隶主的耕畜 23 万余头、农

---

　　① 曲木车和主编：《四川省民族工作 50 年》，四川民族出版社 2004 年
11 月版，第 21 页。
　　② 杨超等主编：《当代四川简史》，当代中国出版社 1997 年 5 月版，
第 89~90 页。

具 3 万件、房屋 8 400 余间、粮食 1 500 万斤。[①]

在甘孜藏区，民主改革最初只针对农业区，未触动牧区。农业区的改革首先选择丹巴县、康定县的两个乡作为试点。在改革中，从 1956 年 2 月开始，甘孜州也发生了武装叛乱。在共产党的领导下，广大干部群众一边平叛一边改革。到 1956 年 3 月底，丹巴及康定部分农业区土地改革胜利结束，改革取得了预期的成果。丹巴等地土改的成功，说明和平协商土地改革是正确的，具有可推广性。1956 年 4 月 20 日，甘孜州州长桑吉悦希颁布命令，继续采取和平协商的方式进行土地改革。7 月，甘孜州第二届人大常委会第二次会议通过了《甘孜藏族自治州农业地区民主改革实施办法》，决定在农业区全面推广和平协商土地改革。到 1960 年，甘孜藏族自治州的民主改革基本完成。通过改革，共没收及征收农奴主的土地 32 万亩，牲畜 21.5 万头；4.5 万余户无地缺地的农民，人均分得土地 4 亩；占总牧户 60% 的贫苦牧民，户均分得牲畜 12 头。[②]

1954 年年底，阿坝州选择汶川县威州、雁门两地作为土地改革的试点地。1955 年春，岷江以东地区基本上完成了土地改革。1955 年 12 月，阿坝州第一届人大会议决定阿坝州农业区全面推行和平协商土地改革。至 1956 年 4 月中旬，改革基本结束，共划出地主 3 328 户、富农 1 309 户，没收地主及征收部分富农出租的土地 48.9 万余亩，征收地主的多余房屋 2.45 万余间、耕畜 1.52 万余头、农具 17.56 万余件。无地缺地的贫困农民平均每户分得土地 12.37 亩。[③] 在改革的过程中，阿坝州也发生了反对改革的

① 秦和平、冉琳闻编著：《四川民族地区民主改革大事记》，民族出版社 2007 年 12 月版，第 18 页。

② 秦和平、冉琳闻编著：《四川民族地区民主改革大事记》，民族出版社 2007 年 12 月版，第 29～30 页。

③ 秦和平、冉琳闻编著：《四川民族地区民主改革大事记》，民族出版社 2007 年 12 月版，第 31 页。

武装叛乱，企图阻止牧区的改革。1958 年 8 月，阿坝州人大常委会第二届二次扩大会议，通过了《关于我州牧区、半农半牧区实行民主改革和社会主义改造的决议》，选择若尔盖县降扎、热当坝，阿坝县麦昆及上阿坝 4 个部落作为试点，开展改革。待取得经验后，从 1959 年起向阿坝、若尔盖、红原等牧区推行。① 1959 年 8 月，壤塘县开始民主改革。12 月底，民主改革结束。随着壤塘县民主改革的完成，阿坝州民主改革的任务基本结束。在阿坝、红原及若尔盖 3 个县的民主改革中，1.08 万余户的牧民（占总户数 71%）分得了价值 396 万余元的胜利果实。在壤塘县，没收、征收土地 4 855 亩，耕畜驮畜 1 451 头，房屋 85 幢，农牧具 326 件。②

四川省凉山州和甘孜、阿坝两州农区，从 1956 年起到 1958 年 10 月民主改革复查补课为止，经过两年多时间，完成了和平协商民主土地改革。藏族牧区稍晚，到 1960 年初才完成。马边、峨边、米易、盐边、石棉以及原西昌专区的彝族聚居区，大体采用凉山的办法进行改革。③

四川藏、彝族地区民主改革，解放了奴隶、农奴 60 余万人，培养了县、区级民族干部 1.389 万人，在少数民族中发展了共产党员 5 953 人、共青团员 1.38 万人，农（劳）协会发展会员 45 万余人，武装自卫队员 16.3 万人，使农村、牧区人民政权有了可靠的群众基础。从封建主、奴隶主那里，人均分得土地 2.3 亩至 8.5 亩；分得牲畜彝区户均 2~3 头，藏区户均 12 头；分给各

① 秦和平、冉琳闻编著：《四川民族地区民主改革大事记》，民族出版社 2007 年 12 月版，第 32~33 页。
② 秦和平、冉琳闻编著：《四川民族地区民主改革大事记》，民族出版社 2007 年 12 月版，第 260~261 页。
③ 曲木车和主编：《四川省民族工作 50 年》，四川民族出版社 2004 年 11 月版，第 20 页。

族群众的农具共计 5.3 万件，房屋共计 1.6 万间，粮食 3530 万斤。① 因此，广大农牧民生产积极性空前提高，社会生产力大大发展，农牧业一般都有了较大的发展。

三、和平协商土地改革的历史意义

西南民族地区和平协商土地改革是针对川、滇民族地区具体实际而采取的正确措施，是符合党中央对民族地区制定的方针政策的，也是对其他地区好的经验的借鉴。1953 年 6 月 15 日，中央人民政府民族事务委员会第三次（扩大）会议，专门对内蒙古自治区及绥远、青海、新疆等地若干牧业区畜牧业生产的基本经验进行总结，对这些地区在牧区实行的"不斗不分，不划阶级"与牧工、牧主两利政策给以充分肯定。② 1954 年 9 月 15 日，刘少奇在《关于民族区域自治问题》中也谈到："现在还没有完成民主改革的少数民族地区，今后也可以用某种和缓的方式完成民主改革，然后逐步过渡到社会主义。"③

采取和平方法完成民主改革之所以成为可能，这主要是因为无产阶级在全国夺取了政权，建立了强大的人民民主专政制度，并且在全国绝大多数人口的地区已经完成了社会改革，有力量来支援少数民族地区。同时，我们党在少数民族中建立的包括少数民族上层人士在内的广泛统一战线，给在少数民族地区采取和平

---

① 曲木车和主编：《四川省民族工作 50 年》，四川民族出版社 2004 年 11 月版，第 23 页。

② 《中央人民政府民族事务委员会第三次（扩大）会议关于内蒙古自治区及绥远、青海、新疆等地若干牧业区畜牧业生产的基本经验》，金炳镐主编《民族纲领政策文献选编》第二编，中央民族大学出版社 2006 年 10 月版，第 496 页。

③ 刘少奇：《关于民族区域自治问题》，金炳镐主编《民族纲领政策文献选编》第二编，中央民族大学出版社 2006 年 10 月版，第 525～526 页。

方法进行民主改革创造了有利条件。[①]

川、滇民族地区和平协商土地改革，具有重大历史意义：

第一，广大农牧民分到了他们梦寐以求的土地等生产、生活资料，生产积极性空前提高，促进了农牧业的发展。

第二，在和平协商土地改革中，采取的是"背靠背"的诉苦，对奴隶主、封建主均不算老账，不挖底财，对其房屋、牛羊及其他生活资料一律不动。这些措施，没有激化广大下层少数民族群众与上层人士之间的矛盾，维护了和平协商土地改革地区的和平与稳定。

第三，通过改革，广大少数民族群众的生产生活得到了改善，共产党赢得了广大群众的支持。群众基础的扩大，改变了过去做许多事情都要通过民族上层才能实现的被动局面。

第四，和平协商土地改革锻炼和培养了一批当地的少数民族干部，使他们成为乡村基层政权的骨干。当年参与工作队的成员，在宣传政策、发动群众、掌握策略、完成任务中经受了锻炼、增长了才干，不少人后来成为区、县甚至更高级别的领导干部。

第五，和平协商土地改革是中共产党土地改革的有关理论与川、滇民族地区具体实际相结合的产物，是党的实事求是思想路线的胜利，也是中国共产党人以自己的实践对马克思主义民族问题理论的丰富和发展。

第三节　民主改革时期川滇地区的平叛斗争

一、四川的平叛斗争

民主改革毕竟是一场消灭剥削制度、把土地分配给广大农牧

---

① 汪锋：《我国民族政策的伟大胜利》，民族出版社编《十年民族工作成就 1949—1959》上册，民族出版社 1959 年 12 月版，第 20 页。

民的阶级斗争，尽管政策从宽、方式和缓，仍然遭到一些坚持反动立场的奴隶主、农奴主的反对。早在 1955 年夏季，西藏少数上层反动分子就密谋在康巴地区发动反对民主改革的武装叛乱。同时，台湾国民党当局及其派遣的匪特也趁机煽动，妄图挑起骚乱。在这种情况下，上层人士中的少数顽固分子，坚持反动立场，不顾民族大义，悍然发动了武装叛乱。1955 年 12 月 24 日，凉山州普雄县申果庄、侯布列拖阿家首先发动了旨在反对民主改革的大规模的武装叛乱。阿侯、果基家的武装叛乱分子 2 500 多人，于 28 日包围了普雄县城。经过 4 天激烈战斗，解放军歼敌 1 530 人，胜利结束战斗。其后，在民主改革向纵深发展的过程中，各地少数奴隶主发动武装叛乱，叛乱蔓延全州各地，先后参加平叛的部队有 11 个团，113 个连队，17 000 人；16 个民警中队，2 000 人；自卫队 11 万人。共经大小战斗 4 200 次，歼敌 55 464 名，投诚 10 569 名，至 1957 年年底，平息叛乱基本结束。[①]

1956 年初，甘孜州少数上层反动分子在经过长期策划后也发动了叛乱。2 月 15 日，封建农奴主阶级和寺庙宗教上层中少数顽固分子，打着"民族"、"宗教"的旗号，蒙蔽一部分群众，在西藏少数反动上层和国民党残余分子的策动下，发动反对民主改革的武装叛乱。色达大头人阿须·仁真顿珠首先发难，打着"维护民族和宗教"的旗号，以"改革是消灭宗教"、"改革是汉人改藏人"为口号，煽动组织不明真相的人，围攻县政府，开始了武装叛乱。此后，甘孜州各地相继发生叛乱，至 5 月底，全州 20 个县 77 个区中，有 18 个县 45 个区发生了全面和局部叛乱，参加叛乱的人数达 1.6 万人。他们围攻县城和区、乡工作队，伏击解放军，杀害干部、积极分子和群众，抢劫仓库粮食等物资，破坏交

---

① 秦和平、冉琳闻编著：《四川民族地区民主改革大事记》，民族出版社 2007 年 12 月版，第 27 页。

通桥梁、烧毁机关和群众房屋，无恶不作。在短短的一两个月内，被杀害的藏、汉干部达 200 余人，伤 100 余人，被害积极分子和群众达 100 余人，伤 50 余人。[①] 5 月 19 日，解放军某部向色达进发，在青海果洛支队的协同支援下，平息了色达的武装叛乱。同时，某团在稻城贡岭、色拉地区，组织两次战斗，歼灭了部分叛乱武装。[②] 1956 年 7 月 22 日，中共中央政治局会议研究解决四川少数民族地区平息武装叛乱和民主改革的问题，毛主席肯定了甘孜州改革是完全必要的，改革的决心是下得对的，并明确指出人民群众同叛乱分子的斗争是阶级斗争性质。平息叛乱是解放战争，要边平叛边改革。24 日，周恩来总理传达中央指示：对于现在还在山上的叛乱武装，办法是"停战和谈"。[③] 10 月 12 日，康定地委、康定军分区下发《关于开展停战和谈的实施计划》，但参加叛乱的反动上层利用停战和谈的机会，采用假"和谈"的手段重新组织力量，叛乱继续扩大。[④] 针对这种情况，在共产党的领导下，1958 年 8 月至 1959 年 3 月，又掀起了"反叛乱、反违法、反特权、反剥削"的"四反"斗争，这一更加全面、深入的反封建斗争使民主改革取得了决定性的胜利。全州农业地区和康藏公路以南的牧业地区已经全部完成了民主改革任务，废除了封建农奴主的一切政治经济特权，消灭了封建农奴制度。全州共有 4 500 余户无地少地的农民分得土地 30 多万亩，平均每户分得土地近 7 亩，得地户占全州总农户的 70% 以上。占总户数 80% 左右的农牧民从高利贷的盘剥下解脱出来；5 000 多个

---

① 秦和平、冉琳闻编著：《四川民族地区民主改革大事记》，民族出版社 2007 年 12 月版，第 98 页。

② 秦和平、冉琳闻编著：《四川民族地区民主改革大事记》，民族出版社 2007 年 12 月版，第 116 页。

③ 秦和平、冉琳闻编著：《四川民族地区民主改革大事记》，民族出版社 2007 年 12 月版，第 121 页。

④ 秦和平、冉琳闻编著：《四川民族地区民主改革大事记》，民族出版社 2007 年 12 月版，第 126 页。

没有人身自由的娃子也获得了解放，并重新建立了家园。① 到
1959 年 12 月，全州大股叛乱武装基本被歼，肃残斗争也取得了
重大胜利。

在阿坝州，1956 年 3 月，绰斯甲、四土、黑水及若尔盖、松
潘部分地方发生叛乱，武装反抗民主改革。叛乱分子杀害各族干
部、工作队员、积极分子及群众，抢掠财物，焚烧房屋，破坏交
通。人民解放军贯彻"政治争取为主与军事打击相结合"的方
针，执行"顽抗者坚决消灭，胁从者不咎既往，放下武器者宽
大，立功者受奖"的政策，集中兵力，集中打击，迅速围歼，迅
速平息了叛乱。1957 年初，藏区反动上层和国民党旧政权残余匪
特为反对改革，在松潘、麦洼及阿若等部分牧区也发生了武装叛
乱，并呈蔓延的趋势。1959 年 3 月，受西藏地方叛乱的影响，壤
塘等地发生较大规模的武装叛乱，有关部门边平叛边改革，发动
群众，收缴枪支，采取围歼集股叛敌与划区清剿散匪相结合。9
月，平叛斗争取得胜利。1959 年年底，阿坝州的民主改革顺利
完成。②

二、云南的平叛斗争

在云南省，宁蒗县的少数彝族奴隶主和维西、中甸、德钦县
的少数藏族农奴主为敌特所利用，先后于 1956 年和 1957 年公开
发动武装叛乱，反抗和抵制改革。

1956 年 4 月 6 日，极少数上层头人为维护奴隶制和封建领主
制，挟持威胁部分群众挑起武装叛乱，围攻宁蒗县羊坪、战河、
跑马坪、永宁、红桥、新营盘等区乡驻地，杀害民族工作队员，

① 民族出版社编：《十年民族工作成就 1949—1959》下册，民族出版
社 1960 年 2 月版，第 270~271 页。

② 秦和平、冉琳闻编著：《四川民族地区民主改革大事记》，民族出版
社 2007 年 12 月版，第 32~33 页。

抢劫国库粮食。[①] 宁蒗工委和凉山工委根据省、地委的有关指示精神和党的民族政策，坚持不放第一枪的原则，采取以"政治瓦解为主，军事打击为辅"的方针，领导各族人民平息叛乱。在人民解放军和广大民兵的配合下，短短4个月内，就争取大多数被裹胁的群众和少数头人回归，基本平息叛乱并逐步恢复生产秩序。对被争取的民族上层头人，给予宽大政策，既往不咎。到1958年，宁蒗县委、政府发动群众进行大规模的"万人搜山剿匪"行动，历时两年的叛乱彻底被平息。[②] 在宁蒗小凉山平息叛乱的过程中，中央作了"三个坚决"的指示，即：坚决发动群众，坚决平息叛乱，坚决执行和平协商改革政策。[③] 基本平息叛乱后，建立民族区域自治政权，采取和平协商方式进行改革，解放农奴和奴隶。藏、彝族地区的改革自1956年冬季开始，1958年结束。[④]

1956年6月中旬，德钦县藏族地区发生地主集团反对民主改革的武装暴乱。在中央关于必须坚持以军事力量为后盾，力争政治解决的方针指引下，暴乱于当年11月宣告平息，局势基本稳定。[⑤]

1957年3月6日，中甸以归化寺为首的武装叛乱爆发。叛匪首先包围了县城附近的三村、四村，袭击了工作队员及民兵。[⑥]

---

① 云南省宁蒗彝族自治县县志编纂委员会编纂：《宁蒗彝族自治县志》，云南民族出版社1993年12月版，第22页。
② 云南省宁蒗彝族自治县县志编纂委员会编纂：《宁蒗彝族自治县志》，云南民族出版社1993年12月版，第270页。
③ 云南民族事务委员会编：《云南民族工作大事记：1949～2007》，云南民族出版社2008年5月版，第62页。
④ 《当代中国的云南》编委会：《当代中国的云南》，当代中国出版社1991年3月版，第113页。
⑤ 云南民族事务委员会编：《云南民族工作大事记：1949～2007》，云南民族出版社2008年5月版，第51页。
⑥ 黄河：《中甸的民主改革》，中共云南省委党史研究室编《云南土地改革回忆录》，云南民族出版社2008年11月版，第243页。

叛乱武装还袭击正在修建中（甸）乡（城）公路的工人，迫使筑路的昆明军区道路营、十四军工兵营等无法正常施工；拦截运输马帮，破坏康南平叛作战供应线。叛乱发生后，云南省委、省军区及时发出《对丽江藏彝地区平叛工作的指示》，为平叛指明了方向，稳定了军心、民心。为尽快平息中甸叛乱和防止叛乱向邻区蔓延，保证中（甸）乡（城）公路修通，上级增派了近千人的武装力量，还决定适当武装各族民兵及骨干积极分子。自 1957 年 4 月下旬以来，驻军实行"政治争取为主，军事打击为辅"的方针，在当地各级党政机关、各族群众、民兵大力协助下，经过东旺共尖各、公擦卡、白玉几个地方的平叛大捷，加上县境以东地区碧塔海、洛吉河、干沟等地的战斗，给予叛匪沉重打击，从根本上扭转了全县平叛的局势。① 这次平叛持续了近两年，到 1959 年 1 月结束。在近两年的时间里，共进行了大小战斗 170 多次，歼敌 1 600 多人，缴获各种枪 2 463 支，各种枪弹 3.4056 万发，牲口 500 多匹。由于彻底平息了中甸地区的武装叛乱，摧毁了维护封建农奴制的反动势力，为实现民主改革扫除了障碍，有力地支持了迪庆藏族自治州的成立。同时，保证了筑路任务的正常进行和康南平叛作战供应线的畅通，有力支援了康南的平叛工作。② 在中甸叛乱的同时，维西六区也发生局部小暴乱，但不久被平息。

在边境一线，部分少数民族上层勾结逃亡境外的国民党军残部挑起武装叛乱的事件不断发生。如在西盟佤族地区，仅 1958 年 9 月，就发生了 3 起武装叛乱的事件：9 月 6 日，暴乱武装人员放火烧毁西盟县新厂区人民政府房子；9 日凌晨，偷袭铅厂值

① 黄河：《中甸的民主改革》，中共云南省委党史研究室编《云南土地改革回忆录》，云南民族出版社 2008 年 11 月版，第 246~247 页。
② 孙国荣、郜全明：《迪庆地区两年平叛斗争回顾》，《戍边五十年》编写组《戍边五十年：纪念中国人民解放军第四兵团进军云南暨云南解放五十周年》，云南人民出版社 2002 年 2 月版，第 79 页。

岗人员。人民解放军和区政府工作人员、当地民兵奋起还击。经过 3 个多小时的战斗，击毙敌人 19 人，击伤多人，缴获枪械 10 余支，子弹百发。同在 9 月 8 日，反动土司头人勾结逃亡境外的国民党军残部武装包围了西盟莫美工作队，割断电话线，西盟工委与莫美工作队失去联系。西盟工委派人前去修复电话线，途中遭受敌人伏击。9 月 10 日暴乱武装 300 余人包围了马散区政府，引发了区政府驻地大马散佤族村寨 1 000 多人全部逃离。① 据 1957 年佤族社会历史调查资料，当时大马散全寨 214 户共计 1 004 人。② 但经过这次武装暴乱之后，大马散村寨的人口就再也没有恢复到原有的水平。笔者 2008 年到此调查时，全寨的人口只有 165 户共计 586 人。

三、平叛斗争的重大意义

在广大少数民族群众的支持下和中共中央的正确领导下，四川、云南部分少数民族上层的叛乱被平息。叛乱之所以能被平息，一个很重要的原因就是共产党的正确领导。叛乱一发生，中央马上对其定性：平叛是解放战争的继续，是阶级斗争。同时下定决心，果断进行反击。在平叛过程中，又采取灵活的政策，只要停止叛乱，一律宽大处理。这种对叛乱的高压态势和对停止叛乱宽大处理相结合的正确举措，对于平叛起了十分重要的作用。另外，广大少数民族群众的大力支持也是平叛斗争起得胜利的重要原因。

平叛斗争的胜利，是西南民族地区继解放战争、剿匪斗争、镇压反革命之后的又一个重大事件，产生了深远的影响：

第一，平叛斗争的胜利，消灭了川、滇藏彝民族地区残存的

---

① 中共西盟县委党史研究室编：《中国共产党西盟佤族自治县历史大事记》，思新出（2007）准印字 6 号，2007 年 3 月，第 35～36 页。

② 《民族问题五种丛书》云南省编辑委员会编：《佤族社会历史调查》（一），云南人民出版社 1983 年 10 月版，第 59 页。

最后一股强大的反动势力，稳定了社会秩序，为这些地区的和平协商土地改革和之后的各项改革扫清了最后一道障碍。

第二，在平叛斗争中，采取了灵活的政策，只要叛乱分子停止叛乱，一律宽大处理，一个不杀。这些措施，充分体现了中国共产党对民族上层的诚意，有利于进一步开展好与民族上层的统战工作。此后，广大少数民族上层基本上都被共产党的诚意所打动，未发生过公开与党和人民为敌的事件。

第三，平叛斗争的胜利，是广大少数民族群众与共产党领导的人民军队的胜利，进一步加深了广大少数民族群众对党的感情，共产党再一次赢得了广大人民群众的支持。

第四，平叛斗争的胜利，使新生的人民政权再一次经受住了考验，丰富了共产党领导川、滇藏彝民族地区的经验，也充分证明了共产党在川、滇民族地区有应对复杂局面的能力。

第五，川滇少数民族在平叛斗争中互相支持、团结一致，加深了各民族之间的感情，各民族之间的团结进一步加强。

第五章　西南各民族的发展

新中国成立以前，西南各民族发展极其不平衡，内部差异较大，而且民族成分不清。这给有针对性地开展民族工作和制定民族政策带来了一定的困难。新中国成立以来，西南各民族在中国共产党的领导下，先后进行了民族识别和民族社会历史调查工作，基本搞清了各民族的身份问题和社会经济发展状况，为制定各项民族政策奠定了坚实的基础，推动了各民族经济社会的发展。

第一节　西南地区的民族识别

一、民族访问团对西南民族地区的访问

（一）对西康民族地区的访问

由于中国历史上长期存在民族隔阂，新中国成立后，这些隔阂并没有立即消失。消除民族隔阂，仍然是新中国成立初期西南民族工作的一项重要任务。而消除民族隔阂，首先需要的是少数民族对新生的人民政权有一个真正的了解，建立起民族之间基本的信任。新中国成立初期，中央和地方政府派出访问团对西南少数民族地区进行慰问，以及政府组织西南少数民族代表到北京和

内地参观访问，对消除民族隔阂起了巨大的作用。①

1950 年 6 月，中央决定首先派出西南访问团，由刘格平担任团长，费孝通、夏康农为副团长，团员共 120 余人，分别深入川、康、滇、黔民族地区进行访问。临出发前，毛泽东接见了西南访问团全体同志，与大家合影留念，并亲笔题写了"中华人民共和国各民族团结起来"的条幅，作为礼物送给各兄弟民族。朱德、刘少奇、周恩来也都给访问团题词。朱德的题词是："全国各民族亲密团结起来，为建设独立、民主、和平、统一、繁荣、富强的新中国而奋斗！"刘少奇的题词是："过去汉族的统治阶级是压迫国内各少数民族的，但是中华人民共和国必须帮助各少数民族的人民大众发展其政治、经济、文化、教育的建设事业。"周恩来的题词是："中华人民共和国境内各民族一律平等，团结互助反对帝国主义和人民公敌，实行少数民族的区域自治和人民自卫，尊重民族宗教信仰和风俗习惯，发展经济文化，使中华人民共和国成为各民族友爱合作的大家庭。"

1950 年 7 月 2 日，中央民族访问团西南访问分团 120 余人，在刘格平团长的率领下，离京前往西康、四川、云南、贵州等少数民族地区。这是当时我国民族工作的大事，《人民日报》于当天发表《送西南访问团》的社论："访问团将代表中央人民政府，对于各兄弟民族的人民在过去所遭受的痛苦，致以深切的慰问，并且征求他们对于中央人民政府各种政策实施的意见。应该使各兄弟民族的人民了解现在我们已经走进了历史的新时代，国内各民族人民必须平等互助、亲密团结。为了实现民族的平等，需要我们做种种的努力。把蒋介石匪帮打倒，还只是为民族平等开辟道路；过去反动统治历史所造成的我们民族的政治、经济和文化的落后状态仍然存在。这就要求我国各民族人民团结一致，共同

---

① 王希恩主编：《当代中国民族问题解析》，民族出版社 2002 年 3 月版，第 66 页。

努力，发展各民族人民大众的经济和文化教育事业。”① 7 月 19 日，中央西南各民族访问团抵达重庆，受到西南局、西南军政委员会、西南军区的热烈欢迎。7 月 21 日，在欢迎中央西南各民族访问团的大会上，邓小平作了《关于西南少数民族问题》的著名报告，主张用“实事求是，老老实实的工作态度”，去完成党和人民要求解决好西南民族问题的重托。② 刘伯承主席以红军长征北上抗日经过少数民族地区时的亲身经验，叮嘱勉励全团要稳步慎重地做好工作。8 月 5 日，西南各民族访问团组成云南、贵州、西康三个分团离渝前往各地访问调查。西南区派遣干部 50 余人随团参加访问工作。③ 一分团去西康，刘格平兼任团长；二分团去贵州，费孝通兼任团长；三分团去云南，夏康农兼任团长。④

一分团于 1950 年 9 月初赴西康后，即分两路赴康定和西昌。在刘格平团长和康定军管会主任苗逢澍率领下，一分团一行 40 余人于 10 月 7 日访问西康北部的道孚、炉霍、甘孜和德格县的玉隆，受到康北藏族人民的热烈欢迎。访问团在炉霍时，该县军事代表界扎布玛扎布、藏民代表益喜多吉等，向毛主席和刘团长献哈达。访问团并特地访问了位于朱倭、曾于 1935 年协助过红军的觉日喇嘛寺。喇嘛们引导着访问团团员参观朱总司令和刘伯承将军当年住过的地方。康北重镇甘孜军民千余人，在 10 月 11 日访问团到达时，热烈地欢迎了毛主席和刘伯承将军派来的代表。甘孜大金等寺活佛、喇嘛和四豇的藏民代表都赶来欢迎。孔萨、麻书两土司和甘孜喇嘛寺喇嘛，并在公路旁设置帐幕招待访问团。在甘孜藏族各界人民和驻军举行的欢迎会上，刘格平团长传

① 《送西南访问团》，《人民日报》1950 年 7 月 2 日。

② 郎维伟主编：《邓小平与西南少数民族——在主持西南局工作的日子里》，四川人民出版社 2004 年 4 月版，第 227 页。

③ 郎维伟主编：《邓小平与西南少数民族——在主持西南局工作的日子里》，四川人民出版社 2004 年 4 月版，第 237 页。

④ 云南省编辑组：《中央访问团第二分团云南民族情况汇集》（下），云南民族出版社 1986 年 2 月版，第 304 页。

达了毛主席和刘伯承将军对藏族人民及驻军指战员的关怀，并对甘孜藏族人民曾经协助红军的功绩，表示谢意。甘孜仲萨寺仲萨活佛、孔萨乡乡长孔萨益多等，一致颂扬政协纲领中的民族政策和人民解放军秋毫无犯的军纪，同时表示要在中央和毛主席领导下，加强团结，建设新西康。甘孜城乡藏族各界十余个单位的代表纷纷向毛主席和朱总司令献哈达、锦旗与各种礼物。麻书乡乡长真呦降泽等在所献的锦旗上用藏文写着："祝毛主席和朱总司令像太阳一样，永恒地温暖着藏族人民。"10 月 15 日，访问团分别访问了西康省人民政府副主席格达和夏克刀登的故乡森卡与玉隆。前往雅江访问的访问团团员 10 余人，受到雅江藏族人民亲切的欢迎，访问团团员们与城郊和牛场上的藏民举行了联欢晚会。①

一分团另一路到西昌北垅区进行访问。1950 年 9 月，由李平元、胡庆均率领的一分团部分成员到达西昌。在西昌访问期间，还慰问了 1950 年 3 月解放西昌时，协助解放军消灭胡宗南匪部千余人和在剿匪作战中立过功的该区彝族人民。访问团在西昌期间曾分头召开了三次慰问会，随后并分组挨户拜访了彝族居民，赠给他们食盐、针线、布匹等礼物，并慰问了在革命战争中光荣牺牲的六家彝族烈士遗属。该团服务组在半个月内为 153 个彝族同胞医治疾病。② 12 月 21 日，中央访问团举行座谈会，慰问参加西昌专区各族各界人民代表会议的少数民族代表。12 月 25 日，西昌专区各族各界人民代表会议开幕，协商成立各族联合政府，中央访问团团长刘格平等在会上讲话。1951 年 1 月，访问团为当地

① 《中央西南各民族访问团分头访问康滇黔各族人民　西康藏民及驻军热烈感戴中央关怀　决心争取早日解放西藏》，新华社 1950 年 11 月 14 日，资料来源于中国社会科学院网站。

② 《中央西南各民族访问团分头访问康滇黔各族人民　西康藏民及驻军热烈感戴中央关怀　决心争取早日解放西藏》，新华社 1950 年 11 月 14 日，资料来源于中国社会科学院网站。

彝族设计了一套彝语拼音新文字。到1951年3月，除留一个组在昭觉帮助建立大凉山彝族自治区外，一分团其余人员3月上旬全部返京。

(二) 对云南民族地区的访问

1950年8月6日，西南访问团二分团在团长夏康农、副团长王连芳率领下由重庆乘飞机抵达昆明。1950年8月8日至28日，访问团在昆明期间，受到云南省党政军领导机关和各民族代表人物的热烈欢迎和工作上的极大支持。

1950年8月29日至9月9日，访问团首先访问了宜良专区的圭山和西山，受到当地各族人民的热烈欢迎。

1950年10月1日，访问团到达丽江专区进行访问。10月27日以后，访问团分为四个工作组至各地进行访问。由王连芳副团长率一组去中甸，由夏康农团长率一组去永胜，由聂运华率一组去碧江、福贡；省政府副主席张冲同志则率领五人去虎跳峡一带作水利考察，之后转道前往保山专区访问。1950年12月2日，访问团抵达保山专区专署所在地保山城，开始对保山地区各族人民进行访问。访问团分为若干小组，分别前往潞西、陇川、盈江、梁河、莲山、腾冲等县（设治局）进行访问。①

进入1951年1月上旬，访问团派出三个访问小组，分别在耿马、腾冲、镇康、大理、楚雄等地继续进行访问工作。与此同时，分团主力在夏康农团长、王连芳副团长和省人民政府副主席张冲率领下，转道前往武定专区进行访问，并于1951年1月11日到达武定专区专员公署所在地武定县城。1月31日，访问团各工作组从滇西各地分别返昆会合，分团领导进行了半年来的访问工作初步总结。之后，夏康农团长先行返京。按计划访问团将赴滇南继续进行访问。1951年2月22日，访问团在王连芳副团长

① 云南省编辑组：《中央访问团第二分团云南民族情况汇集》（下），云南民族出版社1986年2月版，第305~309页。

和张冲副主席率领下从昆明出发，前往普洱、蒙自、文山进行访问。① 3 月 17 日，普洱专区在访问团的具体帮助和指导下，召开第二次各民族代表大会，成立了普洱专区民族联合政府，这是云南省第一个专区级的民族联合政府。② 访问团在普洱专区的民族代表会议结束后，即分为两组进行访问，一组前往澜沧、沧源，一组前往车佛南（即西双版纳）地区。

1951 年 3 月 27 日，访问团蒙自区工作组渡过红河，开始对蒙自专区进行访问。访问蒙自专区之后，在 5 月 15 日前后，张冲副主席率部分同志先行返昆；一部分同志在王连芳副团长率领下，由中共滇南工委办公室主任石亚夫陪同前往文山专区进行访问。5 月 24 日，访问团由文山返回滇南工委驻地，当即召开了党政干部大会，王连芳副团长作了民族政策报告。5 月下旬，访问团滇南工作组先后回昆。③ 至此，访问团对云南民族地区的访问宣告结束。6 月 10 日，第二分团离开昆明返京。

中央民族访问团第二分团在云南历时 10 个月，先后访问了宜良、楚雄、大理、丽江、保山、武定、蒙自、普洱、文山 9 个专区、42 个县，行程 2 万多公里，传达了中央人民政府和毛主席对各族人民的关怀，宣传党的民族政策，对疏通中央与边疆各族人民之间的关系，促进民族团结，起了极其重要的作用。④

（三）对贵州民族地区的访问

1950 年 7 月至 1951 年 3 月，中央民族访问团第三分团，由团长费孝通、副团长杨辛率领，来到贵州兄弟民族地区访问。成

---

① 云南省编辑组：《中央访问团第二分团云南民族情况汇集》（下），云南民族出版社 1986 年 2 月版，第 309～310 页。

② 《当代云南简史》编委会主编：《当代云南简史》，当代中国出版社 2004 年 5 月版，第 114 页。

③ 云南省编辑组：《中央访问团第二分团云南民族情况汇集》（下），云南民族出版社 1986 年 2 月版，第 312 页。

④ 《凉山彝族自治州人民政府·认识凉山·记录凉山·中华人民共和国时期》，www.lsz.gov.cn。

员有民族文工队、电影放映队、民族工作者100余人。访问团分三路进行深入访问，黔东一路至镇远，黔南一路至贞丰，黔西一路至威宁，并对苗族、布依族、彝族三个主要兄弟民族进行了重点调查研究。访问团在贵州，历时8个多月，行程5万余里，访问了70余万人次。中共贵州省委派了鲁乎同志及蒙昭、吴文贤、王维宁等同志参加访问，协助工作。访问团翻山越岭，深入山区，带来了党中央的深情厚谊，传达了中央人民政府和毛主席对少数民族的关怀和慰问，广泛宣传了党的民族政策。所到之处，给兄弟民族演戏、放电影，送针线，送盐巴。兄弟民族群众激动地说："毛主席真体贴我们，毛主席想得真周到。"在群众大会上，访问团收到许多少数民族赠送的花袖子、织锦带等珍贵礼物。[①]

1950年中央民族访问团第三分团在费孝通分团长率领下，于11月15日到达炉山县，对炉山县境内的炉山、鸾水、旁海、万潮、凯里等民族乡镇进行慰问。在中央访问团的帮助下，11月24~25日，凯里召开了第一届各族各界代表会议，协商组建炉山县凯里区民族民主联合政府和黔东南地区第一个区级民族自治地方——炉山县凯里苗族自治区事宜。11月25日，炉山县凯里苗族自治区人民政府宣告成立。[②]

11月下旬至12月初，中央民族访问团第三分团在费孝通团长率领下，访问了安顺、镇宁、平坝等县的少数民族地区，全区广大少数民族深受鼓舞。[③]

12月12~14日，中央民族访问团第三分团一行30多人到大

---

① 贵州省政协文史资料研究委员会、贵州省军区党史资料征集办公室：《贵州文史资料选辑第16辑·回顾贵州解放（三）》，贵州人民出版社1984年6月版，第105页。

② 《中国少数民族自治地方概况丛书（修订本）·黔东南苗族侗族自治州概况》，民族出版社2008年5月版，第98~99页。

③ 中共安顺地委党史资料征集办公室：《解放初期的安顺1949—1956》，第40页。

方县进行访问。在访问团举行的慰问大会上，费孝通团长代表中央向大方县少数民族赠送锦旗和慰问品，大方县少数民族代表把献给毛主席的锦旗和一件苗族衣服交给费孝通团长，访问团演出了《苗家四唱》等文艺节目。①

1951 年 1 月 31 日，贵州省民委与中央民族访问团第三分团举行少数民族干部训练班结业后，200 余名干部返回各地工作。2 月 19 日，第三分团在贵阳举办少数民族文物展览会，参观者逾万人。② 1951 年 3 月 5 日，中央民族访问团第三分团工作结束。③ 第三分团在访问了镇远等 5 个专区的 21 个县，开办了四次民族干部训练班，④ 做了九处典型调查，并帮助建立了炉山县凯里苗族自治区及帮助省人民政府先后召开了全省少数民族代表座谈会和全省民族工作会议。在凯里开欢迎会时，苗族妇女围着访问团的女同志们的手风琴唱歌，唱得高兴，就把织锦带结在女同志们的身上，个个身上都挂满了。

中央民族访问团在贵州少数民族人民中，留下了极其深刻的印象，影响很大，意义很深远。对于这次访问活动，团长费孝通教授写了一本名叫《兄弟民族在贵州》的书，发行 15 000 册，这在新中国成立初期，是一本了解研究贵州兄弟民族极有参考价值的书籍。⑤

访问团的主要任务是"沟通融洽民族间的情感，要做到满意

① 中共大方县委党史资料征集研究委员会办公室：《大方党史资料第一辑·大方解放初期的斗争》，第 40 页。

② 郎维伟主编：《邓小平与西南少数民族——在主持西南局工作的日子里》，四川人民出版社 2004 年 4 月版，第 233 页。

③ 郎维伟主编：《邓小平与西南少数民族——在主持西南局工作的日子里》，四川人民出版社 2004 年 4 月版，第 234 页。

④ 宋蜀华、满都尔图主编：《中国民族学五十年》，人民出版社 2004 年 4 月版，第 50 页。

⑤ 贵州省政协文史资料研究委员会、贵州省军区党史资料征集办公室：《贵州文史资料选辑》第 16 辑《回顾贵州解放（三）》，贵州人民出版社 1984 年 6 月版，第 105 页。

而归"。① 西南访问团各分团深入西康、四川、云南、贵州等少数民族地区慰问，历时8个月，宣传了民族政策，了解了一些实际情况，疏通了民族关系，密切了中央人民政府与各民族的关系，极大增强了各民族之间的凝聚力和向心力，进一步加强了祖国大家庭的团结。

除了中央访问团之外，西南各省还组织了地方慰问团、访问团。如1950年10月，川北行署派出民族访问团对平武、青川、北川等9个县的少数民族聚居或杂居的主要地区进行访问。1951年，川西行政公署派出少数民族访问团赴茂县专区开展访问。贵州省先后派出了省政府民族访问团和贵州省安顺专区民族访问团，分别对黔东南边沿县份和安顺专区各县的少数民族进行了宣传访问工作。② 1954年6月15日，中共西边工委派出慰问团，带着毛主席和党中央的亲切关怀到云南布朗山区对布朗族人民进行访问。慰问团深入各村寨进行慰问宣传，每户送1幅毛主席像、1公斤盐巴、1把砍刀、1把锄头，对于特困户，还送给棉衣、衣服、毯子等。③ 1957年3月8日，云南省政府派出3个山区民族访问团，分赴蒙自、文山、昭通的山区进行访问，经过两个多月的访问，到了永善、巧家、彝良、元阳、红河、金平、富宁、广南、麻栗坡等县的苗、瑶、哈尼、彝等少数民族地区，了解了当地山区民族的生产生活情况。④ 西南各省组织的访问团主要选择中央访问团因条件所限未曾到达、民族关系尚未疏通且比较封闭的地方。

---

① 王希恩主编：《当代中国民族问题解析》，民族出版社2002年3月版，第67页。

② 郎维伟主编：《邓小平与西南少数民族——在主持西南局工作的日子里》，四川人民出版社2004年4月版，第167~168页。

③ 《布朗族简史》修订本编写组：《布朗族简史》，民族出版社2008年4月版，第95页。

④ 云南民族事务委员会编：《云南民族工作大事记：1949~2007》，云南民族出版社2008年5月版，第60页。

访问团对少数民族地区的访问，使各族人民深深感到祖国民族大家庭的温暖，沟通了各少数民族与人民政府的联系，使历史上造成的严重民族隔阂和民族间的互不信任，开始有了改变，从而建立起对中国共产党和人民政府平等团结政策的信任。[①] 与此同时，访问团在西南各地访问期间，初步宣传了党的民族政策，西南各民族对党的民族平等团结政策了有初步了解，这为之后在西南民族地区开展各项民族政策奠定了良好的基础。

（四）组织西南少数民族代表到北京和内地参观访问

在组织访问团慰问西南少数民族的同时，也组织西南各地少数民族代表到北京和内地参观访问。从全国来看，新中国组织的少数民族参观团始于 1950 年。拉开这项活动序幕的是 1950 年"五一"前后组织的"西北少数民族青年、妇女参观团"和"内蒙古自治区锡林郭勒盟参观团"。[②] 这两个地方性参观团在北京参观了工厂、学校。他们的活动，为组织全国性少数民族参观团积累了经验。

从 1950 年开始，西南局及其所属省、区行署也把组织少数民族参观团作为一项重要工作来抓，有计划地组织少数民族代表到祖国首都和内地参观，以增强他们的"祖国"观念，增进各民族间特别是少数民族与汉族之间的相互了解，让他们亲身感受到祖国大家庭的温暖，为自己是中华人民共和国的一员而感到无比骄傲。[③]

1950 年，由欧尔孝（藏族）等组成的西南少数民族参观团到北京、重庆等大城市进行参观。同年组织的"少数民族国庆参观

① 郎维伟主编：《邓小平与西南少数民族——在主持西南局工作的日子里》，四川人民出版社 2004 年 4 月版，第 168 页。

② 徐小江：《20 世纪 50 年代初的少数民族参观团》，中共中央党史研究室科研管理部、国家民族事务委员会民族问题研究中心《中国共产党民族工作历史经验研究》，中共党史出版社 2009 年 9 月版，第 329～330 页。

③ 郎维伟主编：《邓小平与西南少数民族——在主持西南局工作的日子里》，四川人民出版社 2004 年 4 月版，第 169 页。

团"中，西南代表团是全国七个代表团即西北、西南、中南、华东、东北、内蒙古自治区和中央直属省市各民族代表团中规模最大的，共有代表64人，占代表总数的41.7%。这次"十一"组织的"少数民族国庆参观团"，开创了组织全国性少数民族参观团的先例，为后来开展这项工作提供了模式和经验。从此，组织少数民族参观团就成为新中国的一项经常性的民族工作。① 之后，西南每年都要组织少数民族"国庆"参观团和"五一"参观团到北京和内地进行参观。

1951年，西南区又先后组织了川南彝族参观团，川南、川西各民族参观团，西南民院少数民族学员参观团，西康省藏族参观团及西昌区藏、彝、纳西等族参观团到北京、上海、重庆、成都等大中城市，参观工厂、学校、医院、市政建设和工业展览会等。1952年，西南区继续开展组织少数民族参观团的工作，多次组织云南、贵州、西康、四川的藏、彝、苗、傣、佤、拉祜、哈尼等民族代表组成西南各民族参观团外出参观。1953年3月，西康省组织了110人的彝族参观团到重庆参观。②

从1950年到1954年，在四年多的时间里，云南省共组织45次共计4 170人的代表团，到北京及全国参观学习。③

从1950年到1956年，四川民族地区各州、县组织民族宗教人士和各族群众代表共1 500多人次，到北京、上海、成都、重

① 徐小江：《20世纪50年代初的少数民族参观团》，中共中央党史研究室科研管理部、国家民族事务委员会民族问题研究中心《中国共产党民族工作历史经验研究》，中共党史出版社2009年9月版，第331、330、335页。

② 郎维伟主编：《邓小平与西南少数民族——在主持西南局工作的日子里》，四川人民出版社2004年4月版，第170、248页。

③ 《云南民族工作40年》编写组：《云南民族工作40年》上册，云南民族出版社1994年6月版，第129页。

庆等地参观工厂、学校、农村等。①

1956 年前后，组织少数民族参观团达到了高峰。这一年，仅中央民委给西南各省的组织少数民族参观团的具体名额就为四川省 120 人、云南省 160 人、贵州省 50 人，② 西南各地自己组织的少数民族参观团就更多了。

从 20 世纪 50 年代开始的组织少数民族参观团活动，"文化大革命"开始后，基本停办。十一届三中全会以后，又恢复组织少数民族参观团。

组织少数民族参观团，对于消除民族隔阂、增进民族团结起了重要的作用。另外，对于了解少数民族情况，帮助政府确定民族工作任务，也有重要的参考价值。同时还宣传了党的民族政策，推动了民族工作；进行了爱国主义教育，增强了少数民族的祖国意识和中华民族的凝聚力。③

总之，不管是中央和地方组织的到少数民族地区的访问团、慰问团，还是少数民族到内地的参观团，都在一定程度上消除了西南地区历史上存留下来的民族隔阂，增进了民族团结，有利于实现民族平等。因此，少数民族心中长期存在的被歧视、处于不平等地位的心理逐渐消除，"少数民族"这一政治身份不再给他们带来什么"灾难"，反而在党的民族平等团结政策下能够获得许多实惠。这样，许多少数民族不再隐瞒自己的少数民族身份，反而要求认可其民族身份。这就为民族识别工作的顺利开展奠定了良好的基础。

---

① 曲木车和主编：《四川民族工作 50 年》，四川民族出版社 2004 年 11 月版，第 5 页。

② 徐小江：《20 世纪 50 年代初的少数民族参观团》，中共中央党史研究室科研管理部、国家民族事务委员会民族问题研究中心《中国共产党民族工作历史经验研究》，中共党史出版社 2009 年 9 月版，第 336 页。

③ 徐小江：《20 世纪 50 年代初的少数民族参观团》，中共中央党史研究室科研管理部、国家民族事务委员会民族问题研究中心《中国共产党民族工作历史经验研究》，中共党史出版社 2009 年 9 月版，第 341~344 页。

二、西南地区的民族识别

(一) 民族识别调查

新中国成立前，人们对民族概念的认识不同，对于民族族属意识往往各自偏执一说，缺乏科学的调查研究和正确的理论依据，很难做出科学的论断，因而导致过去民族支系繁杂，族称众多，族属混淆不清。新中国成立后，少数民族的历史命运发生了根本的变化。各族人民共同生活在平等、团结的民族大家庭中，历史上造成的民族隔阂逐步消除。这些为族别意识的觉醒和高涨奠定了思想和物质基础。于是，除了那些历来被公认的少数民族外，许多长期受压迫、受歧视的少数民族纷纷提出确认自己的族称和公开自己的民族成分，迫切要求成为新中国统一多民族大家庭里的光荣成员。同时，要进一步落实党的民族政策，实行民族区域自治，也需要搞清楚各地的民族状况。因此，自1953年起，民族识别工作被提到日程上来，由中央及有关地方的民族事务机关组织了包括专家、学者和从事民族工作人员在内的科研队伍，对新提出的各个族体，深入实际，进行认真的民族识别调查研究工作，弄清他们的民族成分，明确他们的族称。①

通过民族识别的初步调查研究，要求能基本上划清哪些要识别的单位是汉族的一部分，哪些是少数民族；如果是少数民族，它们是单一民族还是某一民族的一部分。当时需要识别的有下列这些情况：一是有些汉人迁居到少数民族地区，保留着汉族的特点，但是并不知道自己是汉人，而是以当地其他人称他们的名称作为自己的民族名称，被列入少数民族行列中。二是迁居到少数民族地区的汉人有若干批，先迁入的与后来的汉族在语言、风俗习惯方面有一定的差别并受到后来的汉族的歧视，因而自认为和

---

① 黄光学、施联朱主编：《中国的民族识别——56个民族的来历》，民族出版社2005年1月版，第62～63页。

当地汉人有区别，要求承认是少数民族。三是一些少数民族曾经统治过其他民族，在这些被他们统治过的少数民族看来，他们和汉人一样。新中国成立后，不愿意承认他们是少数民族。四是有些少数民族在迁移过程中深受汉族的影响，改变了语言等民族特点，但居住、习俗等不和汉族相混，自认为与汉族不同，是少数民族。五是原来是同一民族的各部分，后来迁移到不同的地区，还有相同的语言、习俗习惯等，但由于长期隔离，又被其他民族用了不同的名称称呼，因而报了不同的族称。六是同一民族分布在不同地区，同时又接受了邻近民族的生活习俗和文化特点，只保留了共同的语言，并被别族用同一名称相称。七是有些民族集团分散在很广的地区，形成许多不相连接的聚居区，在语言、文化等方面有一定的差别，长期以来被其他民族用同一名称相称，又自认为是同一个民族的。八是有些民族内部对于自己是单一民族还是另一民族的一部分，有不同意见。[①]

从全国来看，首先派出的民族识别调查小组是 1953 年中央民委派出的畲民识别调查小组，分赴福建、浙江等省。而在西南，最早的是 1954 年 5 月到 10 月，中央民委派出的云南民族识别调查组，到云南的文山、蒙自、玉溪、大理、丽江、普洱等地，对彝族、壮族、傣族、哈尼族的支系进行民族归并和调查。[②]对云南省除了彝、民家（后改为白族）、傣、苗、回、佤、哈尼、傈僳、拉祜、纳西、景颇、藏、瑶等历来公认的单一民族不必识别外，主要是对自报的 200 多个族体和族称进行为期半年的识别、支系归并和正名工作，其中大量的属于民族支系的归并。[③]

---

① 费孝通：《关于我国的民族识别问题》，《费孝通社会学文集：民族与社会》，天津人民出版社 1981 年 2 月版，第 2~3 页。

② 王文光：《中国西南民族史研究的回顾与展望》，中国史学会、云南大学编《21 世纪中国历史学展望》，中国社会科学出版社 2003 年 3 月版，第 198 页。

③ 黄光学、施联朱主编：《中国的民族识别——56 个民族的来历》，民族出版社 2005 年 1 月版，第 161 页。

此后，通过实地调查和情况分析、比较、识别、归并，又识别了西南的仡佬族、布朗族、阿昌族、普米族、怒族、德昂族、独龙族、毛南族、基诺族。1979 年又开展了对一些未识别民族群体的调查，云南也组织了对苦聪人、克木人等的调查。1982 年，詹承绪、刘龙初到云南怒江傈僳族自治州对白族的两个支系勒墨和那马进行调查。①

在贵州，1950 年中央民族访问团在贵州访问期间，对贵州各民族的历史、社会、语言、文化、习俗等作了深入全面的调查，写出了多项调查报告，其中之一就是《关于贵州少数民族情况及民族工作报告》。在贵州访问期间，访问团初步了解和调查了苗族、瑶族、彝族、回族和革家、仲家、水家、洞家、僮家、佯僙、仡佬、僰人、侬人、木佬、沙人、土人、民家、宋家、蔡家、龙家、堡子、穿青、东家、西家、夭家、里民、南京等 30 多种民族和人们共同体。②

1954 年全国人大常委会民族委员会派出民族识别调查组到贵州，省、地、县派人参加，共组成 50 余人的调查组。调查组深入安顺、毕节两地区的有关县市，对穿青人、南京——龙家、卢人、仡佬、白儿、七姓名、羿人、里民人、屯堡人、湖广人等进行调查。经过 4 个多月的调查，调查组写出了《贵州穿青人的民族成分问题调查报告》、《毕节专区"蔡家"初步调查报告》等调查报告。认为穿青人是汉族而不是少数民族；而蔡家是少数民族。对其他几个人数较少、居住较为分散的人们共同体，识别调查组经过对其语言情况、社会经济情况、历史和风俗习惯等方面

---

① 王文光：《中国西南民族史研究的回顾与展望》，中国史学会、云南大学编《21 世纪中国历史学展望》，中国社会科学出版社 2003 年 3 月版，第 198 页。

② 贵州省民族事务委员会编：《贵州民族工作五十年》，贵州民族出版社 1999 年 9 月版，第 222 页。

的调查材料进行研究论证，提出了初步的意见。①

1965 年 2 月，贵州省民族事务委员会抽调龙明耀、张正东等 9 人，组成民族识别调查组，再次对黔东南苗族侗族自治州的黄平、凯里的革家进行民族识别调查。1966 年 4 月，贵州省民族事务委员会又派出龙明耀、张正东、唐九如、潘国蕃再次到黄平县重安乡兴中大队作识别调查补充，写出了革家的识别调查《汇报》，但还未进行论证，"文化大革命"就开始了，这项工作也就被迫停止了。②

党的十一届三中全会后，从 1981 年起，贵州再次展开了大规模的民族识别调查研究工作。主要是对"绕家"、"东家"、"南龙"、"易（偒）傸（guang）"、"穿青"进行调查研究。③ 1985 年 2 月 28 日~3 月 7 日，国家民委在北京召开了贵州民族识别工作汇报会，解决贵州民族识别问题。会议听取了 4 年多来贵州开展民族识别工作的情况，并就穿青、蔡家、龙家、佯家、东家、绕家、佯傸、木佬等 8 个人们共同体的情况开展了讨论。④

1950 年开始的民族识别调查在四川来说没有作为一项大的工作来做，因为当时的四川分为川东、川南、川西、川北四个省级行署区，不包括西康省。川西民族工作主要在现在的阿坝藏族羌族自治州，当时叫"茂县专区"，这个地区的民族比较单纯，主要是藏族和羌族。在 1949 年之前这里的民族就比较清楚。除藏族、羌族外，当时还有一个称为"嘉绒"的民族，新中国成立以后接受这个民族的代表人物和广大群众的意见，将他们归并到藏

① 贵州省民族事务委员会编：《贵州民族工作五十年》，贵州民族出版社 1999 年 9 月版，第 223~224 页。
② 贵州省民族事务委员会编：《贵州民族工作五十年》，贵州民族出版社 1999 年 9 月版，第 226~227 页。
③ 宋蜀华、满都尔图主编：《中国民族学五十年》，人民出版社 2004 年 4 月版，第 72 页。
④ 贵州省地方志编纂委员会编：《贵州省志·大事记》，人民出版社 2007 年 6 月版，第 673 页。

族里面。嘉绒藏族主要居住在阿坝州的农业区，从事农业生产，所以没有再经过民族识别。再有就是现在的乐山市，当时属川南，叫"乐山专区"，其南部和西部有几个县，历史上叫"雷、马、屏、峨"（雷波、马边、屏山、峨边），居住着彝族，叫"小凉山"，是有别于当时西康的"大凉山"而言的，这一部分彝族的情况也比较清楚，也没有再进行民族识别调查。这样，川西北的藏族、羌族的问题解决了，川西南的彝族问题也解决了。因此，四川在新中国成立初期没有像云南、贵州、中南、西北、东北的一些地方进行大规模的识别调查。但是民族情况的调查还是做了的。1979 年又开展了对一些未识别民族群体的调查，四川民委组织对平武县"达布人"的识别调查，对凉山"西舍人"的调查。[①] 针对川东南土家族地区部分群众要求更正和恢复土家族民族成分的情况，1981 年 1 月，四川省民委派遣调查组对川东南酉阳、秀山等地土家族地区进行调查。经过调查，认为他们的要求有一定的合理性。[②] 为了慎重起见，1982 年 2 月，四川省民委又派出以省民委副主任马冰向为团长的民族考察团，赴酉阳、秀山、黔江、彭水、石柱等县考察，听取各方意愿和要求。1982 年 3 月，国家民委派来以国家民委政法司副司长、民族学家张尔驹为组长的国家民委调查组，对当地部分群众要求更改民族成分的问题进行广泛而深入的考察。[③]

　　（二）民族识别的依据

　　我国的民族识别，是以马克思主义民族理论为指导，结合我国民族的实际情况，坚持历史唯物主义观点，尊重本民族人民的

---

　　① 王文光：《中国西南民族史研究的回顾与展望》，中国史学会、云南大学编《21 世纪中国历史学展望》，中国社会科学出版社 2003 年 3 月版，第 198 页。

　　② 伍湛：《川东南部分群众要求更正民族成分和实行民族区域自治的调查》，《伍湛民族学术论集》，四川民族出版社 1999 年 10 月版，第 125 页。

　　③ 伍湛：《80 年代四川土家族人口状况与 90 年代发展态势分析》，《伍湛民族学术论集》，四川民族出版社 1999 年 10 月版，第 213 页。

意愿，逐一进行的。1953 年，中共中央在讨论《关于过去几年内
党在少数民族中进行工作的主要经验总结》时，毛泽东同志明确
提出了民族识别的总原则："科学的分析是可以的，但政治上不
要去区分哪个是民族，哪个是部族或部落。"① 根据这一指示，我
国在 20 世纪五六十年代的民族识别工作中，没有对不同历史时
期的人们共同体加以区分，各民族不分人口多少、历史长短、居
住地域大小、社会发展阶段和经济文化发展水平高低，都称为民
族，一律平等。这一科学决策，既充分体现了实事求是的精神，
也充分体现了理论创新的勇气。在马克思、恩格斯、列宁、斯大
林等对民族的论述中，民族是资本主义社会发展的产物，只有到
了资本主义阶段，才会形成现代意义的民族。如果根据这一观
点，我国许多处于前资本主义社会的各人们共同体就不是"民
族"，显然这不符合中国各民族的具体实际。因此，毛泽东同志
提出在"政治上不要去区分哪个是民族，哪个是部族或部落"，
是对马克思主义民族理论的创新，对于中国的民族识别，具有十
分重要的指导意义。

在各民族不分大小、历史长短、经济文化发展水平高低，一
律平等的总原则的指导下，在 20 世纪五六十年代的实际识别工
作中，主要依据两个具体原则开展民族识别：即民族特征和民族
意愿。

民族特征是民族识别的客观依据，民族之间主要的区别即在
于各自的民族特征。民族特征是一个稳定的人们共同体在长期历
史发展中形成的，但又不是一成不变的。因此，对民族特征的认
识，不仅要考察其现实的民族特征，还要回顾历史，了解民族特
征在不同历史发展时期中的形成、变化、发展的规律。在包括西
南民族地区在内的中国的民族识别中，对于民族诸要素的内涵理

① 《当代中国丛书》编辑部：《当代中国的民族工作》（上），当代中国出版社 1993 年 3 月版，第 276 页。

解比较广泛，除了对民族四个特征——共同地域、共同语言、共同经济生活和共同心理素质的理论做灵活运用外，还十分重视对民族名称的调查研究和对民族历史渊源的追溯。[①]

从中国民族实际出发，重视对待识别族体的族称和历史来源的调查研究，主要是指对自报的那些在一定地域的历史上形成的人们共同体的分布地域、族称、历史来源、语言、经济生活、特质文化、精神文化以及心理素质等特征进行广泛的调查；对待识别族体的社会历史发展情况、民族地区历史、民族关系以及民族发展前景、民族团结的因素，进行综合分析和周密考察，以确定待识别的各族族体的族属。民族名称是进行族别研究首先碰到的问题。中国各少数民族都拥有各自不同的族称，有民族自称、他称和各民族之间的互称。少数民族大都以本民族的自称为族称，也有少数以他称为族称的。因而，一些少数民族的称谓是以多种现象作依据取名的。民族名称标志着一个人们共同体全体成员所认同的大家都属于同一族体的自家人的亲切感情，也是区别于其他族体或其他族体有密切渊源关系的一种表现。所以，民族名称的提出既是民族意识的表现，又是民族共同心理素质的表现，是民族特征的重要标志之一。民族名称在民族识别研究中的重要性不仅可以为鉴别民族属性提供依据，同时也可以为民族渊源的追溯提供线索。此外，各民族之间的互称反映了历史上的民族关系，也可以为民族属性的甄别提供有力的论据。民族名称对于解决同一民族支系的归并问题也能提供必要的资料。一个民族的形成过程中，出现了大小不一、多少不同的支系，这是客观存在的历史事实。一般说来，每个民族的支系都是这个民族共同体的组成部分，各支系之间不存在"主体"与"支系"之分和主、从之隶属关系，而是完全平等的。如在云南东南部有"布雄"、"布

①　黄光学、施联朱主编：《中国的民族识别——56个民族的来历》，民族出版社 2005 年 1 月版，第 81~82 页。

侬"、"布雅伊"、"布傣"等称呼。壮语"布"是"人"的意思，古代越人在壮语中叫"布越"，这些不同自称反映了壮族源于古代越人及壮族在形成和统一的长期历史过程中，仍然保留下来各部落集团的名称。通过对民族自称的分析研究，确认他们都应归属于壮族的一个支系。但也必须指出，自报的族名并不一定能作为识别族别的依据，因为个人主观意识和愿望不一定符合实际所属的人们共同体的情况。在民族识别过程中，既不能不重视对民族名称的分析研究，又不能简单地只以族称作为识别的唯一依据。①

在民族识别中，还必须有历史的依据。西南是个多民族地区，各民族都有悠久的历史，而族别问题的甄别涉及族源、民族迁徙、民族的形成、发展及汉族与少数民族、少数民族之间、民族内部的关系。在进行民族识别研究时，要十分重视对各民族历史渊源的一定追溯。②

中国的民族识别工作是从中国的民族实际出发的，密切结合了中国待识别民族共同体的实际情况，灵活运用了马克思列宁主义民族问题理论，尤其是现代民族四个特征的理论。在民族识别中，既不能生搬硬套斯大林提出的资本主义上升时期形成的民族四个特征作为民族识别的标准，又不能不把这些民族特征作为民族识别研究的入门指导，要结合实际，灵活掌握民族诸特征。在中国民族识别的实践中，没有一个民族和族体完整地具备着民族四个特征。民族四个特征彼此是相互依赖、相互关系、相互制约的。根据民族诸特征并灵活运用马克思主义有关民族问题的理论

---

① 黄光学、施联朱主编：《中国的民族识别——56 个民族的来历》，民族出版社 2005 年 1 月版，第 81～85 页。

② 黄光学、施联朱主编：《中国的民族识别——56 个民族的来历》，民族出版社 2005 年 1 月版，第 86 页。

于民族识别工作中，是严格的科学性的体现。[①]

民族意愿包含民族意识和民族愿望两部分。民族意识指一个族体的广大人民群众，包括其领袖人物和上层人士的族属意识，他们对于自己族体的认同感，即一个人们共同体的成员对本族体的历史、特征的认识和感觉，并互认同属于这个人们共同体的自觉意识。民族愿望是指人们对于自己族体究竟是汉族还是少数民族，究竟是一个单一的少数民族还是某个少数民族的一部分的主观意愿的表现。民族意愿是一种意识形态，是人们头脑中的一种观念，属于精神世界的范畴，而民族则是属于历史范畴，是长期历史发展的产物。民族意识是民族共同体的一种意识表现，它不是凭空臆造出来的。首先，民族意识必须建立在具备一定的民族特征的科学依据的基础上，是民族特征是一种总的反映。其次，民族是历史上形成的稳定的人们共同体，必须有历史的根据。第三，民族意愿与民族特征的科学依据应该是一致的。[②]

民族意愿与民族特征的科学依据应该是一致的。但是由于历史的种种原因，特别是历代反动统治者的长期民族压迫和歧视，造成民族各部分之间的隔离，一些民族共同体成员没有机会充分了解自己族体的历史、语言和文化等情况，因而往往发生所表达的民族意愿不能同民族特征的客观依据统一起来，缺乏正确表达民族意愿的条件。民族科研工作者通过民族识别的调查研究，提供大量有关民族特征方面的材料，帮助待识别族体的人们真正了解本民族的历史发展过程和意义殊深的民族特征，使民族意愿同民族特征的客观依据统一起来。在尊重民族意愿的前提和坚持"名从主人"的原则下，使民族意愿准确地反映民族特征的科学

[①]　黄光学、施联朱主编：《中国的民族识别——56个民族的来历》，民族出版社 2005 年 1 月版，第 101 页。

[②]　黄光学、施联朱主编：《中国的民族识别——56个民族的来历》，民族出版社 2005 年 1 月版，第 102～103 页。

依据。①

民族识别的最后决定还必须尊重本民族人民的意愿，这也是识别民族成分的一个重要依据和原则。

除了民族特征和民族意愿之外，在民族识别的过程中风俗习惯实际上也被当做一个特征来看待。一个民族的风俗习惯，有很大一部分就是通常所说的民族特点、民族形式，即构成民族差别的东西。在马克思主义的民族定义中，风俗习惯没有被列为基本特征之一，但它是区别不同民族的一个重要标志，因此在民族识别中实际上被当做一个特征来看待。②

总之，民族识别既是一项政治性工作，又是一项科学研究工作。因此，它必须对一个民族共同体的族称、共同语言、共同地域、共同经济生活、共同心理素质以及历史渊源等方面进行全面的调查研究，去寻求科学的客观依据，必须把形成的科学依据同党的民族政策紧密结合起来，同待识别的人们共同体的民族意愿紧密结合起来，征求各族人民群众，特别是本民族知识分子、干部和爱国上层人士的意见，经过充分协商，实事求是地确定各族体的民族属性，确定各族体的民族成分和民族名称。既要尊重民族意愿，又要符合科学的客观依据，这是中国民族识别工作中所必须遵循的基本原则。③

（三）民族识别的阶段

西南民族识别的阶段与全国基本一致，前后分为四个阶段：

第一阶段：从新中国成立到 1954 年。中华人民共和国建立以后，经过 1953 年的第一次全国人口普查，到 1954 年全国人民代表大会第一次会议的召开，为民族识别的第一阶段。

---

① 宋蜀华、满都尔图主编：《中国民族学五十年》，人民出版社 2004 年 4 月版，第 92 页。
② 熊锡元：《民族理论基础》，民族出版社 1989 年 5 月版，第 168 页。
③ 黄光学、施联朱主编：《中国的民族识别——56 个民族的来历》，民族出版社 2005 年 1 月版，第 103 页。

从全国来看，在这一阶段，大规模的民族识别是从 1953 年开始的。经过识别和归并，从 400 多个民族名称中，初步确认了 38 个少数民族的族称。其中除已公认的蒙古、回、藏、维吾尔、苗、瑶、彝、朝鲜、满、黎、高山等民族未另行识别外，经过识别和归并，确认了壮、布依、侗、白、哈萨克、哈尼、傣、傈僳、佤、东乡、纳西、拉祜、水、景颇、柯尔克孜、土、塔吉克、乌孜别克、塔塔尔、鄂温克、保安、羌、撒拉、俄罗斯、锡伯、裕固、鄂伦春等民族，共有 38 个少数民族。① 其中壮、布依、侗、白、哈尼、傣、傈僳、佤、纳西、拉祜、水、景颇等族主要是对西南民族进行识别的结果。

在这一阶段，云南识别了 29 个民族单位，把他们分别识别为壮族、彝族、哈尼族、民家族（白族）、阿昌族、佤族、怒族、"西蕃"族（普米族）、汉族。②

在贵州省，世居的少数民族主要有苗、布依、侗、土家、彝、水、回、仡佬、白、壮、瑶、毛南、蒙古、仫佬、满、羌等 17 个民族。1953 年前全国确认的 11 个少数民族中，贵州有苗族、彝族、瑶族、满族，这 4 个民族不需要再进行识别。1953 年，贵州省又有壮族、布依族、侗族、水族等少数民族经过识别确认。③ 清代到民国年间贵州的布依族称为仲家、仲苗、夷家、夷族等，自称"布依"，1953 年冬把族称统一为"布依族"。因此，在这一阶段，贵州主要解决了苗族、彝族、瑶族、满族、壮族、侗族、水族和布依族的民族识别问题。白族虽然在贵州也有分布，并在云南被认定为单一民族，但在贵州主要称为"七姓民"等，

① 宋蜀华、满都尔图主编：《中国民族学五十年》，人民出版社 2004 年 4 月版，第 92 页。

② 云南省编辑组：《云南少数民族社会历史调查资料汇编》（三），云南人民出版社 1987 年 4 月版，第 7～13 页。

③ 贵州省民族事务委员会编：《贵州民族工作五十年》，贵州民族出版社 1999 年 9 月版，第 223 页。

被认定为白族是到了 20 世纪 80 年代才实现的。

在四川，世居民族主要是彝、藏、羌、土家、苗、回、纳西、傈僳、布依、满、傣、蒙古、壮等族。其中藏、彝、回、苗、满、蒙古等族的族称已确定，不需再进行识别。之后，布依、壮、纳西、傈僳、羌、傣等族的族称也确定下来，只剩下土家族等未被确认。

第二阶段：1954 年下半年至 1964 年。1954 年 8 月 12 日起，中央民族学院研究部、中国科学院语言研究所、云南省委统战部、云南大学、云南省民族事务委员会等单位工作同志 28 人分成昆明组、大理丽江组、文山蒙自个旧组、新平组等四个小组，继续进行第二阶段的民族识别工作。三个田野调查组于 9 月底 10 月初先后返昆后，分别整理材料，比较调查结果，10 月下旬进行了工作总结及识别研究总结。这次共计识别研究了 39 个单位。把他们分别识别为彝族、哈尼族、民家族（白族）、傣族、"西蕃"（普米）族、蒙古族、崩龙（德昂）族、壮族、布朗族、拉祜族、佤族、景颇族、傈僳族、纳西族、苗族、汉族、仡佬族、满族等。当然也有少数单位的族称未定，需要进一步研究。通过这一阶段的识别，云南民族识别的任务基本完成，绝大多数民族的族别和族称都确定下来，主要民族的识别工作基本结束。在这一阶段，我国新确认了 15 个少数民族，即土家、畲、达斡尔、仫佬、布朗、仡佬、阿昌、普米、怒、崩龙（后改为德昂）、京、独龙、赫哲、门巴、毛难（后改为毛南）等，其中布朗、阿昌、普米、怒、崩龙（德昂）、独龙等族就是对云南少数民族进行识别的结果。

在贵州，经过调查研究，1956 年 7 月 20 日，正式确认了仡佬族的名称。[①] 同年 9 月，国务院第一次确认了水族的名称为

---

① 贵州省民族事务委员会编：《贵州民族工作五十年》，贵州民族出版社 1999 年 9 月版，第 224 页。

"水家族"，两个多月后，更名为"水族"。[①] 除此之外，在这一
阶段，贵州基本没有确定其他民族的族称。毛南虽然在这一阶段
已经识别为一个单一民族，但贵州的佯僙识别为毛南族是 20 世
纪 80 年代的事情。畲在贵州被认定是在 20 世纪 90 年代的事情。
"木佬人"在贵州被认定为仫佬族也是在 20 世纪 90 年代。

土家族在这个阶段被认定为单一的民族，但四川、贵州的土
家族被认定主要还是在 20 世纪 80 年代。

第三阶段，从 1965 年到 1978 年，是民族识别工作受到干扰
的阶段，西南各省的民族识别工作中止。

第四阶段，1978 年以来。这是民族识别的恢复阶段。在这一
阶段，西南各省的民族识别工作都取得了很大的成就。在云南，
1979 年 5 月 31 日确认西双版纳的"攸乐"人为单一民族，族名
为"基诺"。这是我国目前为止确认的最后一个单一民族，我国
少数民族的总数最终定格为 55 个。1980 年至 1981 年，云南省又
组织力量对主要分布在哀牢山、无量山两大山脉和澜沧江流域 12
个县的"苦聪人"的族属问题进行考察研究。1987 年 7 月在昆明
召开"苦聪人"族属座谈会，包括"苦聪人"和拉祜族在内的与
会人员都一致认为"苦聪人"与拉祜族是同一民族。1987 年，云
南全省 12 县 3 万苦聪人恢复拉祜族称谓。[②] 此外，对世居在西双
版纳州内的部分尚未识别的民族群体进行了调查和识别。"山达
人"、"本人"归属基诺族，"阿克人"、"补过人"、"补蚌人"、
"排角人"归属哈尼族，"昆格人"、"昆欢人"、"浦满人"、"曼
咪人"归属布朗族。[③]

---

① 贵州省地方志编纂委员会编：《贵州省志·民族志》下册，贵州民
族出版社 2002 年 10 月版，第 560 页。

② 云南民族事务委员会：《云南民族工作大事记：1949~2007》，云南
民族出版社 2008 年 5 月版，第 196 页。

③ 西双版纳傣族自治州民族宗教事务局编：《西双版纳傣族自治州民
族宗教志》，云南民族出版社 2006 年 8 月版，第 143~144 页。

在文山州，1980 年 5 月，将文山州境内归为壮族的摆衣、摆夷恢复为傣族的族称。[①] 历史上傣族就称为摆衣、摆夷等，把摆衣、摆夷等恢复为傣族，这是符合历史事实的。1984 年，将文山州误归为彝族的仡佬族恢复为仡佬族的民族成分。[②] 同年，恢复了西畴、麻栗坡等县的伙姓、余姓群众为蒙古族。[③] 1957 年把"都匀"认定为白族，1993 年，根据布依族人民的意愿，恢复其为布依族。[④]

在昭通巧家县，从 1951 年至 1981 年，一直把自称为"仲家"、"仲族"、"仲苗"等的统计为"仲族"，1982 年第三次人口普查时，把这部分"仲家"人纳入壮族登记，书写为"壮（仲）族"。"仲家"群众要求归属布依族。1992 年 11 月 7 日，昭通地区民族事务委员会批复：从 1993 年 1 月 1 日起，巧家"仲家人"816 户 4 157 人统一归为布依族。[⑤]

保山市境内的布朗族，在民族识别过程中，其族属多次更改，从"蒲人"、"蒲芒"到"本人"，1982 年前，曾被定为"本族"，他称"朴芒"，1982 年被定为佤族。经识别，1985 年正式正名为布朗族。[⑥]

在玉溪市峨山彝族自治县，1986 年 7 月，县人大九届常委会第十次会议通过决议，恢复宝泉区水车田、新寨两村 32 户旃姓

①　文山壮族苗族自治州地方志编纂委员会编纂：《文山壮族苗族自治州志》，云南人民出版社 2002 年 11 月版，第 428 页。

②　文山壮族苗族自治州地方志编纂委员会编纂：《文山壮族苗族自治州志》，云南人民出版社 2002 年 11 月版，第 461 页。

③　文山壮族苗族自治州民族宗教事务委员会编：《文山壮族苗族自治州民族志》，云南民族出版社 2005 年 4 月版，第 232 页。

④　文山壮族苗族自治州民族宗教事务委员会编：《文山壮族苗族自治州民族志》，云南民族出版社 2005 年 4 月版，第 182 页。

⑤　昭通市民族宗教事务局编：《昭通少数民族志》，云南民族出版社 2006 年 6 月版，第 141 页。

⑥　保山市民族宗教事务局编：《保山市少数民族志》，云南民族出版社 2006 年 7 月版，第 337 页。

农民为蒙古族。1986 年～1990 年的 4 年时间里，散居于小街、双江等地的旃姓也由个人提出申请，经县民委审核批准，逐一恢复了蒙古族成分。同期，还恢复了小街兴旺、甸末村、科白甸三村 262 户 1 169 人的彝族成分。到 1990 年初，恢复更改民族成分的共计 3 217 人，其中彝族 2 904 人，蒙古族 124 人，哈民族 172 人，傣族 6 人，壮族 4 人，土家族 3 人，白族 2 人，苗族和回族各 1 人。①

克木人和莽人的识别。克木人主要分布在云南省西双版纳的勐腊县和景洪市，1989 年统计时有 1 368 人，而东南亚的克木人比较多，约有 50 万人。② 2009 年，生活在西双版纳州景洪市和勐腊县的克木人，其人口 3 291 人。国家民委和云南省人民政府批复：克木人归属布朗族。③ 持续了五十多年的克木人的民族识别问题终于画上了圆满的句号。

莽人（居住于越南境内的称"芒人"），1985 年统计有 82 户，568 人，集中居住在红河州金平县勐拉区的南课新寨、平河中寨、下寨、雷公打牛 4 个村子的高山箐林地带。④ 1988 年统计有 463 人，分布于金平苗族瑶族傣族自治县金水河乡中越边境线上几个村子里。"莽"是自称，当地傣族称他们为"岔满"，意为生活在高山上的人；拉祜族称"孟嘎"，意为嘴边有纹饰者；哈尼族称"巴格然"，意为很老实的人。在越南境内有 70 万人（1982 年统计）。两部分莽人居住区域山水相连，关系密切，彼此

① 峨山彝族自治县县志编纂委员会编：《峨山彝族自治县志》，中华书局 2001 年 5 月版，第 134 页。
② 云南省地方志编纂委员会：《云南省志》卷六十一《民族志》，云南人民出版社 2002 年 12 月版，第 797 页。
③ 庞继光：《云南省政府批复：莽人克木人归属布朗族》，《都市时报》2009 年 5 月 12 日。
④ 红河哈尼族彝族自治州志编纂委员会：《红河州志》，生活·读书·新知三联书店 1997 年 7 月版，第 366 页。

通婚。① 2009 年，生活在红河州金平县的莽人达 681 人，国家民委和云南省人民政府批复：莽人归属布朗族。② 持续了五十多年的莽人的民族识别问题顺利解决。

贵州是第四阶段西南民族识别工作的重点。1981 年，根据国家有关民族识别的指示，开展对"七姓民"的识别工作。1982 年 6 月，贵州毕节地区行政公署同意威宁"七姓民"正式认定为白族。继之，赫章、水城县等的"七姓民"也申请报批为白族。1982 年，在安顺召开的"南京—龙家"人族属成分识别会上，统一为"南龙人"。1988 年，南龙人"认定"为白族。③

1983 年以后，恢复了黔东北等地区 20 多万人的仡佬族民族成分。④

到 1985 年，先后将六甲、辰州人、南京人认定为汉族，将喇叭、西家认定为苗族，将莫家认定为布依族，将刁人、下路人认定为侗族，将三撬人根据地域分布分别认定为苗族、侗族，将里民认定为彝族，以上共涉及 15 个人们共同体，人数为 23.1 万人。大规模的民族识别工作基本结束后，民族识别工作专门机构逐步撤销，遗留问题列入各地民族工作部门的正常工作。1986 年后，先后将"龙家人"认定为白族，将"佯僙人"认定为毛南族，将"绕家人"认定为瑶族，⑤ 另外，把新中国成立前和新中国成立后都报为汉族的羌族，经过省民委识别后，于 1986 年上

① 云南省地方志编纂委员会：《云南省志》卷六十一《民族志》，云南人民出版社 2002 年 12 月版，第 801~802 页。

② 庞继光：《云南省政府批复：莽人克木人归属布朗族》，《都市时报》2009 年 5 月 12 日。

③ 贵州省地方志编纂委员会编：《贵州省志·民族志》下册，贵州民族出版社 2002 年 10 月版，第 684~685 页。

④ 贵州省地方志编纂委员会编：《贵州省志·民族志》下册，贵州民族出版社 2002 年 10 月版，第 496 页。

⑤ 中共贵州省委教育工作委员会、贵州省教育厅组编：《贵州省情教程》，清华大学出版社 2007 年版，第 75~76 页。

报省人民政府批复同意为羌族。①

　　1990 年 7 月，贵州省人民政府批复"平塘县佯僙人二万九千四百七十五名认定为毛南族；独山县佯僙人四百五十五名认定为毛南族；惠水县佯僙人一千九百七十四名认定为毛南族"。② 至此，佯僙人正式确定为毛南族。

　　1993 年 2 月，贵州省人民政府正式批准认定贵州"木佬人"为仫佬族。③

　　1996 年 6 月，贵州省人民政府同意认定"东家"为畲族。④

　　贵州在认定上述民族的同时，还开展了部分变更民族成分的工作。1981 年以后，经考察识别，由贵州省人民政府批准恢复了满族民族成分。对于地方志记载为"六额子"，被辱称为"马镫人"、"马镫镫"、"垫脚蛮"、"洗骨苗"，自称为阿大、元族、原族或禄族、禄人、卢人的人们共同体，根据其意愿，也在这一时期被认定为满族。⑤ 1985 年 7 月以后，贵州大方县依照族谱认定自己为蒙古族的余姓群众，统统返本归源为蒙古族。据此，石阡县、思南县、黔西县等余姓群众，根据他们所拥有的《余氏家谱》，统统改族籍为蒙古族。⑥ 1986 年 6 月和 7 月，经贵州省人民政府批准，江口、石阡两县的部分人返本归源，恢复了自己的羌

———————

　　① 唐承德：《建国五十年的贵州史学论文集〈贵州近现代史研究文集〉之七》，2000 年 3 月，第 24 页。

　　② 贵州省地方志编纂委员会编：《贵州省志·民族志》下册，贵州民族出版社 2002 年 10 月版，第 846 页。

　　③ 贵州省地方志编纂委员会编：《贵州省志·民族志》下册，贵州民族出版社 2002 年 10 月版，第 867 页。

　　④ 贵州省地方志编纂委员会编：《贵州省志·民族志》下册，贵州民族出版社 2002 年 10 月版，第 833 页。

　　⑤ 贵州省地方志编纂委员会编：《贵州省志·民族志》下册，贵州民族出版社 2002 年 10 月版，第 880～881 页。

　　⑥ 贵州省地方志编纂委员会编：《贵州省志·民族志》下册，贵州民族出版社 2002 年 10 月版，第 896 页。

族民族成分。①

在四川，根据国家民委（82）民政字第 240 号文件的规定，酉阳、秀山、黔江、彭水、石柱等 5 县，实事求是地进行了当地部分群众恢复土家族成分的工作。截至 1983 年春，经过三年的努力，酉阳、秀山、彭水、黔江、石柱 5 县恢复和更正为土家族民族成分的共计 874 057 人；与此同时，恢复或更正为苗族民族成分的也有 28 万余人。②

在北川，20 世纪 80 年代也有一部分人要求恢复羌族的民族成分，并在 1982 年的人口普查中有明显反映。对此，1986 年 4 月下旬，四川省民委组织省民族研究所研究员、四川大学历史系教授等专家学者到北川进行深入考察，形成了《关于北川县少数民族情况的调查》，得出"这一带居民大多数属于羌族，部分属于藏族"的结论。③

有些少数民族的族称，是汉族或其他民族对该民族的他称，有的甚至带有侮辱性质。新中国建立后，为了尊重少数民族人民的意愿，对广大群众提出更改族称或更改族称译写所用汉字的，都本着"名从主人"的原则作了更改。如 1963 年 4 月改"佧佤族"为佤族，1965 年 10 月改"僮族"为壮族，1985 年 9 月改"崩龙族"为德昂族，1986 年 6 月改"毛难族"为毛南族。

与 20 世纪五六十年代相比，民族识别的标准自 20 世纪 80 年代以来，情况发生了一些变化。一方面，要求恢复、更改民族成分的人口以及要求识别为单一少数民族的地方群体大量涌现；另一方面，民族数目已定格在 56 这个数字，不能再增加。如何在

① 贵州省地方志编纂委员会编：《贵州省志·民族志》下册，贵州民族出版社 2002 年 10 月版，第 906 页。

② 伍湛：《80 年代四川土家族人口状况与 90 年代发展态势分析》，《伍湛民族学术论集》，四川民族出版社 1999 年 10 月版，第 214~215 页。

③ 《北川羌族自治县概况》编写组：《四川北川羌族自治县概况》，民族出版社 2009 年 6 月版，第 66 页。

确保地方安定、民族团结、国家统一的前提下，协调地方民族群体的强烈呼声和"定格56"之结构性限制间的矛盾成为亟待解决的现实问题。为了解决这些问题，新时期民族识别工作中的观念已经发生转变，原来的"客观标准"有所松动，而"主观意愿"的权重则明显加大。只要在56个民族的框架之内，地方族群享有自由"靠谱"的较大空间，"辨异"的操作和论证具有较大的灵活性、生产性甚至想象性。①

通过以上几个阶段的民族识别工作，西南各省民族识别工作取得了巨大的成就，产生了深远的意义。通过民族识别，西南地区那些历史上长期深受民族歧视、民族压迫，甚至不被承认或被迫隐瞒自己民族成分的许多少数民族，从此得到国家以法律形式确认自己的族称和民族成分，成为统一多民族大家庭的一个平等成员。在民族识别的基础上，民族平等团结、民族区域自治等政策在西南各省得到进一步贯彻落实。西南地区一部分民族自治地方就是由于民族识别之后民族构成及比例发生了相应的变化从而改建为民族自治地方的。同时，西南民族识别是全国民族识别工作的一个重要组成部分，西南民族识别的实践经验，对于促进中国特色社会主义民族理论的发展，也具有重要的意义。

由于民族识别是一个十分复杂的问题，到目前为止，西南还有为数不多的人们共同体的族称未确定，这些未识别的人们共同体主要是：

拉基人，1985年统计有1 575人，主要分布在文山州马关县南部的金厂、都龙、夹寒箐、小坝子等与越南接壤的几个乡，散居在20多个自然村。越南北方有拉基人6 000多人（1982年），相传一部分是100～120年前从云南那姑一带迁去的。②

---

① 胡鸿保、张丽梅：《民族识别原则的变化与民族人口》，载《西南民族大学学报》（人文社科版）2009年第4期。

② 云南省地方志编纂委员会：《云南省志》卷六十一《民族志》，云南人民出版社2002年12月版，第800页。

老品人，居住在云南省西双版纳州勐海县勐遮乡曼洪村委会老品寨，全寨共 52 户 233 人。主要种植水稻和茶叶。①

八甲人，聚居在云南省西双版纳州勐海县勐阿镇勐康村委会的上纳懂、下纳懂、曼倒，纳京村委会的 2 组、6 组、7 组、8 组，贺建村委会的 6 组、7 组、8 组，少部分散居在机关单位，共有人口 1 106 人。②

蔡家，主要分布在贵州毕节地区的黔西、毕节、纳雍、赫章、织金和六盘水市的水城、六枝特区等，人口约 2 万多人。③

革家，主要分布于贵州黄平、凯里、关岭、施秉等地，人口约 4 万人。④

穿青人，又称川青人。主要分布在贵州省西部的毕节、安顺、六盘水市等地，其中半数以上聚居在织金、纳雍两县。人口60 多万人。⑤

绕家人，居于贵州省都匀市绕河地区，文化与生活习惯同彝族相似。⑥

尔苏人，主要分布在四川省凉山州甘洛、越西、冕宁、木里，雅安市的石棉、汉源，甘孜州的九龙等县，人口约有 2 万人。男子普遍高大，头发微卷，高鼻深目。妇女多缠黑白布帕，

①　西双版纳傣族自治州民族宗教事务局：《西双版纳傣族自治州民族宗教志》，云南民族出版社 2006 年 8 月版，第 324 页。
②　西双版纳傣族自治州民族宗教事务局：《西双版纳傣族自治州民族宗教志》，云南民族出版社 2006 年 8 月版，第 324 页。
③　严奇岩：《贵州未识别民族人口的分布特点和历史成因》，载《民办教育研究》2009 年第 2 期。
④　严奇岩：《贵州未识别民族人口的分布特点和历史成因》，载《民办教育研究》2009 年第 2 期。
⑤　严奇岩：《贵州未识别民族人口的分布特点和历史成因》，载《民办教育研究》2009 年第 2 期。
⑥　朱森全：《中国有哪些尚待识别的民族》，载《四川统一战线》2008 年第 10 期。

刺绣水平极高。①

白马人，被视为藏族的支系，聚居于四川省平武县一带。②

俐米人，大部分聚居在云南省永德县乌木龙、亚练、大雪山3个乡，是一个神秘的民族，整个族群只有2 600多人。③

佤米人，分布在云南省勐腊县的两个寨子里，自称"布兴"，当地傣族和汉族称其为"佤米人"，目前有500多人。④

他留人，彝族支系，主要分布在云南省永胜县六德乡的云山、玉水和双河3个村。⑤

傈人，彝族支系，生活在云贵高原南部边疆地区，至今不与外族通婚。⑥

格鲁人，说嘉绒语，分布在四川阿坝州的马尔康、黑水、理县、汶川、金川、小金等县，雅安地区的宝兴县，甘孜州的丹巴县。使用嘉绒语的人口约11.69万人。

顾羌人，说贵琼语，分布在四川甘孜州康定县的舍联、时济、前溪、麦笨、三合等乡，泸定县的长征、烹坝、泸桥乡以及雅安市宝兴县硗碛乡的部分村寨，人口约6 000人。

茂族人，说扎贝语，分布在四川甘孜州道孚县的亚卓乡、红顶乡、仲尼乡、扎拖乡、下拖乡和雅江县的瓦多乡、木绒乡，人口约8 000人。

---

① 朱森全：《中国有哪些尚待识别的民族》，载《四川统一战线》2008年第10期。

② 朱森全：《中国有哪些尚待识别的民族》，载《四川统一战线》2008年第10期。

③ 朱森全：《中国有哪些尚待识别的民族》，载《四川统一战线》2008年第10期。

④ 朱森全：《中国有哪些尚待识别的民族》，载《四川统一战线》2008年第10期。

⑤ 朱森全：《中国有哪些尚待识别的民族》，载《四川统一战线》2008年第10期。

⑥ 朱森全：《中国有哪些尚待识别的民族》，载《四川统一战线》2008年第10期。

第二节　西南少数民族社会历史调查

一、云南少数民族社会历史调查

中国少数民族社会历史调查是由毛泽东倡议，1956 年至 1964 年，在中国历史上第一次有组织有计划地进行的全国少数民族社会历史状况科学调查。到 1964 年，调查任务基本结束，据不完全统计，写出调查材料 340 多种，计 2 900 多万字；整理档案资料和文献摘录 100 多种，计 1 500 多万字；拍摄少数民族科学纪录片十几部。此外，还搜集了一批少数民族的历史文物。在调查研究的基础上，编写出少数民族的《简史》、《简志》和《简史简志合编》初稿 57 本。1979 年 1 月，中华人民共和国民族事务委员会重新规划，在上述调查基础上发展成为《中国少数民族》、《中国少数民族简史丛书》、《中国少数民族语言简志丛书》、《中国少数民族自治地方概况丛书》、《中国少数民族社会历史调查资料丛刊》5 种丛书。

在这次少数民族社会历史调查之前，云南就曾对辖境内部分少数民族的社会历史进行过调查。1950 年 8 月 29 日至 1951 年 1 月底，中央访问团第二分团访问了圭山、丽江、保山、大理、武定、楚雄等地区；1951 年 2 月至 5 月底，又先后访问了蒙自、普洱、文山等地区。访问团对所到的民族地区的社会历史和现状，进行了一系列的调查，1951 年 7 月编印成《云南民族情况汇集草稿》。1986 年 2 月和 11 月，由云南民族出版社正式出版，书名为《中央访问团第二分团云南民族情况汇集》（上、下集）。1981 年底，马曜先生将其珍存的有关西双版纳地区的傣族调查资料十件奉献出来，形成了《傣族社会历史调查（西双版纳之一）》（云南民族出版社 1983 年版)。[①]

　　1956 年，党中央为了抢救少数民族中已经和正在消失的前资本主义生产形态和社会情况资料，在全国人民代表大会民族委员会领导下，到全国各少数民族地区进行大规模的民族调查。1956 年 8 月，云南调查工作队伍基本形成，组成了以费孝通为组长，方国瑜、侯方岳为副组长的 34 人调查组。遵照首先调查处于原始社会末期或向阶级社会过渡的民族的原则，云南调查组分为佤族调查分组、景颇族调查分组和怒江地区调查分组，自 1956 年 9 月至 1958 年 6 月，深入佤族、景颇族、傈僳族、怒族、独龙族地区进行调查，编写调查报告多篇，编印成册，上报全国人大民委办公室。[②] 1957 年下半年，由于发生反右派斗争，使这次调查工作在思想上和工作上受到一定影响，曾一度中断。1958 年，为配合编写民族简史简志，继续进行各民族社会历史调查工作，但由于 1957 年下半年后的"左"倾思潮的干扰，在一定程度上影响了调查工作的客观性。[③]

　　1958 年 7 月，中央民族事务委员会党组向党中央提交了《民委党组关于在今后一年内完成少数民族社会历史调查工作的报告》。报告提出在今后一年之内完成少数民族社会历史初步调查和编写民族自治地方概况、各民族简史、简志等三种民族问题丛书的"跃进"规定。报告还对工作进度提出了时间表：准备于 1958 年 8 月至 12 月用 5 个月的时间完成调查工作，1959 年 1 月至 3 月用 3 个月的时间进行"简史"、"简志"的编写。1958 年 8 月 9 日，中共中央将上述报告批转有关省、自治区党委、工委，

---

　　① 云南省编辑组：《中央访问团第二分团云南民族情况汇集》（上），云南民族出版社 1986 年 2 月版，第 279 页。

　　② 宋蜀华、满都尔图主编：《中国民族学五十年》，人民出版社 2004 年 4 月版，第 117 页。

　　③ 马曜：《记建国初期云南民族调查》，郝时远主编《田野调查实录：民族调查回忆》，社会科学文献出版社 1999 年 9 月版，第 7 页。

要求各地党委加强对这项工作的领导。至此，一个在各地党委的直接领导下编写简史、简志的群众运动便开始了。①

根据总体部署，四川组担任彝族简志、羌族简史简志合编，共 2 册。云南组担任白族简史、白族简志、傣族简史、傣族简志、彝族简史以及佤、景颇、拉祜、纳西、布朗、德昂、傈僳、怒、独龙等族简史简志合编，共 15 册。贵州组担任壮族简史、苗族简志，布依、侗、水、仡佬等族简史简志合编，共 6 册。②

1958 年 8 月，各调查组人员离京赴调查地区，会同当地抽调参加此项工作的人员，投入到紧张的调查及收集资料和丛书的编写工作。为了完成每个民族史志的编写，将调查组成员按民族编组开展工作。云南调查组第一阶段将人员分为西双版纳傣族组、德宏傣族组、耿马傣族组、景颇族组（附阿昌族）、佤族组（附德昂族、布朗族）、傈僳族组（附怒族、独龙族），第二批又将人员按白、纳西、拉祜、哈尼等民族分成若干分组开展工作。贵州调查组分为黔东南苗族组、黔东北苗族组、黔南苗族组、侗族组、布依族组等 9 个分组。③ 这一时期作为重点任务编写的史志丛书只是一个初稿，远未达到出版水平；田野调查的成果多有不够深入的缺陷。但为一些民族地区的民族研究工作开了个头，在注重田野调查、积累资料和干部培养等方面打下了初步的基础。

1958 年底至 1959 年上半年，继 1956 年大规模的调查之后，中国科学院民族研究所云南民族调查组和云南省民族研究所又派员对云南各地彝族地区的社会历史情况进行了调查。当时中央民族学院还派了一百多名师生前来云南以调查组成员名义参加了调

① 宋蜀华、满都尔图主编：《中国民族学五十年》，人民出版社 2004 年 4 月版，第 123～125 页。
② 宋蜀华、满都尔图主编：《中国民族学五十年》，人民出版社 2004 年 4 月版，第 127 页。
③ 宋蜀华、满都尔图主编：《中国民族学五十年》，人民出版社 2004 年 4 月版，第 128 页。

查工作。由于当时在"左"的思想影响下，这次调查只注重经济基础，而忽视了上层建筑和历史专题的调查，再加上时间短，各地彝族情况复杂，因而这次调查不论从深度还是广度来说都存在一定的局限。这次调查成果于 1963 年 5 月刊印成《云南彝族社会历史调查》（彝族调查资料之一）。[①] 以此为基础，1986 年 10月，云南人民出版社出版了《云南彝族社会历史调查》。

云南调查组自 1958 年 8 月以后，结合史志丛书的编写，对布朗族、德昂族等族的调查，在土地所有制、劳动组织的演变及家族共居制等方面的调查成果，为研究原始社会形态的演变提供了有价值的资料。1963 年，云南调查组对宁蒗县永宁区纳西族母系制的专门调查历时半年多，调查结果编写成《永宁纳西族母系家庭调查》等近百万字的调查报告。[②]

1992 年，中国社会科学院决定实施"中国少数民族现状与发展调查"，选择了蒙古、朝鲜、维吾尔、哈萨克、回、彝、藏、苗、壮、满、拉祜、佤、畲、黎等 14 个民族作为调查对象，以县旗为调查单位，并以一个民族为一个调查组。其中彝族选择四川省昭觉县作为调查点，苗族选择贵州省台江县作为调查点，拉祜族选择云南省澜沧拉祜族自治县作为调查点，佤族选择云南省西盟佤族自治县作为调查点。调查分县、乡、村（寨）三个层次，按政治、经济、社会和文化等方面进行全面系统的调查。这次调查是继 20 世纪五六十年代民族调查以来规模最大、涉及面最广的一次调查。调查研究成果以"中国少数民族现状与发展调查研究丛书"的形式，由民族出版社公开出版。

按 1990 年人口普查资料统计，在全国 55 个少数民族中，人口在十万以下、一万以上的民族有 15 个。人口在一万人以下的

---

① 云南省编辑组：《云南彝族社会历史调查》，云南人民出版社 1986年 10 月版，第 406 页。

② 宋蜀华、满都尔图主编：《中国民族学五十年》，人民出版社 2004年 4 月版，第 131 页。

有 7 个。这 22 个民族称之为人口较少民族。为了使这些人口较少民族得到较快发展，国家民族事务委员会拨专款对 22 个人口较少民族进行社会经济调查与研究。22 个人口较少民族中，分布在西南地区的是云南省的布朗族、阿昌族、普米族、怒族、德昂族、基诺族、独龙族等 7 个民族。其中布朗族、德昂族和阿昌族为第一批调查对象。根据"中国人口较少民族社会经济发展调研计划"的安排，从 2000 年 8 月初到 9 月中旬，由王铁志任组长的云南调研组先后对阿昌族、德昂族和布朗族进行了调研，形成了《云南阿昌族经济和社会发展调查报告》、《云南布朗族经济和社会发展调查报告》和《云南德昂族经济和社会发展调查报告》。

基诺族、怒族、普米族和独龙族为第二批调查对象。2000 年 12 月 3 日至 22 日，侯远高、贾仲益到怒江对怒族、独龙族进行研究，最后形成了《云南怒族经济和社会发展调查报告》、《云南独龙族经济和社会发展调查报告》。侯远高还对普米族进行了调查，形成了《云南普米族经济和社会发展调查报告》。由云南省民委政法处对基诺族进行调查，形成《云南基诺族经济和社会发展调查报告》。

1999 年云南大学组织实施了云南 25 个少数民族村寨调查，整个调查工作涉及的总人数为 142 人，完成了 25 个少数民族村寨的调查资料，为研究当代云南民族发展变化提供了许多宝贵的资料。

二、贵州少数民族社会历史调查

西南访问团第三分团在贵州访问期间，访问团就对贵州少数民族的社会历史进行过初步调查。根据调查，理清了贵州各少数民族的一些情况。后来又根据贵州的调查，写了七篇有关贵州少数民族的文章，1951 年由三联书店汇集成《兄弟民族在贵州》一书出版。

1956 年开始的全国少数民族社会历史调查时，贵州、湖南为一个调查组，由吴泽霖任组长，仇复荣任副组长，从北京和贵州省抽调人员及应届大学毕业生共 21 人。调查组首先集中在黔东南苗族侗族自治州台江县巫脚交试点，调查从 1956 年 10 月开始，至 1957 年 1 月告一段落。将调查材料以"全国人民代表大会民族委员会贵州、湖南少数民族社会历史调查组"的名义油印，其内容包括巫脚交民族经济发展状况，苗族的节日、妇女服饰及图案、饮食、婚姻等内容的资料 50 多万字。[1]

1957 年 4 月，调查组分成三个小组，一个组到台江县继续进行调查；一个组到从江县加勉乡调查苗族；一个组到罗甸县平亭乡调查布依族。调查从 1957 年 4 月至 8 月，除从江、罗甸两县外，还在台江、剑河、雷山、丹寨、炉山、黄平等地选择若干个点、"几个小片"进行了苗族调查，完成了《清水江流域部分地区苗族婚姻》、《从江县加勉乡苗族调查资料》、《台江县巫脚交经济发展状况》、《布依族的婚姻》等文稿。还对望谟县桑郎亭目历史和安顺仡佬族社会历史进行调查。[2]

1958 年，为了适应编写少数民族简史简志工作的需要，将"贵州、湖南少数民族社会历史调查组"改为"贵州少数民族社会历史调查组"，组长仇复荣、副组长陈衣，改隶中国科学院民族研究所领导。到 1963 年 12 月，调查组宣布撤销。调查组调查地点有台江县巫脚交，剑河县久仰，雷山县掌坡，凯里市舟溪，丹寨县朱砂村，黎平县三龙，从江县平正乡刚边寨、占里寨，榕江县车江寨、高兴，三都县甲雄、三洞、巫不，罗甸县平亭，望谟县桑郎，安龙县龙山，安顺地区镇宁县扁担山，威宁县龙街、东关寨、别色园子，赫章县海确，黔西县石板、金坡、罗都寨，大方县长石，遵义县平正和省内其他地区 20 多个点，涉及苗族、

① 贵州省民族事务委员会编：《贵州民族工作五十年》，贵州民族出版社 1999 年 9 月版，第 528～529 页。
② 贵州省民族事务委员会编：《贵州民族工作五十年》，贵州民族出版社 1999 年 9 月版，第 529 页。

布依族、侗族、彝族、仡佬族、水族、壮族等。通过调查，获得了有价值的社会历史资料，比较全面地反映了少数民族的社会发展、生产水平、生产关系、阶级关系、风俗习惯等方面的情况，掌握了大量的第一手资料，为贵州省各民族地区进行民主改革和社会主义改造的决策提供了依据，有利于民族地区完成民主革命任务和顺利步入社会主义建设的历史时期。①

　　根据国家民族事务委员会"民族问题五种丛书"编写规划，贵州省承担"中国民族简史丛书"中的《苗族简史》、《布依族简史》、《侗族简史》、《水族简史》、《仡佬族简史》5本；《中国少数民族自治地方概况》丛书中的《黔东南苗族侗族自治州概况》、《黔南布依族苗族自治州概况》、《黔西南布依族苗族自治州概况》、《威宁彝族回族苗族自治县概况》、《松桃苗族自治县概况》、《三都水族自治县概况》、《关岭布依族苗族自治县概况》、《玉屏侗族自治县概况》等10本。印江、沿河、道真、务川4个自治县建立后，又增加了《印江土家族苗族自治县概况》、《沿河土家族自治县概况》、《道真仡佬族苗族自治县概况》、《务川仡佬族苗族自治县概况》4本；《中国少数民族调查资料丛书》中的《苗族社会历史调查》（1～3集）、《布依族社会历史调查》、《黔西北苗族彝族社会历史综合调查》共5本。1991年又增加了《侗族社会历史调查》。全省共计25本。② 这些成果真实地记述了贵州省各民族的社会历史、政治经济、文化教育、生活习俗、宗教信仰等方面的情况，如实反映了民族自治地方的自然地理、人口分布、政治经济、文化教育以及中华人民共和国成立以来的发展

---

① 贵州省民族事务委员会编：《贵州民族工作五十年》，贵州民族出版社1999年9月版，第528～530页。

② 贵州省民族事务委员会编：《贵州民族工作五十年》，贵州民族出版社1999年9月版，第538页。

进步和伟大成就，收到了向社会介绍和宣传的积极效果。①

1981 年，在西南民族研究学会、贵州省民族研究学会倡议下，由贵州省民族研究所和贵州省民族研究学会牵头，筹备对全省进行全面的民族综合调查，又称"六山六水"民族调查（"六山"指的是月亮山、雷公山、武陵山、云雾山、乌蒙山、大小麻山；"六水"指的是都柳江、乌江、清水江、沅阳河、北盘江、南盘江）。1982 年，贵州民族学院柏果成等 4 人组成月亮山区域民族综合先遣组，分赴荔波县、三都水族自治县进行一般性调查。1983 年，中国社会科学院民族研究所、贵州省民族研究所、贵州民族学院、贵州省社会科学院历史研究所、经济研究所、哲学研究所、贵州省博物馆等单位的 25 位专家组成"月亮山区域民族综合科学考察队"，分瑶山公社、加宜公社、计划公社、孔明公社、瑶语、都柳江考古等 6 个调查组，分别到荔波、榕江、从江、三都、黎平等县的瑶山、月亮山、都柳江地区实地调查苗族、水族、侗族、瑶族和布依族等民族，写出调查报告 31 篇，计 50 余万字，定名为《月亮山地区民族调查》。②

三、四川少数民族社会历史调查

1956 年开始的少数民族社会历史调查中，四川调查组组长夏康农、副组长周全杰，全组共 31 人。自 1956 年 10 月下旬至 1957 年 1 月底和从 1957 年 3 月初到 6 月中旬前后两个阶段在凉山彝族自治州境内进行调查。第一阶段在自治州首府所在县的昭觉县城南、滥坝两乡和布拖县的则洛乡。第二阶段分成四组，分别到普雄、美姑两县和地处边缘地区的甘洛、雷波两县境内的八个乡进行调查：即普雄县的瓦吉木、瓦曲曲两乡，美姑县的巴普

---

① 贵州省民族事务委员会编：《贵州民族工作五十年》，贵州民族出版社 1999 年 9 月版，第 539 页。

② 贵州省民族事务委员会编：《贵州民族工作五十年》，贵州民族出版社 1999 年 9 月版，第 531 页。

乡，甘洛县的斯补、宜地两乡和阿尔乡，雷波县的拉里沟乡、上田坝乡。这次调查的重点为社会生产力、等级和等级关系、土地关系和家支制度等四个问题。参加本组的人员来自中国科学院历史研究所第一所、经济研究所、中国人民大学、中央民族学院、西南音专、四川省博物馆、中共凉山州委等。参加人数方面，在调查工作第一阶段是 46 人，第二阶段是 43 人，整理材料时期 20人。① 最终完成调查报告多篇，铅印上报全国人大民委办公室。这些调查报告成为后来出版的《四川省凉山彝族社会历史调查综合报告》、《四川省凉山彝族社会历史调查资料选编》的基础。②

1957 年，还组成了以马长寿为组长的四川少数民族调查组美姑小组。美姑调查小组选择的调查点为九口乡，这里是凉山历史上有名的"利美夹谷"。经过一个多月的调查，于同年底基本完成了《凉山彝族自治州美姑县九口乡社会调查报告（初稿）》。③

继在 1956 年 8 月至 1958 年 6 月所进行的彝族奴隶制社会调查的基础上，四川调查组自 1958 年 8 月至 1959 年结合彝族简志的编写，彝族调查分组继续进行奴隶制社会形态调查，最终完成了《四川省凉山彝族社会历史调查资料选编》等调查报告。藏族调查分组对甘孜、阿坝藏族牧区的调查，为西藏封建庄园制与川青地区藏族牧区部落制的比较研究，提供了可贵的资料。④ 为了配合羌族简史、简志编写，四川少数民族社会历史调查组羌族小组从 1958 年至 1962 年，对羌族社会历史情况进行了广泛调查，

---

① 四川省编写组：《四川省凉山彝族社会历史调查》，四川省社会科学院出版社 1985 年 10 月版，第 1、4 页。

② 宋蜀华、满都尔图主编：《中国民族学五十年》，人民出版社 2004年 4 月版，第 115～116 页。

③ 马长寿主编、李绍明整理：《凉山美姑九口乡社会历史调查》，民族出版社 2008 年 7 月版，第 2 页。

④ 宋蜀华、满都尔图主编：《中国民族学五十年》，人民出版社 2004年 4 月版，第 131 页。

最终形成《羌族社会历史调查》。[①]

　　1980 年 2 月底至 3 月底，李近春对四川省凉山彝族自治州盐源县左所区沿海公社达住村纳西族社会历史情况进行调查，最终形成《四川省盐源县沿海公社达住村纳西族社会历史调查报告》。1984 年 8 月，刘龙初到木里县俄亚乡对纳西族的历史、习俗等进行调查，最终形成了《四川省木里藏族自治县俄亚乡纳西族调查报告》。1979 年至 1980 年，严汝娴、宋兆麟、刘尧汉等赴盐源县的前所、左所和木里县的屋脚等地对纳日人进行了调查，最后形成了《四川省盐源木里两县纳日人社会调查》。1976 年，杨学政对四川盐源县左所区罗洼村纳日人的婚姻形态和家庭结构进行调查，形成了《四川省盐源县左所区罗洼村纳日人的婚姻形态和家庭结构调查》。[②] 这四篇有关纳西族社会历史的调查报告共同构成了《四川省纳西族社会历史调查》，并于 1987 年由四川社会科学出版社首次出版。

　　以上发生在西南的不同时期的少数民族社会历史调查，以 1956 年 8 月至 1958 年 6 月这次规模最大、影响最深。这些不同时期的社会历史调查，具有十分重要的意义。

　　首先，积累了丰富而宝贵的资料。这些社会历史调查，最后形成了许多文字资料和影像资料。这些资料内容丰富，包括政治、经济、文化等方面的内容。特别是在民族文化方面，许多社会历史调查资料中所反映的内容现在都消亡了，所以这些资料十分宝贵，是了解和研究西南民族不可缺少的重要资料。

　　其次，为党和政府制定针对西南民族地区的方针政策提供了重要依据。西南是多民族地区，各地发展差异较大。这些社会历史调查，使党和政府了解和认识了新中国成立初期还不是十分了

[①]　四川省编辑组：《羌族社会历史调查》，民族出版社 2009 年 7 月版，第 228 页。

[②]　四川省编辑组：《四川省纳西族社会历史调查》，民族出版社 2009 年 5 月版，第 1、72、130～131、303 页。

解的各民族地区，特别是边疆民族地区；了解了新中国成立以来西南广大少数民族地区的发展变化，为党和政府制定针对性的政策措施提供了十分重要的依据。

再次，本次社会历史调查，都培养和锻炼了一批民族研究队伍，他们为西南甚至全国的民族研究作出了重要的贡献。

第三节　西南各民族的发展与分布

一、西南民族地区的发展概况

（一）民主改革和社会主义改造对西南民族地区发展的推动

通过民主改革和社会主义改造，建立了平等、团结、互助的社会主义新型民族关系，民族地区社会生产力得到解放，激发了少数民族人民建设社会主义的积极性和创造性，人民生活显著改善。

从 1950 年到 1957 年，云南省少数民族地区经济得到了全面发展，1957 年与 1952 年相比，粮食增长 27.3%，工农业总产值增长 54.4%，财政收入增长 86.9%，各民族人民生活得到改善，民族团结，边疆稳定。[①]

1957 年贵州民族自治地方工农业产值达 123 968 万元，比 1952 年增长 66.8%，年均增长 10.78%；工业总产值达 15 805 万元，比 1952 年增长 262.1%，年均增长 29.35%；农业总产值达 108 163 万元，比 1952 年增长 54.6%，年均增长 9.11%；财政收入达 6 083.37 万元，比 1952 年增长 118%，年均增长 16.87%。[②]

---

① 云南省地方志编纂委员会：《云南省志》卷六十一《民族志》，云南人民出版社 2002 年 12 月版，第 827 页。

② 贵州省地方志编纂委员会编：《贵州省志·民族志》上册，贵州民族出版社 2002 年 10 月版，第 6 页。

（二）1978 年以来的西南民族地区的快速发展

1978 年改革开放以来，民族地区的生产积极性进一步提高，社会经济不断发展。到 2000 年，在云南少数民族自治地方的工农业总产值（1990 年不变价）达到 518.83 亿元，占全省比重的 35.9%，其中农业总产值 213.76 亿元，占全省农业总产值的 56.5%；工业总产值 305.08 亿元，占全省工业总产值的 28.6%。[①] 1997 年贵州民族自治地方共完成国内生产总值 239.2 亿元，比 1978 年增长 3 倍；地方财政收入从 1980 年的 1.44 亿元增加到 14.02 亿元，增长 8.72 倍，扣除物价上涨因素，年均增长 20% 以上；民族自治地方农民人均纯收入 1 163 元，比 1978 年增加 1 024 元，粮食总产量 450 万吨，比 1978 年增加 150 万吨；社会商品零售总额达 62.72 亿元，比 1978 年增长 4 倍；全社会固定资产投资完成 51.78 亿元。[②]

进入 21 世纪，西南民族地区社会经济发展更加迅速。下面是 2005 年西南主要民族自治地方——自治州的社会经济状况，从中可以看出西南民族地区经济的快速发展。

到 2005 年，四川省阿坝州全州生产总值 75.2 亿元，农牧民人均纯收入 1 881 元；凉山州全州生产总值达 300.23 亿元，全州农民人均纯收入达 2 438 元；甘孜州全州生产总值达 50.06 亿元，全州农牧民人均纯收入 1 310 元。[③]

到 2005 年，贵州省黔东南州全州生产总值 144.73 亿元，全州城镇居民年人均可支配收入 7 707 元，全州农民人均纯收入 1 728 元；黔南州实现生产总值 168.27 亿，城镇居民可支配收入 7 393 元，农民人均纯收入 1 846 元；黔西南州全州生产总值

① 云南省统计局编：《云南统计年鉴（2001）》，中国统计出版社 2001 年 8 月版，第 47 页。

② 贵州省地方志编纂委员会编：《贵州省志·民族志》下册，贵州民族出版社 2002 年 10 月版，第 956 页。

③ 《中国民族年鉴》（2006），第 432～440 页。

119.91 亿元，城镇居民人均可支配收入 8 022 元，农村居民人均纯收入 1 785 元。[①]

到 2005 年，云南省西双版纳州全州生产总值 78.82 亿元，城镇居民可支配收入 7 874 元，农民人均纯收入 2 172 元；文山州全州生产总值 148.24 亿元，城镇居民可支配收入 8 718 元，农民人均纯收入 1 365 元；红河州全州生产总值 308.53 亿元，在岗职工人均年工资 1.48 万元，农民人均纯收入 1 991 元；德宏州全州生产总值 58.84 亿元，城镇居民可支配收入 8 395 元，农村居民人均纯收入 1 504 元；怒江州全州生产总值 24 亿元，农民人均纯收入 1 049 元；迪庆州全州生产总值 27.98 亿元，农民人均纯收入 1 425 元，城镇居民人均可支配收入 9 796.23 元；大理州全州生产总值 235.18 亿元，城镇居民人均可支配收入 8 973 元，农民人均纯收入 2 251 元；楚雄州全州生产总值 193.3 亿元，城镇居民人均可支配收入 9 195 元，农民人均纯收入 2 223 元。[②]

二、西南各民族的分布

(一) 汉语族

在中国各少数民族中，按照语言来分，主要分为汉藏语系、阿尔泰语系、南亚语系、印欧语系和南岛语系。西南各少数民族大多属于汉藏语系和南亚语系。汉藏语系包括汉语、藏缅语、壮侗语、苗瑶语等语族。属于南亚语系的西南少数民族，主要是孟高棉语族。属于阿尔泰语系的有蒙古语族和满—通古斯语族。

西南各民族中，属于汉语族的民族有汉族和回族。

(1) 汉族

在西南三省中，汉族的人口都是最多的。在云南，全省各地州都有汉族分布，但在边境一些少数民族村寨，汉族人口较少。1990

---

① 《中国民族年鉴》(2006)，第 441~450 页。
② 《中国民族年鉴》(2006)，第 452~481 页。

年，云南共有汉族 2 461.45 万人，占全省总人口的 66.58%。① 在四川和贵州，汉族同样与各少数民族杂居相处，汉族人口占总人口的比例要比云南省大。

（2）回族

云南、贵州和四川都有回族分布。

云南是继宁夏、甘肃、河南、青海、新疆等省区之后，回族人口较多的地区之一。据 1998 年统计，云南全省有回族 59.34 万人，约占全省少数民族人口的 4.48%。据 2000 年云南省第五次人口普查统计，回族有 64 万人。在区域分布上，云南全省各县（市、区）几乎都有回族居住。有 5 000 以上回族人口的市县（区）为滇东、滇东北的昭通、鲁甸、会泽、宣威、曲靖、寻甸；滇中的嵩明、西山、盘龙、五华、禄丰；滇南地区的个旧、开远、建水、弥勒、泸西、砚山、文山、通海、华宁、澄江、峨山、玉溪；滇西地区的巍山、永平、大理、腾冲、洱源等地。但在具体分布上，主要分布在云南东部，约占 50%；中部次之，约占 40%；西南和西北部较少，不到 10%。原来没有回族的德宏州、怒江州及红河州的一些边境县，20 世纪 50 年代后由于回族干部、职工的调动和一些小商贩前往经商，也有了回族人口。②

在贵州，回族的分布表现出"大分散"和"小集中"的特点。全省回族大部分在西部，其次为西南部及地处中心的贵阳市。全省所有县级行政区划单位均有回民，以威宁彝族回族苗族自治县最多。据 1990 年全国人口普查统计，有 68 403 人，占全省回民总人数的 54% 以上。其次为兴仁县和平坝县，分别为 8 972 和 6 515 人。有 1 000 人以上满 5 000 人的有 13 个市、县、特区，即贵阳市的云岩区、南明区，六盘水市的水城特区、盘

---

① 云南省地方志编纂委员会：《云南省志》卷六十一《民族志》，云南人民出版社 2002 年 12 月版，第 770 页。

② 云南省地方志编纂委员会：《云南省志》卷六十一《民族志》，云南人民出版社 2002 年 12 月版，第 324 页。

县、六枝特区、钟山区，黔西南布依族苗族自治州的普安县、安龙县，毕节地区的赫章县，安顺地区的安顺市。不满 1 000 人的有 70 个县、市、区。[①]

在四川，回族主要分布在盐亭、青川、平武、阆中、苍溪、宜宾、高县、新都、崇庆、西昌、德昌、会理、松潘、阿坝等县以及成都、泸州、自贡、内江等地，和汉族或其他民族杂居散居。据 1978 年统计，当时四川回族约 8 万人。[②]

（二）藏缅语族

分布在西南地区的藏缅语族的民族主要是藏、土家、羌、普米、独龙、怒、彝、傈僳、纳西、哈尼、拉祜、白、基诺、景颇、阿昌等民族。

（1）藏族

藏族在西南主要分布在四川和云南两省。

四川藏族人口聚居在川西高原属青藏高原的东南部，是四川省分布在最高海拔地区的民族。根据 1990 年人口普查统计，藏族总人口 1 087 758 人。按行政区划，其中 95.12% 的藏族人口（1 002 585 人），聚居在甘孜藏族自治州和阿坝藏族羌族自治州；3.18% 的人口（34 616 人）分布在木里藏族自治县；3.6% 的人口（39 199 人），分布在平武、北川、宝兴、石棉、汉源、冕宁、甘洛、越西、盐源等县的藏族乡或藏族羌族乡、藏族彝族乡；只有 1.1% 的人口（11 438 人），散居在四川其他各市、县。甘孜州有藏族人口 627 034 人，占全州总人口的 75.68%。大雪山以西的甘孜、德格等 14 个县为藏族腹心区，藏族人口比重除新龙、道孚、炉霍 3 县在 85%～89% 之间外，有 11 个县都在 90% 以上，最高的石渠县达 97.73%。大雪山以东的丹巴、九龙、康定等县，

_____

① 贵州省地方志编纂委员会编：《贵州省志·民族志》下册，贵州民族出版社 2002 年 10 月版，第 639 页。

② 四川省民族研究所：《四川少数民族》，四川民族出版社 1982 年 8 月版，第 61 页。

藏族人口比重在30%～50%以上，大都与汉、彝、羌、回等民族杂居。阿坝州有藏族人口375 551人，占总人口的48.41%。鹧鸪山西北若尔盖、壤塘、红原、阿坝、马尔康、黑水等县为腹心区，藏族人口比重在70%～91%之间，以阿坝、若尔盖最高。鹧鸪山东南的小金、金川、松潘、理县、南坪等县，藏族人口比重在20%～40%以上，茂县、汶川两县则在10%以下，藏族多与羌、汉、回等民族杂居。①

云南藏族主要聚居在迪庆藏族自治州，到1990年有104 422人，占云南藏族总人口的93.7%。此外，玉龙纳西族自治县、贡山独龙族怒族自治县、永胜县、宁蒗彝族自治县、昆明市都有一定的分布。②

（2）彝族

彝族是云南、四川、贵州三省少数民族中人口最多的民族，在云南、四川、贵州三省都有分布。据1990年第四次人口普查统计，共有6 572 173人。

云南是彝族人口分布最多的省，共有4 054 177人，约占彝族总人口的61.7%，约占全省总人口的11%。云南彝族人口最集中的地区为：楚雄彝族自治州、红河哈尼族彝族自治州。而昆明市的石林、禄劝，曲靖的寻甸，玉溪的峨山、新平、元江，普洱的江城、宁洱、景谷、景东、镇沅，丽江的宁蒗和大理的巍山、南涧、漾濞以及分布在全省的103个彝族乡，亦属彝族人口的主要分布地区。此外约有100万人口与其他民族交错而居。③

在贵州，彝族主要集中分布在黔西北的毕节地区和六盘水

①　四川省地方志编纂委员会编：《四川省志·民族志》，四川人民出版社2000年12月版，第179～180页。
②　云南省地方志编纂委员会：《云南省志》卷六十一《民族志》，云南人民出版社2002年12月版，第507页。
③　云南省地方志编纂委员会：《云南省志》卷六十一《民族志》，云南人民出版社2002年12月版，第47页。

市。在毕节地区的毕节市、黔西县、大方县、纳雍县、威宁彝族回族自治县都有较多的彝族人口分布。六盘水市的六枝特区、盘县特区、水城特区、钟山区等，都有彝族分布。另外，安顺地区的普定县和关岭县，黔西南布依族苗族自治州的兴仁、兴义、晴隆、普安等县，黔东南苗族自治州的福泉、瓮安等县，黔东南苗族侗族自治州的雷山等县，遵义地区的赤水、仁怀等县，铜仁地区的石阡，都有彝族分布。①

四川彝族主要分布在凉山彝族自治州；乐山市的马边彝族自治县、峨边彝族自治县；攀枝花市仁和区及米易县、盐边县；雅安地区的汉源、石棉县；甘孜藏族自治州的九龙、泸定县；宜宾地区的屏山县，泸州市的古蔺、叙永县。②

（3）傈僳族

傈僳族主要聚居在云南省怒江傈僳族自治州和维西傈僳族自治县，其余散居在云南丽江、保山、迪庆、德宏、大理、楚雄等州、县和四川的西昌、盐源、木里、德昌等县。傈僳族主要分布在云南省境内，属跨境民族。据1990年第四次人口普查统计，全国有57.48万人，云南有55.71万人，占傈僳族总人口的96％。其中聚居在怒江傈僳族自治州的泸水、福贡、贡山、兰坪等县共22.35万人，其余分布在丽江、保山两地区和迪庆、德宏、楚雄、大理等自治州。③四川省的西昌、盐源、木里等地也有少量傈僳族，其中德昌县南山乡和金沙乡，盐边县的岩门乡，米易县的新山乡是傈僳族聚居区。会理、会东、木里和攀枝花市郊区的傈僳族，多与汉、彝等族交错杂居。据1990年统计，四川省

　　① 贵州省地方志编纂委员会编：《贵州省志·民族志》上册，贵州民族出版社2002年10月版，第437页。

　　② 四川省地方志编纂委员会编：《四川省志·民族志》，四川人民出版社2000年12月版，第88页。

　　③ 云南省地方志编纂委员会：《云南省志》卷六十一《民族志》，云南人民出版社2002年12月版，第289页。

有傈僳族 16 252 人，其中德昌县 4 845 人，盐边县 4 401 人，会东县 2 261 人，米易县 1 620 人，攀枝花市仁和区 1 606 人，会理县 401 人，盐源县 294 人，木里县 102 人，其他地区 722 人。①

（4）哈尼族

哈尼族是云南省世居的少数民族之一，除少数跨国境而居外，绝大部分集中分布于云南南部红河下游和澜沧江之间即哀牢山和无量山之间的广阔山区。哀牢山区的元江、墨江、江城、红河、元阳、绿春、金平等县是哈尼族最集中的地区，人口 90 余万，占哈尼族总人口的 70% 以上。无量山区的景谷、思茅、宁洱和西双版纳等州县的哈尼族 20 余万人。红河以东，北起禄劝、双柏、易门、昆明，南至石屏、屏边等 10 余县，也有哈尼族散居其间。② 1950 年后，根据本民族大多数人的意见，以人数最多的自称"哈尼"为本民族统一的名称。③

（5）基诺族

基诺族是云南省境内的世居民族，作为一个单一民族，是 1979 年才确认的，是云南省境内人口较少民族之一。1990 年人口普查时，共有 17 843 人，西双版纳傣族自治州景洪县（现为景洪市）有基诺族 16 894 人。景洪基诺山是基诺族的主要聚居区，其行政建置为基诺族乡，这里有 1.1 万基诺族。景洪县勐旺乡补远村约 2 000 人全属基诺族，为基诺族第二个聚居地。此外，景洪市的勐养、勐罕镇、大渡岗乡，勐腊县的勐仑镇、象明乡、易武乡，也有基诺族散居。④

---

① 四川省地方志编纂委员会：《四川省志·民族志》，四川人民出版社 2000 年 12 月版，第 496 页。
② 云南省地方志编纂委员会：《云南省志》卷六十一《民族志》，云南人民出版社 2002 年 12 月版，第 140 页。
③ 云南省地方志编纂委员会：《云南省志》卷六十一《民族志》，云南人民出版社 2002 年 12 月版，第 142 页。
④ 云南省地方志编纂委员会：《云南省志》卷六十一《民族志》，云南人民出版社 2002 年 12 月版，第 617 页。

（6）拉祜族

临沧拉祜族大多数集中分布在云南省澜沧江东西两岸的普洱、临沧两地区。北起临沧、耿马，南至澜沧、孟连，均有拉祜族的大片聚居区。在澜沧江以东地区，镇沅、金平两县分布较多，景东、景谷、景洪、勐海、勐腊、思茅、宁洱、元江、江城、绿春等县亦有少量分布。①

（7）纳西族

纳西族是云南省境内的世居民族，主要居住在金沙江上游的东、西地带，共有 278 009 人，云南省的纳西族有 265 708 人，占纳西族总人口的 90%。其中以滇西北的丽江纳西族自治县（2002年 12 月更名为玉龙纳西族自治县及古城区）为最大的聚集区，有 184 894 人，占纳西族总人口的 64%。其次分布于迪庆藏族自治州的香格里拉、维西、德钦和丽江的宁蒗、永胜以及昆明等。此外，四川与云南交界处也有少量分布。②

四川纳西族，指现今居住于四川省境内的原属以丽江为中心的西部地区的纳西人。他们自称"纳喜"或"纳西"，也有称"纳区"或"纳黑"的，均属古代西部"么些"的后裔。据 1981年统计，四川纳西族人口约有 25 000 人，其中大多数为"纳日"人。据 1982 年第三次全国人口普查统计结果，四川全省纳西族人口为 6 910 人。据 1990 年第四次全国人口普查统计，四川全省纳西族人口为 8 542 人。四川纳西族的居住地散布于"纳日"人、藏族及其他民族聚居地区以内，最集中的纳西族聚居地要数木里县俄亚纳西族乡，纳西族人口约有 8 542 人，占四川纳西族总人口的近 70%。其次为盐源县左所区沿海乡大嘴村和甘孜藏族自治州巴塘县白松乡，大嘴村约有纳西族 700 人，白松乡约有 600 余

---

① 云南省地方志编纂委员会：《云南省志》卷六十一《民族志》，云南人民出版社 2002 年 12 月版，第 394 页。

② 云南省地方志编纂委员会：《云南省志》卷六十一《民族志》，云南人民出版社 2002 年 12 月版，第 426 页。

人。其余则散居于盐源、盐边一带。[1]

（8）阿昌族

阿昌族是云南省境内的世居民族，属人口较少民族。1990 年全国人口普查统计，共有 27 708 人，主要分布在云南省德宏傣族景颇族自治州陇川县的户撒和梁河县的囊宋、九保三个民族乡，其余分布在潞西市的高埂田以及保山市的龙陵县、腾冲县与大理州的云龙县境内。[2]

（9）白族

白族在西南民族地区有着悠久的历史，主要分布在云南省境内。根据广大白族人民的意愿，1956 年 11 月，经国务院批准，正式确定以"白族"作为本民族的统一族称。[3] 据 1990 年全国人口普查，全国白族有 1 594 827 人，其中云南白族有 1 341 508 人。白族最主要的聚居区是大理白族自治州，有 997 905 人，占全国白族总人口的 62.57%；怒江、昆明、丽江、保山、临沧、迪庆、楚雄、普洱、玉溪也有较多的白族，其他地州也有少量分布。另外在贵州毕节地区、四川凉山州、湖南桑植县也有分布。[4] 在贵州，据 1990 年第四次人口普查统计，贵州全省白族人口有 122 166 人，其中毕节地区 89 419 人，六盘水市 23 883 人，安顺地区 6 663 人，贵阳市 1 476 人，黔南布依族苗族自治州 179 人，黔东南苗族侗族自治州 130 人。[5] 四川省的白族人口有 7 386 人

① 四川省地方志编纂委员会：《四川省志·民族志》，四川人民出版社 2000 年 12 月版，第 471 页。

② 云南省地方志编纂委员会：《云南省志》卷六十一《民族志》，云南人民出版社 2002 年 12 月版，第 640 页。

③ 云南省地方志编纂委员会：《云南省志》卷六十一《民族志》，云南人民出版社 2002 年 12 月版，第 97 页。

④ 云南省地方志编纂委员会：《云南省志》卷六十一《民族志》，云南人民出版社 2002 年 12 月版，第 96 页。

⑤ 贵州省地方志编纂委员会：《贵州省志·民族志》下册，贵州民族出版社 2002 年 10 月版，第 691 页。

（1990 年全国第四次人口普查数据），主要分布在攀枝花市的盐边县和凉山彝族自治州的德昌、会理、木里、普格等县以及重庆、成都、内江等地。[1]

（10）普米族

普米族主要分布在云南省境内，集中居住在云南西北部，属人口较少民族。据 1990 年人口普查统计，兰坪普米族有 12 915人，主要分布在通甸、河西、金顶、拉井、石登、营盘和春龙镇等地；宁蒗有普米族 7 338 人，主要分布在翠玉、永宁、拉伯、跑马坪、红桥、西川、金棉、宁利、战河和大兴镇等地；丽江有普米族 4 351 人，主要分布在鲁甸、石鼓、鸣音、宝山、石头、九河、太安、奉科、红岩、大研镇等地。维西、永胜、云县、凤庆等县内也有一定的分布。此外，四川省木里藏族自治县和盐源县也有普米族分布。[2]

（11）怒族

怒族是云南省境内的世居民族，属云南省人口较少民族，主要分布在云南省怒江傈僳族自治州的贡山、福贡及兰坪县。此外，维西傈僳族自治县也有少数怒族居住。[3]

（12）羌族

西南地区的羌族主要聚居在四川省阿坝藏族羌族自治州的茂县、汶川、理县、松潘，绵阳市北川羌族自治县、平武县，贵州省江口县、石阡县，其余散居在阿坝州黑水、九寨沟、马尔康等县，成都市都江堰地区，雅安地区，云南部分地区。据 1990 年第四次全国人口普查，贵州省有羌族 1 024 人，分布在 32 个县

① 四川省地方志编纂委员会：《四川省志·民族志》，四川人民出版社 2000 年 12 月版，第 460 页。
② 云南省地方志编纂委员会：《云南省志》卷六十一《民族志》，云南人民出版社 2002 年 12 月版，第 567 页。
③ 云南省地方志编纂委员会：《云南省志》卷六十一《民族志》，云南人民出版社 2002 年 12 月版，第 595 页。

（自治县、市、区、特区）。人口较多的有石阡县 654 人，江口县
179 人，南明区 33 人，镇远县 23 人，凯里市 14 人。[1]四川省的羌
族总人口共 19.6 万余人，其中阿坝藏族羌族自治州为 13 万余人，
占羌族总人口的 66.3%；北川县 5.8 万余人，占羌族总人口
的 29%。[2]

（13）土家族

土家族主要分布在四川和贵州两省。据 1990 年全国第四次
人口普查统计，四川土家族人口有 1 075 881 人，占我国土家族
总人口的 18.8%。在土家族集中居住的湘、鄂、川、黔四省中，
其人口数量次于湖南、湖北而多于贵州。在四川，在 1997 年之
前，土家族分布在川东南黔江地区的酉阳、秀山、黔江、石柱、
彭水等 5 个土家族苗族自治县境内的有 104.86 万人。万县地区有
1.23 万人。此外，其他地区还有 1.6 万余人。黔江地区的土家族
人口比重占当地总人口的 39.47%。而酉水河沿岸的酉阳县酉酬
区、大溪区和秀山县石堤区，土家族人口则高达 60% 以上，构成
了这一区域内以土家族为主，汉、苗等民族相互交错聚居、穿插
杂处的地缘分布特点。[3] 1997 年国务院批准成立重庆直辖市之后，
上述地区划归重庆市，分布在四川境内的土家族就比较少了。

在贵州，土家族在少数民族人口中居第 4 位，主要集中在黔
东北地区。分布最多的是铜仁地区，沿河土家族自治县、印江土
家族苗族自治县、德江县、思南县、江口县、铜仁市都有较多的
土家族分布。其次是遵义地区。务川仡佬族苗族自治县、道真仡
佬族苗族自治县、凤冈县、余庆县、遵义县都有土家族分布。再

---

① 贵州省地方志编纂委员会：《贵州省志·民族志》下册，贵州民族
出版社 2002 年 10 月版，第 906 页。
② 四川省地方志编纂委员会：《四川省志·民族志》，四川人民出版社
2000 年 12 月版，第 264 页。
③ 四川省地方志编纂委员会：《四川省志·民族志》，四川人民出版社
2000 年 12 月版，第 330 页。

次是黔东南苗族侗族自治州, 岑巩、镇远、三穗、凯里、麻江、黄平等都有土家族分布。①

(14) 独龙族

独龙族主要分布在云南省境内, 属人口较少民族。1990 年全国第四次人口普查时, 共有 5 816 人, 其中有 4 391 人分布在云南省贡山独龙族怒族自治县, 该县的独龙江两岸及怒江西岸的小查喇村是独龙族的主要聚居区。其他人口则散居在云南维西傈僳族自治县的齐乐乡及西藏自治区察隅县的察瓦龙区。② 1952 年, 独龙族代表到北京开会期间, 受到周恩来总理的接见。在他的关怀下, 政府根据独龙族的意愿, 以其居住在独龙江来正式定名为独龙族。

(三) 壮侗语族

壮侗语族, 在西南地区包括壮、侗、傣、布依、水、仫佬、毛南、仡佬等民族。

(1) 壮族

壮族是全国人口最多的少数民族, 在云、贵、川三省都有分布。在云南, 据 1990 年第四次人口普查统计, 共有 101 万人, 其中居住在文山州的壮族人口占云南全省壮族总人口数的 89%, 其余分布在红河、昭通、曲靖、楚雄、大理等地。③

贵州境内壮族有 3.3 万人 (1995 年), 分布于从江、黎平、榕江、荔波、独山以及都匀、贵阳等县市。其中居住在从江县的壮族有 2.1 万人, 占全省的 65% 以上。④

---

① 贵州省地方志编纂委员会: 《贵州省志·民族志》上册, 贵州民族出版社 2002 年 10 月版, 第 363~364 页。

② 云南省地方志编纂委员会: 《云南省志》卷六十一《民族志》, 云南人民出版社 2002 年 12 月版, 第 746 页。

③ 云南省地方志编纂委员会: 《云南省志》卷六十一《民族志》, 云南人民出版社 2002 年 12 月版, 第 232 页。

④ 贵州省地方志编纂委员会: 《贵州省志·民族志》下册, 贵州民族出版社 2002 年 10 月版, 第 798 页。

四川省的壮族人口，据 1990 年人口普查有 4 639 人，主要分布在凉山彝族自治州、成都市、重庆市以及攀枝花市等地。其中，凉山州有 1 094 人，重庆市有 822 人，成都市有 711 人，攀枝花市有 609 人，其余分布在内江、自贡等地。居住在凉山州的壮族主要分布在木里、会东等县，与汉、彝、藏等兄弟民族交错居住。木里壮族有 349 人，主要散居于该县的桃巴、博科、固增等乡的一些村落；会东壮族有 225 人，居住在会东的柏岩、新马、红岩等乡。[①]

（2）侗族

侗族主要分布在贵州省境内，是贵州省世居民族之一。1990 年第四次人口普查统计，侗族总人口有 2 514 014 人，其中贵州省有 1 400 344 人，占全国侗族总人口的 55.7%。在贵州，侗族主要聚居在黔东南苗族侗族自治州的黎平、天柱、锦屏、从江、榕江、剑河、三穗、镇远、岑巩和铜仁地区的玉屏侗族自治县、万山特区。散居在贵州省黔东南苗族自治州的雷山县、铜仁地区的铜仁市、石阡县、江口县和松桃苗族自治县及黔南布依族苗族自治州的荔波县、都匀市、福泉市等地。[②]

（3）傣族

傣族是云南古老的世居民族之一，主要分布在云南西部、南部和西南地区。少数居于内地，多数分布于边境沿线，与缅甸、老挝、越南接壤，和泰国邻近。德宏和西双版纳是傣族的聚居区；在普洱、临沧、红河、玉溪、保山、楚雄、文山等地，傣族人口都在万人以上，其他地州市县傣族人口分布均在 1 万以下。[③]

---

① 四川省地方志编纂委员会：《四川省志·民族志》，四川人民出版社 2000 年 12 月版，第 517 页。

② 贵州省地方志编纂委员会：《贵州省志·民族志》上册，贵州民族出版社 2002 年 10 月版，第 257 页。

③ 云南省地方志编纂委员会：《云南省志》卷六十一《民族志》，云南人民出版社 2002 年 12 月版，第 179 页。

据 1990 年人口普查统计，四川境内的傣族有 5 678 人，其中男 2 241 人、女 3 437 人。四川傣族的分布特点是大杂居、小聚居。成都、重庆、攀枝花、遂宁、内江、凉山、乐山、绵阳等地、市、州都有傣族分布。傣族与汉族和其他少数民族相互交错居住，属于四川省散居少数民族之一。傣族分布虽然很分散但又有相对的集中地，主要集中分布在攀枝花和凉山两地。攀枝花市有傣族 2 303 人，主要分布在仁和区的太平乡、永富乡，盐边县的惠民乡、新坪乡、国胜乡，米易县的红格乡、安宁乡和撒蓬、丙谷、哑口等乡镇。凉山州有傣族 1 935 人，主要集中在会理的新安、普隆、通安、江普等地。其中新安、普隆为主要聚居区，新安有 562 人，普隆有 654 人。①

（4）仡佬族

仡佬族是贵州最为古老的少数民族。也有学者认为仡佬族语言所属的语族还不能确定。民国年间，仅遵义、仁怀、金沙、织金、黔西、清镇、平坝、安顺、普定、镇宁、贞丰、关岭、晴隆、六枝、水城、大方等境内有仡佬族居住的记载。1 万多仡佬族人分散在十余县内聚族而居，呈点状分布，即同一县内的仡佬族村寨之间，大都相距数十里上百里，处于隔离状态。中华人民共和国成立以来，通过民族社会历史调查，尤其经过 1983 年民族识别工作的开展，发现除了上述 16 个县外，松桃、纳雍、石阡、思南、江口、务川、道真、正安、岑巩、绥阳、凤冈等地均有仡佬族分布。务川、道真、正安、石阡等地仡佬族村寨大多连境而居。② 在云南省的文山州，也有少量仡佬族分布。这部分仡佬族在 1984 年以前误识别为彝族。

---

① 四川省地方志编纂委员会：《四川省志·民族志》，四川人民出版社 2000 年 12 月版，第 505 页。

② 贵州省地方志编纂委员会：《贵州省志·民族志》下册，贵州民族出版社 2002 年 10 月版，第 501 页。

（5）布依族

布依族主要分布在贵州、云南、四川等省，总人口284万余人。其中以贵州最多，占全国布依族人口的97%。黔南布依族苗族自治州的独山、荔波、都匀、平塘、惠水、贵定、长顺、福泉、瓮安等县市，黔西南布依族苗族自治州的册亨、贞丰、望谟、兴义、兴仁、晴隆、普安等县市，安顺地区的镇宁、关岭、紫云、平坝、安顺、普定等县市，六盘水市的六枝、水城、盘县；贵阳市郊区及清镇、开阳等县市，毕节地区的威宁、织金、金沙、赫章、大方等县，遵义地区的仁怀市，黔东南苗族侗族自治州的麻江县等都有整村整村的布依族人分布。[①]

云南的布依族主要分布在曲靖市罗平县、文山州马关县、红河州河口县；在昆明及其他部分地区有部分散居，多因工作及婚姻等原因迁居而来。[②] 四川省布依族人口有7 320人（1990年人口统计），主要聚居在凉山彝族自治州境内的会东、宁南、木里等县。这3个县的布依族人口达4 921人，约占全省布依族人口的67%。四川其他地区也有布依族分布，但居住分散，且大多属于20世纪50年代以后学校毕业分配或工作调动等原因到该地生活的。零星分布人口较多的地区有成都市（321人）和重庆市（819人）及南充地区（346人）。[③]

（6）水族

水族主要分布在贵州省境内。贵州三都是全国唯一的水族自治县，据1990年人口普查统计，居住在三都的水族人口为16.4万人，占贵州水族人口的一半以上。贵州的水族人口以三都为中

---

① 贵州省地方志编纂委员会：《贵州省志·民族志》上册，贵州民族出版社2002年10月版，第153页。

② 云南省地方志编纂委员会：《云南省志》卷六十一《民族志》，云南人民出版社2002年12月版，第709页。

③ 四川省地方志编纂委员会：《四川省志·民族志》，四川人民出版社2000年12月版，第484页。

心，分布在与三都毗邻的荔波、独山、都匀、丹寨、雷山、榕江、从江等县市，少数散居于黎平、凯里、麻江、福泉等地区。[①]在云南，水族主要分布在曲靖市富源县黄泥河两岸的补掌、都掌、坝塘、热水塘、董拉、东格、古敢、下箐脚、碧冲、大寨、五乐、扎外、小营脚、以国村、箐脚、邓庄、发祥、新发村、石窝等 19 个村寨。其中以补掌、都掌、热水塘、董拉、大寨人数较多，俗称"水五寨"。另外，彝良、宣威等县市有少量水族散居。富源县古敢水族乡是云南省唯一的水族乡，与贵州省兴义市插花接壤。[②] 1982 年全国第三次人口普查时，该族群众要求定其为水族，1984 年云南经有关部门批定为水族。[③]

（7）毛南族

毛南族主要分布在贵州省境内。初步统计共有人口 34 700 余人，主要分布在黔南布依族苗族自治州的平塘、惠水、独山三县境内。其中，以平塘县为多，共有 3 万余人，占 90% 以上；惠水县次之，为 3 000 余人；独山县最少，仅几百人。[④] 1990 年 7 月之前，贵州境内的毛南族称之为佯僙人。

（8）仫佬族

仫佬族主要分布在广西壮族自治区和贵州省，有 20 多万人（1996 年底），广西仫佬族主要聚居在罗城仫佬族自治县，另外宜山、柳城、都安、忻城、河池、环江等地也有分布。贵州仫佬族有 3 万多人，多数分布在麻江县（14 317 人）、凯里市（7 002人）、福泉市（4 700 人）、黄平县（2 000 人），少量分布在都

①　贵州省地方志编纂委员会：《贵州省志·民族志》下册，贵州民族出版社 2002 年 10 月版，第 561 页。

②　云南省地方志编纂委员会：《云南省志》卷六十一《民族志》，云南人民出版社 2002 年 12 月版，第 731 页。

③　云南省地方志编纂委员会：《云南省志》卷六十一《民族志》，云南人民出版社 2002 年 12 月版，第 733 页。

④　贵州省地方志编纂委员会：《贵州省志·民族志》下册，贵州民族出版社 2002 年 10 月版，第 847 页。

匀、贵定、瓮安等县、市。①

（四）苗瑶语族

苗瑶语族在西南包括苗、瑶、畲等民族。

（1）苗族

苗族在云南、贵州、四川三省都有分布。据 1990 年第四次人口普查，全国苗族人口 739.8 万人，② 居全国少数民族第四位。其中居住在贵州的苗族占全国苗族总人口的 51.3%，占贵州全省总人口的 11.38%，是贵州省少数民族中人口最多的民族。苗族主要分布在黔东南、黔南、黔西南、黔西北和黔东北。黔东南苗族侗族自治州是一大聚居区，人口超过百万；松桃苗族与湘、鄂、川苗族连成一片为另一大聚居区，人口也超过百万，贵州中西部的苗族分布最分散，多住在高山和几县接壤的偏僻地区。③四川苗族主要分布在以下地区：宜宾地区有苗族 62 103 人，泸州市有苗族 54 719 人，上述地市几乎县县有苗族，尤以筠连、珙县、兴文、叙永、古蔺等县最集中。黔江地区有苗族 391 393 人，主要集中在彭水、黔江、秀山、酉阳等县。涪陵地区有 2 055 人；乐山市有 2 539 人；攀枝花市有 2 859 人；重庆市有 5 405 人；成都市有 1 064 人；凉山州有 10 235 人。④

据 1990 年第四次人口普查统计，云南有苗族 89.7 万人，是云南少数民族中人口较多、分布面积最广的民族之一。86% 以上的苗族人口集中分布于滇南、滇东北的山区和半山区。其中，文山壮族苗族自治州有 37.4 万人，屏边苗族自治县有 5.5 万人，金

① 贵州省地方志编纂委员会：《贵州省志·民族志》下册，贵州民族出版社 2002 年 10 月版，第 867 页。

② 云南省地方志编纂委员会：《云南省志》卷六十一《民族志》，云南人民出版社 2002 年 12 月版，第 263 页。

③ 贵州省地方志编纂委员会：《贵州省志·民族志》上册，贵州民族出版社 2002 年 10 月版，第 18~19 页。

④ 郎维伟：《四川苗族社会与文化》，四川民族出版社 1997 年 12 月版，第 2 页。

平苗族瑶族傣族自治县有 7.6 万人，禄劝彝族苗族自治县有 1.2 万人。上述一州三县苗族人口共 51.7 万人，占云南苗族总人口的 57.6%。此外，昭通有 15.1 万人，楚雄有 3.7 万人，昆明有 3.1 万人。[①]据到 1990 年 7 月 1 日止的全国人口统计，四川省有苗族 535 923 人，占全省总人口的 0.49%，占全省少数民族人口总数的 10.96%，占全国同期统计苗族总人口的 7.24%。四川苗族主要分布在以下地区：宜宾地区有苗族 62 103 人，泸州市有苗族 54 719 人。上述地市几乎县县有苗族，尤以筠连、珙县、兴文、叙永、古蔺等县最集中。黔江地区有苗族 391 393 人，主要集中在彭水、黔江、秀山、酉阳等县。涪陵地区有 2 055 人；乐山市有 2 539 人；攀枝花市有 2 859 人；重庆市有 5 405 人；成都市有 1 064 人；凉山州有 10 235 人。川南、川东南的苗族占四川省苗族的 95% 以上。苗族分布特点是与其他民族交错杂居，且又聚族而居；换言之，苗族与各民族杂居，杂居中又相对保持小块地区的聚居。[②]

（2）瑶族

在云南，瑶族主要分布在文山壮族苗族自治州、红河哈尼族彝族自治州、西双版纳傣族自治州、普洱市和曲靖市。云南瑶族达万人以上的县有：文山州的富宁县、麻栗坡县、广南县，红河州的金平县、河口县；达千人以上的县有：文山州的丘北县、马关县，红河州的元阳县、绿春县、红河县，西双版纳州的勐腊县、景洪市，普洱市的景东县、江城县，曲靖市的师宗县等。[③]在贵州，瑶族小聚居、大杂居，点状分布于黔湘、黔桂交界地区

---

① 云南省地方志编纂委员会：《云南省志》卷六十一《民族志》，云南人民出版社 2002 年 12 月版，第 263 页。

② 四川省地方志编纂委员会：《四川省志·民族志》，四川人民出版社 2000 年 12 月版，第 389 页。

③ 云南省地方志编纂委员会：《云南省志》卷六十一《民族志》，云南人民出版社 2002 年 12 月版，第 454 页。

的黔东南苗族侗族自治州、黔南布依族苗族自治州、黔西南布依族苗族自治州和铜仁市、安顺市等三州二市的 16 个县中。东起铜仁、石阡，南至黎平、榕江、从江、雷山、丹寨、麻江、剑河、三都、罗甸、望谟，西迄贞丰、紫云、关岭，都有瑶族分布。[①]

（3）畲族

畲族主要分布在贵州黔东南苗族侗族自治州的麻江县、凯里市，黔南布依族苗族自治州的福泉市和都匀市。1996 年 6 月贵州省人民政府同意认定前称之为"东家"，是当地汉人的称呼，认为畲族是由"东边"来的，故以"东家"为名。其自称"哈萌"。"哈"意为"客"，"萌"意为"人"，也就是说畲族是"客人"。[②]

（五）孟高棉语族

西南少数民族属于孟高棉语族的民族有佤、德昂、布朗等族。

（1）佤族

佤族是云南的世居民族，主要分布在云南省西南边疆。1990年第四次人口统计，全国共有 351 974 人，其中沧源佤族自治县有 139 454 人，西盟佤族自治县有 56 710 人，澜沧拉祜族自治县有 51 935 人，三县佤族人口占云南佤族总人口的 70.5%。其余散居在耿马、孟连、双江、永德、镇康、腾冲、施甸、勐海、梁河等县。[③]

① 贵州省地方志编纂委员会：《贵州省志·民族志》下册，贵州民族出版社 2002 年 10 月版，第 748 页。
② 贵州省地方志编纂委员会：《贵州省志·民族志》下册，贵州民族出版社 2002 年 10 月版，第 833 页。
③ 云南省地方志编纂委员会：《云南省志》卷六十一《民族志》，云南人民出版社 2002 年 12 月版，第 362 页。

（2）德昂族

德昂族是云南的世居民族，属人口较少民族。主要分散居住于德宏傣族景颇族自治州的芒市、梁河、盈江、瑞丽、陇川五县市。以芒市三台山区较为集中。其他分布在临沧市的镇康、耿马、永德等县和保山市的隆阳区。[①]

（3）布朗族

布朗族是云南的世居民族，属人口较少民族。云南布朗族约有5万多人散居在保山市隆阳区、施甸、昌宁、双江、云县、镇康、永德、耿马、澜沧、墨江等市县；有3万人则比较集中地聚居于西双版纳傣族自治州勐海县的布朗山、西定、巴达、打洛、勐满、勐岗等山区。此外，南涧、景东、景谷、普洱、景洪、勐腊等县（市、区）的山区亦有少量分布。[②]

（六）其他语族

蒙古语族有蒙古族。云南省1990年有蒙古族13 168人，2000年增加到1.49万人，其中分布百人以上的州市是：玉溪、文山、昆明、红河、普洱、曲靖、西双版纳、楚雄、昭通。玉溪市通海县兴蒙乡是云南省境内唯一的蒙古族民族乡。大理、临沧、丽江、保山、迪庆、德宏等地州也有少量蒙古族分布。[③] 在贵州省，根据1990年全国第四次人口普查，有68个县（市）有蒙古族分布。主要分布在贵阳、六盘水、遵义、铜仁、黔西南州、毕节、安顺、黔东南州、黔南州等9个地州。其中主要分布在毕节地区和铜仁地区。[④] 四川的蒙古族主要居住在成都市，其

① 云南省地方志编纂委员会：《云南省志》卷六十一《民族志》，云南人民出版社2002年12月版，第685页。

② 云南省地方志编纂委员会：《云南省志》卷六十一《民族志》，云南人民出版社2002年12月版，第537页。

③ 云南省地方志编纂委员会：《云南省志》卷六十一《民族志》，云南人民出版社2002年12月版，第665页。

④ 贵州省地方志编纂委员会：《贵州省志·民族志》下册，贵州民族出版社2002年10月版，第896、897页。

余分散在全省的一些市、县。①

满—通古斯语族有满族。1990 年全国人口普查时全国有满族
982.1 万人，云南省有 7 044 人，主要分布于昆明、保山、思茅、
德宏、曲靖、临沧、红河、楚雄等州市。② 贵州世居的满族，主
要居住在黔西、金沙、大方三个县的结合部。据第四次人口普
查，贵州省 86 个县（自治县、市、区、特区）中有 80 个县级行
政单位有满族。人口超过千人的有黔西、金沙、南明三个县
（区），其中黔西、金沙、大方三县的满族人口有 7 232 人，占全
省满族人数（16 760 人）的 43.15%。③四川省的满族，根据 1990
年全国第四次人口普查统计，共有 12 195 人。其中 4 266 人集中
在成都市，占全省满族总人口数的 35%。重庆、攀枝花两市共有
2 748 人，占全省满族总人口数的 22.5%。其余分布在绵阳、自
贡、泸州、宜宾、万县、涪陵、江津、凉山等八个地、州、市。
四川省的满族绝大多数是城市职工和城镇居民，只有极少数的满
族人口从事农业。④

三、当代西南民族分布的特点

与新中国成立之前相比，当代西南民族分布发生巨大的变
化，原来没有少数民族居住的地区，不断有少数民族人口进入；
原来少数民族人口少的地区，少数民族人口比例不断上升；原来
某一个或几个少数民族聚居的地区，不断有其他少数民族进入。
从总体上看，当代西南民族分布呈现出以下几方面的特点：

---

① 四川省民族研究所：《四川少数民族》，四川民族出版社 1982 年 2
月版，第 98 页。
② 云南省地方志编纂委员会：《云南省志》卷六十一《民族志》，云
南人民出版社 2002 年 12 月版，第 765 页。
③ 贵州省地方志编纂委员会：《贵州省志·民族志》下册，贵州民族
出版社 2002 年 10 月版，第 881 页。
④ 四川省地方志编纂委员会：《四川省志·民族志》，四川人民出版社
2000 年 12 月版，第 442 页。

一是大杂居更加突出。西南民族地区与全国广大地区一样，在历史上形成了大杂居、小聚居、相互交错杂居的民族分布格局。新中国成立以后，这种大杂居的特点更加突出，杂居的程度更高。首先是少数汉族干部到少数民族地区工作，如人民解放军进军西南时组建的由1.6万人组成的"中国人民解放军西南服务团"，为云南、四川、贵州的解放和建设事业做出了重要贡献。其次是为了支援边疆、开发边疆，更多的汉族来到西南民族地区，其中最典型的就是在云南的屯垦中，有大批来自湖南等地的汉族来到云南少数民族地区。改革开放以来，更多的少数民族通过务工、经商等多种渠道流入到其他地区，同时也有不少汉族进入到少数民族地区。这样一来，原来没有汉族的地区，汉族人口越来越多；原来没有少数民族或者少数民族较少的地区，少数民族人口越来越多。

二是城市少数民族人口增多。在新中国成立以前，西南各少数民族中，只有回、满、蒙古等较少的民族居住在城市。新中国成立以来，特别是党的十一届三中全会以来，在城市长期居住的少数民族越来越多，有的城市还形成了某个少数民族一定的聚居地。城市少数民族人口的增多，是西南民族地区城市化进程的必然结果。随着城市化的不断推进，将有更多的少数民族人口流入到城市。如在昆明，以2010年11月1日零时为标准时点，全市少数民族人口为889 898人，占全市总人口的13.84%，其中人口最多的是彝族，其次是回族和白族。十年来，昆明少数民族人口增长18.19%，增速高于汉族人口的10.22%。[①] 据第六次全国人口普查结果，2010年成都少数民族人口12.69万人，比2000年增加5.97万人，增长88.7%。少数民族人口占成都总人口比重

---

① 徐元锋：《昆明少数民族人口增速十年来高于汉族》，人民网—云南频道，2011年5月25日。

达到 0.9%，比 2000 年提高 0.3 个百分点。① 到 2009 年 11 月，贵阳市有 51 个民族成分，少数民族人口 61.49 万，占全市总人口的 15.86%。② 随着城市少数民族人口的增多，如何加强城市少数民族工作，是城市管理过程中的一个新问题。

三是随着交通运输的不断发展，交通沿线分布的民族人口不断增多，一些老寨人口不断减少。新中国成立之前，西南少数民族地区交通闭塞，出行困难。新中国成立以来，特别是 20 世纪 90 年代以来，西南民族地区交通事业发展迅速，极大地方便了广大人民群众的出行。同时，一部分少数民族搬离原来的村寨，移居在交通沿线，一些老寨的人口越来越少。如，2009 年德宏傣族景颇族自治州潞西市（今芒市）三台山德昂族乡允欠村把生活在山顶上、发展难、生活贫困的上百户人家的景颇族村寨，整体搬迁到公路边，从根本上解决生产生活困难。③

四是一些原来没有人居住的地方出现了一些新的村落。这主要是由于工程移民和扶贫等造成的。

五是人口流动性加大。新中国成立以来，特别是 20 世纪 90 年代以来，西南少数民族也加快了进入全国流动人口的步伐，更多的西南少数民族人口流动到东南沿海各大城市，成为全国流动人口的一部分。因此，即使是在边境地区的民族村寨，也出现了和内地一样的留守儿童和老人，大量青壮年劳动力外出务工。同时，也有更多的全国各地的汉族和少数民族人口来到西南民族地区，成为西南民族地区流动人口的一部分。

造成上述民族分布的原因是多方面的，主要有以下几方面：

---

① 刘菲菲：《成都人口总量呈"三低"　少数民族比例上升》，四川新闻网，2011 年 7 月 8 日。
② 贵州省贵阳市人民政府：《维护民族团结、加强民族地区经济社会发展》，中国共产党新闻网，2009 年 11 月 2 日。
③ 《云南德宏州少数民族收看国庆庆典》，昆明信息港，2009 年 10 月 1 日。

第一，经济利益的驱动所造成的。目前大杂居和城市少数民族人口的增多，最重要的原因就是经济利益的驱动。大量的各族人民群众经商、务工等经济活动，造成了我国现阶段大量的汉族人口进入少数民族地区，大量少数民族人口流入城市。

第二，干部交流、工作分配等原因造成的。新中国成立以后，许多地区增多了非世居少数民族。这些非世居少数民族首先就是由于干部交流和工作分配所造成的。新中国成立以来，各族人民受教育的机会不断增多，从各级各类学校毕业的学生不断增多，他们中的一部分被分配到西南各地工作，成为少数民族中的一员。这样，就出现了一部分非世居民族。

第三，婚姻往来的原因。新中国成立以后，各民族之间的关系不断改善，不同民族之间的通婚不断增多。这样，就出现了不同村寨、不同地区之间的民族之间的通婚，从而使民族分布出现了一些新的变化。

第四，不同种类的移民所造成的。新中国成立以来，为了服务于各类经济建设，形成了重点工程、水库等移民。如 20 世纪 90 年代，西昌大桥水库建设期间，需要搬迁 1 万多人，其中大多数是彝族和藏族。[①] 三峡水电工程建设过程中，也有一部分西南少数民族移民活动。同时，也有自发的移民。这些不同的移民，使移出地和移入地的民族分布都发生了改变。

---

① 金炳镐：《中国民族自治州的民族关系》，中央民族大学出版社 2006 年 5 月版，第 158 页。

第六章　当代中国西南的民族关系

新中国成立前，由于民族压迫、民族剥削的存在，西南各民族之间充满了敌对关系，民族对立、民族隔阂比较严重。新中国成立以后，由于建立了人民政权和采取了一系列民族平等、团结的政策，各少数民族之间的关系不断改善。通过民主改革和社会主义改造，各族人民之间的关系逐渐形成了劳动人民之间的关系，社会主义新型民族关系逐步建立。党的十一届三中全会以后，随着社会主义市场经济的逐步建立，各族人民之间的联系更加紧密；同时，竞争也成为各民族之间的不可回避的关系。

第一节　社会主义新型民族关系在西南民族地区的建立

一、新中国成立初期西南民族关系发生的根本性变化

（一）建立人民政权，实行民族区域自治，保障民族平等

中国历史上的民族关系从政治层面上讲，是民族压迫的不平等关系。[①] 历史上的西南民族关系也是如此。新中国成立之初，多种落后的社会经济制度并存于西南民族地区，大体有四种社会经济形态：一是社会结构和汉族地区相同或基本相同。这主要是

---

① 国家民族事务委员会：《中国共产党关于民族问题的基本观点和政策》，民族出版社 2002 年 1 月版，第 111 页。

回、壮、满、布依、白等民族以及蒙古、苗等民族的大部分。二是保留着封建农奴制度。这主要是藏、傣、哈尼等民族，分布在四川和云南的迪庆、西双版纳、德宏地区。三是大约 100 万人口的地区保留着奴隶制，主要分布在川滇交界的大、小凉山的彝族地区。四是处在原始公社末期。这主要是滇西山区的独龙、怒、傈僳、景颇、佤、布朗等族。同这些发展不平衡的社会经济制度相适应，西南民族地区的政治制度也非常复杂。大、小凉山彝族地区存在着以黑彝父系血缘为纽带的家支制度，各个互不隶属又有固定统治区域的黑彝家支，实际上起着奴隶制政权的作用。四川、云南、贵州等一些民族地区，存在着千百户制度（藏族）、土司制度（傣族、彝族、土族等）、山官制度（景颇族）等，在这些制度下的当权者中，有不少是历代封建王朝授封的世袭爵位，享有诸多特权，实行对本民族和其他民族人民的剥削压迫。[①]由于旧的经济、政治制度还依然存在，决定了西南民族关系并未发生实质性的变化，社会主义新型民族关系并未建立。为了改变西南民族地区旧有的民族关系，在党和政府的领导下，采取了多项措施。

首先是建立各级人民政权，实行民族区域自治，实现民族平等。民族平等，是马克思主义处理民族关系、解决民族问题的根本原则，是实现民族团结并通过民族互助达到各民族共同繁荣的前提条件。[②] 因此，新中国成立后，首先要解决的问题是不断实现民族平等。而民族平等的最主要表现，就是少数民族真正当家做主。少数民族当家做主的民族平等权利主要表现在两个方面：一是以平等地位管理国家事务和地方事务；二是自主地管理本民

---

① 国家民族事务委员会研究室：《新中国民族工作十讲》，民族出版社 2006 年 4 月版，第 49～50 页。

② 刘先照主编：《论社会主义民族关系》，民族出版社 1991 年 1 月版，第 69 页。

族的内部事务。① 因此，建立人民政权和实行民族区域自治，是保障各民族平等的首要前提条件。在 1949 年 9 月通过的《中华人民共和国第一届政治协商会议共同纲领》中规定，建立单一制统一多民族国家，实行保障各民族平等权利的民族区域自治。在不具备民族区域自治的民族杂居区建立民族民主联合政府，作为民族地区政治新秩序建立的重要过渡形式。根据这一规定，西南民族地区在有条件的地区建立了民族区域自治，暂时不具备条件的地区建立了民族民主联合政府，有效地保证了民族平等。

新中国成立初期西南民族地区各级人民政权和民族区域自治建立的具体情况，在第一章中有比较详细地阐述，这里不重复。各级人民政权和民族区域自治的建立，第一次在西南民族地区建立起代表广大人民群众的人民政权，西南各民族之间的政治平等初步实现。这是西南民族关系发展史上具有里程碑意义的大事件。如果没有各级人民政权的建立，就不可能有疏通民族关系的各项措施，就不可能有民主改革和社会主义改造，社会主义民族关系就不可能建立。因此，各级人民政权的建立，是实现西南民族关系伟大转变的最重要的政治条件。虽然各级人民政权的建立是曲折的、艰苦的，但其意义是十分深远的。

（二）疏通民族关系

新中国成立初期，虽然各级人民政权逐步建立，但党在西南民族地区的执政基础比较薄弱，少数民族对党的民族政策缺乏了解，特别是在一些地区，历史原因造成的民族隔阂还比较深。在不少的边疆民族地区，虽然已经解放，但人民政权还很弱小，甚至有的地区党和政府的力量根本不能深入。针对这种情况，首先要解决的问题就是疏通民族关系，加强同少数民族人民的联系。为此，党和政府采取的一项重大措施就是"派下去，请上来"。

---

① 刘先照主编：《论社会主义民族关系》，民族出版社 1991 年 1 月版，第 69 页。

"派下去"，是指派出访问团深入民族地区进行慰问，直接向少数民族群众传达党和政府的关怀，表达汉族人民的兄弟情谊，宣传民族政策。1950 年 6 月，中央派出西南访问团，前往四川、西康、云南、贵州四省的民族地区访问。① 西南访问团各分团深入到西南少数民族地区慰问，历时 7 个月，初步疏通了民族关系，极大增强了各民族之间的凝聚力和向心力，巩固了祖国大家庭的团结。

除了西南访问团外，西南各地少数民族较多的各级地方政府也分别组建了访问团、慰问团或工作团对少数民族进行访问。如 1951 年 5 月 9 日，由任景龙为团长的川西少数民族访问团开始深入茂县、松潘、理县等地访问调查。② 1951 年 9 月 29 日，贵州民族访问团在黔东南少数民族地区访问结束，返回贵阳。③ 1951 年 12 月，贵州安顺专区民族访问团到各县进行宣传访问。④ 针对云南西部、南部、西南部边疆民族地区疟疾、鼠疫、霍乱、天花等传染病流行的情况，1952 年 6 月底，西南军政委员会卫生部派出郑玲才等 280 人的西南防疫队，到云南的潞西、瑞丽、陇川、盈江、梁河、泸水、沧源、镇康、耿马、双江、景洪、勐海、勐腊等县，同民族工作队和省、地区医疗队结合开展工作。西南防疫队帮助当地培训各类医务人员，协助建立各类医疗防疫机构，为以后边疆民族地区开展卫生医疗、防疫传染病流行工作打下了良

① 国家民族事务委员会研究室：《新中国民族工作十讲》，民族出版社 2006 年 4 月版，第 103 页。
② 郎维伟主编：《邓小平与西南少数民族——在主持西南局工作的日子里》，四川人民版社 2004 年 4 月版，第 236 页。
③ 郎维伟主编：《邓小平与西南少数民族——在主持西南局工作的日子里》，四川人民版社 2004 年 4 月版，第 239 页。
④ 郎维伟主编：《邓小平与西南少数民族——在主持西南局工作的日子里》，四川人民版社 2004 年 4 月版，第 242 页。

好的基础。[①] 1952 年 11 月 5 日，西南民委等有关部门组成川南民族工作队，赴雷波、马边等地帮助彝族推行民族区域自治。[②] 1953 年 4 月 8 日至 9 日，云南省各族各界边疆慰问团，经过一个多月的筹备和学习，全体团员包括电影队、幻灯队、杂技团等 130 余人，分两批出发到边疆慰问人民解放军、公安部队、地方民族工作队和兄弟民族群众。慰问团由陈方任总团长，下分两个分团：第一分团到保山、缅宁两区，由李群杰任团长，安恩溥、曾恕怀、李琢庵、李文汉、马伯安为副团长；第二分团到蒙自、普洱两区，由温剑风任团长，周体仁、杨克成为副团长。慰问团在边疆和民族地区进行了为时 4 个月的慰问后，于 8 月初返回昆明。[③]

"请上来"，是指组织边疆少数民族特别是民族、宗教的上层人士到北京和内地参观，以增进少数民族对祖国的了解，密切边疆民族地区同中央的联系。中共中央在对云南省委所报边疆民族工作方针与步骤的意见上明确批示："有计划地分批组织参观团到内地参观，是在少数民族中丰植爱国主义的最有效的办法之一。"[④] 以云南为例，从 1950 年 10 月到 1956 年底，云南共组织少数民族参观团 1 031 次、13 513 人，包括 20 个民族的代表到外地参观学习。其中赴北京的 12 次 589 人，赴重庆 5 次 521 人，在昆明参观的 87 次 10 903 人，在专区内参观的 1 500 人。参观团成员大体可分为四种：民族公众领袖、农民和积极分子、边疆干部、宗教界人士。通过有计划、有步骤地组织各种类型的民族参

---

① 云南民族事务委员会：《云南民族工作大事记：1949～2007》，云南民族出版社 2008 年 5 月版，第 20 页。

② 郎维伟主编：《邓小平与西南少数民族——在主持西南局工作的日子里》，四川人民出版社 2004 年 4 月版，第 245 页。

③ 云南民族事务委员会：《云南民族工作大事记：1949～2007》，云南民族出版社 2008 年 5 月版，第 27 页。

④ 国家民族事务委员会研究室：《新中国民族工作十讲》，民族出版社 2006 年 4 月版，第 104 页。

观团。从 1950 年到 1952 年连续三年组织少数民族上层人士出去参观学习。从 1950 年到 1954 年，先后组织了 45 批、4 170 位民族上层到全国各地参观学习。在 1950 年 9 月，中央决定组织全国少数民族代表赴京参加首届国庆观礼，西南区 64 名代表中，云南有 52 位，大多数是边疆少数民族上层人士。①

在川康地区，也组织了大量的少数民族参观团。如 1951 年 3 月 12 日，以彝族杨代蒂为团长的川南各民族代表参观团抵达重庆，受到热烈欢迎。3 月 30 日，川西各民族代表参观团抵达重庆，受到热烈欢迎。1952 年 2 月 6 日，西康各族参观团抵渝，受到热烈欢迎。2 月 27 日，邓小平在渝接见西南各民族晋京代表参观团全体代表。3 月 20 日，川南各民族参观团结束对成都、重庆等地的参观活动，回到川南。3 月 30 日，西康省昌都地区藏族代表赴京参观团到达重庆，受到西南局、西南军政委员会和西南军区领导的接见。1952 年，党和政府组织上千人次凉山彝族代表人士到祖国内地参观访问。② 以上是有关西南少数民族到北京和内地参观的片断，反映出当时组织少数民族参观团到北京和内地参观的活动还是比较多的。

通过参观学习，不同领域、不同行业的少数民族上层人士都受到了教育，增强了他们之间的民族团结情感，拉近了与共产党的距离。如 1950 年少数民族参观团赴北京参加国庆盛典回来到达普洱后，在普洱区第一届兄弟民族代表会议上，48 位土司、头人、少数民族代表和党政军领导共同立下了"民族团结誓词碑"，决心在共产党的领导下，团结一心，共同为创造平等、自由、民主的革命大家庭而努力。还有参加国庆盛典的傈僳族代表裴阿欠、怒族代表李政才回到家乡后，于 1951 年 1 月 18 日致电毛主

① 《当代云南简史》编委会：《当代云南简史》，当代中国出版社 2004 年 5 月版，110 页。

② 郎维伟主编：《邓小平与西南少数民族——在主持西南局工作的日子里》，四川人民版社 2004 年 4 月版，第 234、235、243、247 页。

席、朱总司令和西南军区的刘伯承和邓小平，表达他们对共产党和人民政府的感激之情及今后带头搞好本地区民族团结工作的决心。[①] 通过参加学习，实现了对不同对象进行不同的教育，启发了各族人民的觉悟和积极性，在疏通民族关系、加强民族团结等方面起到了积极的作用。[②]

"派下去"、"请上来"，在民族地区产生了广泛、深刻而久远的影响，赢得了少数民族群众对党的衷心拥戴，丰植了边疆少数民族的爱国主义情感，增进了各民族间的了解和友谊，为社会主义新型民族关系的建立创造了条件。[③]

与此同时，还帮助少数民族群众解决生产生活困难。新中国成立初期，由于民族地区的生产力水平一般比较低，加上一些封建剥削和特权的存在，人民生活极端困苦。尤其是在广大山区，几乎每年都有几个月的断粮，形成历史性的饥饿现象。为帮助少数民族群众克服生产生活上的困难，打开新解放的民族地区工作局面，党和政府为少数民族群众办了许多好事、实事。一是发放救济粮和救济款。如1951年12月21日，丽江专区所属剑川县发生6.2级地震，波及丽江、鹤庆等县，白族、纳西族、彝族、藏族等少数民族受灾，伤亡人数2 280人，受灾达55个乡镇，12万人口，70%的房屋倒塌。云南省人民政府拨出救济粮200万斤、医药费15亿元、安置费12亿元（人民币旧币值，1万元等于1元）。中央人民政府拨款30亿元救济灾区。[④] 1952年民族工作队到云南沧源的佤族村寨中，一边宣传党的民族政策，一边给老百

---

①　云南省民族事务委员会：《云南民族工作大事记：1949～2007》，云南民族出版社2008年5月版，第9页。

②　云南省民族事务委员会：《云南民族工作大事记：1949～2007》，云南民族出版社2008年5月版，第61页。

③　国家民族事务委员会研究室：《新中国民族工作十讲》，民族出版社2006年4月版，第104～105页。

④　云南省民族事务委员会：《云南民族工作大事记：1949～2007》，云南民族出版社2008年5月版，第16页。

姓发放大米、衣服、棉被等救济物品。①在四川藏族地区，从 1950 年到 1952 年，共发放了 1 615 吨救济粮，67 万元救济款和贷款。汶川绵池乡簌头寨首次用政府贷款买回 41 头耕牛时，全寨群众出寨相迎，说："缺少耕牛、农具，政府贷款。修水沟、买种子、挖药材有困难，政府又贷款。我们只有把生产搞好了，才对得起人民政府。"② 二是无偿发放生产工具。为解决少数民族缺乏农具的困难，西南军政委员会于 1952 年底召开少数民族经济工作会议，拨款 400 余万元用于无偿发放农具。③ 三是派出巡回医疗队实行免费医疗。如 1951 年 11 月 29 日，中央人民政府卫生部派出 57 人的卫生工作队赴西康藏区开展卫生工作。12 月 28 日，西康省政府和川南行署组织医疗队分赴大、小凉山为彝族人民治病。④ 1954 年 4 月 1 日，《云南日报》报道：云南省人民政府拨出山区生产改造 58.29 亿元（旧人民币币值），帮助边疆各族人民重点改造山区。其中，以红河哈尼族和该地区的苦聪、苗、瑶、彝等民族，澜沧拉祜族，德宏景颇族，怒江傈僳族等民族聚居的 14 个县和 3 个专区（盏西区、坝溜区、马鞍区）为重点。以 14.51 亿元重点帮助 100 个乡的少数民族解决缺乏农具的问题，并兴修部分小型水利。以 43.5 亿元，帮助这些地区的其他 1 611 个乡，解决农具困难。⑤

通过办好事、办实事，帮助少数民族群众解决生产生活的许

① 王敬骝主编：《佤山纪事》，云南民族出版社 2007 年 5 月版，第 61 页。
② 郎维伟主编：《邓小平与西南少数民族——在主持西南局工作的日子里》，四川人民版社 2004 年 4 月版，第 188 页。
③ 国家民族事务委员会研究室：《新中国民族工作十讲》，民族出版社 2006 年 4 月版，第 105~106 页。
④ 郎维伟主编：《邓小平与西南少数民族——在主持西南局工作的日子里》，四川人民版社 2004 年 4 月版，第 241、242 页。
⑤ 云南省民族事务委员会：《云南民族工作大事记：1949~2007》，云南民族出版社 2008 年 5 月版，第 32 页。

多困难，拉近了少数民族与党和政府之间的关系，党和政府在广大少数民族群众中树立了良好的形象，为进一步进行民主改革和社会主义改造奠定了良好的群众基础。

从新中国成立到西南民族地区实行土地改革和社会主义改造以前，旧有的经济、政治制度虽然还存在，但已经处在人民政府的领导之下，人民政府的法纪对各民族中的统治者已发生约束作用；人民解放军的进驻，各种工作队工作的不断深入，少数民族觉悟的逐步提高，已使他们不能像新中国成立以前那样为所欲为了。民族上层人士在党的统一战线中，经过学习改造，同共产党合作共事，绝大部分有了不同程度的进步。因此，从新中国成立到土地改革和社会主义改造完成这段时间的西南民族关系，同新中国成立以前的民族关系有着本质的区别，发生了根本性的变化。当然，这一根本变化是从政治上、社会制度上和法律上讲的，而不是经济上。只要民族剥削压迫的经济根源、剥削阶级还存在，西南各民族的平等、团结、互助友爱民族关系就不可能完全巩固。只有对生产资料进行变革，彻底消灭剥削阶级，才能使西南民族关系发展成为社会主义新型民族关系。[①]

二、社会主义新型民族关系的建立

（一）各民族劳动者之间关系的形成

西南各民族地区军事解放、建立人民政权和疏通民族关系，这只是解决了影响民族关系的外部条件，消除了民族隔阂。但各民族之间的内部关系以及不同民族之间原有的剥削与压迫关系还仍然存在。并且西南各少数民族社会发展大都处于落后阶段，要实现各民族间事实上的平等，达到繁荣昌盛，首先要改变落后的社会经济制度。正如周恩来所说的那样："历史遗留给我们的，

---

① 刘先照主编：《论社会主义民族关系》，民族出版社 1991 年 1 月版，第 58~61 页。

是对民族繁荣的很多不利条件。我们必须把这些不利的条件逐步去掉。要去掉这些不利于民族繁荣的条件，关键在哪里？关键在于社会改革。"① 要彻底改善西南民族地区的民族关系，建立社会主义新型民族关系，只有进行民主改革和社会主义改造。这样，才能从根本上解决影响民族关系的内部因素。

西南民族地区的民主改革，主要是土地改革。这方面的内容，第一章中已经讲了。在云南，少数民族地区的土地改革分为内地坝区、山区、缓冲区和边疆少数民族地区四类型进行，到1958年初基本结束。在贵州，民族地区的土地改革主要是从1952年6月开始进行，主要在边沿地区377个乡、3 153个村、350万人口的少数民族地区展开。同年9月底，土地改革胜利结束。至此，除了册亨、望谟两个偏远县23万人口的地区外，贵州全省土地改革基本结束。在川康地区的甘孜、阿坝、凉山等少数民族地区，在新中国成立初期，历史上遗留下来的民族隔阂还严重存在，匪特尚未肃清，各级人民政权未普遍建立，少数民族干部还未大量成长，进行民主改革的条件尚不具备。在1955年冬至1960年进行民主改革时，重新分配了土地。

通过民主改革，废除了西南各民族内部的剥削制度。除了直接过渡到社会主义的少数民族外，其他各民族都分到了自己的土地，成为通过自己的劳动来养活自己的名副其实的劳动者。到这时候，可以说西南地区的民族关系开始基本上结成各民族劳动人民之间的关系。这是人民政权建立之后，西南民族关系史上发生的又一个巨大变化。在此之前，民族关系与阶级关系紧密相联，在很多时候通过阶级关系表现出来，民族矛盾主要是阶级矛盾。自此以后，民族关系成了各民族劳动者之间的关系，民族平等进一步变为现实。阶级对抗为主的矛盾转变为以非对抗性的人民内

① 周恩来：《关于我国民族政策的几个问题》，四川民族出版社1980年1月版，第20页。

部矛盾为主。这一性质的变化也决定了解决包括西南民族地区在内的民族问题的途径有了根本改变，即主要由推翻剥削阶级统治和民族压迫为主的阶级斗争转变为发展经济、促进繁荣，用互谅互让和批评与自我批评调解各种矛盾为主。[①] 这正像马克思、恩格斯在《共产党宣言》中所说的那样："人对人的剥削一消灭，民族对民族的剥削就会随之消灭。民族内部的阶级对立一消失，民族之间的敌对关系就会随之消失。"[②]

（二）团结互助民族关系的不断发展

在历史上，西南民族地区和全国广大地区一样，虽然有民族剥削与压迫，有民族间的战争与隔阂，但各族人民之间长期相处，也有团结互助的一面。

新中国成立以后，在西南局的领导下，采取了许多有利于民族团结的措施。如前面已涉及的民族访问团、慰问团、参观团，给广大少数民族地区送医送药、发放农具和农业贷款等，都有利于民族团结。正是通过这些细致的民族团结工作，少数民族群众的觉悟得到了提高，各地纷纷倡议发起各族人民团结公约，自动消除各民族之间或各民族内部多年来的纠纷和隔阂。1950 年 11月，西康藏族自治区订立各族人民团结公约，12 月，西昌专区各族人民订立团结公约。1951 年，凉山彝民、川南各族、川西各族、川北平武藏族、云南蒙自、普洱各族等都相继订立了团结爱国公约。[③] 下面是一些比较典型的民族团结公约：

1950 年 11 月 17 日至 24 日，在西康省藏族自治区第一届各族各界人民代表大会上，通过了《关于加强民族团结的决议》，

---

① 王希恩主编：《当代中国民族问题解析》，民族出版社 2002 年 3 月版，第 19～20 页。

② 马克思、恩格斯：《共产党宣言》，人民出版社 1997 年 8 月版，第 47 页。

③ 郎维伟主编：《邓小平与西南少数民族——在主持西南局工作的日子里》，四川人民版社 2004 年 4 月版，第 55 页。

主要内容有：各民族间与民族内部，应互相尊重风俗习惯，与宗教信仰自由，禁止再有互相歧视、压迫与挑拨民族关系的行为；各民族间与民族内部的一切纠纷，应通过人民政府用调解的方式，协商解决；禁止互相械斗、打冤家、暗杀、毒害等行为；加强团结友爱合作精神，禁止互相抢人、劫路和偷盗等行为，如还有上述事件发生，应及时报告人民政府，调解解决，不得私下互相报复；杀人者抵命，抢人、劫路、偷盗者除归还外，并通过人民政府依法惩办。依据此决议，制定了《西康省藏族自治区各族各界人民团结爱国公约》：坚持拥护毛主席、中国共产党及中央人民政府的政策法令。加强民族团结，贯彻民族政策，一切采取民主协商，共同遵守决议的精神，以达团结互助之目的；反对帝国主义，加强抗美援朝运动，普遍展开爱国主义宣传教育，拥护人民解放军，继续加强支援进藏部队，巩固国防；反对人民公敌，协助人民解放军、人民政府，继续清匪肃特，对持枪聚众暴乱者，坚决彻底消灭，对现行匪首，要逮捕归案，奖励人民检举和捕捉匪特，不准隐匿和包庇；过去所有县、区、村及个人的不团结事件，均应在团结爱国基础上和人民政府的领导下，诚恳协商，本着既往不咎和互让互谅精神调处解决；严禁再有挑拨、械斗、仇杀、抢劫、种烟、贩毒等非法行为，违者一律依法严惩；严禁挑拨甲地人民"投降"乙地之破坏团结的罪行；尊重民族宗教信仰的自由，尊重民族风俗习惯，保持喇嘛寺庙，发展民族经济文化事业；坚决实行本届代表会议所通过的 1952 年工作任务及其他决议，并协助人民政府宣传与执行；本区各级人民代表、政府负责人及所有委员，必须以身作则，成为团结爱国模范，以领导全区人民共同执行公约的一切规定；各县、区、村或个人，得根据本公约的原则，自行制定简明具体的爱国公约，对认真执行公约有功者，得予表扬奖励。[①]

在四川，1951 年 5 月 22 日普格设治局各族各界代表会议通过了《普格人民设治局各族人民团结公约》："拥护共产党、拥护人民政府和解放军，贯彻民族政策；解放前老案，本团结互助精神，以不理为原则，但有特殊情况，得酌情调处之；解放后各支间互拉娃子与抢掳牲畜财物等，应无条件全数退还。各支间并不得引诱他支娃子逃走，或收留他支娃子，如有他支娃子逃来本支，应通知原支主子前来领回，或送交原支主子，但同时应注意对娃子的待遇，以免娃子逃跑；过去所有人命，得斟酌情况依照风俗习惯，赔偿相当命金，但自本公约实行后，凡故意杀人者，一律抵命，不得再以命金赔偿；今后各彝支不得买卖人口，及掳人为奴。以前抢去的汉人，采取自愿原则送出。如被抢去的汉人逃出时，各彝支不能要求人民政府清查退还；各支之间相互发生纠纷时，不得采取直接行为与械斗行为，应邀请调解委员调处，或报请各级人民政府处理；汉彝人民，不得包庇匪特及逃亡地主。匪特在某地某支活动，当地人民必须自动将匪特送交人民政府，或报请政府逮捕匪特。在汉彝杂居区活动，由汉彝人民联合捉拿，不得推卸责任。"[②]

新中国成立不久，米易、盐边即召开少数民族上层人士参加的各届代表会议，除制定《剿匪公约》、《爱国公约》外，还制定了《民族团结公约》。这个公约规定：坚决执行人民政府的民族团结政策，反对大汉族主义；尊重少数民族的风俗习惯，不歧视、不欺侮少数民族，不侮辱妇女；保护少数民族到汉区做事的安全，不乱检查和私自没收财物；保障公平交易，帮助少数民族买卖和照顾食宿，不抽地皮摊子费；坚决反对奸商坏人拐骗欺哄

① 康定民族师专编写组编纂：《甘孜藏族自治州民族志》，当代中国出版社 1994 年 7 月版，第 309 页。

② 四川省普格县志编纂委员会：《普格县志》，四川大学出版社 1992 年 9 月版，第 543 页。

少数民族的行为；剿匪和清查地主武器财物，应和少数民族取得联系，避免发生误会；揭露匪特挑拨民族团结的阴谋，不听信谣言；一切纠纷应交政府或农会合法处理，不得私自报复和冲突。调解民族纠纷，制止冤家械斗。米易头人何德明和傅文治两个家支，新中国成立前打冤家3年，实行《民族团结公约》后，何主动请傅到家里谈心、协商、和解。1952年，麻陇头人马德发带人抢走何万金家支百姓150两大烟，何领人报复，烧毁了马德发家支的房屋，死6人、伤1人，并赶走了牛羊。马气愤至极，便集合本家支的人员和枪械准备攻打何家。政府闻讯，立即出面制止。经过调解，由何万金家支赔偿银元3 000元，退还所抢牛羊，平息了事态。①

在云南省，1951年1月1日，云南普洱区48位土司、头人、少数民族代表和党政军领导按照佤族传统举行"剽牛"、"喝咒水"仪式，共同立下《民族团结誓词碑》："我们26种民族（注：系自称）的代表，代表全普洱区各族同胞，慎重地于此举行了剽牛，喝了咒水，从此我们一心一德，团结到底，在中国共产党的领导下，誓为建设平等自由幸福的大家庭而奋斗！此誓。"②

1951年春天，车（里）佛（海）南（峤）第一次民族代表会议上，到会的全区各民族代表便一致订立了民族团结公约，喝了咒水和血酒。在傣族领袖人物的主动让步下，打破了长时期以来的"平均"负担惯例，废除了过去按旧负担户摊派税额的不合理的老规矩，改为"坝子傣族多出，山区各民族少出"的比较公平合理的新办法。很多傣族代表都在这个会上诚恳地表示：我们坝子里谷子打得多，应该多出些，帮助山头民族，大家团结一致搞好生产。每个到会的其他各民族代表更是非常兴奋地说："我

---

① 《攀枝花市志》编纂委员会编著：《攀枝花市志》，四川科学技术出版社1994年12月版，第916页。

② 云南省民族事务委员会：《云南民族工作大事记：1949～2007》，云南民族出版社2008年5月版，第9页。

们今天能和傣族站在平等地位一起开会，而且今后又能和傣族按照新办法合理地出负担，这都是有史以来的第一次。"首次改变了傣族和其他各少数民族之间的关系。①

1951 年 3 月 7～15 日，沧源县临时人民政府在岩帅主持下召开第二届全县各族各界代表大会，制定了《拥抱中国共产党和人民政府、拥护共同纲领、反帝爱国、团结生产公约》。会议结束时，举行了由 800 多人参加的剽牛仪式，庆祝沧源县人民政府成立。1952 年 4 月，中共沧源县委在岩帅主持下召开第三届全县各族各界人民代表大会，进一步完善了《民族团结公约》，号召全县各族人民积极生产，防匪防特，消除国民党军李弥部入窜后留下的隐患，进一步稳定边疆。②

1951 年 12 月 7 日，中甸、德钦、维西、乡城和巴东区（此丹副县长辖区）五县负责人通过协商订立了《滇康边区第二届藏族协商会议团结公约草案》："拥护中国共产党和毛主席，在他们的领导下藏族人民团结起来；为了巩固我们的团结，不打冤家报私仇和暗杀等行为，过去一切纠纷应通过双方人民政府共同协商调处；不听信谣言，坚决肃清匪特，有功者双方政府给予奖励，不窝藏包庇和帮助匪特危害人民利益；各县人民在其人民政府的领导下，不得有偷人、抢人及危害人民利益的行为；各县境内的过往客商及行路人等，由各该境内人民负责保护生命财产之安全并实行友爱、互助；以上五条如有违犯者视其情节之轻重，由双方人民政府共同协商依法处理。"③

1952 年 8 月 8 日至 16 日，丘北县召开第二次各族各界人民

---

①　唐西民：《云南省南部傣族自治区介绍　美丽丰饶的西双版纳》，新知识出版社 1954 年 10 月版，第 36、37 页。

②　李宗汉主编：《沧源佤族自治县民政志》，云南民族出版社 2006 年版，第 53 页。

③　高龙：《滇康边区第二届藏族协商会议团结公约草案》，中国人民政治协商会议迪庆藏族自治州委员会文史资料研究委员会《迪庆州文史资料选辑》第 3 辑，1990 年 3 月，第 150～151 页。

代表会议，会议期间订立八条《民族团结公约》，其中第八条为："本公约代表了我们全县 12 种民族——沙、彝、苗、汉、侬、回、瑶、民、土、撒、僰、濮的共同意志，保证永远信守。"①

1952 年 11 月，砚山县第一届一次各族各界代表会议召开，加强了民族间的团结，订立了民族团结公约。②

在景东县民族杂居区，多数都订立了民族团结公约，其主要内容是：一、应把过去的矛盾一笔勾销，把仇恨集中在各族地主身上；二、深入广泛的团结教育，互相尊重风俗习惯和语言；三、亲密团结，共同做好当家做主的工作；四、本着有利生产，满足贫雇农要求，照顾中农利益原则，做到分配公平合理；五、各族地主都是敌人，提高警惕，严防敌人破坏活动。③

在贵州，紫云县在民族区域自治准备前，各族人民在建立民族乡的过程中，经过党的教育，都自觉地解决了历史上的纠纷，共同制定了民族团结公约。④ 1951 年 5 月 26 日，贵定县第一届各族各界人民代表会议在县城举行。会议讨论并通过了《贵定解放一年半来的政府工作报告》、《县人民政府组织条例》以及民族团结公约、爱国公约，选举产生了由 21 名政府委员组成的贵定县民族民主联合政府。5 月 28 日至 6 月 2 日，龙里县召开第六届第一次各族各界人民代表会议，选举产生了由 25 名委员组成的龙里县民族民主联合政府。7 月 12 日至 16 日，三都县第一届各族各界人民代表会议在县城举行，会议通过了《三都县民族民主联合政府组织条例》和民族团结公约，7 月 16 日，三都县民族民主

---

① 《丘北白彝"僰族"称谓由来》，丘北县史志办信息公开网站，2008 年 12 月 26 日。

② 张敏主编：《砚山县志》，云南人民出版社 2000 年版，第 652 页。

③ 《景东彝族自治县概况》编写组：《景东彝族自治县概况》，云南民族出版社 1990 年 4 月版，第 50 页。

④ 《紫云苗族布依族自治县概况》编写组：《紫云苗族布依族自治县概况》，贵州民族出版社 1985 年 12 月版，第 72 页。

联合政府正式成立。①

　　在贵州黔东南州榕江县的乐里、崇义乡，少数民族代表均订立了民族团结公约：保证我们壮族不分你我，不隐瞒地主财产；认清亲人和仇人，各族农民团结起来力量大，共同生产是一家；保证不闹纠纷，有事大家商量，团结一致才能变成一个家庭。崇义乡民族座谈会上订出的团结公约是：我们各民族坚决遵守民族政策，在政治上是一律平等，互相尊重；尊重各民族风俗习惯，做到民族间互相团结友爱，消除以前看不起少数民族的思想；有事大家商量，生活上大家互助。②

　　以上民族团结公约，规定了中国共产党是各民族团结的核心力量，只有在共产党的领导下才能够实现真正的民族团结。同时，民族团结公约也规定了公约订立之前和之后发生的纠纷如何处置，对各民族有一定的约束力。民族团结公约还把有关匪特的斗争写进民族团结公约，把民族团结与反对匪特的斗争相结合，赋予了民族团结新的时代内容。因此，通过订立民族团结公约，西南各民族团结意识进一步增强，影响民族不团结的因素逐步消除。

　　在订立民族团结公约的同时，西南各族人民在民主改革和平息叛乱中，团结战斗，共同对敌；在分配胜利果实、组织互助合作和发展农牧业生产中，互让互帮，共同克服困难，团结互助民族关系不断发展。如理塘县毛垭牧民翻身后，主动从自己的胜利果实中拿出耕畜 260 头支援城区的藏、汉族农民，而城区藏、汉族农民又在雪封冰冻、牲畜缺乏饲草的时刻，立即给毛垭牧民送去草料 12 000 斤。丹巴县的藏族农民，还自动把过去向汉族农民收取"地皮租"的旧习废除了。有的藏族干部和群众，为了救护

---

　　①　中共黔南州委党史研究室编：《中国黔南州历史大事记 1930—1989》，1996 年 8 月，第 49～51 页。

　　②　中共黔东南州委党史研究室：《黔东南的土地改革》，1992 年 3 月，第 278 页。

汉族干部和支援人民解放军，还光荣地献出了自己的生命。各族人民团结战斗的可歌可泣的光辉事迹，将永远铭记在各族人民的心里。又如，在贵州望谟县伏开乡的布依族、苗族和汉族农民，新中国成立前由于受反动统治者的挑拨离间，经常发生械斗。土地改革时，共同揭露了地主阶级制造民族矛盾的罪行，消除了多年的隔阂，紧密团结起来，在土地改革中，汉族、布依族农民请苗族农民下山分田。苗族农民分到田不会种水稻，汉族、布依族农民就主动教他们犁田栽秧；汉族运粮劳动力不够，苗族、布依族农民就去支援。在生产劳动中，互相帮助，彼此交流生产经验，亲如一家。榕江县乐群乡的汉族、侗族农民，在土地改革完成后，共同兴修了一条能灌溉 3 000 亩田的大水沟，保证了当年的粮食增产。①

（三）互助合作民族关系的逐步建立

社会主义平等团结互助民族关系建立的基础是生产资料公有制的建立。要在西南广大民族地区建立社会主义公有制，离不开社会主义改造。不进行生产资料的社会主义改造，影响民族平等团结的根源就不会消除。因为生产资料的私有制是民族不平等不团结的社会经济基础，也是产生民族纠纷的根源。要使各民族真正团结起来，他们就必须有共同的利益。而要使他们的利益能一致，就必须消灭现存的所有制关系。②

进行土地改革，实行广大农民"耕者有其田"，是广大少数民族的良好愿望。分得土地的西南各民族和全国各族农民一样，生产积极性有了极大提高。但分散的个体农业经济使广大少数民族之间缺少共同利益，使民族平等团结缺乏共同的经济基础。另一方面，个体农民在分得土地以后，虽然在发展生产上表现出了

① 贵州民族事务委员会：《贵州少数民族飞跃发展的十年》，贵州人民出版社 1960 年 12 月版，第 99～100 页。

② 国家民族事务委员会：《中国共产党关于民族问题的基本观点和政策》（干部读本），民族出版社 2002 年 1 月版，第 89～90 页。

极大的积极性，但又程度不同地存在缺乏耕畜、农具等生产资料的困难。这种困难在西南民族地区表现得更加突出，前面已提到，党和政府为此免费发放了大量的生产工具。在发展生产、进行农田水利建设、抵御自然灾害、采用农业机械和其他新技术方面，也受到个体经济的种种限制，从而萌发了走互助合作道路的愿望。因此，走互组合作化道路，变农民个体经济为集体所有制经济也是西南广大少数民族地区发展的必然选择。广大少数民族的这一愿望与党在过渡时期的总路线和总任务的方向也是一致的。因此，根据过渡时期总路线和总任务的要求，西南民族地区也开展了对农牧业、手工业和资本主义工商业的社会主义改造。

对分散的个体经济进行社会主义改造，组织互助组十分关键。在西南少数民族地区，少数民族众多，内部差别大，且居住分散。如何把刚刚分到土地的个体农户组织起来，这是首先要解决的问题。与许多汉族地区不同，在许多少民族地区，由于生产力落后，商品经济不发达，人们在生产生活中形成了一种互相帮助的"换工"的劳动关系：相互之间在生产生活中交换劳动力，但不支付货币。这种劳动关系其实就是一种互助。如在四川省凉山州甘洛县彝族中，这种劳动互助有换工和邀工两种。换工即相互交换劳动力从事生产，皆以工作日为计算标准，1人工作1日为1个人工，1牛耕作1日为1个牛工，无论工作多少日，都不给报酬，仅供给伙食。换工有两种计算法：一种系人工互换，即人工换相同的人工，无论男女大小在原则上皆1工换1工；另一种属人工与畜工（牛工）相换，系两人工换一牛工，牲畜所需要的草料由需要畜工者供给。邀工即凡因缺乏劳动力或因病不能劳动的，请求亲朋无偿帮助其进行劳动生产的称为邀工。邀工者在前一晚上就挨户去请求帮工，凡在这种情况下去邀请帮工的，一般都不会遭到拒绝。^① 因此，在这些少数民族地区的互助合作首先就是一种简单的劳动互助，即组员之间以相互换工的形式为主。当然，这只是一种临时性、季节性的互助合作。^② 这种源于少数民族内部的以换工为基础的互助合作，很容易被少数民族所接受，有力地推动了互助合作的开展。

在贵州少数民族地区，首先在完成土地改革较早的少数民族地区，于1952年就进行了关于互助合作的广泛宣传，据5个自治地方1953年底的统计，参加互助合作的农户已达总农户的36.78%。1954年初统计，全省少数民族地区共建立了158个合作社，同年秋收前后，发展到1 500多个。在合作社的带动下，互助组发展得很快，1954年底贵州全省少数民族地区组织起来的农户已占总农户的50%以上，达到乡乡有合作社，村村有互助组。到1957年，贵州全省少数民族地区基本实现了合作化，参加高级社的农户达到了90%以上，基本完成了对农业的社会主义改造。^③

在工业方面，由于贵州少数民族地区交通不便，工农业生产落后，手工业很不发达，且大部分是农民兼营，带有副业性质，主要有打铁、纺织、印染、造纸、酿酒、制陶、编织、木器等。新中国成立后，各级政府对少数民族地区的手工业采取了"扶持、发展"的方针，分别把为人民群众所必需的行业组织起来，其余转入农业或其他行业。1955年底，在中国共产党七届六中全会的鼓舞和农业合作化高潮的影响下，贵州少数民族地区手工业者的社会主义觉悟有了很大提高，一致要求组织起来，1956年初

---

① 云南省编辑组：《四川广西云南彝族社会历史调查》，云南人民出版社1987年2月版，第64页。

② 《黔西南布依族苗族自治州概况》编写组：《黔西南布依族苗族自治州概况》（修订本），民族出版社2007年9月版，第81页。

③ 贵州省地方志编纂委员会编：《贵州省志·民族志》下册，贵州民族出版社2002年10月版，第922~923页。

完成了社会主义改造。①

在工商业方面，贵州少数民族地区工商业的特点是户数少、资金少、分散性大，私营工业很少。1956 年春，工商业的社会主义改造发展到高潮，整个贵州少数民族地区私营工商业实现了全行业公私合营，胜利完成了对工商业的社会主义改造。②

在云南省，1952 年 4 月，中共云南省委召开内地先期结束土改的 10 个县的县委书记座谈会，会议决定在内地已结束土地改革的 700 万人口的地区，首先实行劳动互助，内地农业互助合作运动从此开始。至 1952 年底，全省互助组发展到 7 000 多个，占全省总农户的 20%。接着，按照先坝区后山区、由汉族地区到少数民族地区、先互助组后合作社，由初级到高级、由小到大，顺序稳妥发展的原则，举办农业生产合作社，并实行粮食统购统销。③ 到 1954 年底，在全省已办起的 5 399 个社中，少数民族社有 1 200 个，占 23%。1955 年 10 月 22 日至 11 月 3 日，云南省召开全省地、县、区委书记会议，决定在全省加速实现合作化。在同年底召开的地委书记会议上，讨论作出了全省提前一年，在 1956 年春基本实现初级形式合作化的决议。这样，全省内地（包括民族地区）在坝区还有一部分区、乡，山区有绝大部分区、乡尚未试办合作社，甚至有的还没有办过互助组的情况下，就在 1956 年春节前后，急急忙忙地实现了初级农业合作化。接着，于 1957 年 2 月完成了扩社转社工作，实现了全社会主义性质合作化。④

①　贵州省地方志编纂委员会编：《贵州省志·民族志》下册，贵州民族出版社 2002 年 10 月版，第 923 页。
②　贵州省地方志编纂委员会编：《贵州省志·民族志》下册，贵州民族出版社 2002 年 10 月版，第 923～924 页。
③　《云南民族工作 40 年》编写组：《云南民族工作 40 年》上册，云南民族出版社 1994 年 6 月版，第 168 页。
④　《云南民族工作 40 年》编写组：《云南民族工作 40 年》上册，云南民族出版社 1994 年 6 月版，第 169 页。

在云南内地民族地区于 1956 年完成生产资料私有制的社会主义改造的同时，边疆沿国境一线的傣、哈尼、拉祜、阿昌等民族地区刚刚结束和平协商土地改革。如何根据边疆和民族特点，引导各族人民发展生产，走社会主义道路，是当时面临的一个重大的方针性问题。1955 年 6 月，云南省委第三次党代表会议讨论制定全省发展合作社计划（草案）时提出：边疆准备或已土改地区，即应着手试办合作社。同年 10 月，云南省委提出：云南省边疆民族地区土改后必须紧接着实行农业合作化。1955 年 2 月中共中央《关于在少数民族地区进行农业社会主义改造问题的指示》，决定采取三个步骤：一是组织各种形式的互助组；二是在互助组的基础上试办和推广半社会主义性质的初级农业合作社；三是在初级社的基础上试办和推广社会主义性质的高级合作社，土地、耕畜、大农具折价入社为集体所有，实行统一经营，按劳分配。① 结合这一指示精神，1956 年 3 月 9 日，云南省委常委会发出了《关于在边疆已土改地区开展农业合作化运动的指示》，提出在二三年内完成半社会主义合作化以至完全社会主义合作化的发展速度。到 1957 年底，合作社发展到 1 728 个，占总农户 362 160 户的 9.83%，其中"和改区"1 316 个社，入社农户占 10.89%；"直接过渡"地区有 412 社，入社农户占 7.25%。②

在四川少数民族地区，对农业的社会主义改造，多数是在民主改革的基础上紧接着完成的。少数民族聚居的地方，一般是边平叛边改革，边建社。进行土改的民族县，1955 年就完成了农业合作化的任务。③

---

①　国家民族事务委员会研究室：《新中国民族工作十讲》，民族出版社 2006 年 4 月版，第 56~57 页。

②　《云南民族工作 40 年》编写组：《云南民族工作 40 年》上册，云南民族出版社 1994 年 6 月版，第 171~176 页。

③　曲木车和主编：《四川民族工作 50 年》，四川民族出版社 2004 年 11 月版，第 24 页。

在凉山州，随着民主改革的进行和凉山奴隶制的消灭，广大翻身奴隶迫切要求发展生产，改善生活。因其缺乏生产资料和自主经营的能力，生产资料公所有制观念淡薄，加之历史上有互助换工的习惯，这些就构成发展农业互助合作的有利条件。根据四川省委"在民主改革后紧接着开展互助合作运动，发展生产，进行社会主义改造"的指示，1956 年春，凉山州在第一批 150 个民主改革基本结束的乡就试办了 425 个合作社（其中高级社 33个），入社 12 971 户，占彝区总农户数的 7.6%，同时还建了3 024 个互助组。1958 年秋，全州进行了扩、并、联、升和新建合作社的工作，初级社全部转为高级社，合作社的规模扩大，新建社都作为乡联社的分社。全州有 80% 以上的农户，彝区有 80%左右农户入了社，基本实现了高级社化。①

在甘孜州，按照"积极领导，稳步前进"和"全面规划，加强领导"的方针，互助合作分期分批地逐步发展。整个合作化运动，大体上经历了三个阶段：首先重点试办，取得经验；接着逐步推开，完成布局；然后掀起高潮，进行大发展。1956 夏秋时节，首先在第一批完成民主改革的丹巴、道孚、康定等县的部分农业地区，组织互助组。互助组共达到 1 211 个，入组农户占这些地区总农户的 21.43%；在条件较好的地区，重点试办了初级农业社 92 个，入社农户占这些地区总农户的 13.25%。经过一年多的试办，到 1957 年冬和 1958 年春，达到了乡乡有社，完成了合作社的布局工作。互助组也发展到近两千个，入组农户占到总农户的 32% 以上。1958 年冬到 1959 年春，在全州开展的反叛乱、反违法、反特权、反剥削斗争，有力地推动了合作化运动。广大牧区，到 1959 年冬，也相继完成民主改革，进一步扫除了合作化运动的障碍，这样就在全州广大的农村和牧区迅速形成了合作

① 《凉山州农村互助合作》，凉山州人民政府门户网站，2006 年 8 月 7日。

化高潮。到 1959 年底，全州除汉族聚居的泸定已经实现人民公社化外，农业地区共建立起农业合作社 1 300 余个，入社农户占总农户的 80%，基本实现农业合作化。在牧区，也建立了一大批初级牧业合作社，入社牧户约占总牧户的 50%，其中有相当一部分地区基本实现初级牧业合作化，并试办了少数高级牧业合作社。以后又逐步地完全实现了农牧业合作化。在进行农牧业的社会主义改造的同时，对城镇手工业和资本主义工商业也进行了社会主义改造，将手工业逐步组成了手工业合作社，资本主义工商业逐步实行了公私合营，以后又逐步转为国营的全民所有制企业。到 1959 年基本上完成了这一改造任务。①

在阿坝州，1952 年秋在茂县凤仪镇坪头村成立州内第一个互助组——王学聪互助组，随后各县进行试办。至 1954 年底，全州建有 300 个季节性互助组、30 个常年性互助组。1955 年底已有 850 个互助组。1954 年 3 月，在茂县城西乡坪头村两个互助组的基础上，办起阿坝州第一个初级农业生产合作社——前锋社。1955 年，汶川、茂县二县共试办 5 个初级农业社。在分期分批完成民主改革的基础上和广大农民的要求下，1956 年掀起办社热潮。本着"自愿互利、等价交换"的原则，1956 年底，全州已有初级农业社 286 个，入社农户占总人口的 14%。1957 年夏，初级社猛增到 617 个，并试办 4 个高级农业生产合作社，入社农户占总农户的 31.1%。② 1958 年初农区基本实现初级合作化，部分地方还开始试办了高级社。1958 年冬全州农区就迅速实现了高级合作化，入社农户达到 99.2%。同时，各地都办起了许多大社，并

---

① 《甘孜藏族自治州概况》编写组：《甘孜藏族自治州概况》，四川民族出版社 1986 年 2 月版，第 172～174 页。

② 阿坝藏族羌族自治州地方志编纂委员会：《阿坝州志》，四川民族出版社 1994 年 10 月版，第 889～892 页。

试办了一批人民公社。^①在牧区，从 1958 年起，在若尔盖、理县、阿坝三县都进行了民主改革，建立了高级农牧业生产合作社 33 个，初级合作社 101 个，组织起来的牧户达三县牧户总数的 81.76%，基本上实现了初级形式的合作化，并成立了公私合营牧场 19 个；农区各县的农业合作社和人民公社也建立了专业畜牧生产队。^②

在民主改革和社会主义改造（主要是合作化前期）过程中，还是比较注意民族团结，照顾少数民族的风俗习惯。如在楚雄彝族自治州，留给了彝族和苗族农民适当的麻地和"骑马"，规定不准砍伐神树和寿木树，彝族的"姑娘牛"、"姑娘羊"，苗族的"孝牛"，回族的"菜牛"，都有入社或不入社的自由。^③又如在红河州，在农业合作化开始时，对少数民族入社农民除按政策留给一定比例的自留地外，又分别留给一定的特殊用地或牲畜——苗族的"麻塘地"、哈尼族和瑶族的"蓝靛地"、傣族的"水芋头田"和"养鱼塘"、壮族的"席草田"、苗族的"风俗牛"、彝族的"开路羊"、壮族的"私房羊"等；对回族清真寺的土地，保留土地分红。^④

在这一阶段，西南地区的民族关系总的来说是比较顺利发展的，但也出现了局部地区不和谐的状况。其中，影响最大的是大小凉山的奴隶主的叛乱和云南藏区的叛乱。小的事件比较多，如 1956 年 2 月，广南县黑支果区三棵树村苗族"闹退社"，波及了许多苗族村寨。1957 年 4 月，粮食"三定"工作中的一些失误，

① 民族出版社编：《十年民族工作成就 1949~1959》下册，民族出版社 1960 年 2 月版，第 364 页。

② 民族出版社编：《十年民族工作成就 1949~1959》下册，民族出版社 1960 年 2 月版，第 367 页。

③ 楚雄彝族自治州地方志编纂委员会：《楚雄彝族自治州志》第一卷，人民出版社 1993 年 12 月版，第 421 页。

④ 《红河哈尼族彝族自治州民族志》编写办公室：《云南省红河哈尼族彝族自治州民族志》，云南大学出版社 1989 年 11 月版，第 295~296 页。

富宁、广南和广西西林 3 县 38 个乡部分瑶族受个别坏人煽动"闹退社",造成死伤人的严重后果。① 在富宁县,1956 年 4 月,那耶、花甲、半坡、阿用 4 个乡 15 个瑶族村的 84 个合作社,共有 186 户退出了合作社。5 月,全县 35 个瑶族乡中受波及的有 15 个乡。洞波乡入社的共有 508 户,退社的达 90%,民族联合社垮了 14 个,单一民族社垮了 2 个,正在酝酿退社的 4 个。② 但这毕竟是少数,不能从根本上影响这一时期民族关系朝着好的方向发展。

总之,通过民主改革和社会主义改造,西南各民族地区消灭了剥削制度,各民族之间和民族内部的生产资料私有制转变为公有制,原来的封建地主、农奴主、奴隶主作为阶级已经被消灭,从而铲除了民族压迫、民族剥削制度赖以产生和存在的根源。各族劳动人民在经济利益一致的基础上,彼此之间形成了一种具有不同民族特点的工人、农民、知识分子以及其他阶层劳动者之间的关系。③ 特别是在互助组和合作社这种生产组织形式中,有的是同一民族内部进行互助合作,有的是不同民族之间开展互助合作。通过办互助组和农业生产合作社,把以家庭为单位的各民族或同一民族内部的不同的家庭紧密地联系在一起,彼此之间形成了真正的互助合作的民族关系。各民族间也涌现出了许多团结、互助的事例,如在西双版纳州,20 世纪 50 年代末和 60 年代初,州内许多地方出现了傣族主动请山区其他少数民族下到坝子里开田居住的新事、好事。如 1957 年初,勐海县勐阿傣族群众满怀热情地把分散在山上的拉祜族接下山来,在勐阿坝子边建立了新

① 文山壮族苗族自治州地方志编纂委员会:《文山壮族苗族自治州志》,云南人民出版社 2002 年 11 月版,第 471 页。
② 赵廷光:《合作化时期富宁瑶族退社问题研究》,载《当代云南史资料》2007 年第 1 期。
③ 沈其荣、杜国林:《略论社会主义时期云南的民族关系》,载《思想战线》1984 年第 1 期。

南朗河村。附近傣族划出几百亩田让拉祜族耕种，还让出几座山丘给拉祜族兴建茶园。1958年，勐海县象山镇曼贺村公所的傣族群众主动迎接居住在山区的拉祜族、哈尼族下坝子，建立了今曼谢新寨、回贡新寨，还集资购买几十套新衣、50床棉毯赠送给拉祜族、哈尼族贫苦农民。勐遮乡星火山上住着10多户佤族，曼国寨的傣族群众主动在坝子里盖了11间竹楼，请佤族下坝种田。① 在贵州望谟县伏开乡的布依族、苗族和汉族农民，新中国成立前由于反动统治者的挑拨离间，经常发生械斗。土地改革时，共同揭露了地主阶级制造民族矛盾的罪行，消除了多年的隔阂，紧密团结起来，在土地改革中，汉族、布依族农民请苗族农民下山分田。苗族农民不会种水稻，汉族、布依族农民就主动教他们犁田栽秧；汉族运粮劳动力不够，苗族、布依族农民就去支援。在生产劳动中，互相帮助，彼此交流生产经验，亲如一家。榕江县乐群乡的汉族、侗族农民，在土地改革完成后，共同兴修了一条能灌溉3 000亩田的大水沟，保证了当年的粮食增产。②

平等、团结、互助的社会主义民族关系的形成，新中国成立以后西南民族关系发生的又一次巨大的变化。虽然西南民族地区在社会主义改造后期深受"大跃进"和"文化大革命"初期的影响，各民族的生产积极性受到了一定的挫伤，但民主改革和社会主义改造对于平等、团结、互助民族关系的形成有着十分重要的作用。正是通过民主改革和社会主义改造特别是其中的互助合作，社会主义新型民族关系基本形成。这些互助合作运动，也使西南少数民族深受社会主义的洗礼，小农意识深受冲击，社会主义集体主义思想不断强化。这些对于社会主义多民族国家的建立是十分重要的。

———————

① 西双版纳傣族自治州地方志编纂委员会：《西双版纳傣族自治州志》下册，新华出版社2002年12月版，第566页。
② 贵州省民族事务委员会：《贵州少数民族飞跃发展的十年》，贵州人民出版社1960年12月版，第99~100页。

综观西南地区社会主义新型民族关系形成的过程，有以下几方面的特点：

一是时间上要晚于以汉族为主的其他地区。我国是一个多民族国家，即使是在内地，也生活着众多的少数民族。在这些地区，随着1956年底社会主义改造的基本完成，社会主义新型民族关系也就基本形成。但是在广大西南民族地区，社会主义改造是在20世纪50年代末60年代初才基本完成，有的是到了"文化大革命"时期才完成。由于社会主义改造或者完成向社会主义过渡的时间比较晚，因此，西南民族地区社会主义新型民族关系形成的时间也就比较晚。

二是以本民族内部或本村的互助合作为主。由于西南民族地区许多地区是民族聚居区，其内部又呈现出大分散、小聚居的状况。为了照顾这种民族分布的情况，建社建组一般以自然村为基础，户数为20户到30户左右为宜，即使一个偏僻的自然村仅有几户人家，也可以建立互助组。这样就形成了以本民族或本村内部的互助合作为主的局面，跨区域的大范围的互助合作较少。这也是符合西南民族地区的具体实际的。不过，这样一来，西南民族地区相对封闭的局面并没有得到根本性改变。

三是互助合作的层次比较低。西南少数民族地区生产力比较落后，互助合作主要是初级合作社。当然这与民族地区的生产力水平是相适应。所以，当互助合作化后期快速转化高级社和实行人民公社以后，就超出了生产力的发展水平，挫伤了西南少数民族的生产积极性。

四是互助合作的过程进行得比较急。西南大部分少数民族地区进行互助合作化时，正是全国"三大改造"进入高潮的时期，深受其影响，西南少数民族地区的互助合作也快速推进，甚至有时候是当做一种政治任务来完成。这在一定程度上影响了社会主义互助民族关系的加强。

五是政府导向作用比较突出。西南民族地区开展互助合作运动，一方面是生产上有需要，另一方面也具有强烈的政治色彩。在许多少数民族地区，深受当时全国"赶超"思想的影响，是在政府领导下快速实现互助合作的，很少兼顾到少数民族的意愿。当然，这是在特殊历史背景下发生的，不能求全责备。

六是民主改革与社会主义改造交替进行。由于在西南民族地区采取的是"慎重稳进"的指导方针，"条件不成熟，不能进行改革。一个条件成熟，其他条件不成熟，也不要进行重大的改革"。[①] 因此，条件成熟的地区先改革，条件不成熟的地区后改革。这样就造成了有的地区民主改革已经完成并进行社会主义改造，而有的地区还在进行民主改革或者还没有进行民主改革。有的地区刚刚完成民主改革，紧接着就进行社会主义改造。

七是社会主义新型民族关系还存在着许多不稳定因素，还很脆弱。经过民主改革和社会主义的初步改造，西南民族关系从性质上来说已是社会主义的民族关系。但社会主义民族关系的形成、发展和变化有其自身的规律，有一个过程。历史上，历朝历代统治阶级的残酷统治不会在各族人民的记忆中立即消失。同时，新中国成立初期党和政府由于对民族地区了解不深，制定的民族政策难免出现偏差，地方干部在执行民族政策时也出现了许多错误。这些都会影响社会主义民族关系的稳定性。

三、西南社会主义民族关系的曲折发展

（一）西南社会主义民族关系遭到严重破坏

随着民主改革的不断胜利和社会主义改造的基本完成，社会主义民族关系在西南地区不断发展。但是，由于党的工作在指导方针上存在失误，1957 年反右斗争扩大化，在少数民族干部中，不适当地开展了反对地方民族主义的斗争，不少民族干部受到打

---

① 《当代中国》丛书编辑部：《当代中国的民族工作》（上），当代中国出版社 1993 年 3 月版，第 56 页。

击，挫伤了民族干部队伍的成长，严重影响了各民族的团结。①
1958 年的"左"倾错误，进一步扩展到西南民族地区的经济文化
建设领域，掀起了反对"特殊论"、"条件论"和"落后论"；大
力提倡"一平二调"，宣扬"提前进入共产主义"；在民族问题上
强调"民族融合"，并采取行政命令手段，强迫少数民族改变风
俗习惯和宗教信仰。这些做法，使新中国成立以后逐渐发展起来
的社会主义民族关系遭到严重的损害和挫折，② 汉族和少数民族
之间逐步建立起的互相信任的关系受到损伤。

　　与民族上层人士之间的关系紧张是西南社会主义民族关系遭
受损害的表现之一。新中国成立以来，比较注意争取和团结好民
族上层人士，从而取得了他们对各项工作和民主改革的支持。
1957 年夏季，全国开展反右派斗争，同年 10 月 15 日，中共中央
发出《关于在少数民族中进行整风和社会主义教育的指示》，提
出要把批判地方民族主义列为进行整风和社会主义教育的一项重
要内容，要在少数民族中反对地方民族主义。这样，在反右派斗
争扩大化中，不少少数民族干部和民族上层人士受到了一些不应
该的批判和错误对待。从 1958 年起，少数民族地区的整风和反
地方民族主义的斗争，逐步由共产党组织内部扩展到党外，少数
民族上层人士普遍受到批判。在接着进行的两条道路大辩论和反
右倾的过程中，又伤害了一些民族宗教界的上层人士。有的地方
甚至对民族上层人士采取了非常错误的政策和措施。在云南、贵
州、四川都基本如此。如云南省在 1958 年下半年，在边疆和平
协商土改地区进行"民主补课"，超越了边疆民主改革的政策界
限，没收民族上层人士的浮财、底财，甚至有些民族上层人士及
其家属被批判、斗争。在"直接过渡"地区划分阶级，把有些参

　　① 沈其荣、杜国林：《略论社会主义时期云南的民族关系》，载《思
想战线》1984 年第 1 期。
　　② 沈其荣、杜国林：《略论社会主义时期云南的民族关系》，载《思
想战线》1984 年第 1 期。

加劳动、有轻微特权剥削甚至没有剥削的民族头人错划为"地主"、"富农"。同时采取紧急措施，把民族上层人士集中到昆明和地（州）、县政府机关所在地，进行"整风学习"。又于1958年8月把部分民族上层人士调到昆明，开办"黑林铺整风学习班"，在学习中对主要民族上层人士294人，采取了"揭发批判，人人过关"和进行"面对面斗争"。有些民族上层人士被戴上"民族主义"、"反革命分子"、"特务嫌疑分子"等政治帽子，有的被停职反省，撤职降薪，引起他们思想抵触，怨气很大。[1] 在贵州，在整风和社会主义教育中，各地在批判地方民族主义时，把过去一些反映了少数民族群众的某些正确意见和合理要求，对工作提出批评或有某些民族情绪的民族干部，随意扣上"右倾保守"、"地方民族主义"、"右派分子"等帽子进行批判。[2]

这些错误做法，损害了中国共产党一贯采取的对少数民族上层爱国人士的统一战线政策，使共产党与少数民族之间的关系出现了多年来少有的紧张状况。

超前发展生产关系也是西南社会主义民族关系遭受损害的重要方面。1957年冬，在以兴修水利和积肥为中心的农业生产高潮的形势下，掀起了"大跃进"。为适应以人海战术大办农田水利的要求，1958年3月，在西南成都会议上，中央通过了《关于把小型的农业生产合作社适当地并为大社的意见》，西南民族地区和全国一样在内地农村动手将小社并为大社。与此同时，在云南边疆和四川农业合作化相对较低的民族地区，要求在生产上跃进的同时，农业合作化也要向前跃进，出现了互助合作运动的高潮。1958年3月20日，《云南日报》社论《边疆大跃进一箭双雕》中就充分表述了这一思想，在边疆民族地区互助合作运动便

---

① 《云南民族工作40年》编写组：《云南民族工作40年》上册，云南民族出版社1994年6月版，第370页。

② 贵州省民族事务委员会：《贵州民族工作五十年》，贵州民族出版社1999年9月版，第55页。

出现了高潮。据《云南日报》1958 年 3 月 20 日的报道：参加合作社的农民，怒江由 1957 年底的 12.7% 发展到 78%；德宏由原来的 20.3% 发展到 55.5%；双江县由原来的 30.8% 发展到 70%；沧源县由原来的 3.2% 发展到 32.1%。① 据 1959 年 10 月 8 日《云南日报》刊载的《云南各民族走上了社会主义光明大道》一文报道，经过 1958 年的"大跃进"，内地 400 万人口的少数民族地区，已经实现了人民公社化，边疆 220 万人口的少数民族地区以跨时代的步伐，超过了几个历史发展阶段，实现了农业合作化，并且已有 42% 的农户加入了人民公社。②

1958 年 8 月后，根据中共中央北戴河会议关于在农村建立人民公社的决议，西南民族地区和全国其他地区一样，掀起了大办人民公社的热潮。在云南省，10 月 5 日，云南省委发出关于建立人民公社的指示，要求在 10 月份前"全省基本实现公社化"。至 10 月底，内地民族地区基本上完成了这个任务。在边疆民族地区，由于形势的压力，不仅大大加速了实现合作化的步伐，而且也办起了人民公社，使生产关系的变革出现了"一步登天"，使边疆民族地区在只有 15% 初级社的基础上超越了互助组、初级社、高级社等必要的阶段，一步就实现了"一大二公"的"人民公社化"。③

在贵州的 5 个民族自治地方，1957 年底，已把上一年（1956 年）的 11 797 个农业生产合作社并为 10 525 个。④ 1958 年 8 月，毛主席发出"还是人民公社好"的指示后，在黄平县旧州区，3

---

① 周域主编：《云南民族工作四十年研究》，云南人民出版社 1991 年 8 月版，第 103～104 页。

② 高发元主编：《当代云南回族简史》，云南人民出版社 2009 年 6 月版，第 87～88 页。

③ 周域主编：《云南民族工作四十年研究》，云南人民出版社 1991 年 8 月版，第 104 页。

④ 贵州省民族事务委员会：《贵州少数民族飞跃发展的十年》，贵州人民出版社 1960 年 12 月版，第 35 页。

天之内就把一个包括 8 个乡、44 个农业生产合作社、7 000 多户、30 000 多人的红旗人民公社建立起来了。① 在黔东南苗族侗族自治州，1958 年 5 月，在社会主义多快好省的总路线的鼓舞下，100 多万农民以难以想象的速度一个月实现了人民公社化，99.62% 的农民加入了 72 个公社。② 黔南布依族苗族自治州于 1956 年基本完成了农业合作化，1958 年 "总路线" 提出来后，也是在一个月的时间内就实现了人民公社化。

在四川民族自治地方也基本如此。凉山州于 1956 年开始开展农业互助运动。在做法上采取了初级社、高级社同时发展。到 1959 年底全州基本上实现了高级合作化，并试办了 33 个人民公社。③

阿坝州从 1955 年开始试办合作社，随着土地改革的完成，逐步实现了农区的初级合作化，1958 年底又实现了高级合作化。同时，牧区也在完成民主改革的基础上，实现了畜牧业的初级合作化。④ 到 1959 年 10 月，阿坝州全州 99% 的农户加入了高级农业生产合作社，77% 的牧户加入了初级牧业生产合作社。⑤

在 "大跃进" 的同时，在分配上违背按劳分配、等价交换的原则，搞 "一平二调"。

这种超越生产力水平具体实际的生产关系，不仅没有推动西南民族地区生产力的发展，使民族地区本来就很脆弱的生产力受

①　贵州省民族事务委员会：《贵州少数民族飞跃发展的十年》，贵州人民出版社 1960 年 12 月版，第 405 页。
②　民族出版社编：《十年民族工作成就 1949～1959》下册，民族出版社 1960 年 2 月版，第 320 页。
③　民族出版社编：《十年民族工作成就 1949～1959》下册，民族出版社 1960 年 2 月版，第 320 页。
④　民族出版社编：《十年民族工作成就 1949～1959》下册，民族出版社 1960 年 2 月版，第 348 页。
⑤　民族出版社编：《十年民族工作成就 1949～1959》下册，民族出版社 1960 年 2 月版，第 346 页。

到了很大破坏，民族关系紧张加剧，是西南民族关系紧张的最根本的原因。

侵犯西南少数民族的风俗习惯也是西南社会主义民族关系遭受损害的重要方面。在"大跃进"和人民公社化运动中，少数民族中的一些干部和群众带头打破了许多不利于生产、不利于民族繁荣进步的陈规陋习，他们的行动是应该肯定的。但是，不少地方的做法过激过急，并非出自当地少数民族大多数群众的自觉自愿，而是在刮"民族融合风"和批"特殊论"、"落后论"、"条件论"的压力下进行的。如在合作化和公社化过程中，把少数民族的麻塘地、蓝靛地、竹棚、鱼塘等收归集体，牛马一律折价入社。"大跃进"中硬性推广新品种，把少数民族爱吃的糯谷、青稞、燕麦、荞子等当做低产作物而不准种或限制生产；"大购大销"中强迫收兑少数民族妇女喜爱的金银饰品和收购铜制品，销毁铜佛像。① 1958 年云南在边疆地区、民族地区和侨区强制收兑白银 160 万两左右。②

如在贵州，有些地区以现场会议和决议或者用"轰"的方法来进行改革风俗习惯，出现一些强迫命令，引起了部分群众不满。③ 而有些做法则违背了新中国建立以来一贯奉行的尊重少数民族风俗习惯的政策，例如强迫回民养猪，不许穿民族服装等。这种做法，不管其主观愿望如何，实质上是在人为地消灭民族特点，是强制实行民族同化的一种大汉族主义倾向的表现，因而对少数民族的心理感情伤害很大。④

---

① 《云南民族工作 40 年》编写组：《云南民族工作 40 年》上册，云南民族出版社 1994 年 6 月版，第 421 页。

② 云南省民族事务委员会：《云南民族工作大事记：1949～2007》，云南民族出版社 2008 年 5 月版，第 84 页。

③ 贵州省民族事务委员会：《贵州民族工作五十年》，贵州民族出版社 1999 年 9 月版，第 60 页。

④ 《当代中国》丛书编辑部：《当代中国民族工作》（上），当代中国出版社 1993 年 3 月版，第 132 页。

　　损害西南少数民族的平等权利和自治权利也是西南社会主义民族关系遭到损害的方面。民族区域自治能最大限度地保障聚居区的少数民族行使当家做主的权利，充分体现出民族平等的原则。但1958年，随着"大跃进"和人民公社运动的开展，民族区域自治政策受到了冲击。这种冲击主要表现在以下几方面：

　　一是民族自治地方机构受到冲击。所有民族区、民族乡被一律撤销，有的自治县被撤销后并入附近的县，甚至有些自治州也名存实亡。[①] 在云南，从1958年下半年开始，在"大跃进"中，由于对少数民族的平等权利和自治权利不够尊重，西双版纳、怒江、迪庆3个自治州的党委被撤销，州人民政府同所在的县政府合并，只保留一个牌子。有3个自治县（寻甸、路南、永建）被撤销，并入附近的县。其他民族自治地方的自治机关也不能正常行使自治权。前一段新建立的民族区、民族乡，也被一律撤销。这些做法，极大地损害了少数民族的平等权利和自治权利。[②] 在贵州和四川，虽然没有出现自治州、自治县被撤销、合并的情况，但很多时候只是保留民族机构和牌子，所做工作与民族工作结合不够。特别是为了贯彻"总路线"和中共中央《关于在农村建立人民公社问题的决议》，各级政府忽视了民族自治地方的具体情况和民族特点，急于求成，夸大主观意志的作用。

　　二是少数民族干部数量减少。如云南省，少数民族干部仅1958年就减少了22%。[③] 而保留下来工作的少数民族干部，则在不得已的情况下普遍形成了明哲保身的所谓"六戒"、"五戒"：一不说"我们民族"、"我们地方"，以免被认为是"民族情绪"、

　　① 《当代中国》丛书编辑部：《当代中国民族工作》（上），当代中国出版社1993年3月版，第132页。
　　② 周域主编：《云南民族工作四十年研究》，云南人民出版社1991年8月版，第112页。
　　③ 张锡盛等著：《民族区域自治在云南的实践》，云南大学出版社2001年5月版，第81页。

"地方主义";二不说"民族地区特点",以免被认为是"特殊化"、"条件论";三不说汉族干部的缺点,以免被认为是"排斥汉族干部";四不说民族自治权利,以免被认为是"反对党的领导";五不反映本民族群众的呼声和要求,以免被认为是"地方民族主义";六是不说民族工作中的缺点和生产减产、生活水平下降等实际情况,以免被当做"否定大跃进"。① 民族干部内心的痛苦,集中反映了西南民族关系受到的严重伤害。

三是民族经费和各种补助费没有很好地分配与使用。新中国成立初期,中央政府在全国实行财政"统收统支"政策的同时,对民族地区实行了更为优惠的财政政策,实行具有一定自治权的财政统收统支和部分地方税收自治管理。从1955年开始,国家财政设置民族地区补助费。② 如1957年3月,中央同意在1957年至1962年内拨给云南省3 000万元,用于帮助边疆各族人民发展生产。③ 与此同时,还开展民族贸易,满足少数民族对特殊商品的需求。1958年至1961年,民族贸易工作受到强烈冲击,否定民族特点,撤并民族贸易机构,挤掉民族特需商品供应。更为严重的是,为了实现钢、铁、铜生产的高指标,有的甚至强迫收购民族群众特有的装饰用品和日常生活用品,引起群众不满。④ 如在贵州,有些县没有拨给必要的经费,中央拨给贵州少数民族地区的补助费和特需用布、用纱分配使用不当,多数没有起到应

① 贵州省民族事务委员会:《贵州民族工作五十年》,贵州民族出版社1999年9月版,第60页;郭家骥主编:《云南的民族团结与边疆稳定》,民族出版社1997年8月版,第158页。

② 金炳镐著:《中国共产党民族政策发展史》,中央民族大学出版社2006年12月版,第276页。

③ 云南省民族事务委员会:《云南民族工作大事记:1949~2007》,云南民族出版社2008年5月版,第61页。

④ 《当代云南简史》编委会主编:《当代云南简史》,当代中国出版社2004年5月版,第194页。

有的作用。①

（二）对西南民族关系的调整

针对 1958 年以来由于民族工作的偏差而使西南民族关系遭受损害的情况，在党中央的领导下，从 1962 年开始进行调整。调整之一就是重申尊重少数民族的风俗习惯。

为了总结经验教训，纠正 1958 年以来民族工作的"左"的偏向，落实党的民族政策，中央统战部和中央民委于 1962 年 4 月、5 月间召开了统战工作会议和民族工作会议。全国人大民委、中央民族事务委员会也在 4 月 21 日至 5 月 29 日在北京举行了民族工作座谈会。会议总结了几年来民族工作的经验教训，讨论了民族工作的方针和任务。会后，中共中央批转了《关于民族工作会议的报告》。中共云南省委立即召开了边疆民族工作会议，对《关于民族工作会议的报告》作了认真贯彻，纠正过去民族工作中"左"的错误。同年 10 月 8 日，中共云南省委下发了《云南省委关于加强边疆工作和民族工作的报告》，强调今后的边疆工作和民族工作，一定要"照顾大局，服从稳定，继续坚持慎重稳进"的工作方针，从政策方针上对"大跃进"以来"左"的错误作了反正，落实了党的民族政策。② 贵州省人民委员会于 6 月 28 日至 7 月 7 日举行了全省民族工作会议，来自全省各个县区的苗族、布依族、侗族、彝族、水族、回族、仡佬族、瑶族、壮族等 9 个少数民族的代表 250 多人出席了会议。③ 会议总结和检查了自 1958 年以来贵州省少数民族地区的实际情况，具体确定了今后民族地区的工作，要正确贯彻执行党的民族政策，尊重少数

---

① 贵州省民族事务委员会：《贵州民族工作五十年》，贵州民族出版社 1999 年 9 月版，第 60 页。

② 周域主编：《云南民族工作四十年研究》，云南人民出版社 1991 年 8 月版，第 107～108 页。

③ 贵州省民族事务委员会：《贵州民族工作五十年》，贵州民族出版社 1999 年 9 月版，第 59 页。

民族的自治权，尊重少数民族的风俗习惯和宗教信仰。

在尊重少数民族风俗习惯方面，"大跃进"和人民公社化运动中"左"的错误侵犯了少数民族的风俗习惯，引起了少数民族的反感，这是民族关系紧张的因素之一。[①] 1960 年冬天以后，云南省委、省政府注意开始纠正这方面"左"的错误，要求各地各级党的组织和广大领导干部要落实党的尊重少数民族风俗习惯的政策。特别是 1961 年 4 月周恩来总理到西双版纳亲自参加傣族的"泼水节"，为尊重少数民族的风俗习惯做出了榜样，引起了很大反响。1961 年至 1965 年民族关系出现了宽松的氛围，照顾民族特点、尊重各少数民族风俗习惯的措施逐步地恢复起来；对"大跃进"中被强迫收兑的民族饰品也进行了退赔，人民银行拨出大量白银，由工商部门加工成银饰品供应少数民族。民族节庆又开始活跃起来。[②] 在贵州，要求对本地少数民族的风俗习惯进行一次调查，近年来哪些是改得对的？哪些是改得错的？不允许采取强制办法和放任自流不管不问。[③] 1962 年 9 月 18 日，贵州省民族事务委员会、贵州省商业厅、中国人民银行贵州分行联合对中国人民银行总行拨给贵州少数民族地区供应银饰的银料指标 3 万两及补偿加工费 7.5 万元作了分配方案，制定了"凭证平价供应"的供应原则（1963 年以后每年供银 5 万两）。[④]

对民族关系调整的表现之二是改善与民族上层的关系。为了改善与民族上层爱国人士的关系，彻底纠正"民主补课"的错误，1963 年 2 月下旬到 4 月中旬，云南省委责成省民委在昆明召

① 周域主编：《云南民族工作四十年研究》，云南人民出版社 1991 年 8 月版，第 109 页。

② 周域主编：《云南民族工作四十年研究》，云南人民出版社 1991 年 8 月版，第 109～110 页。

③ 贵州省民族事务委员会：《贵州民族工作五十年》，贵州民族出版社 1999 年 9 月版，第 64 页。

④ 贵州省民族事务委员会：《贵州民族工作五十年》，贵州民族出版社 1999 年 9 月版，第 70 页。

开了有 17 个民族、100 多名各民族上层人士代表参加的座谈会。
省委第一书记阎红彦多次到会，分别召开座谈会，传达中央、省
委关于长期团结民族上层爱国人士的政策精神，并就 1958 年的
失误向他们赔礼道歉，实事求是地作了自我批评。他还代表省委
郑重宣布：在 1958 年"整风学习"和"民主补课"中被戴上各
种政治帽子和错误处理的，一律无效；降低职务和减扣了工资补
贴的，一律恢复。这些措施，使绝大多数民族上层人士放下思想
包袱，消除了怨气，使党的团结民族上层的政策得到了落实。①
在贵州，对已经安排的民族上层人士进行调查了解，凡是安排和
使用不当的，都进行调整；对没有安排具体职务领取工资而生活
特别困难者，除了帮助他们参加生产增加收入外，建议拨专款给
予定期或不定期的生活补贴。②

　　对民族关系进行调整的表现之三是调整超前的生产关系。
"大跃进"和人民公社化运动中生产关系的急剧变动，特别是实
行"穷过渡"，是造成民族关系紧张的根本原因。要调整民族关
系，必须把超前发展的生产关系调整到适应生产力发展的水平上
来。如在云南省，省委从 1960 年 12 月贯彻《关于农村人民公社
当前政策问题紧急指示信》开始，经《农村人民公社工作条例
（草案）》和《修正案》，到《关于改变农村人民公社基本核算单
位问题的指示》，实行"三级所有，队（小队）为基础"，取消
了供给制，停办了公共食堂，恢复了社员的自留地和农村集市贸
易。并根据少数民族的特点和习俗，允许回族社员养自留牛、
羊，允许苗族有麻塘地、瑶族有蓝靛地等。内地民族地区到 1962
年底，生产关系实际上已调整到初级社的规模。而在边疆民族地
区，由于历史进程的不同步，以及 1958 年"大跃进"给生产力

---

　　① 周域主编：《云南民族工作四十年研究》，云南人民出版社 1991 年
8 月版，第 108 页。
　　② 贵州省民族事务委员会：《贵州民族工作五十年》，贵州民族出版社
1999 年 9 月版，第 66~67 页。

带来的严重破坏，省委认为，边疆民族地区的突出问题是人心思定，所有制不定，人心就定不下来。为了有效地进行生产关系的调整，并根据邓小平关于这类地区的合作社"能办就办，不能办就不办"的指示，在阎红彦的主持下，省委指派省边委主要负责人吴志渊、王连芳等到边疆各地组织开展以调整所有制为中心的民族政策调查，召开民族工作会议，根据入社自愿、退社自由的原则，允许居住分散的边远地区的农户退社办互助组或者单干，解散了一些合作社。在边疆还恢复了区、乡，改人民公社为原来的农业合作社。经过从1961年开始的两年生产关系的调整，到1962年底，使边疆入社农户由原来占总农户的93％下降为56％；"直过区"基本上退为个体经济。这从而使边疆民族地区的生产关系大大超越生产力发展的状况有所改观，边疆民族地区生产得到了逐步恢复并有所发展，外出户也大部分回归，边疆形势开始稳定下来。① 在贵州，省民族事务委员会党组也提出，要适当照顾少数民族的麻园地、棉花地、蓝靛地等问题。②

对民族关系进行调整的表现之四是认真贯彻执行党的民族区域自治政策。首先是恢复和新成立民族自治机构。在云南省，从1958年下半年开始，在"大跃进"中，由于对少数民族的平等权利和自治权利不够尊重，西双版纳、怒江、迪庆3个自治州的党委被撤销，州人民政府同所在的县政府合并，只保留一个牌子。有3个自治县（寻甸、路南、永建）被撤销，并入附近的县。其他民族自治地方的自治机关也不能正常行使自治权。前一段新建立的民族区、民族乡，也被一律撤销。③ 1962年恢复了西双版纳、

① 周域主编：《云南民族工作四十年研究》，云南人民出版社1991年8月版，第111～112页。
② 贵州省民族事务委员会：《贵州民族工作五十年》，贵州民族出版社1999年9月版，第65页。
③ 周域主编：《云南民族工作四十年研究》，云南人民出版社1991年8月版，第112页。

怒江、迪庆 3 个自治州的人民委员会，直属省人民委员会领导。
1963 年 8 月，恢复了德宏傣族景颇族自治州原来的建制，即潞
西、盈江、瑞丽、陇川、梁河 5 县和畹町镇。1964 年，恢复了路
南彝族自治县。此外，从 1961 年至 1965 年期间，还先后建立了
丽江纳西族自治县、屏边苗族自治县、河口瑶族自治县、沧源佤
族自治县、西盟佤族自治县和南涧彝族自治县等 6 个自治县。①
在贵州省，在"大跃进"中，民族区域自治虽未取消，但已名存
实亡，实际上无事可办。1963 年 1 月，贵州省民政厅、贵州省民
族事务委员会联合发出《关于恢复民族乡的初步意见》，同年全
省共恢复和新建民族乡 140 个。1963 年成立了镇宁布依族苗族自
治县。1965 年成立了安龙布依族苗族自治县、贞丰布依族苗族自
治县、望谟布依族苗族自治县、册亨布依族自治县、紫云苗族布
依族自治县。②

其次是恢复各民族自治地方的自治权。1963 年，根据国务院
批转商业部、对外贸易部、民族事务委员会党组《关于第五次民
族贸易工作会议情况的报告》中对边远山区、边远牧区、民族贸
易企业在资金、利润、价格补贴等方面给予照顾的规定，以及
1964 年 2 月 7 日财政部《关于计算民族自治地方百分之五机动资
金的具体规定》，给自治地方更多的财政管理权限，留给自治地
方一定比例的民族机动金和高于一般地方的预备金。云南全省享
受照顾的有 31 个县，1964 年增至 44 个县，其中有 43 个县属于
民族自治地方。③ 贵州省享受照顾的有 52 个县市。④ 同时，中央

① 周域主编：《云南民族工作四十年研究》，云南人民出版社 1991 年
8 月版，第 112 ~ 113 页。
② 贵州省民族事务委员会：《贵州民族工作五十年》，贵州民族出版社
1999 年 9 月版，第 68 页。
③ 周域主编：《云南民族工作四十年研究》，云南人民出版社 1991 年
8 月版，第 113 ~ 114 页。
④ 贵州省民族事务委员会：《贵州民族工作五十年》，贵州民族出版社
1999 年 9 月版，第 68 页。

1963 年拨给贵州省少数民族地区补助费 250 万元、自治地方特别补助费 120 万、预备费照顾 80 万元，合计 540 万元。1964 年拨给少数民族地区补助费 120 万元和自治地方特别补助费 120 万元。1964 年 6 月 29 日，贵州省民族事务委员会等联合发出了《关于总结解放以来我省民族贸易工作的通知》，要求照顾民族特点，满足少数民族对特殊商品的需求。①

再次是培养和提高少数民族干部的比例。"大跃进"以来，忽视了少数民族干部的特殊作用，挫伤了少数民族干部的积极性，以致少数民族干部自行回家的较多，加之有的人在历次运动中被错误处理、开除公职等原因，少数民族干部比 1956 年减少大约 20% 以上，因此，云南省委从 1962 年下半年开始，把大力培养和提高少数民族干部作为一项任务来抓。在 1965 年中共云南省委下发的《关于培养少数民族干部的意见》中，明确规定："在边疆县和内地民族聚居县，县长一律由当地民族干部担任；县委书记、副书记、副县长几个职务中，要配一二名当地民族干部；县委其他常委和县委部委、县级科局的领导干部中，当地民族干部应占一定的比例，力争一二年内，区委书记、区长都由当地干部担任，各级都要配有妇女干部。"② 基层领导要由民族干部担任。1962 年 10 月云南省委《关于加强边疆工作和民族工作的报告》中就提出："在少数民族聚居或少数民族人口占多数的内地人民公社的社队干部及边疆的乡支部书记，必须由当地民族干部充任。"加强对民族干部的培训，以教育提高现有干部的政治思想水平为主。由于采取了上述措施，全省少数民族干部到 1965 年底共有 28 893 人，占全省干部总数的 15.4%，比 1956 年增长

① 贵州省民族事务委员会：《贵州民族工作五十年》，贵州民族出版社 1999 年 9 月版，第 71 页。

② 周域主编：《云南民族工作四十年研究》，云南人民出版社 1991 年 8 月版，第 114 页。

6.9%，扭转了"大跃进"中民族干部的增长出现严重滑坡的现象。① 在贵州，中共贵州省委从 1962 年下半年开始把大力培养和提高少数民族干部作为重要的一项任务来抓，要求各地在精简机构中，一般不要精简民族干部，对民族干部要大胆放手使用。提出在少数民族聚居或少数民族人口占多数的人民公社的社队干部及支部书记，必须由当地民族干部充任。②

　　从 1956 年到 1966 年，在全国全面建设社会主义的大背景下，西南民族工作多次反复，民族关系也受到一定的影响。但由于这一时期民族工作并没有长期执行错误的方针政策，对民族关系的影响也是时好时坏。另外，社会主义制度的建立给饱受压迫、迫害之苦的西南各少数民族带来了巨大的变化，他们拥护社会主义制度的热情非常高，对党和国家也很信任，民族工作中偶尔的失误也未从根本上改变各民族之间的关系。所以，这一时期民族关系虽然有曲折，但仍然继续沿着社会主义方向发展。在这一时期发动的一系列由群众广泛参与的运动，尤其是农田基本建设、大炼钢铁、开设农村食堂等活动，使一些地处偏远、交通不便、居住分散、与世隔绝的少数民族人民也被组织起来，为了共同的目标，大规模地参与进来，加深了相互了解。在热火朝天的运动中，生产组织、生产单位取代了民族共同体，不同民族的干部、群众在运动中结成了生产中的伙伴、工作中的同志。大规模的运动在客观上促进了西南各民族间的交往和联系，加深了相互了解和认识，并对社会主义民族关系的发展起到了一定的推动作用。③同时，在"大跃进"中，为了便于进行大规模的农田水利建设，

　　① 周域主编：《云南民族工作四十年研究》，云南人民出版社 1991 年 8 月版，第 114～115 页。
　　② 贵州省民族事务委员会：《贵州民族工作五十年》，贵州民族出版社 1999 年 9 月版，第 69 页。
　　③ 金炳镐主编：《中国民族自治州的民族关系》，中央民族大学出版社 2006 年 5 月版，第 132～133 页。

群众自发地冲破了社与社、县与县，甚至省与省间的区域界线，各民族劳动人民间出现了团结协作、共同劳动的动人景象。这对发展社会主义的民族关系，促进民族团结，是应该给予肯定的。[①]

四、"文化大革命"对西南民族关系的破坏

（一）任意侵犯少数民族的平等权利和自治权，造成与自治民族地区的关系紧张

1966 年到 1976 年的十年动乱时期，林彪、江青反革命集团把 20 世纪 50 年代后期在民族工作指导思想上出现的"左"的错误进一步推向极端，把民族问题完全混同为阶级和阶级斗争问题，根本否认社会主义时期还存在民族问题，从而使新中国的民族政策和在少数民族地区推行的其他各项特殊政策遭到严重践踏，[②] 使新中国成立以来逐渐建立起来的良好的民族关系出现了新的裂痕。

"文化大革命"时期，林彪、"四人帮"任意侵犯少数民族的平等权利和自治权，攻击实行民族区域自治是"人为制造分裂"，从根本上否定了少数民族的平等权利和自治权。在他们的极"左"路线支配下，有的地方不经过任何法律程序，任意撤销一些民族自治地方。在西南民族地区，最典型的就是云南省的西双版纳、德宏、怒江、迪庆 4 个民族自治州被取消，将其合并入思茅、保山、丽江地区。后来在周恩来等党和国家领导人的批评下不得不于 1973 年 8 月恢复了这 4 个自治州的建制。[③]

在四川和贵州，虽然没有出现民族自治地方被取消的情况，

---

① 《当代中国》丛书编辑部：《当代中国民族工作》（上），当代中国出版社 1993 年 3 月版，第 130 页。

② 《当代中国》丛书编辑部：《当代中国民族工作》（上），当代中国出版社 1993 年 3 月版，第 147 页。

③ 云南省民族事务委员会：《云南民族工作大事记：1949～2007》，云南民族出版社 2008 年 5 月版，第 123 页。

但各民族自治地方政府普遍陷于瘫痪，民族工作名存实亡。

总之，在"文化大革命"时期，西南民族地区同全国一样，绝大多数民族自治地方的自治机关陷于瘫痪，根本无法行使自治权利，已名存实亡。过去对散杂居少数民族平等权利的各项措施也被破坏殆尽。

(二) 践踏民族宗教政策，造成与信教民族关系紧张

在宗教问题上，林彪、"四人帮"肆意践踏马克思主义关于宗教问题的科学理论和我党的宗教信仰自由政策。各级宗教工作部门几乎全部被撤销，爱国宗教组织的活动被迫停止。在所谓"破四旧（旧思想、旧文化、旧风俗、旧习惯）"、"横扫一切牛鬼蛇神"的口号煽动下，除极少数寺庙、教堂等得以保留外，多数宗教活动场所及宗教设施被毁坏和拆除、关闭或改作他用。大批宗教经典、法器和宗教用品被焚毁。一些宗教界人士被批斗、批判，甚至被迫害致死。[①] 如在云南省，各级伊斯兰教协会被迫停止活动；全省490余座清真寺被迫关闭、占用或拆毁；个旧沙甸、文山茂克、田心茂隆等地的清真寺，在沙甸事件中被炸毁；《古兰经》等宗教典籍被没收或销毁，与伊斯兰教有关的文物古迹也被破坏；全省阿訇1 300余人几乎都被当做"牛鬼蛇神"、"专政对象"，肆意游行、批斗。云南全省各地穆斯林群众被视为"政治上不可靠"分子。"文化大革命"开始时，昆明市一群狂热的造反派唆使一些汉族小学生到顺城街清真寺，把毛主席像贴到大殿的窑窝里（注：伊斯兰教规规定，不崇拜偶像，在礼拜的地方也不允许贴领袖的像）。[②] 在云南通海蒙古族地区，新中国成立后保留下来的三教寺、三圣宫、观音寺和北海寺等寺庙，在"文化大革命"中，被红卫兵砸烂了庙宇、宗祠里的神像、石雕、木

---

① 金炳镐著：《中国共产党民族政策发展史》，中央民族大学出版社2006年12月版，第165～166页。

② 高发元主编：《当代云南回族简史》，云南人民出版社2009年6月版，第110～111页。

雕；拆毁了三教寺前的石纸币库塔；烧毁了保存于三圣宫和慧光寺内的珍贵典籍和名书名画；强迫三教寺、三圣宫、观音寺和北海寺等寺庙的住持或管事还俗；赶走了慧光寺内的尼姑；强迫群众停止一切宗教活动，把各寺庙收归集体，用作仓库或畜厩。①

在四川和贵州，从省到县各级宗教工作部门被撤销，各爱国宗教组织被迫停止活动。寺庙、教堂等受到严重破坏，或者被占用。与此同时，还蛮横禁止信教群众的正当宗教活动，信教群众被歧视为"政治上不可靠"，有的地区甚至把信教群众的宗教活动当做敌我矛盾。迫于这样的形势，一些少数民族的宗教活动由公开、集中和固定变为秘密、分散和流动。②

在四川的凉山州，全州的寺庙、教堂受到严重破坏，或被占用；经书、法器、佛像，以及与宗教有关的文物古迹被破坏。一些宗教界人士被游斗、批判，信教群众被歧视为"政治上不可靠"。大批冤假错案严重地伤害了信教群众的宗教感情和民族感情，损害了民族关系。把少数民族正当的风俗习惯视为陈规陋习和"四旧"、"迷信活动"，把过民族节日视为非法活动横加批判和取缔。有的地方再次没收了民族特殊用地和自留畜；民族贸易机构被合并或撤销；砍倒风水树，平毁坟地等。③

在西南民族地区，由于践踏少数民族宗教政策造成民族关系紧张，最典型的事件就是1975年发生在云南的"沙甸事件"。

（三）破坏民族风俗习惯

在"文化大革命"中，林彪、"四人帮"把少数民族正当的风俗习惯视为陈规陋习和"四旧"、"迷信活动"。不准少数民族

---

① 黄淳主编：《当代云南蒙古族简史》，云南人民出版社2009年9月版，第51页。
② 金炳镐著：《中国共产党民族政策发展史》，中央民族大学出版社2006年12月版，第166页。
③ 金炳镐主编：《中国民族自治州的民族关系》，中央民族大学出版社2006年5月版，第136页。

过传统节日，把民族节日视为非法活动横加批判和取缔；不准少数民族穿民族服装，强迫少数民族群众改装；把少数民族歌舞说成是"异国情调"，不准跳民族舞，不准唱山歌，不准吹芦笙，不准用铜鼓。把少数民族生活方式说成是"资产阶级生活方式"、"阶级斗争新动向"。有的地方甚至出现强迫少数民族改变风俗习惯的做法。① 最典型的就是强迫回族养猪。有的地方强行锯掉彝族三弦琴上的龙头，砸烂藏族的雕花漆木碗，再次没收了民族特殊用地和自留畜。收缴火药枪，砍倒了风水树林，平毁坟地等，引起了少数民族群众的极大不满。② 1969 年云南省河口县发生的"瑶山事件"，就是由于严重破坏少数民族的风俗习惯而引起的。

（四）打击迫害少数民族干部和上层爱国人士

培养和使用少数民族干部，是实行民族区域自治的关键。但在"文化大革命"中，少数民族干部遭受极力排斥、打击和迫害。林彪公开宣称："少数民族干部还需要一点，但必须先当兵、当班长，经过基层锻炼。"所谓"要一点"，就是基本不需要了；所谓"先当兵"，就是要把原来的民族干部统统踢开。于是，大批少数民族干部被"下放"，民族工作队被撤销。如景洪县县级机关的 74 名民族干部，被"下放"到水利工地"劳动改造"，山区民族工作队 50 多名民族干部被遣送到农村当农民或到工厂当工人。西盟佤族自治县原有 319 名各少数民族干部，被"下放"了三分之一，民族工作队 69 人被全部解散。全县 34 个乡，原来的乡干部只有 3 人被安排使用，其余全部撤换。更为严重的是，许多少数民族干部被当做"走资本主义道路的当权派"而挨批斗、被"打倒"，有些民族干部被迫害致死，造成了严重的政治

---

① 金炳镐著：《中国共产党民族政策发展史》，中央民族大学出版社2006 年 12 月版，第 167～168 页。

② 贵州省民族事务委员会：《贵州民族工作五十年》，贵州民族出版社1999 年 9 月版，第 76 页。

创伤。①

在"文化大革命"中，西南民族地区的少数民族上层爱国人士像其他民族地区一样，被当做"牛鬼蛇神"、"反动头子"进行批判、斗争。除少数人按当时较低的生活水平有点生活费补助外，其余的都被停发和扣发了工资或定期生活补贴；居住在省、地、县级机关的民族上层人士，许多人被遣送到农村"劳动改造"；有的被抄家、没收财产，甚至被迫害致死。② 如在凉山彝族自治州，藏族、彝族上层爱国人士在疏通民族关系、促进民主改革和社会主义建设中作出了重要贡献，但在"文化大革命"中被当做"牛鬼蛇神"、"反动头子"进行批判、斗争。除少数人按当时较低生活水平有点生活补助外，其余都被停发和扣发了工资或定期生活补助；居住在州、县级的民族上层人士，许多人被遣送到农村"劳动改造"；有的被抄家、没收财产，甚至被迫害致死。③

（五）破坏民族文化教育，民族语文工作几乎被否定

"文化大革命"时期，胡说"民族问题已经解决了，民族学校已经完成了历史使命"，④ 不顾少数民族人民的反对，粗暴地取消了民族教育的一系列特殊措施，民族学校几乎全部被迫停办。在民族高等教育方面，贵州民族学院于1959年秋并入贵州大学后被撤销，直到1974年6月4日，国务院同意恢复。西南民族学院从1966年开始停止招生，教学活动陷于停顿。直到1973年，

---

① 《云南民族工作40年》编写组：《云南民族工作40年》上册，云南民族出版社1996年4月版，第289页。

② 贵州省民族事务委员会：《贵州民族工作五十年》，贵州民族出版社1999年9月版，第75页。

③ 金炳镐主编：《中国民族自治州的民族关系》，中央民族大学出版社2006年5月版，第135～136页。

④ 贵州省民族事务委员会：《贵州民族工作五十年》，贵州民族出版社1999年9月版，第74页。

在中央领导的直接关心下才恢复办学，开办干部培训班、预科。①
1969 年 3 月初，云南民族学院被撤销，教职工及家属到思茅云南
省第四"五七干校"参加劳动。直到 1971 年 9 月，在周恩来总
理的关怀下，中共云南省委才决定恢复云南民族学院。② 与此同
时，所有民族中小学、民族中等师范学校先后被取消。对少数民
族学生的特殊照顾也被取消。少数民族文化教育处于瘫痪状态。

"文化大革命"时期，民族语言文字工作也遭到严重破坏，
少数民族语言被诬蔑为"无用、落后"。张春桥说："有文字的
蒙、藏、维、哈、朝先用着，别的不再提了。"③ 于是除这五种民
族文字之外，其他少数民族文字的推行工作都被取消。民族语文
机构被撤销，民族文字报刊被停办，许多民族文献资料被烧毁。
新中国成立以后逐步发展起来的西南民族语言文字工作被迫中
断。如在云南省，少数民族文字被列入横扫的"四旧"，使民族
文字教育和双语文教学遭到彻底破坏。④

在云南民族地区大肆推行"政治边防"，制造大量的冤假错
案，残酷打击迫害少数民族干部和群众，在边疆民族地区工作的
一部分汉族干部也遭受迫害。这些行为，损害了党与少数民族之
间经过长期努力而建立起来的血肉联系，伤害了民族感情，破坏
了各民族之间的平等、团结和互助的社会主义民族关系。⑤

在四川少数民族地区，"文化大革命"开始后，受"规模越
大越好"的影响，有的地方继续合并大队、生产队；有的大队纵

---

① 《民族团结薪火相传　敢为人先再创辉煌——西南民族大学建校六
十周年实录》，载《四川日报》2011 年 5 月 31 日。
② 《云南民族大学大事记》，新华网云南频道 2011 年 9 月 20 日。
③ 贵州省民族事务委员会：《贵州民族工作五十年》，贵州民族出版社
1999 年 9 月版，第 74 页。
④ 云南少数民族语文指导工作委员会：《云南省志》卷 59《少数民族
语言文字志》，云南人民出版社 1998 年 5 月版，第 642 页。
⑤ 沈其荣、杜国林：《略论社会主义时期云南的民族关系》，载《思
想战线》1984 年第 1 期。

横几十里，连绵几片山，实行平均分配，按"政治态度"评工分，挫伤了农民的生产积极性。有的大队每个劳动日仅值几分钱，社员终年劳累，年底仍超支；有的大队吃粮靠返销，用钱靠贷款。

在"文化大革命"时期，西南民族关系发展中呈现出一些特点：

一是大汉族主义有所抬头。在"文化大革命"时期，虽然存在地方民族主义思想有所抬头的情况，如在云南省西双版纳州，忽视民族团结在祖国统一大家庭中的地位，只看到本民族暂时的、局部的利益，惧怕先进事物，维护本民族中某些落后消极的东西。[①] 但在这一时期，西南民族关系最大的特点就是"大汉族主义"严重泛滥，对社会主义新型民族关系的发展产生了极其恶劣的影响。大批少数民族干部和知识分子受到冲击，特别是民族上层爱国人士和一些被扣上"地方民族主义分子"帽子的人，被批斗、判刑，甚至迫害致死。

二是民族关系中的良性因素在困难中继续发展。在"文化大革命"时期，虽然西南民族关系受多种因素的影响，但这一时期也有一些正面良性的因素在影响着西南民族关系。这些正面的良性因素主要是：

第一，20世纪50年代的民族工作实践已使党的各项民族政策深入人心，各族人民对党和社会主义有坚定的信念。

第二，影响民族关系的还有历史因素，即各族人民在长期生产生活中和革命斗争中结下的深厚友谊。这与"文化大革命"相比，其影响更深远，并决定着西南民族关系发展的大方向仍然主要是和睦相处。

第三，"文化大革命"期间西南民族关系遭受破坏主要体现

---

① 金炳镐主编：《中国民族自治州的民族关系》，中央民族大学出版社2006年5月版，第207页。

在少数民族干部与汉族干部之间、各族群众与干部之间。干部，主要是汉族干部是当时政策的最直接的执行者，也最容易与各民族群众发生矛盾，而各民族群众之间则没有太大的冲突。

第四，由于实行集体所有制，过去因山林、土地引发的各族群众之间的纠纷已大大减少。所以，作为西南民族关系主流的各族群众之间的关系并没有受到决定性的影响，社会主义民族关系的性质没有发生根本性改变。① 这为后来西南民族关系拨乱反正的顺利进行奠定了坚实的基础。

第二节　改革开放和市场经济条件下的西南民族关系

一、西南民族工作中的拨乱反正

（一）重申和恢复党的民族、宗教政策，进行民族政策再教育

1958 年"大跃进"以后，在"左"的思想影响下，许多民族地区出现了反对地方民族主义和平叛扩大化，挫伤了少数民族干部群众的积极性，造成民族关系紧张，民族矛盾和民族隔阂加深。到"文化大革命"期间，林彪、"四人帮"出于篡党夺权的反革命需要，他们将"民族问题的实质是阶级问题"的错误理论推向了极端，推行大汉族主义的民族政策，打着"抓阶级斗争"的幌子，摧残、迫害各民族干部群众，侵犯民族自治权利，挑拨民族关系，制造民族分裂，取消民族工作，强迫少数民族改变风俗习惯，严重挫伤了各民族人民的社会主义积极性。因此，"文化大革命"结束后，西南民族工作的首要任务就是拨乱反正，全

---

① 金炳镐主编：《中国民族自治州的民族关系》，中央民族大学出版社 2006 年 5 月版，第 139～140 页。

面恢复和落实党的各项民族政策。

粉碎"四人帮"以后，西南民族地区即着手开始进行拨乱反正，清查、平反和纠正冤、假、错案；落实干部和民族、宗教、统战政策，调整党与各族干部、群众的关系。

首先是重申和恢复党的民族、宗教政策。一是重申各少数民族的正式称谓，禁止使用侮辱性的称呼；二是恢复少数民族上层人士的工资和固定生活补贴；三是尊重信教群众正当的宗教信仰，对"文化大革命"中被查抄的经书和房屋进行归还，对少数民族与宗教有关的生活禁忌、风俗习惯也给予特殊照顾。①

其次是进行民族政策再教育。在新中国建立初期，就进行过民族政策教育。在新中国建立初期，由于汉族处于人口的多数，历史上又长期处于统治地位，造成的民族隔阂首先就是汉族和少数民族之间的隔阂。因此，党的民族理论与民族政策教育是以反对大汉族主义为中心的。以反对大汉族主义为中心的民族政策教育，早在20世纪50年代就开展过。在20世纪50年代前半期和中期，实际上是将民族政策的颁行和对大汉族主义的批判放在同一位置上的。1953年和1956年两次决定在全国开展反对大汉族主义的民族政策再教育。从1953年到1957年，毛泽东多次强调要反对大汉族主义。在《批判大汉族主义》和《中央关于批判大汉族主义思想的指示》中，毛泽东指出："必须深刻地批评我们党内在很多党员和干部中存在着的严重的大汉族主义思想。"② 邓小平也指出："只要抛弃大民族主义，就可以换得少数民族抛弃狭隘的民族主义。我们不能首先要求少数民族取消狭隘民族主义，而应当首先老老实实取消大民族主义，两个主义一取消，团

① 马志敏：《中国共产党云南民族工作研究》，博士学位论文，中央民族大学，2006年6月，第117～118页。
② 毛泽东：《毛泽东选集》第5卷，人民出版社1977年9月版，第75页。

结就出现了。"① 周恩来更是提出了一个"赔不是"的观点："我国历史上，各民族之间矛盾很大。在汉族同少数民族的关系上，是汉族对不起少数民族。今后我们汉族同志要代为受过，向他们赔不是。"②

1958 年"大跃进"以后，在"左"的思想影响下，许多民族地区出现了反对地方民族主义和平叛扩大化，挫伤了少数民族干部群众的积极性，造成民族关系紧张，民族矛盾和民族隔阂加深。到"文化大革命"期间，林彪、"四人帮"出于篡党夺权的反革命需要，他们将"民族问题的实质是阶级问题"的错误理论推向了极端，推行大汉族主义的民族政策，打着抓阶级斗争的幌子，摧残、迫害各民族干部群众，侵犯民族自治权利，挑拨民族关系，制造民族分裂，取消民族工作，强迫少数民族改变风俗习惯，严重挫伤了各民族人民的社会主义积极性。因此，"文化大革命"结束后，民族工作的首要任务就是拨乱反正，全面恢复和落实党的各项民族政策。党的民族理论与民族政策再教育不得不再以反对大汉族主义为中心。1978 年 10 月 25 日乌兰夫在庆祝宁夏回族自治区成立 20 周年大会上的讲话和 1979 年 6 月 7 日国家民族事务委员会第一次扩大会议都专门强调了检查、部署民族政策再教育工作会，1979 年的《民族政策宣传工作座谈会纪要》及 1980 年 1 月 16 日中央统战部、中央宣传部、国家民委党组批转《民族政策宣传工作座谈会纪要》中都指出，进行民族政策再教育的重点是克服大汉族主义。

根据中央的精神，贵州省于 1979 年 8 月召开了十年动乱后第一次全省民族工作会议，布置了在全省认真进行民族政策再教育会。会后，各民族自治地方积极行动起来，如在黔东南苗族侗族

---

① 刘先照：《中国共产党主要领导人论民族问题》，民族出版社 1994 年 7 月版，第 54 页。

② 刘先照：《中国共产党主要领导人论民族问题》，民族出版社 1994 年 7 月版，第 48 页。

自治州，着重从七个方面重申和宣传党的民族政策：一是要坚持各民族一律平等的原则，搞好汉族和少数民族的关系，加强民族团结；二是要认真执行民族区域自治政策，培养选拔配备好少数民族干部，在党的领导下，充分发挥各少数民族的积极性；三是要培养大批少数民族出身的共产主义干部，有计划地加强培养、选拔少数民族干部；四是要重视使用和发展少数民族语言文字；五是要尊重少数民族的风俗习惯；六是做好团结教育少数民族上层爱国人士的工作；七是要认真贯彻执行党的宗教政策，尊重少数民族的宗教信仰自由。①

在四川省，凉山州于1980年制定了《关于在州级机关进行民族政策再教育的情况报告》，之后，四川省委决定将民族政策的再教育全面推开，包括省级各有关部门、甘孜、阿坝、凉山州委及所属各县委，都应把民族政策再教育和检查民族政策的执行情况列入议事日程，常抓不懈。②

通过这些努力，到20世纪80年代初，在西南民族地区完全消除了汉族与少数民族之间的隔阂。少数民族和汉族之间，少数民族基层和各级政府之间，建立起了相互信任的关系，从而使我国社会主义民族关系更加巩固。

（二）平反和纠正冤、假、错案

中共云南省委先后于1979年2月和1987年8月发出文件，撤销"沙甸事件"的原错误结论，国家拨款1 000多万元帮助恢复和发展生产，重建家园。③ 另外，对影响比较大的"瑶山事件"、楚雄州武定县苗族地区的"小石桥事件"、德宏州的所谓

---

① 金炳镐主编：《中国民族自治州的民族关系》，中央民族大学出版社2006年5月版，第366页。

② 曲木车和主编：《四川省民族工作50年》，四川民族出版社2004年11月版，第64页。

③ 红河哈尼族彝族自治州志编纂委员会：《红河州志》第一卷，生活·读书·新知三联书店1997年7月版，第92页。

"反共救国军"错案、临沧地区的"叛逃外国集团"、澜沧县的所谓"拉祜族共和国"等冤假错案进行了平反。与此同时,大批民族干部和群众的冤情也相继得到昭雪,一大批受到打击迫害的干部重新安排了工作,被打伤致残的得到了治疗,被迫害致死的恢复名誉,家属得到抚恤。对历史上被错划为"地方民族主义者"以及"文化大革命"期间被划为"黑后台"、"走资派",因有亲友在海外被扣上"里通外国"、"特务"、"反革命"等帽子的少数民族干部和群众,都得到了纠正平反。对被错误处理的民族上层爱国人士和干部,在政治上、生活上作了安排,给他们补发了工资和生活费,对被查抄的财物作了退赔或补偿。①

在四川省,1979 年初,民族地区全部宽大释放了过去参加武装叛乱的在押犯人,并连同所有原地主、封建主、农奴主、奴隶主一起摘掉帽子,享受公民权。如 1979 年 4 月,四川凉山州释放了 1961 年前参加叛乱的全部服刑人员,摘掉了刑满就业人员的反革命分子"帽子",一律给他们以公民权。很快全州绝大多数奴隶主得以摘掉"帽子"。② 同年 12 月,民族地区纠正了 1968 年阿坝州和凉山州发生的"新叛"和"杀黑彝"的错案,对受害者及其家属政治上平反,经济上适当赔偿。1983 年,民族地区妥善处理了 1958 年以前藏、彝族地区平息叛乱中误伤和错整的群众,使广大干部和群众受到了深刻的教育。③

在贵州省,1979 年 4 月 2 日,省级统战系统召开落实政策大会,中共贵州省委第二书记池必卿宣布撤销对原副省长欧百川(苗族)等的错误处理,并平反昭雪,恢复名誉。随后,各地、

---

① 马志敏:《中国共产党云南民族工作研究》,博士学位论文,中央民族大学,2006 年 6 月,第 118 页。
② 金炳镐主编:《中国民族自治州的民族关系》,中央民族大学出版社 2006 年 5 月版,第 142 页。
③ 曲木车和主编:《四川省民族工作 50 年》,四川民族出版社 2004 年 11 月版,第 27 页。

州、市、县也对涉及少数民族的冤、假、错案进行平反。1980 年 8 月 18 日，贵州省民族事务委员会和贵州省财政厅联合发文，下拨少数民族地区落实政策补助款，用作"文化大革命"期间的错划阶级、错没收财物以及其他冤、假、错案的落实政策补助。[①] 据 1980 年底的统计，黔南布依族苗族自治州共有 2 732 名干部恢复了公职，911 名党员和干部撤销了错误处分。在黔东南苗族侗族自治州，通过复查，平反了因民族问题而造成的冤、假、错案 114 起，为因民族问题而蒙冤的各民族干部 358 人进行了平反昭雪，重新安排了原来被判刑、劳改、开除、下放的民族干部 57 人，为 558 名因民族问题而蒙冤受屈的少数民族干部恢复了名誉，拨出 49 万元经费为 5 570 名民族干部和群众赔偿了部分经济损失。[②]

拨乱反正纠正了新中国成立以来历次在民族问题方面的错误做法，恢复了新中国成立以来有关民族和民族问题方面的正确的方针政策，推动了西南民族地区的进一步发展，使西南民族关系又走上了正确的轨道，为西南民族关系健康、有序发展奠定了坚实的基础。

虽然西南民族关系在"文化大革命"时期遭到了严重破坏，但通过拨乱反正，不但纠正了"文化大革命"时期的错误，还逐步纠正了新中国成立以来存在的错误做法，使民族关系完全恢复到正确的轨道上。与此同时，还不断出台一些有利于各民族发展的新政策，各民族的政治、经济、文化都得到了不断发展。因此，虽然西南民族关系遭到了"文化大革命"的严重破坏，但能够迅速恢复到正确的轨道上。

---

① 贵州省民族事务委员会：《贵州民族工作五十年》，贵州民族出版社 1999 年 9 月版，第 79 页。

② 金炳镐主编：《中国民族自治州的民族关系》，中央民族大学出版社 2006 年 5 月版，第 461、369 页。

二、改革开放条件下平等、团结、互助的民族关系进一步发展

（一）民族区域自治进一步完善，平等、团结的民族关系进一步加强

通过人民政权的建立和民主改革、社会主义改造，西南各民族进入了在政治上、法律上平等的新时代。

政治上、法律上的平等有两条重要的标志：第一，废除了民族压迫制度，已经没有作为统治者和压迫者的民族，也没有被统治者的民族，各民族不分大小和社会发展水平一律平等，受到宪法和法律的保障。第二，各民族在中央与地方各级国家政权机关中，都有相应的代表和或多或少的干部，参与国家管理工作；同时许多聚居的少数民族又实行了区域自治，享受当家做主、管理本民族内部事务的权利。[①] 虽然"文化大革命"中西南民族关系也遭到极大破坏，但通过拨乱反正和认真落实各项民族政策，西南民族关系进一步改善，各民族之间重新回到了民族平等、团结的轨道上来。

20世纪80年代初，同全国不少民族地区一样，西南民族地区也存在影响民族平等、团结的民族识别和民族成分更改问题。西南民族地区虽然在20世纪五六十年代进行了大量的民族识别工作，但还有部分少数民族的识别问题未解决，尤其是贵州比较突出；一部分少数民族在识别中族称有误。因此，十一届三中全会以后，贵州、云南、四川相继开展民族识别工作和民族名称的恢复和更改工作。由于民族成分的更改，在一些地区的民族构成发生了改变，由此成立了民族自治县或民族乡，民族平等、团结关系进一步发展。

---

① 熊锡元：《民族理论基础》，民族出版社1989年5月版，第151页。

在贵州，先后成立了关岭布依族苗族自治县、玉屏侗族自治县、务川仡佬族苗族自治县、道真仡佬族苗族自治县、沿河土家族自治县、印江土家族苗族自治县。还在 1982 年 5 月成立了黔西南布依族苗族自治州。在云南，寻甸回族彝族自治县、墨江哈尼族自治县、元江哈尼族彝族傣族自治县、新平彝族傣族自治县、双江拉祜族佤族布朗族傣族自治县、兰坪白族普米族自治县、景东彝族自治县、景谷傣族彝族自治县、普洱（今宁洱）哈尼族彝族自治县、漾濞彝族自治县、禄劝彝族苗族自治县、金平苗族瑶族傣族自治县、镇沅彝族哈尼族拉祜族自治县先后成立。在四川，秀山土家族苗族自治县（后划归重庆市）、酉阳土家族苗族自治县（后划归重庆市）、彭水苗族土家族自治县（后划归重庆市）、石柱土家族自治县（后划归重庆市）、峨边彝族自治县、马边彝族自治县、北川羌族自治县也先后成立。①

"文化大革命"之后成立的民族自治地方，是我国民族自治地方的重要组成部分。这些民族自治地方的设立，使我国民族自治地方设置更加完善。至此，西南民族自治地方的设置基本结束，在一般情况下，不会再增设民族自治地方。西南民族区域自治的发展，主要是如何促进少数民族和民族地区的发展问题，而不是考虑是否还要增设民族自治地方的问题。这是西南民族区域自治总体发展过程中的一大转变。当然，其他地区也应该这样。前几年，有极少数地区希望通过变更民族成分来实现把本地区改设为民族自治县的行为，这是错误的。

经过民族识别或民族成分的更改，还推动了民族乡的设置。在西南民族地区，以贵州省最为典型。在仡佬族的称族识别的基础上，在仡佬族比较集中的地区，1986 年，仁怀县安良仡佬族乡、遵义县平正仡佬族乡建立。在黔西县设立了沙井苗族彝族仡

---

① 国家民委民族问题研究中心：《中国民族自治地方发展评估报告》，民族出版社 2006 年 12 月版，第 6~8 页。

佬族乡。在金沙县设立了箐门苗族彝族仡佬族乡。在大方县，设立了响水白族彝族仡佬族乡、星宿苗族彝族仡佬族乡。在石阡县设立了聚凤仡佬族侗族乡、龙井侗族仡佬族乡、大沙坝仡佬族侗族乡、枫香侗族仡佬族乡、青阳苗族仡佬族侗族乡、石固仡佬族侗族乡、坪地场仡佬族侗族乡、甘溪仡佬族侗族乡、坪山仡佬族侗族乡。[①]

在对土家族进行识别的基础上，在土家族比较集中的地方，于 1987 年和 1989 年建立了土家族的民族乡。德江县有隆兴、泉口、桶井、稳平、木叶、彦坪、农晨、文化、冷溪、楠杆、潮砥、楠木、旋溪、张家湾、洋乐、上中坝、高山、高席、石板、乐泉、下坪、龙泉、分水、杨河、荆角、松树、袁场、小溪、枫溪、银丝、龙桥、东泉、龙溪 33 个土家族乡和明溪土家族苗族乡。思南县有宽坪、青冈坡、息乐溪、南盘、仙坝、关口、过天、临江、桐子园、望山、仁和、石门坎、上坎田、磨石溪、狮子、柏杨 16 个土家族苗族乡和胡家湾、坡顶、凉水井、老店子、大同岩、流水、擦耳 7 个苗族土家族乡及尧民土家族苗族仡佬族乡。江口县有莲花、怒溪 2 个土家族乡，太平、茶寨、快场、匀都、地楼 5 个土家族苗族乡，坝盘、泗渡 2 个土家族侗族乡，张屯侗族土家族苗族乡，凯里侗族土家族乡和官和侗族苗族土家族乡。铜仁市有坝黄、矮龙 2 个土家族乡，川洞土家族苗族乡，官庄、瓮慢、羊寨 3 个侗族土家族乡，白水苗族土家族乡和石竹、马岩侗族土家族苗族乡。1984 年建立道真县上坝土家族乡。1985 年建立岑巩县羊桥土家族乡。1988 年建立镇远县尚寨土家族乡。[②]

1988 年 11 月，黔西北龙家正式被认定为白族，至此，贵州白族的认定工作结束。这一认定，推动了贵州白族民族乡的不断

---

① 贵州省地方志编纂委员会编：《贵州省志·民族志》下册，贵州民族出版社 2002 年 10 月版，第 517 页。

② 贵州省地方志编纂委员会编：《贵州省志·民族志》上册，贵州民族出版社 2002 年 10 月版，第 392 页。

建立。虽然经过了建镇、并乡等，到 1992 年年底，贵州白族乡还是不少的：在毕节市，有千溪彝族苗族白族乡、阴底彝族苗族白族乡；在黔西县，有绿化白族彝族乡；在织金县，有中甲白族苗族乡；在赫章县，有松林坡白族彝族苗族乡；在大方县，有响水白族彝族仡佬族乡、三元彝族苗族白族乡、核桃彝族白族乡；在纳雍县，有库东关彝族苗族白族乡；在水城县，有龙场苗族白族彝族乡、营盘苗族彝族白族乡；在盘县特区，有旧营白族彝族苗族乡。①

1990 年毛南族认定后，于平塘县设立了卡蒲毛南族乡。1981年满族认定后，于黔西县设立了金坡苗族彝族满族乡。在金沙县设立了安洛苗族彝族满族乡、新化苗族彝族满族乡。在大方县设立了黄泥彝族苗族满族乡。蒙古族返本归源后，在大方县设立了凤山彝族蒙古族乡。

20 世纪八九十年代，在云南省设置的民族乡有近 200 个。昆明市设立了 10 个民族乡，② 昭通市设有 19 个民族乡，曲靖市设有 8 个民族乡，楚雄州设有 6 个民族乡，玉溪市设立了 13 个民族乡，红河州设立了 9 个民族乡，③ 文山州设立了 17 个民族乡，④ 思茅地区（现普洱市）设有 14 个民族乡，⑤ 西双版纳州设有 14

---

① 贵州省地方志编纂委员会编：《贵州省志·民族志》下册，贵州民族出版社 2002 年 10 月版，第 691 页。

② 云南省民族事务委员会、云南省统计局编：《云南民族地区"十五"经济社会发展文献》，云南民族出版社 2006 年 12 月版，第 509 页。

③ 云南省民族事务委员会、云南省统计局编：《云南民族地区"十五"经济社会发展文献》，云南民族出版社 2006 年 12 月版，第 510～511页。

④ 云南省民族事务委员会、云南省统计局编：《云南民族地区"十五"经济社会发展文献》，云南民族出版社 2006 年 12 月版，第 511～512页。

⑤ 云南省民族事务委员会、云南省统计局编：《云南民族地区"十五"经济社会发展文献》，云南民族出版社 2006 年 12 月版，第 512～513页。

个民族乡,① 大理州设有 17 个民族乡,② 保山市设有 15 个民族乡,德宏州设立了 5 个民族乡,③ 丽江市设立了 22 个民族乡,④ 怒江州设有 3 个民族乡,⑤ 临沧市设立了 22 个民族乡。⑥

　　在四川省,在 20 世纪八九十年代也建立了 100 余个民族乡。在北川县,建立了治城羌族乡、青石羌族乡、禹里羌族乡、漩坪羌族乡、南华羌族乡、白泥羌族乡、金凤羌族乡、小坝羌族藏族乡、片口羌族乡、外白羌族乡、桃龙羌族藏族乡、开坪羌族乡、小园羌族藏族乡、坝底羌族藏族乡、墩上羌族乡、马槽羌族乡、白石羌族藏族乡、青片羌族藏族乡、太洪羌族乡、贯岭羌族乡、都坝羌族乡;在盐亭县,建立了大兴回族乡;在石棉县建立了栗子坪彝族乡、擦罗彝族乡、回隆彝族乡、安顺彝族乡、先锋藏族乡、蟹螺藏族乡、新民藏族彝族乡、挖角彝族藏族乡、田湾彝族乡、草科藏族乡;在汉源县建立了顺河彝族乡、片马彝族乡、永利彝族乡、坭美彝族乡;在木里县建立了俄亚纳西族乡、屋脚蒙古族乡、项脚蒙古族乡、白碉苗族乡、固增苗族乡;在盐源县建立了大坡蒙古族乡、沿海蒙古族乡;在西昌市建立了羊角坝回族

　　① 云南省民族事务委员会、云南省统计局编:《云南民族地区"十五"经济社会发展文献》,云南民族出版社 2006 年 12 月版,第 514 页。
　　② 云南省民族事务委员会、云南省统计局编:《云南民族地区"十五"经济社会发展文献》,云南民族出版社 2006 年 12 月版,第 513～514 页。
　　③ 云南省民族事务委员会、云南省统计局编:《云南民族地区"十五"经济社会发展文献》,云南民族出版社 2006 年 12 月版,第 514～515 页。
　　④ 云南省民族事务委员会、云南省统计局编:《云南民族地区"十五"经济社会发展文献》,云南民族出版社 2006 年 12 月版,第 515～516 页。
　　⑤ 云南省民族事务委员会、云南省统计局编:《云南民族地区"十五"经济社会发展文献》,云南民族出版社 2006 年 12 月版,第 516 页。
　　⑥ 云南省民族事务委员会、云南省统计局编:《云南民族地区"十五"经济社会发展文献》,云南民族出版社 2006 年 12 月版,第 516～517 页。

乡、裕隆回族乡；在德昌县建立了金沙傈僳族乡、南山傈僳族乡；在冕宁县建立了和爱藏族乡；在越西县建立了保安藏族乡；在兴文县建立了玉秀苗族乡、丁心苗族乡、仙峰苗族乡、沙坝苗族乡、麒麟苗族乡、大河苗族乡；在筠连县建立了联合苗族乡、高坪苗族乡、团林苗族乡；在屏山县建立了屏边彝族乡、清平彝族乡；在珙县建立了观斗苗族乡、玉和苗族乡；在古蔺县建立了箭竹苗族乡、乌龙苗族乡、大寨苗族乡、马嘶苗族乡、水潦彝族乡、石坝彝族乡、枧槽苗族乡、合乐苗族乡、白腊苗族乡；在青川县建立了蒢溪回族乡、大院回族乡；在松潘县建立了进安回族乡、十里回族乡；在金口河区建立了共安彝族乡、和平彝族乡；在阆中市建立了博树回族乡；在九龙县建立了小金彝族乡、三垭彝族乡、俄尔彝族乡、朵洛彝族乡、卡踏彝族乡、湾坝彝族乡、子耳彝族乡；在仁和区建立了平地彝族乡、大龙潭彝族乡、啊喇彝族乡、鱼塘彝族乡、福田彝族乡；在盐边县建立了高坪彝族乡、花椒箐彝族乡、红民彝族乡、林海彝族乡、龙胜彝族乡、红宝苗族乡、岩门傈僳族乡、岩门彝族乡、哇落彝族乡、温泉彝族乡、择木龙彝族乡、和爱彝族乡；在米易县建立了普威彝族乡、麻陇彝族乡、云峰彝族乡、团结彝族乡、联合彝族乡、胜利彝族乡、黄龙彝族乡、白马彝族乡、新山傈僳族乡。① 以上民族乡，绝大部分建立于 20 世纪 80 年代中期。

从西南民族地区来看，设置民族乡最多的是贵州省，其次是云南省和四川省。从全国来看，贵州省、云南省也是全国设立民族乡最多的省份，排在第一、第二位，之后是辽宁省，排在第三位，四川排在辽宁之后，居全国第四位。

民族乡虽然不是一级民族自治地方，但它是我国民族区域自治的重要补充。对于保障少数民族的平等权益，也有重要作用。

---

① 沈林：《中国的民族乡》，民族出版社 2001 年 8 月版，第 194～199页。

因此，20世纪八九十年代在西南民族地区建立的众多的民族乡，进一步完善了西南民族地区的民族区域自治制度，有利于保障这些地区的民族平等、团结，有利于少数民族当家做主。尽管目前一些民族乡实行了合并，一些民族乡随着经济的发展被改设成镇，但民族乡的重要作用是不会改变的。

不过，目前也有学界在讨论民族乡或民族自治县该不该撤而设镇或设市的问题。这是一个简单而又复杂的问题。任何事物都在发展变化之中，民族区域自治地方的设置问题也应该随着社会经济的发展而不断发展，否则就不是辩证唯物主义。但在思考民族区域自治发展变化的过程中，首先应该考虑实行民族区域自治的目的是什么？我国实行民族区域自治的目的，就是为了实现民族平等团结，推动少数民族和民族地区经济社会的发展，而不是为少数人或者某一个民族而专门设计的一项政治制度。因此，民族乡、民族自治县是撤还是不撤，主要的标准也应该不变，那就是：是否有利于实现本地区各民族的平等团结；是否有利于本地区少数民族的发展；是否有利于本地区经济社会的发展；是否有利于本地区的和谐发展。如果能做到这四个"有利于"，那这样的民族乡或民族自治县就可以撤而设镇或设市等，否则就应该三思而后行。

（二）家庭联产承包责任制实现了土地面前人人平等

新中国建立后，通过建立人民政权、民主改革和社会主义改造等，民族平等在政治、法律上建立起来。但由于多方面的原因，西南各民族的经济、文化发展相对比较缓慢。因此，十一届三中全会以后，包括西南民族地区在内的全国民族问题中的新课题就是在经济、文化上存在事实上的不平等。这种事实上的差距和不平等，是旧时代遗留下来的，在很长时间就已经存在，不是只存在于社会主义社会，但只有到了社会主义时期，才敢面对这个问题。在改革开放的条件下，各级党和政府十分重视和加强西南少数民族地区的经济、文化建设，各民族间事实上的不平等开始缩小。但是，要根本去掉这个事实上的不平等，比推翻剥削制度、改革生产关系更为艰巨，不是短期内就可办到的，它需要很长的时间。①

由于经济发展水平相对落后，西南民族地区对外开放的水平较低，在20世纪90年代以前，对西南民族关系产生影响最大的经济改革就是家庭联产承包责任制。它推动了西南民族地区经济的快速发展，使绝大部分少数民族逐步解决了温饱问题，有的还开始过上比较富裕的生活。这是西南少数民族经济生活中发生的一个重大变化。在此之前很长时间，西南各民族中的绝大部分在经济生活中处于吃不饱穿不暖的贫困状态；家庭联产承包责任制实行以后，西南各民族逐步解决了吃饭问题，部分逐渐过上比较富裕的日子，从此以后，绝大部分西南各民族摆脱了长期以来困扰他们的吃饭问题。与此同时，家庭联产承包责任制改变了计划经济时代以生产队为单位的生产组织形式。这些经济上的变化，对西南民族关系产生了较大的影响。

一是夯实了民族平等的经济基础。通过民主改革和社会主义改造，在我国民族地区以公有制为主体的社会主义生产关系建立并不断完善，这是社会主义民族关系的经济基础。中共十一届三中全会以后，随着改革不断深入到西南民族地区，虽然没有改变以公有制为主体的生产关系，但人们之间的经济关系在不断改变，这是客观事实。西南是多民族地区，各民族大杂居小聚居；同时，西南民族地区又是以农牧为主的地区。家庭联产承包责任制这种生产组织形式，使同一区域的同一民族内部或不同民族之间都获得了相同的与当时人口大致相当的最重要的生产资料——土地，这是民族平等的最重要的保证，基本上做到了土地面前人人平等。

虽然在新中国成立初期的土地改革时，大部分民族地区也进

---

① 熊锡元：《民族理论基础》，民族出版社1989年5月版，第161页。

行了土地改革，广大少数民族都分到了土地，但这种农民个体土地所有制持续的时间较短，很快就被集体土地所有制所取代。因此，广大少数民族不分能力水平高低，较长时间实现在土地面前人人平等是家庭联产承包责任制实行之后才变为现实的。从目前掌握的情况来看，西南各省中只有云南省罗平县彝族村寨——沙锅寨是例外，实行"认老根"，① 其他的都是以人口来平分土地的。广大农牧民都获得了一份平等的赖以生活的生产资料。同时，家庭联产承包责任制适合于西南民族地区生产力发展水平相对比较落后的状况，充分调动了广大农牧民的生产积极性，促进了西南民族地区经济的不断发展。长期粮食不够吃的许多少数民族地区不但解决了温饱问题，粮食还有所剩余。这是千百年来西南各民族经济生活中的巨大变化，从此西南各民族逐渐过上了丰衣足食的生活。这是新中国成立以来在政治上解决各民族平等团结之后的又一件大事。发展民族经济是维护民族团结、实现民族平等、保证社会安定的前提和基础。西南民族地区经济的发展，进一步夯实了民族平等、民族团结的基础。

二是有利于民族团结。实行家庭联产承包责任制后农牧民所分到的土地，虽然没有所有权，但拥有使用权和经营权。这种土地等生产资料的相对固定，在一定程度上减少了过去因为土地等不固定所引起的纠纷。因此，不同民族之间、同一民族个体之间因土地方面而引起的矛盾大大减少，民族团结更加巩固。与此同时，在生产队时期，虽然都是"吃大锅饭"，但由于各家庭劳动力的差异，出工不出力等现象的存在，在最后分配时还是存在一些矛盾的。实行家庭联产承包责任制后，原来为同一生产队的农牧民之间由于劳动、分配等方面引起的矛盾和纠纷基本上消除。

① 20世纪80年代初土地承包时，沙锅寨按50年代土改时的分配方案，原来分给谁家的土地就属于谁家，拿得出土地证的以土地证为依据，拿不出土地证的以讲得出"老根子"为依据。

三是广大农牧民增强了国家意识。实行家庭联产承包责任制以后，绝大部分西南少数民族都要向国家交售公粮和余粮。在计划经济时期，这是生产队的事，好像与单个家庭无关。但在家庭联产承包责任制下，向国家交售公粮和余粮的事分别由各家各户来完成。这一转变，在一定程度上加强了各少数民族与党和政府之间的联系，国家意识得到了增强。

四是促进了人口流动。家庭联产承包责任制提高了农民的生产积极性，粮食产量大大增加。一方面，一部分农村劳动力主要是汉族从土地上解放出来，开始流动到其他地区，汉族与少数民族的联系不断加强。另一方面，也为以汉族为主的劳动力流动到西南民族地区提供了物质基础。因此，在改革开放条件下，不断有汉族和其他民族的劳动力流动到西南民族地区；也有少量的少数民族人口流出去。虽然人口流动有政策方面变动的原因，但物质基础的增强也是不可缺少的原因。

（三）对口支援，互助民族关系在新时期继续发展

改革开放条件下，除了家庭联产承包责任制对西南民族关系产生重大影响以外，以对口支援为主的横向经济合作也对西南民族关系产生了较大的影响。1979 年以来，虽然国家把投资布局和政策支持的重点放在沿海地区，但仍然在人力、财力、物力和技术等方面对少数民族地区给予相应支持，并在政策上给予特殊照顾。对口支援就是其中的一项政策。所谓对口支援，就是指在国家和各级政府统一领导下，组织经济发达地区对口扶持和帮助民族地区、经济欠发达地区，以增强民族团结，达到共同富裕和共同繁荣的一种经济活动。开展对口支援是建立和发展平等、团结、互助的社会主义民族关系的重要措施。

为了帮助和支持西南少数民族地区发展经济，在 1979 年召开的全国边防工作会议上，国务院正式确立了部分经济发达省市对口支援少数民族地区。当时规定：河北支援贵州，上海支援云

南、宁夏，全国支援西藏。① 1983 年 1 月，国务院批转了国家计委和国家民委《经济发达省、市同少数民族地区对口支援和经济技术协作工作座谈会纪要》，明确了对口支援工作的原则、重点、任务等问题。1987 年 4 月，中共中央、国务院批转了《关于民族工作几个重要问题的报告》，强调发达地区应当继续做好对少数民族地区的对口支援。1996 年 7 月，国务院办公厅转发国务院扶贫开发领导小组《关于组织经济较发达地区与经济欠发达地区开展扶贫协作的报告》，明确对口帮扶，确立了上海与云南，浙江与四川，大连、青岛、深圳、宁波与贵州，开展扶贫协作。② 对于对口支援地区之间的利益关系问题，也有比较明确的规定："经济发达地区对少数民族地区进行对口支援，是国家赋予经济发达地区的重要任务，经济发达地区必须积极地承担。经济发达地区同少数民族地区的经济技术协作，要按照加强民族团结、支援后进地区的精神，在项目的安排和收益的分配方面，对少数民族地区应给予照顾。对受援的少数民族地区来说，也应照顾到支援一方的利益，做到互惠互利。"③ 因此，通过对口支援、智力支边、区域合作等形式加强东部省市与西南民族地区的经济联系，密切了各地区、各民族之间的互助合作、互利的关系。

除了省际之间的对口支援外，省内也开展了对口支援。如在四川省，调整内地 10 个县市对口支援藏区县。④ 在云南省，开展了省内发达州市对口支援欠发达州市（昆明、玉溪、曲靖三市对口支援迪庆、怒江、临沧、昭通等州市）；州市内发达县市对口

① 陆大道等著：《中国区域发展的理论与实践》，科学出版社 2003 年 4 月版，第 120 页。
② 国家民族事务委员会研究室：《新中国民族工作十讲》，民族出版社 2006 年 4 月版，第 131～132 页。
③ 中共宁夏回族自治区委员会党史研究室编：《中国共产党与少数民族地区的改革开放》上册，中共党史出版社 2001 年 10 月版，第 62 页。
④ 曲木车和主编：《四川省民族工作 50 年》，四川民族出版社 2004 年 11 月版，第 220 页。

支援本州市内欠发达县市和县市内发达乡镇对口帮扶欠发达乡镇。

对口支援，是新形势下互助合作的体现。通过对口支援，互助合作的民族关系在西南民族地区进一步发展。

（四）扶贫开发，改善少数民族的生存状况，民族关系更加和谐

中国政府自20世纪80年代中期大规模地开展有组织有计划的扶贫工作以来，少数民族和民族地区始终是国家重点扶持的对象。1982年，中央财政设立"三西"地区农业建设资金，在10年内每年安排2亿元，重点治理甘肃定西、河西和宁夏西海固干旱地区。1984年9月，中共中央、国务院发出《关于帮助贫困地区尽快改变面貌的通知》，决定采取措施帮助分布在少数民族聚居地区、革命根据地、边远山区的尚未解决温饱问题的贫困人口尽快脱贫。1989年8月，国务院批转了国家民委、国务院贫困地区经济开发领导小组《关于少数民族贫困地区扶贫工作有关政策问题的请示》，决定将少数民族贫困地区作为扶贫主战场，采取特殊政策措施给予重点扶持。1990年，中央财政设立"少数民族贫困地区温饱基金"。1992年，国务院决定在原"支援经济不发达地区发展资金"的基础上，每年新增加6 000万元，有偿使用于民族地区的农、水、路等基础设施和企业技术改造。1994年，国务院实施《国家"八七"扶贫攻坚计划》，对少数民族贫困地区继续给予倾斜，通过放宽标准而使享受优惠政策的少数民族贫困县增加了116个，总数达到257个，占全国的43.4%。[①] 1986年首次确定的331个国家重点扶持贫困县中，民族自治地方有141个，占总数的42.6%。1994年国家开始实施《"八七"扶贫攻坚计划》，在确定的592个国家重点扶持贫困县中，民族自治

---

① 国家民族事务委员会研究室：《新中国民族工作十讲》，民族出版社2006年4月版，第134～135页。

地方有 257 个，占总数的 43.4%；其中，四川省 36 个、贵州省 50 个、云南省 73 个，云、贵、川三省共有 159 个，占总数的 26.9%。从 2001 年开始实施的《中国农村扶贫开发纲要》，再次把民族地区确定为重点扶持对象，在新确定的 592 个国家扶贫开发重点县中，民族自治地方（不含西藏）增加为 267 个，占重点县总数的 45.1%。① 云南、贵州、四川的 159 个国家级贫困县全部被列入扶贫开发重点县。

在进行扶贫开发的同时，中央还加大对民族地区的财政转移支付力度，增强民族地区发展能力。1980~1988 年，中央财政对内蒙古、新疆、广西、宁夏、西藏 5 个自治区以及云南、贵州、青海 3 个少数民族比较集中的省实行财政递增 10% 的定额补助制度。1994 年，国家实施以分税制为主的财政管理体制改革，原有对少数民族地区的补助和专项拨款政策全都保留了下来。国家在 1995 年开始实行的过渡期转移支付办法中，对内蒙古、新疆、广西、宁夏、西藏 5 个自治区和云南、贵州、青海 3 个少数民族比较集中的省以及其他省的少数民族自治州，专门增设了针对少数民族地区的政策性转移支付内容，实行政策性倾斜。②

扶贫开发和财政转移支付力度的加强，增加了云南、贵州、四川各民族地区与中央、省的纵向联系。与此同时，通过扶贫开发，西南贫困地区的少数民族的经济生活不断改善，社会更加和谐。

除了以上各项措施之外，在云南还有一项"兴边富民"的措施。通过"兴边富民"行动，云南边疆民族地区得到了较快发展。

通过以上各项措施，云南、贵州、四川各少数民族的经济文

---

① 张跃、何明主编：《中国少数民族农村 30 年变迁》（上），民族出版社 2009 年 1 月版，第 16~17 页。
② 温军：《中国少数民族经济政策的演变与启示》，载《贵州民族研究》2001 年第 2 期。

化都有了较大的发展，为民族平等、团结奠定了更坚实的经济基础；同时，也体现了互助、合作的一面。通过这些措施，西南民族地区与中央的纵向联系，与其他各省的横向联系，大大加强，民族之间的交往更加频繁。

三、社会主义市场经济条件下的西南民族关系

（一）横向、纵向经济联系空前加强

随着社会主义市场经济的不断发展，市场经济打破了民族和地区的界限，使各西南民族传统的生产生活方式发生了重大的变化。一方面，大批汉族人员来到西南民族地区从事各种经济活动，为西南民族地区的经济发展带来了活力，也方便了广大少数民族的生产生活。据贵州黔南、黔东南、黔西南3个自治州有关部门的统计，1991年底，来自浙江、广东、四川、湖南、湖北、福建、广西、安徽等十多个省市自治区的个体户和私营企业者约有3万人，仅黔南州都匀市，外来个体户达3 000多人。[①] 又如云南省，到2006年4月，在滇投资的浙江商人就达20万人，[②] 有不少的民营资本来到云南发展。

另一方面，西南民族地区的少数民族主要是青壮年劳动力到沿海为主体的较发达城市务工。20世纪90年代，少数民族外出务工数量大幅度增加，并且主要流向中东部经济较发达的城市。如20世纪90年代初，贵州黔东南苗族侗族自治州的苗族、侗族姑娘，在沿海"三资企业"做工的就有2 500余人。其中，在东莞市做工的就有1 500余人。[③] 在云南佤族地区，也出现类似的

① 杨荆楚：《论改革开放中汉族和少数民族的关系问题》，载《云南省社会科学》1993年第1期。
② 《在滇累计投资达500多亿 浙商成为云南第一商帮》，www.zjsr.com，2006年4月13日。
③ 王希恩主编：《当代中国民族问题解析》，民族出版社2002年3月版，第250页。

情况。

同时，西南各民族地区之间的交往也不断加强。如 2007 年，在云南的贵州商人已达 40 多万人，主要从事建筑、房地产开发、高科技产业、餐饮、仓储、物流等 20 多个行业，其中，上规模的企业已达 2 000 多家。[①] 四川籍在云南省从事各行业生产经营的民营企业和非公经济人士达 260 余万人。[②]

这种横向经济联系还体现在商品的交流方面。以电器、电子产品、服装等为例，西南民族地区大大小小的商店里的电器、电子产品、服装，绝大部分是东南沿海生产的。而西南民族地区的少数农牧业产品，也卖到了西南以外的广大地区。西南民族地区的能源也不断输送到东南沿海地区，如云南丰富的水电从 20 世纪 90 年代就送达广东。当然，也要看到，这种横向经济交流是不对等的，西南民族地区在经济交往中处于严重的劣势。而且，这种劣势在短时期之内是不会发生改变的。

另外，西南丰富的旅游资源也吸引了大量的游客来到西南民族地区。如四川的九寨沟景区、贵州的黄果树瀑布景区以及云南的西双版纳、大理、迪庆、丽江等，每年都吸引了来自全国各地的大量游客。同时，西南各族人民也到全国各地去旅游观光。特别是随着人们的收入水平不断提高，西南民族地区的自然风光、民族风情、休闲度假旅游产品吸引的游客越来越多，旅游业成为西南民族地区一个新的经济增长点。

总之，这种横向经济联系的不断发展，是各民族经济联系不断加强的体现，有利于西南民族关系更加健康地发展。

在横向经济联系加强的同时，中央也加大了对西南民族地区的投入，特别是"西部大开发"以来，这种投入更大。2000～

---

① 《云南省贵州商会揭牌成立》，www. ynahsh. com，2007 年 10 月 26 日。

② 《川滇携手　云南省四川商会隆重揭牌》，载《西南商报》2009 年 7 月 1 日。

2008 年，国家已安排西部大开发新开工重点工程 102 项，投资总规模逾 1.74 万亿元。再加上原来的扶贫开发等，西南民族地区与中央的纵向经济联系也比原来得到加强。

在新中国成立以前，影响各民族之间往来的一个十分重要的因素就是交通不便。特别是在西南民族地区，由于山川阻隔，各民族的活动半径比较小。新中国成立以后，随着交通事业的不断发展，西南各民族之间的往来不断增多。但长时期交通滞后的状况没有得到根本改变，所以不少地区都面临"出行难"的问题。20 世纪 90 年代以后，西南民族地区加大了公路、铁路等交通事业的发展，特别是 2000 年中央决定实施西部大开发以后，西南民族地区的交通事业得到飞速发展。实施西部大开发 10 年来，云南公路"七入省四出境"；铁路"四入省一出境"；航空以昆明为中心，覆盖省内，辐射国内主要城市，面向东亚、东南亚和南亚的综合交通体系已基本形成。① 而在贵州，2000 年公路通车里程仅 3.4 万公里，到 2010 年 1 月，已超过 14 万公里，高速公路通车里程达 1 188 公里。5 条铁路在贵州境内超过 1 250 公里，省会贵阳通往全国的"7 小时快铁交通圈"正在加速变成现实。② 在四川，到 2010 年 1 月，全省进出川通道有 15 条，各种运输线路总里程 23.1 万公里，其中高速公路通车里程 2 188 公里，双流国际机场的客流量近年来一直稳居全国前 5 位。③ 越来越便捷的交通，使西南各民族之间的联系大大增强。

总之，纵向经济联系的加强，体现了中央、各部委对西南民族地区的关怀，是社会主义互助民族关系的生动体现。

---

① 《西部大开发十年 云南基础设施投入加大》，云南网，2010 年 1 月 7 日。

② 《西部大开发 10 年 贵州省民生问题得到显著改善》，载《贵州都市报》2010 年 1 月 12 日。

③ 《西部大开发十年 四川实现新跨越》，www.sc.xinhuanet.com，2010 年 1 月 11 日。

（二）竞争与互助合作并存

在计划经济时代，我国各民族之间在经济上基本没有竞争。到了 20 世纪 80 年代开始的对口支援，各经济实体之间开始强调互利互惠，但由于互补性比较强，竞争并不激烈。但随着经济的不断发展，竞争在逐渐增强。到了社会主义市场经济体制下，竞争成为同一地区和不同地区的民族在从事经济活动中不可回避的问题，并对民族关系产生了重要影响。当然，这种竞争对民族关系的影响还是以积极因素为主，消极因素是次要的。这种竞争，一方面是产品的竞争，有来自其他地区的产品在西南民族地区市场上的竞争，有西南民族地区生产的产品同来自其他地区产品的竞争，也有西南民族地区的产品在西南之外同其他地区产品的竞争，如云南的普洱茶同其他茶叶商品在全国各地的竞争。另一方面是人才的竞争。随着其他地区的更多的人来到西南地区，西南各民族在岗位、职位上也面临激烈的竞争。

在开展竞争的同时，各民族之间也有互助的一面。因此，竞争与互助并存是市场经济条件下社会主义民族关系的一大特点。在社会主义市场经济条件下，在西南民族地区具有互助合作性质的事件主要有：

一是对口支援。在市场经济条件下，对口支援继续发挥着重大作用。1996 年 9 月，中央扶贫开发工作会议确定在全国开展东西扶贫协作，上海市与云南省建立对口帮扶关系。经两地政府商定，上海 14 个区对口支援云南文山州、红河州、普洱市、迪庆州（2005 年增加）四州市的 26 个贫困县。同时，有 17 个两地部门建立了对口合作关系。截至 2008 年年底，上海市、区财政和社会各界累计投入无偿援助资金 13 亿元，重点援建了希望学校、乡村卫生院（室）、疾控中心、检测检验中心、培训中心、科技中心、白玉兰远程网，以及以整村推进扶贫开发为主要内容的各类帮扶项目 4 757 个。其中，重点援建的 2 017 个贫困自然村整村推进，帮助了 40 余万人实现温饱安居，并辐射带动周边 70 多万

人摆脱贫困，130 多万人改善就医、上学条件。先后选派 7 批 112
名援滇干部赴云南挂职；8 批 761 名优秀教师到云南贫困地区支
教；11 批 274 名青年志愿者赴对口地区开展扶贫接力；协助当地
培训各类人才愈 20 万人次。2008 年实际投入援滇资金 1.7 亿元，
援建项目 380 个。① 仅在"十一五"期间，沪滇对口帮扶中，上
海市投入财政资金 85 500 万元；实施帮扶项目 1 657 个；直接受
益群众 20 万人；两地企业在云南实施合作项目 647 个；培训实用
紧缺人才 7.3 万人次。对聚居在云南德宏、临沧、保山 3 州市的
80 个德昂族自然村全面实施帮扶，帮助 1.78 万德昂族群众整体
脱贫；成立了三台乡农技培训学校和潞西青年就业培训基地。②

1996 年开始，浙江省对口帮扶四川广元和南充两市 12 个贫
困县（市、区）。据统计，截至 2006 年 11 月底，浙江省共向广
元、南充无偿捐资赠物 3.41 亿元，社会捐资 1 786 万元，赠物折
款 6 268 万元。③ 1996 年至 2011 年，浙江省共向四川广元、南充
地区无偿援助资金 5.3 亿元，并投入 1.5 亿元共建扶贫新村 322
个，使 28 万贫困农民直接受益，人均收入提高 500 元至 1 000
元。此外，还达成经济合作项目 253 个，到位资金 91 亿元，解决
当地 6 万余人的就业问题。④

从 1996 年开始，浙江省按照党中央、国务院的安排部署，
对口扶贫四川省广元、南充两市。2008 年"5·12"汶川特大地
震发生后，浙江省又承担了四川省青川县灾后恢复重建对口援建
重任。16 年来，浙江共投入各类帮扶资金 9.91 亿元，建设越温

① 《上海对口云南帮扶协作工作综述》，上海市人民政府合作交流办公室网站，2009 年 11 月 3 日。
② 上海市合作交流办公室：《2010 年度上海市对口支援工作综述》，上海市人民政府合作交流办公室网站，2011 年 9 月 2 日。
③ 《"输血"与"造血"结合 浙江东西扶贫协作走出新路》，载《浙江日报》2006 年 12 月 27 日。
④ 《浙川扶贫协作工作会召开 共商两省扶贫工作事宜》，国务院扶贫开发领导小组办公室网站，2012 年 2 月 13 日。

示范新村 322 个、希望小学 380 所、卫生院 82 所、公路 1 044 公里、基本农田 12.77 万亩，合作项目达到 300 多个，企业合作协议资金 88.23 亿元，到位资金 37.9 亿元，帮助四川转移农村劳动力 52.65 万人。根据中央第五次西藏工作座谈会精神，国务院扶贫开发领导小组办公室印发《关于完善浙江、四川东西扶贫协作工作的通知》，将浙江对口支援广元、南充调整为对口支援四川省藏区 32 个县。① 从 2010 年 6 月开始，珠海市开始对凉山州进行对口帮扶。

对口帮扶贵州省的大连、青岛、深圳和宁波 4 个城市，近 10 年来共向贵州无偿捐赠资金 10 多亿元，兴办 3 000 多个帮扶项目，大大推动了贵州贫困地区经济社会的发展，改善了受帮扶地区贫困群众的生产生活条件。记者从近日在贵阳召开的大连、青岛、深圳、宁波对口帮扶贵州工作座谈会上了解到，10 年来，4 个城市共在贵州省新建、改扩建希望学校 830 所，改善了贫困地区办学条件；资助 7.2 万多名失学儿童和特困生入学就读。兴建扩建医院（卫生院）294 所，解决了一大批贫困群众就医难的问题；资助兴修大量水利工程、乡村公路、改造基本农田项目；解决 100 多个村的通电问题，协助解决 200 多特殊困难农户的移民搬迁问题。②

1996 年开始，浙江省宁波市独立对口帮扶贵州省黔东南和黔西南两个自治州。据统计，截至 2011 年 11 月底，帮扶黔东南州、黔西南州的宁波市至今累计实施帮扶项目 1 676 个，无偿捐资 2.9 亿元。③ 其中，由宁波市镇海区、宁波港集团有限公司对普安县

---

① 邹渠：《浙江省对口帮扶四川省甘孜、阿坝、凉山 32 个藏区县》，载《四川日报》2012 年 2 月 13 日。

② 《大连青岛深圳宁波 4 市帮助贵州 10 年捐赠超 10 亿元》，新华社，2006 年 11 月 6 日。

③ 《"输血"与"造血"结合　浙江东西扶贫协作走出新路》，载《浙江日报》2006 年 12 月 27 日。

进行对口帮扶。自开展对口帮扶到 2007 年 6 月，宁波市镇海区委、区政府和宁波港集团有限公司方面共与普安县达成对口帮扶协议 14 次，双方共实施各类对口帮扶协作项目 85 项，共涉及资金 1 567.53 万元，其中共投入帮扶资金 1 032 万元：镇海区投入 462 万元、宁波港集团有限公司投入 343 万元、宁波社会各界投入 227 万元。主要用于援建普安县希望学校、卫生院、救助失学儿童、人才培训、希望书库及结合本地资源发展种、养、加工等项目，为加快普安贫困群众脱贫致富和经济社会快速健康发展做出了积极的贡献。①

在 2008 年汶川特大地震发生后，对口支援在灾后重建中发挥了十分重要的作用。支援省市为 19 个，即广东、江苏、上海、山东、浙江、北京、辽宁、河南、河北、山西、福建、湖南、湖北、安徽、天津、黑龙江、重庆、江西、吉林；将四川省北川县、汶川县、青川县、绵竹市、什邡市、都江堰市、平武县、安县、江油市、彭州市、茂县、理县、黑水县、松潘县、小金县、汉源县、崇州市、剑阁县共 18 个县（市），以及甘肃省、陕西省受灾严重地区作为受援方。具体支援情况是：山东省支援北川县，广东省支援汶川县，浙江省支援青川县，江苏省支援绵竹市，北京市支援什邡市，上海市支援都江堰市，河北省支援平武县，辽宁省支援安县，河南省支援江油市，福建省支援彭州市，山西省支援茂县，湖南省支援理县，吉林省支援黑水县，安徽省支援松潘县，江西省支援小金县，湖北省支援汉源县，重庆市支援崇州市，黑龙江省支援剑阁县，广东省（主要由深圳市）支援甘肃省受灾严重地区，天津市支援陕西省受灾严重地区。②

东西扶贫协作自 1996 年开展以来，东部 15 个省市通过政府

① 《宁波对口帮扶普安贫困群众加快脱贫致富步伐》，载《黔西南日报》2007 年 6 月 12 月。

② 《汶川地震灾后恢复重建对口支援方案》，新华网，2008 年 6 月 18 日。

援助、企业协作、人才交流、社会帮扶等方式对口帮扶西部 11 个省区市贫困地区加快发展，扶贫成效显著。据国务院扶贫办统计，截至 2007 年年底，东部各省市向西部贫困地区无偿捐资 55.2 亿元；实施企业合作项目 7.2 万个，实际投资 1 020.1 亿元；为西部省区市有组织安排劳务输出人员 199.8 万人次，劳务收入达 159.5 亿元。[①]

经过十几年的实践，东西扶贫协作已经形成了由政府援助、企业合作、社会帮扶、人力资源建设构成的基本工作体系。

二是云南、四川、贵州等联合主办的中国昆明进出口商品交易会（简称"昆交会"）。从 1993 年开始到 2011 年，共举办了 19 届，成为以东南亚、南亚国家为重点的区域性进出口商品交易会。

三是泛珠大会。泛珠三角区域合作与发展论坛暨经贸洽谈会（简称泛珠大会）由广东省倡导并得到广西、云南、贵州、四川、福建、湖南、海南、江西等八省（区）和香港、澳门特别行政区（"9+2"）的积极响应和大力推动，旨在加强泛珠三角各成员间的区域协调发展和可持续发展，充分发挥各方的优势和特色，实现合作互动、优势互补、互利共赢、共同发展。从 2004 年开始到 2011 年，共举办了七届论坛。

（三）各民族之间相同的因素在不断增多

民族共同因素，就是通过民族交往，各民族间在经济、文化等社会生活方面形成的一些共同性。民族交往的增加，民族关系的深入发展，是共同因素增多的必要条件。民族共同因素的增加是良好的民族关系的基础，也是增进民族团结的必要条件。随着中国改革开放的发展，各民族间的交往增多，与计划经济时代不同的是，各民族间的经济、文化、人口流动等方面的交往规模更大，内容更丰富，而且更多地受到经济规律的调节，因此，民族

[①] 《东西扶贫协作企业投资首超千亿元》，人民网，2008 年 3 月 24 日。

共同因素的增多有了更明显的时代特点。市场经济的发展，大大增加了人流和物流，也大大增加了各民族群众间的交往的发展，使各民族间的相互影响得到加强，为民族共同因素的增长提供了机会和条件。在市场经济条件下，少数民族群众经济生活有了极大的改善，生活水平日益提高，经济发展权利、文化发展权利的保障水平不断提高。各民族在更加平等的基础上进行交往，从而使各民族间共同因素逐渐增加，大大促进了社会主义民族关系的发展。①

总之，在社会主义市场经济条件下，西南民族地区经济快速发展，西南民族关系也随之发生了一些新的变化：

在社会主义市场经济的推动下，西南民族地区与中东部地区之间的交流和联系空前加强。改革开放前及改革开放后一段时期，我国各民族间交往十分有限。随着社会主义市场经济的不断发展，市场经济打破了民族和地区的界限，使各西南民族传统的生产生活方式发生了重大的变化：

一方面是大批汉族人员来到西南民族地区从事各种经济活动，为西南民族地区的经济发展带来了活力，也方便了广大少数民族的生产生活。据贵州黔南、黔东南、黔西南3个自治州有关部门的统计，1991年底，来自浙江、广东、四川、湖南、湖北、福建、广西、安徽等十多个省市自治区的个体户和私营企业者约有3万人，仅黔南州都匀市，外来个体户就达3 000多人。② 又如云南省，到2006年4月，在滇投资的浙江商人就达20万人，③有不少的民营资本来到云南发展。

---

① 周竟红：《论社会主义市场经济条件下民族关系的新格局》，载《满族研究》2001年第2期。
② 杨荆楚：《论改革开放中汉族和少数民族的关系问题》，载《云南省社会科学》1993年第1期。
③ 《在滇累计投资达500多亿 浙商成为云南第一商帮》，www. zjsr. com，2006年4月13日。

另一方面，西南民族地区的少数民族主要是青壮年劳动力到沿海为主体的较发达城市务工。20 世纪 90 年代，少数民族外出务工数量大幅度增加，并且主要流向中东部经济较发达的城市。如 20 世纪 90 年代初，贵州黔东南苗族侗族自治州的苗族、侗族姑娘，在沿海"三资企业"做工的就有 2 500 余人。其中，在东莞市做工的就有 1 500 余人。[①] 在云南佤族地区，也出现类似的情况。西南民族地区之间的劳动力往来也不断加强。如 2007 年，在云南的贵州商人已达 40 多万人，主要从事建筑、房地产开发、高科技、餐饮、仓储、物流等 20 多个行业，其中，上规模的企业已达 2 000 多家。[②] 四川籍在云南省从事各行业生产经营的民营企业和非公经济人士达 260 余万人。[③]

通过这两方面的交流，西南民族关系呈现出与中东部地区紧密相联的特点。这是 20 世纪 90 年代以前没有的，是我国目前民族关系发展过程中呈现出来的新特点。

当然，在社会主义市场经济条件下，西南民族地区与中东部地区的差距进一步拉大。西南民族地区长期以来是"富饶与贫困一体"的典型。说富饶，指的是自然资源比较丰富；贫困，指的是经济发展水平较低。之所以占有丰富的自然资源而经济发展较慢，一个十分重要的原因就是市场不发达，使西南民族地区的资源优势发挥不出来。随着社会主义市场经济在西南民族地区的不断推进，西南民族地区的资源优势不断转化为经济优势，促进了西南地区民族经济较为快速的发展。民族经济的发展是民族平等的重要物质基础。西南民族地区民族经济的快速发展，为西南地

---

① 王希恩主编：《当代中国民族问题解析》，民族出版社 2002 年 3 月版，第 250 页。

② 《云南省贵州商会揭牌成立》，www.ynahsh.com，2007 年 10 月 26 日。

③ 《川滇携手　云南省四川商会隆重揭牌》，载《西南商报》2009 年 7 月 1 日。

区少数民族人民生活水平的提高和社会的进步奠定了坚实的特质基础，也为促进民族团结、发展民族关系奠定了基础。因此，尽管少数民族地区经济和社会发展程度相对滞后于经济发达地区和全国平均水平，但与西南民族地区过去的经济状况相比，其发展速度是比较快的，这种经济的快速增长在很大程度上抵消了经济和社会发展差距所带来的负面影响，因而避免了发生大的民族纠纷的可能。①

（四）平等、团结、互助、和谐的社会主义民族关系不断发展

云南、四川、贵州民族地区，是典型的"贫困与富饶"的统一体。说富饶，指的是自然资源比较丰富；贫困，指的是经济发展水平较低。之所以占有丰富的自然资源而经济发展较慢，一个十分重要的原因就是市场不发达，使西南民族地区的资源优势发挥不出来。随着社会主义市场经济在西南民族地区的不断推进，西南民族地区的资源优势不断转化为经济优势，促进了西南地区民族经济较为快速的发展。民族经济的发展是民族平等的重要物质基础。西南民族经济的快速发展，为西南少数民族人民生活水平的提高和社会的进步奠定了坚实的物质基础，也为促进民族团结、发展民族关系奠定了基础。

同时，由于社会主义市场经济是通过市场来组织和配置生产要素、社会资源及收入分配的。这就不可避免地出现少数民族和汉族人员（主要是劳动人口）的双向流动，改变当地原有的民族构成、原有民族的分布及民族人口的比例。随着民族关系的地理范围扩大，民族交往频繁，民族间发生摩擦和矛盾的机会也会增多。当然，民族间相互了解、互助合作的机会和领域也在增大。少数民族地区在与内地省市之间的对口支援、横向经济联系、经济协作等进一步发展过程中，相互间的经济依赖性加强。汉族和

---

① 王希恩主编：《当代中国民族问题解析》，民族出版社 2002 年 3 月版，第 178 页。

少数民族谁也离不开谁的关系在社会主义市场经济体制下将会更深层次地发展。

第三节 当代中国西南民族关系的基本特征

一、当代西南民族关系性质的根本变化

（一）新中国成立前西南民族关系的性质

不同历史时期民族关系的基本性质是不同的。新中国成立前，西南民族关系是有剥削、有压迫的民族关系。这主要是由西南民族地区的经济、政治制度所决定的。

在新中国成立前，西南民族地区在经济上有封建地主经济、农奴制经济、奴隶制经济，只有一小部分处于原始社会末期向奴隶社会过渡的经济。在政治制度方面，大部分地区都实行县制，一部分地区实行县和土司制并存的制度，少数地区还处于土司制之下，极少数地区还处于少数民族头人的统治之下。因此，绝大部分少数民族经济上受到剥削，政治上受到压迫。这种条件下的民族关系就是有剥削、有压迫的民族关系。

（二）新中国成立初期西南民族关系的新变化

在新中国刚成立时，西南各民族地区原有的经济制度没有发生大的变化，有的地区政治制度也没有发生改变。从总体上来说，广大少数民族受剥削与压迫的地位没有发生根本性变化。但由于军事上的解放和人民政权的建立，封建主、农奴主、奴隶主的活动有所限制，这时的民族关系与过去相比，还是发生了一些新的变化。如在政治领域开展的清匪、反霸斗争，一些长期横行于西南民族地区的土匪势力被歼灭，肃清了盘踞或潜藏于西南民族地区的匪特、恶霸及其反动势力，有利于各民族之间关系的改善。在经济领域开展的减租退押斗争，在一定程度上减轻了一些少数民族的负担，这也有利于民族关系的改善。同时，广大少数

民族在剿匪反霸斗争中不断被发动、组织起来，在他们的斗争之下，西南民族关系不断向平等、团结的民族关系发展。

（三）劳动人民之间关系的确立

我国社会主义民族关系是在社会主义制度下民族之间建立起来的新型关系。这种新型的民族关系是在完成社会主义改造，消灭剥削阶级和剥削制度之后，各民族走上了社会主义道路之后所形成的平等、团结、互助的关系，其性质本质上是劳动人民之间的关系。①

经过民主改革以后，西南民族地区的民族关系发展为新民主主义民族关系。民主改革使众多少数民族分到了土地，民族关系主要是各族劳动人民之间的关系。但由于广大少数民族所耕种的土地还是私有制，属于一家一户所有。因此，这时的民族关系只能说是新民主主义民族关系，而不能简单说成是社会主义民族关系。社会主义改造基本完成和"直过区"完成向社会主义过渡后，公有制在民族地区居于主导地位。广大少数民族不再是小土地所有者，土地属于集体。这时，民族关系就发展成为了社会主义民族关系，各族人民之间、民族内部之间的关系成为名副其实的劳动者之间的关系。到这时，平等、团结、互助的社会主义民族关系才真正建立。

关于社会主义民族关系是劳动人民之间的关系在民主改革和社会主义改造后已经逐渐变化实现。但从理论上承认这事实还是经历了一段时间。

从旧民族关系发展到社会主义民族关系，这是当代西南民族关系性质的根本性变化，也是西南民族关系史上发生的最深刻的变化。

平等、团结、互助的民族关系形成以后，虽然经历了"大跃

---

① 王希恩主编：《当代中国民族问题解析》，民族出版社 2002 年 3 月版，第 214～215 页。

进"、人民公社化运动、"文化大革命"的冲击，但由于民族关系赖以存在的经济基础没有发生大的变化，因此，这种民族关系并没有发生根本性的改变。改革开放以后，虽然不断进行经济体改革，但不是要改变平等、团结、互助的民族关系的经济基础，而是不断夯实了这一民族关系的经济基础。因而，平等、团结、互助的民族关系不断向前发展。

改革开放特别是实行市场经济以来，竞争不断渗透到各民族之间的经济关系中，平等、团结、互助的民族关系中多了竞争的因素。这是改革开放以来社会主义民族关系发展中出现的一个新的变化。但这种竞争与资本主义社会下的竞争有所区别。通过竞争，各民族增强了商品意识、增强了民族内部的经济活力，提高了经济效益，推动了少数民族地区经济的发展和社会的进步。同时，由于采取了多项措施帮助少数民族和民族地区经济社会的发展，各少数民族地区并未出现因竞争而有一部分生存环境更加恶劣，反而更加和谐。因此，到了 2005 年，中央民族工作会议上，胡锦涛总书记对社会主义民族关系作了新的概括，那就是平等、团结、互助、和谐的社会主义民族关系。

当代西南民族关系的性质，有一个演变的过程。在西南民族地区刚刚解放时，西南民族地区的民族关系主要是旧民族关系，有剥削、有压迫。但由于军事上的解放和人民政权的建立，封建主、农奴主、奴隶主的活动有所限制，这时的民族关系与过去相比，还是有所区别的。

从旧民族关系发展到社会主义民族关系，这是当代中国民族关系、西南民族关系性质的根本性变化，也是中国民族关系史上发生的最大、最深刻的变化。

二、当代中国西南民族关系的特点

（一）关于对我国社会主义民族关系基本特征的表述

1949 年 9 月 29 日通过的《中国人民政治协商会议共同纲领》

第六章规定："中华人民共和国境内各民族一律平等，实行团结互助，反对帝国主义和各民族内部的人民公敌，使中华人民共和国成为各民族友爱合作的大家庭。"此处虽然没有明确揭示新中国民族关系的基本特征，却已经提出了平等、团结互助、友爱合作等相关要素。

改革开放初期，党和国家领导人的讲话、党中央的相关文件都明确指出：社会主义民族关系是不同于以往的新型的民族关系，它是在我国各兄弟民族经过民主改革和社会主义改造，消灭剥削制度和剥削阶级，走上社会主义道路的基础上形成的。1979年6月，邓小平在中国人民政治协商会议第五届全国委员会第二次全体委员会议上的开幕词中指出："我国各兄弟民族经过民主改革和社会主义改造，早已陆续走上社会主义道路，结成了社会主义的团结友爱、互助合作的新型民族关系。"邓小平的讲话和1980年4月中共中央《关于转发〈西藏工作座谈会纪要〉的通知》、1981年6月27日党的十一届六中全会通过的《中国共产党中央委员会关于建国以来党的若干历史问题的决议》都明确提出，我国社会主义民族关系的性质，即在社会主义时期各民族间的关系基本上是劳动人民间的关系；社会主义民族关系的基本特征，即"社会主义的团结友爱、互助合作的新型民族关系"和"团结友爱、平等互助的新型的社会主义民族关系"。这些提法完全否定了20世纪60年代初开始到"文化大革命"时期广泛流行并绝对化的"社会主义时期民族问题的实质是阶级问题"的观点。

1982年9月，中国共产党第十二次全国代表大会部分修改通过的《中国共产党章程》规定："中国共产党维护和发展国内各民族平等、团结、互助关系。"党的十二大报告也指出："进一步发展国内各民族之间平等、团结、互助的社会主义民族关系，是我国社会主义民主建设的一项重要内容。"1982年12月4日，第五届全国人民代表大会第五次会议通过的《中华人民共和国宪法》明确规定："中华人民共和国是全国各族人民共同缔造的统一的多民族国家。平等、团结、互助的社会主义民族关系已经确立，并将继续加强。"从此，平等、团结、互助的社会主义民族关系成为我国民族关系的正式表述。平等、团结、互助，是社会主义民族关系最基本的原则，是对我国社会民族关系特征或内容的一个简练的表述，体现了我国各民族间政治、经济、文化上的平等、团结、互助的内容和特点。

1982 年，党章和宪法将我国社会主义民族关系基本特征明确表述为"平等、团结、互助"后，党和国家的文件、领导人的讲话、学术研究的成果，一般都使用这一提法。但是，随着我国改革开放的深入和商品经济的发展，有关民族关系的学术讨论会和学术文章中，对这一表述提出了几种补充意见，并展开了热烈的讨论。1983 年 4 月，在讨论《中华人民共和国民族区域自治法》（草案）座谈会上，有人提出了补充"合作"的观点。认为从汉语词义上讲，"合作"比"互助"更进一步，各民族之间不仅要互相帮助，而且要相互合作。1985 年 10 月，第三届全国民族理论学术讨论会上，有人提出了加上"竞争"的观点。认为商品经济的发展给我国社会主义民族关系范畴引进了竞争原理，这是我国社会主义民族关系在新时期出现的新变化和新情况。1986 年 9 月，有学者在全国民族理论专题讨论会上提出，应在我国社会主义民族关系基本特征中增加"合作"、"竞赛"的观点。1986 年，云南省人大常委会副主任王连芳在《民族团结》1986 年第 6 期上发表《关于社会主义民族关系提法的一点意见》，提出补充"共同繁荣"的内容。认为随着党中央改革、开放、搞活方针的贯彻执行，民族关系在平等、团结、互助的基础上出现了一个新的重要发展，这就是各民族的"共同繁荣"，包括民族间的共同进步和发展、共同富裕和文明。此外，中共中央和国务院等有关部门的文件中、国家一些领导人的讲话中，对有关社会主义民族关系的表述，除了平等、团结、互助以外又提到"友爱"，而且对民

族关系基本特征的排列和表述顺序也不同。20 世纪 90 年代，党
的十三届七中全会、七届全国人大四次会议以及江泽民《在庆祝
中国共产党成立七十周年大会上的讲话》中提出了"平等互助、
团结合作、共同繁荣的社会主义新型民族关系"的新提法。

2005 年 5 月 27 日，胡锦涛《在中央民族工作会议暨国务院
第四次全国民族团结进步表彰大会上的讲话》中指出："今天，
我国各民族平等、团结、互助、和谐的社会主义民族关系不断巩
固。"2005 年 5 月，《中共中央国务院关于进一步加强民族工作
加快少数民族和民族地区经济社会发展的决定》也提出，"平等、
团结、互助、和谐是我国社会主义民族关系的本质特征"。"和
谐"要素的提出，是对我国各民族文化、利益多元性的承认和尊
重，也是对在共同利益和目标基础上各民族和睦、协调、合作等
统一性的强调。因此，和谐不是对平等、团结、互助的取代，也
不是对它们的重复，而是对这些要素的补充和完善。

（二）当代西南民族关系的基本特点

除以上述平等、团结、互助、和谐社会主义民族关系外，当
代西南民族关系还有以下几方面的特点：

第一，"三个离不开"是西南民族关系最重要的特点。江泽
民 1990 年在新疆考察工作时提出："汉族离不开少数民族，少数
民族离不开汉族，少数民族之间也相互离不开。"[1] 以此作为西南
民族关系的特点，也是恰如其分的。

这种相互离不开的民族关系，首先体现在血缘的融合上。在
历史上，血缘融合在西南民族地区是很普遍的。汉族不断吸收少
数民族使自身不断壮大，同时汉族也不断融入到少数民族中，少
数民族相互间的融合也在不断发生。[2] 新中国成立后，民族间血

① 刘先照：《中国共产党主要领导人论民族问题》，民族出版社 1994
年 7 月版，第 238 页。
② 王希恩主编：《当代中国民族问题解析》，民族出版社 2002 年 3 月
版，第 220 页。

缘上的融合不但没有停止，反而在加快。各民族之间的通婚就是
具体体现。新中国成立以来，西南各民族中原来不通婚的民族之
间逐渐通婚，原来通婚少的民族之间通婚增多。20 世纪 80 年代
以来，汉族与少数民族通婚的下一代，大多数在民族成分上选择
了少数民族。这也就是少数民族人口比例不断上升，汉族人口比
例不断下降的一个重要原因。

民族间互相离不开的关系还体现经济活动的互补性及经济发
展的互相影响上。① 新中国成立后，西南少数民族地区与汉族地
区的经济互补性进一步加强。特别是随着市场经济的不断发展和
城市化的不断推进，这种互补关系进一步发展。如昆明螺蛳湾的
小商品以批发的方式卖到了云南省各民族地区。

民族间的相互离不开还体现在政治生活上。② 新中国成立以
后，各民族间政治上的联系进一步加强。在新中国成立初期，大
批南下干部为西南经济社会的发展做出了重要贡献。改革开放以
来，不断有汉族干部到民族地区任职，也有少数民族干部到以汉
族为主的地区挂职锻炼。到目前为止，即使在民族自治地方，汉
族干部也为当地经济社会的发展做出了重要贡献。

民族间相互离不开还体现在文化发展中。③ 虽然各民族都有
自己的文化，但各民族文化之间也互相吸收，共同提高。在西南
民族地区，少数民族不断接受汉文化，汉族也吸收少数民族优秀
文化的事例并不少。以服饰为例，少数民族穿着自己服装的时间在
大幅度减少，穿着现代服装的时间越来越长，甚至是"汉化"了。
语言也一样，许多少数民族除自己本民族的语言外，也会说汉语

---

① 王希恩主编：《当代中国民族问题解析》，民族出版社 2002 年 3 月
版，第 221 页。

② 王希恩主编：《当代中国民族问题解析》，民族出版社 2002 年 3 月
版，第 225 页。

③ 王希恩主编：《当代中国民族问题解析》，民族出版社 2002 年 3 月
版，第 226 页。

了。一些少数民族的舞蹈、音乐不断被汉族等民族所接受和传唱。

第二，民族交往空前加强。新中国成立以前，西南民族地区经济十分落后，交通闭塞，交通工具不发达，各民族之间的交往半径十分小。新中国成立以来，随着经济的发展和交通、通信条件的不断改善，各民族之间的交往频繁且交往半径大大增加。

第三，团结与纷争并存。当代西南民族关系，团结是主流。尽管在"大跃进"、人民公社化运动和"文化大革命"这样的强烈冲击下，团结的一面也没有改变。在西南民族关系中，虽然没有太大的纷争发生，但各民族之间的小纷争一直没有间断过。

三、当代西南民族关系中存在的问题

（一）因争夺资源而引起的民族关系问题

新中国成立后，由于逐渐消灭了剥削阶级和剥削制度，影响民族关系的阶级根源已经消除。但影响民族关系的因素并没有完全消除。这些因素中，最重要的就是争夺森林、土地、矿产、水源等资源。这种争夺资源的事件，在各个时期都不同程度地存在。

20 世纪 50 年代实行农业合作化以后，山林成为生产队集体所有。1958 年人民公社化，山林为人民公社所有。但在"大跃进"中，由于小社并大社等因素，造成行政区划变化频繁，引起山林权属混乱，导致多次发生山林纠纷。如在云南省，1963 年，新平县曼线公社与元江县红旗、板桥公社发生山林权属纠纷。1965 年以来，镇沅县者东公社那洛、麻洋大队与新平县平掌公社丫口、库独木大队发生麻大街地区山林纠纷，争执面积达 1.67 万余亩。多次解决未能达成协议，长期争执。1984 年 3 月 20 日，云南省人民政府以云政发〔1984〕45 号文件对争执进行裁决，问

题得以解决。[①]

1969 年，"农业学大寨"，打破山林权属，开荒造田，砍伐树木，又引起了一些纠纷。

在西南地区，一些纷争是由于省与省之间、县与县之间区划调整和划界而引起的。如在云南省宁蒗县，加泽和万桃与四川木里县依吉乡、盐源县大槽乡两地边民为地界、山林和水源的纠纷，蝉战河和子差拉与华坪县的永兴和龙洞，西川界马与永胜县松坪，西川与永胜县金官、永宁坪、抓马坪，小米田与永胜禄德、双河等边民为土地、山林和水源的纠纷，新营盘牛窝子与毛家乡、大兴镇的畜牧场与挖开等地为土地、坟山、山林、草场权属的纠纷，永宁乡与红桥乡牦牛山、永宁达史村与老屋基为山林地界的纠纷等。

资源开发中出现的利益矛盾不断增多。受经济利益驱使，加之有关方面政策不健全、管理不规范以及少数人法制观念淡薄等原因，民族之间、地区之间、外来企业和地方之间因争夺草场、山林、矿山、水源、土地等各种资源而引发的矛盾和纠纷经常发生。[②]

在西南边疆民族地区，还出现与内地不同的纠纷，即当地村民与军队的土地纠纷、与国营农场的土地纠纷。如驻西双版纳勐海某部于 1965 年 11 月与曼贺村协商征用该村 14 亩水田，作为军事用地，签订协议书，随后未经村寨同意，又把周围的 403 亩土地纳入自己的生产基地，部队精简后无力耕种，又以每亩每年 18 元租金租给群众，群众强烈要求收回。又如该部 1963 年借用曼真乡的土地 500 亩至今未还，1987 年以来，军队和地方经共同协

---

① 新平彝族傣族自治县县志编纂委员会：《新平县志》，生活·读书·新知三联书店 1993 年 8 月版，第 162～164 页。

② 徐晓萍：《当代中国民族关系的演进与调适》，载《中央社会主义学院学报》2006 年第 1 期。

商也妥善调处了部分土地纠纷，但大部分土地纠纷尚未解决。①

西双版纳州农场始建于20世纪50年代，农场在开垦土地时，只根据当地政府批准的面积和大概范围，一般没有四至界线，只根据自己的规划，不注意当地群众的历史用地，把一部分群众开垦多年的轮歇地和生活用地也开垦为农场用地。有的农场的生产队把橡胶种到了寨子周围，给群众的生产、生活带来了一定的困难，引起群众不满。前期，由于人少地多，当地群众发展经济作物的积极性不高，对土地的要求和反应不强烈，发生的纠纷较少。1979年改革开放以后，农村的经济作物，特别是橡胶和茶叶发展很快，对土地需求日趋强烈，农场与当地群众的土地纠纷日渐增多，特别是靠近村寨和交通沿线的土地纠纷较为突出，80年代初期，土地纠纷成为场群关系紧张的主要因素，双方争地的事件时有发生。为解决农场土地纠纷，各级政府和农场与当地群众共同协商，在维持现有土地权属的基础上，对于过去农场占用、借用村寨的土地，区别不同情况，或归还，或调换，或补偿，或用其他方法解决。②

云南省近年来因水源、土地、山林等资源的权属和利益问题引发的纠纷不断增多。据统计，1998年以来涉及少数民族群众参与的52起较大规模群体性事件中，因资源权属和利益矛盾引发的就占52%。2008年发生的孟连"7·19"事件，实质是胶农与橡胶公司长期的利益纠纷的反映。③

（二）城市化进程中的民族关系问题

城市化是社会经济发展的必然产物，是各民族现代化的必由

---

① 西双版纳傣族自治州地方志编纂委员会：《西双版纳傣族自治州志》中册，新华出版社2002年12月版，第126页。

② 西双版纳傣族自治州地方志编纂委员会：《西双版纳傣族自治州志》中册，新华出版社2002年12月版，第127页。

③ 张光雄、吴海燕：《云南民族杂居地区的民族关系及其发展》，载《云南民族大学学报》（哲学社会科学版）2008年第6期。

之路。20 世纪八九十年代以来，随着城市化的快速推进，一部分少数民族来到城市，成为城市的一员；另外，一部分位于城郊或更远地区的、原来属于农村的少数民族地区，成为城市的一部分。这样，城市的少数民族在数量上就大大增加了。从目前来看，包括西南地区在内，我国城市少数民族还是以流动人口居多。城市少数民族人口流动，大概可以分为四种类型：一是普通务工型；二是特色经营型；三是盲目流动型；四是迁徙城郊异地开发型。[①] 随着城市少数民族人口的增多，我国民族工作的重心在很大程度上由过去传统的乡村型逐步向多元复杂的城市型转化，城市民族工作的敏感性和重要性大大增加。

由于城市与农村差距较大，城市少数民族与农村少数民族相比，还是有诸多不同，具有自身的特点：第一，城市少数民族人口比例虽然小，但总量不少，民族成分多，每个城市都有十几个或几十个民族成分。第二，城市是少数民族人才荟萃之地，少数民族干部、知识分子比较集中，其中还有不少是各民族的代表人物，他们不仅同本民族聚居区联系密切，而且在国内外有较大影响力。第三，城市少数民族职业构成复杂，各行各业都有。第四，城市少数民族的民族意识较强，一般都很关心本民族的政治地位和发展进步，对涉及各民族的荣辱、利益等问题都比较敏感。第五，城市少数民族流动人口增速快、数量大，特别是中东部大部分大中城市的少数民族流动人口已经超过了本城市的户籍少数民族人口。[②] 据不完全统计，我国目前每年约有少数民族流动人口 1 000 万人，大部分以进城务工、经商和学习为主。从农村牧区来到大中城市，从西部边疆来到沿海地区，各民族交流交往交融日益增多，成为新时代的发展趋势。这么多少数民族流动

---

① 周大鸣、马建钊：《城市化进程中的民族问题研究》，民族出版社2005 年 11 月版，第 10～11 页。

② 沈林：《城市，如何让少数民族生活得更美好》，载《中国民族报》2010 年 12 月 17 日。

人口进入城市，在给城市带来活力的同时，也给城市管理者提出了新的课题：怎么服务管理于这些在语言、风俗习惯、宗教信仰等方面有差异的少数民族群众？怎样尽快让他们融入城市生活？[1]处理好这些问题，是城市民族工作的重要任务。

大量少数民族由农村来到城市，在给城市管理者带来一些新课题外，还引起了城市民族关系发生了一些变化：一是城市民族关系变得特殊而重要。在农村，社会关系是比较单一的；而城市的社会关系是复杂和多样的。城市社会关系的复杂性和多样性，决定了城市民族关系的特殊性；城市的中心地位和辐射功能，强化了城市民族工作的敏感性和重要性。二是民族散居化带来城市民族成分和少数民族人口的增加，使得城市民族关系在我国民族关系中越来越突出。三是大量少数民族从农村来到城市，通过这些来到城市的少数民族，城市与广大少数民族农村的联系越来越紧密，城市民族关系与农村民族关系的联动性加强。一个在城市发展的民族关系问题，很快会波及边远的农村少数民族地区；在边远的农村少数民族地区发生的民族关系问题，也会很快传递到东南沿海大城市的少数民族中。四是因征地或者拆迁等引起的利益问题会影响到民族关系问题。五是一些原来少数民族集中居住的村寨或街区被城市发展所融合而引起的一系列问题会影响民族关系问题。如贵阳市的河南庄、扁井等苗族村寨，以及四方河工业园区的布依族村寨就是这样消失的。[2]

城市少数民族人口不断增多，是社会经济发展的必然结果。20世纪90年代以来，随着社会主义市场经济的逐步建立和城市的快速发展，确实有许多少数民族进入城市，包括西南民族地区的城市和其他地区的城市。与此同时，其他地区流入西南民族地

---

① 《让外出务工和学习的1000万少数民族群众尽快融入城市》，新华网，2011年2月11日。
② 周大鸣、马建钊：《城市化进程中的民族问题研究》，民族出版社2005年11月版，第56页。

区的人也越来越多。这种人口的双向流动有助于民族关系的和谐发展。特别是流入城市的西南少数民族，对于民族关系的和谐发展，总的来说是好的。第一，少数民族流入城市，对于城市的快速发展、市场经济的繁荣、市民生活的便捷具有正向功效。第二，少数民族流入城市，对于缩小地区差距、实现经济全面协调发展有利。因为西南少数民族大多居住于边远山区、农牧区，经济上相对贫困，通过进城务工等经济活动，有利于其实现脱贫致富。第三，少数民族流入城市，有利于促进民族团结和民族融合，发展新型的平等、团结、互助的民族关系。民族繁荣团结局面的形成，有赖于民族之间的多方面交流与沟通。各民族文化具有多样性和差异性，相互交流与沟通能促进理解，增强文化多样性，促进城市民族关系的发展。同时，通过进城务工等人员，更多的农村少数民族对城市的了解不断增多，也有利于农村的发展。但少数民族人口进入城市也造成一定管理上的难度：一是城市管理难度增加；二是民族关系协调难度上升。①

（三）旅游业发展过程中引起的民族关系问题

西南民族地区是旅游资源比较富集的地区，随着旅游业的不断发展，也会引发相关的民族关系问题。

一是旅游开发过程中引起的民族关系问题。在这方面，主要是旅游景区景点的扩大和新增旅游景区需要征地，从而引发相关的利益问题。另外，还有景区的规划与当地少数民族在居住条件、种植业的发展之间产生一定的矛盾，从而会引起一些民族关系方面的问题。如云南元阳哈尼族梯田旅游业发展过程中，一些哈尼族农民在梯田里种上香蕉等经济作物，这对传统的以稻作文化为核心的梯田文化产生了一些不利的影响，从而引起旅游部门和哈尼族农民之间的一些不和谐关系。

---

① 周大鸣、马建钊：《城市化进程中的民族问题研究》，民族出版社2005 年11 月版，第 11～12 页。

　　二是一些旅游者到西南民族地区旅游目的地来旅游，由于对一些民族习俗、宗教方面的禁忌等不了解，从而产生一些误会和冲突，由此引起一些民族关系方面的问题。由于许多旅游景区景点地处少数民族地区，游客和旅游对象往往分属于不同的文化，旅游从业人员与游客之间，也可能来自不同的民族，致使在完成旅游的全过程中，必然要遇到很多复杂的民族关系问题。在这方面，主要是大批外族游客的涌入，这不是一个简单的人员流动问题，因为他们会把自己的民族文化带到异民族中来。文化之间的差异很可能通过游客表现为文化的冲突。如游客的传统习惯与当地居民不同，他们若按自己的生活习惯行事，很可能会扰乱当地居民的生活，游客的个人行动很可能诱发为他们与当地居民之间的民族误解或冲突。同样，当地居民也会按照自己的文化传统来对待异族游客。他们可能出于好奇心的驱使，围观过路的外族游客，使外族游客感到不快，破坏他们旅游的情趣。他们也可能对游客的衣着、行为举止、宗教信仰评头论足，甚至讥笑，刺伤游客的自尊心。这些行为对当地居民而言，都是从他们的传统文化出发而作出的正常反应，但是却会搅乱外族人旅游活动的正常进行。①

　　（四）跨国经济、文化、婚姻等往来引起的民族关系问题

　　西南民族地区地处祖国边疆，与越南、缅甸等国毗邻，不可避免会发生跨国经济、文化、婚姻等方面的往来。在往来过程中，有同一民族之间的关系问题，也有不同民族之间的关系问题。

　　在婚姻方面，西南边境少数民族地区与缅甸、越南等国的婚姻往来不断增多，有边境地区中国籍边民出嫁到缅甸、越南等国的，也有缅甸、越南等国籍的妇女嫁到中国来的。这种婚姻往

---

　　①　潘盛之：《旅游民族学》，贵州民族出版社 1997 年 3 月版，第 27～33 页。

来，主要是以同一民族内部通婚为主。由于我国西南边境民族地区妇女嫁入内地的不断增多，导致边民到邻国娶媳妇的人数也不断增多。所以，近年来，西南边境边民跨国婚姻的比例有所上升。从目前来看，缅甸、越南等国边民妇女嫁给中国边民男子，其户口是不能转为中国户口的，但他们的子女可以办理中国户口。所以在户籍管理方面不会引起什么问题，他们的子女在入学、就医等方面也不存在不公平对待等问题。从总体上看，这种跨国婚姻还是比较和谐的，通过婚姻关系，加深了两国边民之间的友好往来。但由于跨国婚姻涉及面广，再加上有部分买卖婚姻的现象渗入，这种跨国婚姻还是会引起一些民族关系方面的问题。一方面，如果婚姻发生变故，可能会引起一些民族关系方面的问题。另一方面，如果违背婚约，也会引起一定的民族关系问题。

西南边疆民族地区与越南、缅甸、老挝等国的跨国经济往来在新中国成立以前就长期存在。云南、贵州、四川三省中，主要是云南省与越南、缅甸、老挝毗邻。这种边境贸易，不仅是边民之间的贸易，还有全国各地的人到边境地区去从事贸易活动的。因此，边境贸易中涉及的民族也是比较多的。由于边境贸易中欺诈、欠债不还、使用假币等现象时有发生，这些不正当的边贸活动在一定程度上也会带来一些民族关系方面的问题。另外，在20世纪八九十年代，边境贸易主要是小额贸易，许多边民都可以参与。但随着边贸的不断发展，规模不断扩大，所涉及的资金不断增多，许多外地商人凭借雄厚的资金实力在竞争中逐渐占据优势地位，原来当地的许多从事边贸的人逐渐沦为看客，他们原有的优势几乎荡然无存。如果不处理好这些当地原来以边贸为生的群众的利益，也会引发一些民族关系方面的问题。

随着经济往来的不断发展，跨国文化交流也不断增多。如德宏的中缅胞波狂欢节，从2000年到2011年的12年间，除了2003年因"非典"影响停办一届外，共举办了11届，其影响一年比一年大。像这样的文化交流活动还比较多。从总体上看，这些文化交流活动是有利于增进两国边民之间的友好往来的，有利于边疆地区的发展。但如果处理不好，也会带来一定的民族关系问题。

第七章　当代中国西南的民族
文化与文化变迁

　　西南各民族的文化是丰富多彩的。各民族都有自己的文化。新中国成立以来，各民族赖以存在的经济、政治及其制度都发生了深刻的变革。随着经济、政治的变化，各民族的文化也在不断发生变化。一部分文化已经衰退甚至消失；一部分文化已经发生变异。这些变化是不可避免的。但民族文化又是各民族不可缺少的内容，如何更好地保护和开发民族文化，为广大少数民族服务，是一个回避不了的问题，这也是关乎西南少数民族地区和谐发展的问题。

第一节　当代西南民族文化的基本特点与类型

一、基本特点

　　一个民族的存在与特征在很大程度上是从文化这面镜子中显示出来的。[①] 民族文化是民族存在的表征，因为之所以有自身特有的文化才使此民族与彼民族区别开来。[②] 这里所说的民族文化，主要指少数民族的传统文化、语言、文字、教育、文学艺术、风

---

　　① 吴仕民：《民族问题与中国的发展》，学习出版社 2000 年 3 月版，第 153 页。
　　② 王希恩主编：《当代中国民族问题解析》，民族出版社 2002 年 3 月版，第 337 页。

俗习惯等。

当代西南民族文化具有以下几方面的特点：

一是多样性。多样性是西南民族文化鲜明的外在特性。西南是一个多民族地区，各民族都有自己的文化，因此，西南民族文化就呈现出多样化的特点。在西南民族地区，全国 55 个少数民族都有分布。这么多民族，使西南民族文化呈现出多样性的特点。

西南民族文化的多样性表现在多方面。从民族服饰来看，西南各民族的服饰成为展现民族文化多样性的一个重要表现。各民族都有其自己特点的服饰，服饰成为从外部区分一个民族的主要表征。① 从民族音乐舞蹈来看，西南各民族的音乐舞蹈也是多姿多彩，成为民族文化的重要内容。如云南纳西族的东巴音乐、贵州侗族大歌，在世界上都具有重要影响。从宗教来看，有佛教、道教、基督教、伊斯兰教，还有一些原始宗教。从语言文字来看，除了回族等通用汉语外，其他少数民族都有自己的语言。虽然大多数少数民族都没有文字，但还是有一部分民族有自己的文字，如彝、纳西、傣、藏等族。② 从风俗习惯来看，各民族的风俗习惯也是多种多样。从建筑来看，有傣族等民族的干栏式房屋、彝族的土掌房、羌族的碉楼、白族的"三坊一照壁"民居等，都具有十分突出的民族特色。从所从事的生产活动来看，坝区主要表现为稻作文化；山区主要以种植玉米、马铃薯、荞等作物为主；牧区主要以饲养牛羊为主。改革开放以来，一部分少数民族以种植经济作物为主，如烟草、橡胶、茶叶、甘蔗等。

二是多态性。在新中国成立初，西南民族地区经济发展不平衡，原始公社制、奴隶制、封建领主制以及半殖民地、半封建下

---

① 张保华：《云南民族文化概论》，中国社会科学出版社 2005 年 5 月版，第 24 页。

② 张保华：《云南民族文化概论》，中国社会科学出版社 2005 年 5 月版，第 24 页。

的畸形资本主义成分等同时并存。这就决定了西南民族文化具有多态性的特点。如佤族、怒族、基诺族、德昂族等处于原始社会末期的民族，其文化就与处于更高社会发展阶段的民族明显不同：没有文字，刻木记事；主要信仰以万物有灵为核心的原始宗教；刀耕火种，耕作方式简单。而处于更高社会发展阶段的傣族、彝族等，有文字，信仰以一神教为主，耕作方式精细，呈现出了不同的民族文化。

三是乡土性。费孝通在《乡土中国》中指出：从基层上看去，中国社会是乡土性的。中国乡土社区的单位是村落，村与村之间的关系是孤立、隔膜的，人口的流动率小，社区之间的往来疏少。因此，乡土社会的生活是富于地方性的。[①] 施惟达、段炳昌等的《云南民族文化概说》中谈到费孝通对中国乡土社会的描述也适合于云南社会，[②] 这是没有问题的。其实，整个西南民族地区就是一个非常典型的乡土社会。在 20 世纪 80 年代以前，西南民族地区各村落，特别是不同民族的村落之间，人口的流动率是比较小的。西南民族地区社会的乡土性，就决定了西南民族文化具有乡土性的特点。乡土性是西南民族文化的内在属性。这种乡土性决定了西南民族文化是以民族为依据而划分的区域文化。地域和民族是构成西南民族文化的两个层次、范畴，二者相互区别而又存在诸多交叉，致使各民族文化形态丰富而复杂。西南民族文化正是以民族为划分依据，复合地域、支系等因素而形成的区域性民族文化。一些具有相对独立文化单元性质的民族文化，如迪庆、甘孜、阿坝地区的藏文化以及云、贵、川交界地区的凉

---

① 费孝通：《乡土中国》，江苏文艺出版社 2007 年 4 月版，第 5～9 页。

② 施惟达、段炳昌等：《云南民族文化概说》，云南大学出版社 2004 年 5 月版，第 8 页。

山彝族文化，都是构成西南民族文化的有机的地域文化。[①]

四是繁荣与衰退、变异并行。繁荣民族文化是社会主义民族发展的必然要求，社会主义是真正能够使民族文化得到繁荣发展的时期。与此同时，各级党和政府高度重视民族文化的繁荣发展，采取多项措施来繁荣民族文化。因此，在西南民族地区，民族文化比较繁荣。

在民族文化繁荣的同时，民族文化的衰退并没有停止。民族传统文化的衰退是指这种文化的减少和消失。改革开放以前，"左"的思想指导造成的对民族文化的有意压制，"大跃进"年代的"民族融合"风连带的对少数民族传统文化的排斥，以及"文化大革命"时期随着对党的民族政策的全面破坏而带来的对民族文化的全面摧残；而改革开放以后，现代化的迅猛推进又带来对民族文化的强烈冲击，这些都是民族文化衰退的重要原因。

在民族传统文化衰退的过程中，许多传统文化成分在实际生活中并没有减少或消失，而是与现代生活相结合，使自身得到了适应新环境的演化变迁。这其实就是变异。变异是民族传统文化在新形势下得以保留和发展的唯一途径。王希恩认为，两相比较，衰退更为有力。这主要是因为：第一，各地传统文化的衰退正是在各种挽救和弘扬措施不断实施时发生的。第二，已有的复兴尚多与民间生活脱节，衰退是深层的。[②]

二、西南民族传统文化的基本类型

（一）物质文化

西南民族传统文化的分类，从大的方面来讲，可以分为物质文化和非物质文化两大类。

---

① 黄泽：《西南民族节日文化》，云南教育出版社 1995 年 3 月版，第 37～38 页。

② 王希恩主编：《当代中国民族问题解析》，民族出版社 2002 年 3 月版，第 348～349 页。

物质文化，是指为了满足人类生存和发展的需要所创造的物质产品及其所表现的文化，包括饮食、服饰、建筑、交通、生产工具以及乡村、城市等，是文化要素或者文化景观的物质表现方面。

如果按照经济生产方式，西南民族物质文化在新中国成立初期大致可以分为以下几种：

第一，刀耕火种型。属于此类型的民族有：聚居于云南独龙江两岸山地的独龙族，怒江两岸的傈僳族、怒族，阿佤山区的佤族，滇西德宏山区的景颇族，滇西南亚热带山区的拉祜族，西双版纳布朗山的布朗族，基诺山的基诺族，分布于贵州、云南两省交界山地的苗族、瑶族。① 这些民族在文化上形成了适应经济模式的特色，在居住方面，因游耕常需搬迁，因而少建永久性住房，多以木、竹等搭棚居住。服饰方面，缝制技术落后，色彩以靛蓝等深色为主，缺少变化。衣料多用麻布。饮食多以旱谷、荞麦、玉米等旱地作物为主食。饮料多为酒类。食物制作以煮、烧、烤为主，烹制方法简单。在精神文化方面，原始宗教的神灵信仰十分普遍，各民族神话、创世史诗、农事歌谣等极为丰富。在这种经济模式下的民族，其民族节日大多尚未独立形成，几乎全是祭祀活动，如祭祖、祭山、祭树、祭水。②

第二，山地牧耕型。属于这类型的民族主要有藏、纳西、普米、部分居于山区的白族、凉山彝族。畜牧业为传统经济方式，山地农耕为刀耕火种的直接后继型。为了适应这种经济类型，文化上形成了自身的特色：服饰方面都有披毡子和羊皮的习惯。房屋多为土木结构建筑，以藏族的碉楼、彝族的土掌房、纳西族和普米族的木楞房，白族和纳西族的"三坊一照壁"汉式四合院最

---

① 黄泽：《西南民族节日文化》，云南教育出版社 1995 年 3 月版，第 53～54 页。

② 黄泽：《西南民族节日文化》，云南教育出版社 1995 年 3 月版，第 54～55 页。

有特色。在居住建筑格式及习惯上，极为重视火塘的位置，由此产生了许多有关火塘的禁忌、膜拜和用火习俗。一些重要的宗教活动、民族家族活动多在火塘边进行。这些民族的宗教信仰已进入了一个较高的层次。如藏族信仰的藏传佛教、纳西族信仰的东巴教。当然也有仍然信仰原始宗教的，如大、小凉山的彝族，原始宗教信仰仍十分牢固。受制于这一经济模式的民族，节日文化具有这样的特点：注重祭天、祭祖、祭山、祭火，并拥有一批与畜牧业相关的节日。如纳西族的祭天、三朵节、棒棒会、丽江骡马会、牧神节，藏族的经会、跳神法会，纳西族、普米族的转山会，彝族的火把节、彝历年等。①

第三，梯田稻作型。属于这种类型的民族有彝、白、哈尼、阿昌等民族。这一经济模式是由传统山地耕牧型演变而成的，最典型的就是红河哈尼族的梯田。这一类型的民族从事水稻耕作的时间不长，是由刀耕火种和山地耕牧两种模式逐渐过渡而来的。因此，他们在文化上具有明显的二元性。一方面保留了原经济模式的火葬、土掌房、蘑菇房、靛蓝服色、崇拜火塘、重视祭祖祭天等；另一方面又吸收稻作文化的诸多因子，形成新的文化特点。②

第四，坝区稻作型。属于这一经济模式的有傣、壮、布依、水等民族。他们在语言上属于壮侗语族。另外，蒙古族、回族等晚迁入西南的民族也属于坝区稻作型。③

以上各种类型的物质文化，最重要的是衣、食、住、行等方面。

---

① 黄泽：《西南民族节日文化》，云南教育出版社1995年3月版，第51～53页。

② 黄泽：《西南民族节日文化》，云南教育出版社1995年3月版，第55～56页。

③ 黄泽：《西南民族节日文化》，云南教育出版社1995年3月版，第56页。

　　在住的方面，西南少数民族的民居，由于受各种复杂的自然因素和人文因素的影响，加之处于社会发展不同阶段的多民族共存的现实，形成风俗习惯的多样性与差异性，致使民居住宅的形式、结构也呈现出多种多样的类型，主要有以下几方面："风篱式"与"帐篷式"住宅、碉楼式住宅、井干式（木楞子）住宅、干栏式住宅、"上栋下宇"式住宅。

　　在西南的白族、纳西族、彝族、羌族、藏族、布依族、土家族等民族的住屋中，有一种外观风格与汉式建筑甚为相似的"上栋下宇"式住宅。这种房屋以长方形作为空间隔断的惯常形式；以山形双坡作为空间封闭的原始顶式；一定的阶基与崇峻屋区互为呼应；屋顶与阶基之间的立面多以木质窗棂相间而成，鲜用封壁；左右两面山墙少有开窗辟门。平面布局有三间、五间、七间，中间一间为堂屋，呈左右对称，也有少数受地形限制为两间或四间的。①

　　干栏式住宅主要在壮族、布依族、傣族、侗族、仫佬族、水族、毛南族、佤族、德昂族、基诺族、苗族、瑶族、布朗族、独龙族、怒族、哈尼族、拉祜族、景颇族等民族中保留。不过，因各民族所处地区的自然条件、经济发展水平、文化传统和风俗习惯等诸多方面有着很大的差异，致使干栏建筑呈现出多种多样的风格。②

　　井干式住宅是指用天然圆木或方形、矩形、六角形断面的木材，层层累叠构成房屋壁体，形如井状的一种木结构建筑类型。在西南地区的纳西族、彝族、藏族、苗族、普米族、傈僳族、独

---

　　①　管彦波:《中国西南民族社会生活史》,黑龙江人民出版社 2005 年11 月版, 第 217 页。
　　②　管彦波:《中国西南民族社会生活史》,黑龙江人民出版社 2005 年11 月版, 第 215 页。

龙族、仡佬族等民族的住房形式中都可见到这种形式的住宅。①

　　碉楼式住宅主要流行于川西、川西北以及云南西北的藏族居住地区，与这一地区相邻的羌族、纳西族、彝族都普遍采用这种建筑类型。这种建筑以方形及其变体空间作为空间隔断的一般形式，以平顶作为空间封闭的常见顶式，以石为墙起楼，下宽上窄，四周开窗，正面建筑一般稍低，形似碉堡。②

　　"风篱式"住宅是半地穴式住宅向地面建筑演进过程中一种古老的居住形式。这种原始的与采集、狩猎经济相适应的"风篱式"住宅在20世纪50年代以前一些民族的住宅中仍可以看到。如四川左所纳西族用土块围成的"风篱式"住宅即先用土块垒起一面墙，辅以木架，上覆树叶等物而建成。云南的拉祜族支系苦聪人，用树杈做柱子，以树干和竹子做墙体，竹叶或芭蕉叶做房顶，建造一种"窝棚式"的住宅。比"风篱式"更进一步的住宅是"杈杈房"或"帐篷式"的住宅。"杈杈房"是西南地区瑶族、彝族、水族、苗族、拉祜族等民族一种较为原始的住宅形式。因都系以树杈为屋架建造而成，故通称为"杈杈房"。③

　　在穿的方面，绝大多数西南少数民族都有自己的服饰。有的民族有不同的支系，不同支系的服饰又有所不同。如彝族内部的不同支系，服饰在款式、色彩方面都各有差异。这些绚丽多彩的西南民族服饰，从形制与款式风貌来看，主要有冠帽巾帕、上衣（披裹式、套头式、长衣、短衣、腰饰与胸饰）、下装（裙、裤、鞋袜）等。

　　在食物方面，西南民族食物的种类繁多，有"粮"食、"肉"

---

　　①　管彦波：《中国西南民族社会生活史》，黑龙江人民出版社2005年11月版，第211页。

　　②　管彦波：《中国西南民族社会生活史》，黑龙江人民出版社2005年11月版，第210页。

　　③　管彦波：《中国西南民族社会生活史》，黑龙江人民出版社2005年11月版，第208页。

食、"菜"食、"虫"食、"生"食、"酸"食、"糯"食、"血"食、"酒"食、"茶"食等。各种不同的食物又分属"水生"和"陆生"或植物类和动物类两大类别，共同构成了主食与副食、生食与熟食、酸食与糯食、稻谷与杂粮、菜蔬与饮料相互搭配的多元饮食结构。①

在出行方面，西南民族地区地理环境复杂多变，高崖深壑、川原平坝、密林山箐、溪流纵横，人行车道常常是九曲八折，广大的山区难以用宽敞的道路相连，大型的交通工具更难以在大范围内使用。为了互相间的交流与往来，西南各民族及其先民不断修路造桥，但由于受地形地势和道路狭窄等客观原因的制约，各种类型的车在西南各民族的出行与交往中并不是很普遍，只是少量使用牛车、马车、骡车、胶轮车、手推车、独轮车等。同时，西南民族地区的金沙江、澜沧江、岷江、怒江、雅鲁藏布江、元江、南盘江、北盘江、雅砻江、黔江、大渡河、赤水河、红水河等，大多水势汹涌湍急，弯多坡陡，操舟不易，难以全程通航，船只、筏子只是在一些河段和湖泊中短途使用，如纳西族、傈僳族、羌族、藏族、白族、普米族等都把皮筏子当做一种简易的渡河运载工具。在未通公路、铁路之前，西南少数民族更多是采用牛、马、骡、驴等大牲畜作为驮载重物的工具，并且组织了马帮和牛帮这种古老的运输组织。② 其中以马帮最为有名。马帮是在西南地区特殊的地理和经济条件下所形成的一种特殊的交通运输方式，是对按约定俗成的方式组织起来的一群赶马人及他们所管理的骡马运输队伍的称呼。其组织形式有临时性马帮和专业性马帮之分。临时性马帮，亦称"季节性马帮"、"拼伙帮"或"逗凑帮"，是各家各户于农闲时临时组织或贩运某一批货物而临时

---

① 管彦波：《中国西南民族社会生活史》，黑龙江人民出版社 2005 年 11 月版，第 100 页。

② 管彦波：《中国西南民族社会生活史》，黑龙江人民出版社 2005 年 11 月版，第 246～252 页。

凑集，一旦这批货运完，旋即解散的马帮。这种临时性的马帮，规模小，骡马不多，多承担一些零散的、短途的运输，没有固定的马帮线路。专业性的马帮则是由基本上与农业畜牧业相分离、专门从事大宗商品的长途贩运的一群赶马人所组成的马帮。一般的马帮主要由同一民族的赶马人自愿组织而成。如1949年以前从昆明到大理一线比较有名的汉族马帮有包文彩、黄锡柞、赖锡、赖学中等马帮。昭通一带彝族马帮中以大马锅头龙光荣为代表。在白族马帮中，大理马久邑的三元帮在清初曾名噪一时。喜洲较著名的马帮也有苏里祥帮、杨幼军帮、杨运兴帮、杨成霄帮、杨号甲帮、杨汝之帮共六家。在纳西族马帮中，以李悦、李鸿耀、赖耀彩、杨子祥、杨嘉泽、和幼臣等人组织的马帮最为著名。藏族、普米族的马帮也有一定的规模。[①]

（二）非物质文化

非物质文化是与物质文化相对应的一个概念，主要指人类在社会实践过程中所创造的各种精神文化。从内容上来看，非物质文化大体上可分为三个部分：与自然环境相配合和适应而产生的，如自然科学、宗教、艺术、哲学等；与社会环境相配合和适应而产生的，如语言、文字、风俗、道德、法律等；与物质文化相配合和适应而产生的，如使用器具、器械或仪器的方法等。按照国务院公布的《非物质文化遗产名录》，非物质文化遗产可以分为十大类：

一是民间文学。在西南少数民族中，民间文学较多，如贵州苗族古歌、云南彝族四季生产调以及叙事长诗《阿诗玛》等。

二是民间音乐。在西南少数民族中，民间音乐也很丰富，如有傈僳族民歌、侗族大歌、侗族琵琶歌、哈尼族多声部民歌、彝族海菜腔、布依族铜鼓十二调等。

---

① 管彦波：《中国西南民族社会生活史》，黑龙江人民出版社2005年11月版，第254～255页。

三是民间舞蹈。在西南少数民族中，民间舞蹈很兴盛，如藏族的锅庄舞、苗族芦笙舞、佤族木鼓舞、苗族和彝族铜鼓舞、傣族孔雀舞、彝族烟盒舞、基诺族大鼓舞等。

四是传统戏剧。在西南少数民族中，比较有影响的民族传统戏剧有侗戏、布依戏、彝族撮泰吉、傣剧等。

五是曲艺。云南西双版纳傣族章哈、贵州省兴义市布依族八音坐唱等曲艺都比较有名。

六是杂技与竞技。如苗族斗牛等在民间还很有影响。

七是民间美术。纳西族东巴画、藏族唐卡、苗族的苗绣、水族马尾绣等都是著名的少数民族传统美术的典型代表。

八是传统手工技艺。傣族慢轮制陶技艺、苗族蜡染技艺、白族扎染技艺、苗寨吊脚楼营造技艺、苗族芦笙制作技艺、苗族银饰锻制技艺（贵州省雷山县等）、阿昌族户撒刀锻制技艺（云南省陇川县）等都很有名。

九是传统医药。西南的藏医药、苗医药、傣医药都仍然在发挥着重要作用。

十是民俗。民俗是活着的少数民族文化，是非物质文化的重要组成部分。民族节日是民俗的重要内容，如傣族泼水节、彝族火把节、景颇族目瑙纵歌、羌族瓦尔俄足节、苗族鼓藏节、水族端节、布依族查白歌节、苗族姊妹节、独龙族卡雀哇节、怒族仙女节、侗族萨玛节、仡佬族毛龙节、傈僳族刀杆节、白族绕三灵等，都被列入了国务院《非物质文化遗产名录》。

第二节　当代西南民族文化的变迁

一、西南民族文化变迁的总体概况

新中国成立以来，通过建立人民政权、民主改革、社会主义改造以及采取的多项发展经济的措施，西南少数民族地区政治、经济制度发生了重大的变革，民族文化也随着发生了重大的变化。从大的方面来看，可以分为以下几方面：

一是生产方式发生了重大变革。首先是生产资料所有制发生了重大变化，绝大部分由私有制变成了社会主义公有制。生产工具在不断发生变革：新中国成立时，不少地区铁制生产工具缺乏；新中国成立后，铁制生产工具、耕牛不断采用，近年来还出现了机械动力代替人力、畜力的先进生产工具。土地的耕作方式发生了重大变化：新中国成立时，少数地区是刀耕火种，耕地不固定，即使有固定耕地的，也是产量较低；新中国成立以后，刀耕火种不断减少，到目前为止，已经基本没有了。同时大力兴修水利，改造中低产田，讲究精耕细作、科学种田。农田复种指数增加。在农作物种植方面也发生了巨大变化，传统的稻谷、玉米、马铃薯等，不断改良品种，亩产量大大提高。经济作物不断种植，畜牧业不断发展，商品经济不断发展，改变了过去传统的自然经济的生产方式。

二是社会制度发生了重大变化。随着社会主义制度的逐步建立，西南少数民族地区的原始公社、奴隶制、封建制等逐步被消灭，少数民族上层的特权被剥夺，少数民族地区原有的一些社会组织的作用不断丧失。新建立的生产队、大队、公社（20 世纪80 年代以后称为村民小组、村民委员会、乡）取代了原来的社会组织。

三是吃、穿、住、行发生了重大变化。在吃的方面，首先由吃不饱到解决了温饱，到吃得越来越好。与此同时，吃的内容在不断改变，大米成为西南少数民族最重要的主食，肉类大大增加，蔬菜种类越来越丰富。穿的方面，首先是衣料发生了重大变化，西南少数民族服装的衣料基本上都由新中国成立初期的棉、麻布变成了现代布料。其次是传统服饰大大减少，青少年穿着现代服装的居绝大多数，只有部分中老年人还在穿着少数民族服装。许多配饰的材料和工艺也发生了重大变化。总的说来，民族服饰流失的速度在加快。传统民族服饰基本上是手工制作的，制作周期长，花费劳动力大，成本远远高于市场上购买的普通服装。这使得许多少数民族穿得起现代服装，穿不起民族服装。而且，由于农业生产的变迁，原来用于编织少数民族服装的衣料已不再生产，这也给民族服饰的传承带来了危机。① 在住房方面，传统住宅不断减少，新式砖瓦房、钢筋混凝土楼房不断增多。房屋内部结构也发生了重大改变。在交通方面，随着铁路、公路的不断修建，现代交通工具成为人们出行的重要选择。

四是宗教信仰、思想观念发生了重大变化。在新中国成立初期，西南民族地区宗教信仰比较普遍。在"大跃进"、"文化大革命"中，宗教受到了强烈冲击。改革开放以来，恢复了宗教信仰自由政策，西南民族的宗教活动又逐步增加。但由于受到经济不断发展、医疗卫生事业的影响，宗教对人们的影响不断下降，人们越来越相信科学。

五是婚丧嫁娶、节日等社会习俗发生了重大变化。在新中国成立以前，西南少数民族绝大部分是父母包办婚姻，有一夫多妻现象存在。新中国成立以后，实行婚姻自由，一夫一妻制。嫁娶的程序不断简单化。

在丧葬方面，西南民族主要有火葬、土葬、天葬、水葬、塔葬等。新中国成立以后，在较长时间内，丧葬方面并没有太多的变化。20世纪80年代以来，由于倡导火葬，城镇少数民族选择火葬的人在不断增多。

在节日方面，宗教性的节日娱神性的功能在减少，娱乐成分增多，最典型的就是景颇族的目瑙纵歌。农事性的节日由于受到科学种田的冲击，也在不断减少，甚至基本不过这样的节日了。在节日文化发展过程中，一个突出的变化就是，为了发展经济，

① 郑杭生主编：《民族社会学概论》，中国人民大学出版社2005年7月版，第57页。

一部分节日被上升为法定节假日。同时原来没有隆重的节日的地区，地方政府也想办法创立了新的节日。节日期间，商业味很浓，变成了民族文化搭台、经济唱戏。

二、汉藏语系藏缅语族民族的文化变迁

（一）独龙族、傈僳族、怒族、拉祜族、景颇族、基诺族的文化变迁

按经济生产方式来看，在新中国成立初期，藏缅语族的民族中，聚居于独龙江两岸山地的独龙族、怒江两岸的傈僳族和怒族、滇西德宏山区的景颇族、滇西南亚热带山区的拉祜族、云南西双版纳基诺山的基诺族，都属于刀耕火种型;[①] 藏族、纳西族、普米族、部分居住于山区的白族、凉山彝族属于山地牧耕型；彝族、白族、哈尼族、阿昌族等民族属于梯田稻作型。

在新中国成立初期，处于刀耕火种阶段的独龙族、傈僳族、怒族、景颇族、拉祜族、基诺族，原始农业是其主要的经济来源，采集和狩猎是重要的补充手段。作物品种有玉米、旱谷、水稻等。水稻主要是景颇族在种植，其他民族的水田都很少甚至没有。他们住的是木垒房或竹篾房。[②] 生产工具十分简陋，小型铁器、石器、木器并用。[③] 新中国成立以后，大量的铁制生产工具由政府直接分送到这些少数民族村寨，推动了其农业由刀耕火种向锄耕犁耕型发展。与此同时，大规模开挖水田，不断实行科学种田种地，粮食产量逐年提高，固定耕地不断增加，刀耕火种成为历史。20 世纪 80 年代特别是 90 年代以来，不断扩大经济作物

---

① 黄泽:《西南民族节日文化》，云南教育出版社 1995 年 3 月版，第 53～54 页。

② 《独龙族简史》修订本编写组:《独龙族简史》，民族出版社 2008 年 12 月版，第 7 页。

③ 《独龙族简史》修订本编写组:《独龙族简史》，民族出版社 2008 年 12 月版，第 43 页。

种植面积，在局部地区成为主要的经济来源，传统的种植业发生了较大的改变。

由于经济的不断发展，住房由原来的木垒房或竹篾房向瓦房、钢筋混凝土楼房发展。

历史上没有文字，新中国成立后，为怒族、傈僳族、拉祜族、景颇族创制了文字。

在宗教方面，由于这些民族处于从原始社会向奴隶社会的过渡阶段，在西方传教士进入云南边疆地区传教以前，主要信仰的都是万物有灵的原始宗教。基督教等传入之后，传统的万物有灵的原始宗教与基督教并存共融。新中国成立后，对基督教等进行改革，其后在"大跃进"、"文化大革命"的冲击之下，同时由于农业生产、学校教育以及医疗卫生事业的不断发展，宗教的权威性受到了挑战，宗教信仰不再是人们精神世界唯一的主宰。但20世纪80年代以来，由于实行宗教信仰自由政策，信教群众有所增加，宗教活动增多。不过，由于现代化的不断推进，宗教节日与仪式的娱神性功能逐渐被淡化，其娱乐性功能越来越突出。

（二）彝族、藏族、纳西族、普米族、山区白族（主要分布在贵州）的文化变迁

新中国成立初期，西南的彝族、藏族、纳西族、普米族、山区的白族，属于山地牧耕文化类型。这种类型的民族，主要生活在山区，有的生活在高寒山区，生产以山地耕作、畜牧及狩猎为主。农作物有玉米、马铃薯、青稞、麦子、豆类、燕麦、荞、小米、高粱等。另外，金沙江、雅砻江、安宁河的低热河谷地带的彝族地区，除水稻每年可两熟外，还出产甘蔗、花生等经济作物。[1] 新中国成立后，逐渐实行定居放牧，畜牧业不断发展，商品率不断提高。农业也迅速发展，实行宜农则农、宜牧则牧、宜

①　四川省民族研究所：《四川少数民族》，四川民族出版社1982年8月版，第3页。

林则林、宜药则药，多种经营，全面发展。20 世纪 80 年代以来，畜牧业发展迅速，成为山区民族重要的经济增长点。另外，四川阿坝州的藏族、云南丽江的纳西族地区，旅游业不断发展，特别是旅游地核心区，原来的牧耕生产方式改变较大。到目前为止，大米逐渐成为人们的主食。随着经济的发展，交通条件不断改善，马帮作为主要运输工具的地位不断受到削弱。不过，在凉山彝族地区出现了新的问题——贩毒、吸毒、艾滋病等成为困扰当地经济社会发展的又一个新的难题。

新中国成立前，上述各民族传统民居建筑各有特色。西南藏族农区民居以石块或夯土为墙，平顶，形如碉房，上层住人，下层为厩或作库，有院落；牧区民居为帐篷，用牦牛毛织成，色黑，冬暖夏凉，迁移方便。① 纳西族的民居，在丽江城镇和坝区、河谷地带，是被称为"三坊一照壁"和"四合五天井"的土木或砖木结构瓦房建筑。永宁等地的纳西族传统住宅和宁蒗纳西族的传统住宅十分相似，从墙院到房屋，全部结构用木垫积而成，称为井干式木楞房。而兰坪等地的普米族民居，与当地傈僳族的"千脚落地房"十分相似，房屋为木结构，墙壁用圆木重叠垛成，用木板盖顶，四角竖圆柱，正房中央有一根擎天柱，含有祖先神灵护佑之意。② 贵州白族地区的住宅结构和原材料，主要根据当地取材和各自经济力量来决定。房屋构造形式，一般为木结构和土木结构，砖木结构较少。③ 彝族传统民居建筑多为穿榫多柱落地的排架结构，土墙或石墙，双斜面屋顶，上盖木瓦板或茅草或瓦。新中国成立后，住房有了很大变化，土墙茅草房大都被瓦房

---

① 王绍周：《中国民族建筑》第一卷，江苏科学技术出版社 1998 年 12 月版，第 8 页。

② 王绍周：《中国民族建筑》第一卷，江苏科学技术出版社 1998 年 12 月版，第 20 页。

③ 贵州省地方志编纂委员会：《贵州省志·民族志》下册，贵州民族出版社 2002 年 10 月版，第 718 页。

代替。20 世纪 80 年代以来，随着经济条件的不断改善，上述各民族的住房条件不断改善。近年来，部分群众盖起了钢筋混凝土结构的房屋，但在建筑风格和房间的安排使用上大都仍沿袭传统。[①] 不过，在四川木里俄亚等地的纳西族还多保留传统的民居样式。[②]

在服饰方面，首先是衣料发生了根本性的改变，传统的棉布、麻布已经消失，使用的都是现代的各种布料。二是服饰发生了较大的改变，特别是男子服饰，现代化的程度已经很深。女子穿现代服装的也越来越多。目前，只有部分中老年人和边远山区的人群才经常穿着本民族服装。

在婚姻方面，新中国成立前，在纳西族中有一夫多妻现象。姑舅表婚比较流行，而且舅权极大。殉情，纳西语叫"游舞"，在丽江纳西族中比较突出。云南宁蒗和四川盐源、木里等地的纳西族家庭，长期处于母系家庭与父系家庭并存的阶段。直到民主改革前夕，这一带仍保存着母系、母系父系并存、父系等三种不同类型的家庭，而以母系家庭为主。与三种家庭类型相联系，在婚姻制度方面，这一带地区的纳西族，在民主改革前夕，还长期处于从初期对偶婚向一夫一妻制过渡的状态中。社会上保存着"阿注婚姻"、"阿注同居"、"正式结婚"三种形式，而以"阿注婚姻"为主。新中国建立后，在"文化大革命"期间，永宁纳西族（摩梭人）的"走访婚"习俗尽管受到"左"的冲击，他们的母系制家庭和"走访婚"习俗仍得到保留和持续。1980 年以后，摩梭人选择自己生活方式的自主性更大。根据 20 世纪 90 年代的民族志调查资料，在有的村落，母系制家庭比 20 世纪五六十年代还有增加的趋势。近年来，随着社会经济的发展，摩梭人

---

① 贵州省地方志编纂委员会：《贵州省志·民族志》上册，贵州民族出版社 2002 年 10 月版，第 483 页。

② 《纳西族简史》修订本编写组：《纳西族简史》，民族出版社 2008 年 4 月版，第 138～140 页。

"走访婚"习俗也出现多样化的现象，有的年轻人到外地工作，传统婚姻习俗也面临挑战。①

在宗教信仰方面，贵州彝族的宗教信仰包括本民族传统的原始宗教和外来的基督教。彝族传统的原始宗教可分为自然崇拜、图腾崇拜和祖先崇拜三大类。② 基督教是近代传入的。新中国成立前，纳西族信仰东巴教、汉传佛教、藏传佛教、道教等，民间还有一种巫师被称为"桑尼"或"桑帕"的巫术信仰。③ 1950 年后，丽江东巴教活动逐渐减少。1980 年后，在纳西族民间只有少数东巴还有活动。④ 藏族信仰的是藏传佛教。

在节日方面，彝族最隆重的是火把节。藏族最隆重的是藏历新年。新中国成立以后，各少数民族除过自己的传统节日之外，汉族的春节也越来越受到重视。总的来看，民族节日的生产、宗教等功能不断减弱，娱乐性、休闲性在不断增强。

在语言文字方面，纳西族的象形文字是一种比较古老的文字，彝族也有自己的文字。新中国成立以来，随着经济的不断发展，许多少数民族群众都只会说本民族的语言，而不知晓本民族的文字了。还有一部分人，由于长时期脱离本民族语言环境，基本不会说也听不懂本民族语言了。

（三）阿昌族、哈尼族、土家族、平坝地区白族的文化变迁

西南地区的阿昌族、平坝区的白族、哈尼族、土家族的文化属梯田稻作型。新中国成立初期，他们的农作物以水稻为主，但由于地处山谷，主要是在山坡上开挖水田，故因此而得名。其

---

① 《纳西族简史》修订本编写组：《纳西族简史》，民族出版社 2008 年 4 月版，第 151～153 页。

② 贵州省地方志编纂委员会：《贵州省志·民族志》上册，贵州民族出版社 2002 年 10 月版，第 489 页。

③ 《纳西族简史》修订本编写组：《纳西族简史》，民族出版社 2008 年 4 月版，第 157 页。

④ 《纳西族简史》修订本编写组：《纳西族简史》，民族出版社 2008 年 4 月版，第 159 页。

中，以红河元阳梯田最为著名。新中国成立以来，大量"雷响田"变成保水田，水稻品种不断改良，产量逐年提高。种植水稻仍然是一个重要的生产方式。20世纪80年代以来，经济作物不断扩大种植。如烤烟成为土家族各地第一支柱产业和政府的主要财政来源，农民脱贫增收的重要途径。与此同时，蚕桑种植也得到了较快发展。[①] 20世纪90年代以来，特别是进入21世纪以来，由于种植经济作物的价值要高于水稻，部分元阳梯田上也被村民种上了香蕉等经济作物。不是梯田的土地上，种植的经济作物更多。20世纪90年代以后，劳务输出成为增加农民收入的重要手段。[②] 一部分村民还放弃了农业生产，出外务工，造成部分梯田荒芜。同时，传统的手工劳动工具部分被机器所取代，以种植水稻为主的传统生产方式正在发生巨大的变革。同时，旅游业不断兴起，对经济发展起了巨大的推动作用。新中国成立以来，各少数民族地区发生了巨大变化，人民生活不断改善。原始农业、传统农业向现代化农业转变，自给自足的自然经济向商品经济转变，交通通信条件大大改善，为生活的改善创造了条件。

在住房建筑方面，新中国成立以来也发生了较大的变化。云南白族和阿昌族传统民居建筑有相似之处，多采取"三坊一照壁"或四合院落。哈尼族的房屋一般是土、木结构的两层楼房，用石块奠基，用结实的圆木或方木作支柱，土砖砌墙。房屋的外形有正方形的，也有长方形的，屋顶有平顶、双斜面和四斜面几种。平顶屋当地称"土掌房"，在内地和红河南岸的哈尼族中均较普遍，其构造是在横梁上铺上一层木棍或木条、木板，上覆盖茅草，茅草上再铺一层不含杂质的素土，经洒水抿捶而成。土顶既是屋顶，又是晒台，在坎坷不平的山区是很实用的。斜面屋顶

---

① 贵州省地方志编纂委员会：《贵州省志·民族志》上册，贵州民族出版社2002年10月版，第370页。

② 贵州省地方志编纂委员会：《贵州省志·民族志》上册，贵州民族出版社2002年10月版，第371页。

多铺茅草，少数用瓦。四斜面房顶在元阳一带被称为蘑菇房，远远看去一个个村寨犹如一窝蘑菇。西双版纳及澜沧等温热地带的哈尼族，其住房主要有两种，一种是无楼的小草屋，木架草顶结构；另一种是竹木结构的干栏式建筑，与傣族竹楼相似，但较简陋。① 土家族的房屋为干栏式建筑。20 世纪 80 年代以来，随着经济的发展，各民族地区的茅屋不断减少，开始有砖瓦房和钢筋水泥房，到 21 世纪初，基本消灭了茅草房。与此同时，房屋内部结构也发生了很大的变化。

在服饰方面，新中国成立以前，这些民族都喜欢用自己染织的土布做衣服。讲究刺绣、配饰等。新中国成立以后，染织土布的衣料逐渐减少。到了"文化大革命"时期，还一度禁止穿民族服装。20 世纪 80 年代以来，随着经济的快速发展和人口流动的加大，穿着民族服饰的人大大减少。到 20 世纪末，男子服饰基本是现代服装，女装还保留一些本民族特点。除了重大节日活动以外，一般平时只有中老年人会穿本民族服装。与此同时，会染织土布、刺绣和打造银饰等的工匠越来越少，甚至绝迹了。目前，只有大理白族的扎染、阿昌族制作刀具等铁器的传统技艺还比较兴盛。

在宗教信仰方面，阿昌族信仰佛教。白族主要崇拜本主。土家族虽然是多神信仰，但以原始宗教为主。哈尼族也以信仰原始宗教为主。民国初，基督教曾传到墨江等哈尼族地区，佛教也曾在部分地区传播，但影响都比较小。新中国成立以来，宗教特别是原始宗教对人们的影响大大减弱，部分人已经不信仰原始宗教了。

在婚姻方面，新中国成立以前，父母包办婚姻比较普遍，存在一夫多妻现象。在土家族中，有哭嫁的习俗。白族等民族很少

---

① 《哈尼族简史》修订本编写组：《哈尼族简史》，民族出版社 2008 年 4 月版，第 107 页。

与汉族通婚。新中国成立以来，特别是目前，基本上是婚姻自由；实行了一夫一妻制。土家族中仍保留了哭嫁的形式，但哭嫁的时间变短了。同时，哭嫁的内容已发生了变化，添入了婚姻自主、感谢父母、感谢众亲友和媒人的帮助等内容。[①]

在饮食方面，白族人民喜欢喝烤茶。20世纪80年代兴起"三道茶"。它继承了白族传统的茶俗，又体现了时代精神，集中反映了独具特色的白族文化。[②] 在哈尼族的饮食文化中，"街心酒"（也称"长街宴"）非常有特色，每年都吸引了不少的食客。阿昌族和西双版纳的哈尼族过去都喜欢嚼槟榔，目前已经很少了。

在语言文字方面，除了哈尼族以外，在新中国成立以前，都没有文字。哈尼族一些通汉字的知识分子，曾用汉字记录过哈尼语，被称之为"汉字型哈尼字"。[③] 新中国成立后，为哈尼族创制了文字，并于1958年在红河哈尼族彝族自治州试行。[④]

三、汉藏语系壮侗语族民族的文化变迁

在西南的少数民族中，傣、壮、侗、布依、水、仫佬、仡佬等民族属壮侗语族。也有学者认为仡佬族的语言的语族还不能确定。从经济文化类型来看，他们属于坝区稻作经济文化类型。他们所分布的地区气候温和，属亚热带类型，雨量充沛，土地肥沃，适宜种稻谷、玉米、小麦等农作物。新中国成立以后，不断实行科学种田，稻谷产量逐渐提高。在20世纪70年代以前，其

---

① 贵州省地方志编纂委员会：《贵州省志·民族志》上册，贵州民族出版社2002年10月版，第422页。
② 《白族简史》修订本编写组：《白族简史》，民族出版社2008年11月版，第297页。
③ 《哈尼族简史》修订本编写组：《哈尼族简史》，民族出版社2008年4月版，第120页。
④ 《哈尼族简史》修订本编写组：《哈尼族简史》，民族出版社2008年4月版，第122页。

中一部分以种糯稻为主，布依族还有"水稻民族"之称。20 世纪 80 年代以后，大力推广杂交水稻，提倡科学种田，扩大田间复种指数，粮食产量逐年提高。同时经济作物不断发展，但各有不同，布依族地区主要是种植烤烟，傣族地区主要是种橡胶，毛南族主要种油菜、烤烟等。经济作物的不断发展，改变了原来以种植水稻为主的生产方式，也促进了商品经济的大力发展。

在上述民族中，除了仫佬族、仡佬族、毛南族外，其他民族的民居都以干栏式建筑为主。在 20 世纪 80 年代以前，屋顶多覆盖茅草。20 世纪 80 年代以后，茅草逐渐被石棉瓦所取代，变成了石棉瓦房。进入 20 世纪 80 年代以后，各民族中更多的家庭盖起了砖瓦房，还出现了钢筋混凝土楼房。

在衣着方面，各民族都有自己的服饰。新中国成立以来，最大的变化就是衣料，棉布、麻布做成的衣服已经很少了。男子的服饰变化最快，绝大多数男子平时都穿着现代服装，妇女中改穿普通装的越来越多，只有老年妇女才多着民族服装。

在宗教信仰方面，西南壮侗语族民族都在一定程度上信仰原始宗教，受原始宗教的影响很深。水族、壮族基本只信仰原始宗教。布依族的宗教信仰之一是在原始宗教基础上发展起来的准人为宗教——摩教，另一种是近代传入我国的天主教。侗族除信仰原始宗教外，由于受到汉族文化的影响，佛教、道教及有关的封建迷信随之传入侗乡。[1] 傣族除信仰南传上座部佛教外，还深受原始宗教的影响。在汉族、彝族、布依族的一些宗教信仰的影响，仡佬族的宗教信仰出现了原始宗教与佛教、道教交织的情势。黔北部分仡佬族还信仰天主教。[2] 仫佬族人以信仰道教为主，

---

① 贵州省地方志编纂委员会：《贵州省志·民族志》上册，贵州民族出版社 2002 年 10 月版，第 358 页。
② 贵州省地方志编纂委员会：《贵州省志·民族志》下册，贵州民族出版社 2002 年 10 月版，第 554 页。

崇拜多神，其中以祖先崇拜和自然崇拜为主。[1] 新中国成立以来，这些民族的宗教信仰同样受到极大的冲击，宗教对人们的影响大大减弱。20 世纪 80 年代以来，由于落实了宗教信仰自由政策，宗教活动逐步增多，但由于经济和医疗卫生事业的不断发展，以及人们科学文化水平的提高，宗教对人们的影响不断减弱。

织染、刺绣、银饰等，在民族文化中占居重要地位。但由于传统服饰越来越少，这些传统技艺面临失传的危险，掌握这些传统技艺的人越来越少。

在语言文字方面，除傣族、水族外，都是只有本民族的语言，没有文字。在布依族民间，虽然流传着一种以汉字字形为基础的布依语记录符号，常被称为布依语"土俗字"或"方块字"。但这种"土俗字"很不科学，往往因地而异，因人而异，因此很难统一，未能通行。[2] 水族的古文字，水语称为"渱虽"，意为水书或水族文字。目前，水书也只有约 400 个单字。[3] 新中国成立以后，为布依族、侗族创制了文字，经过试验，深受欢迎，目前正处于推广之中。在傣族中，1955 年以后，也开始使用和普及新傣文。[4] 在仫佬族中，新中国成立初期，仫佬族村寨还通行仫佬语。由于社会、经济、文化的变化发展，各民族交往日益密切，现在除极少数老年人仍能讲本民族语外，普遍以汉语汉文为社会生活的交际工具。[5]

---

① 贵州省地方志编纂委员会：《贵州省志·民族志》下册，贵州民族出版社 2002 年 10 月版，第 878～879 页。

② 贵州省地方志编纂委员会：《贵州省志·民族志》上册，贵州民族出版社 2002 年 10 月版，第 165～166 页。

③ 贵州省地方志编纂委员会：《贵州省志·民族志》下册，贵州民族出版社 2002 年 10 月版，第 569 页。

④ 西双版纳傣族自治州地方志编纂委员会：《西双版纳傣族自治州志》下册，新华出版社 2002 年月 12 月版，第 508 页。

⑤ 贵州省地方志编纂委员会：《贵州省志·民族志》下册，贵州民族出版社 2002 年 10 月版，第 868 页。

在傣族中，过去有嚼槟榔、文身的传统习俗。现在，只有老人仍保持着嚼槟榔的习惯，而绝大多数女青年均用抹口红替代了嚼槟榔。① 文身（傣族称"刹墨"）是傣族的古老习俗。过去西双版纳傣族把文身看做是男人的一种荣耀。男人们通常从当小和尚时起，便开始在腿上、手上、身上刺纹。1950 年以来，随着科学文化的普及，人们认识的不断提高，文身习俗有所改变。当今，由于宗教和佛寺在傣族地区全面恢复，文身在男童中较普遍，但一般只在手臂上刺上几行傣文字母，作为一种象征。② 饰齿是西双版纳傣族的古老习俗，分为"染齿"和"镶牙"两种。在西双版纳傣族地区，过去除妇女们普遍染齿外，多数富贵人家的子女均喜欢镶金牙，也有少数男子镶银牙，以此显示美观和富贵。今天，多数傣族男女青年的审美观念已有了变化，不再染黑齿和镶金牙，而以白齿为美。③

在节日民俗方面，傣族的传统节日有泼水节。20 世纪 50 年代以后，泼水节破除了一些陈规陋习，增加了一些健康的内容，娱乐方面的内容在增多。目前，商贸活动的内容大大增加，民族节日成为开发民俗旅游的一个重要内容。此外，仫佬族除传统节日外，从 1993 年开始增加了一个"仫佬认定节"。这是为纪念仫佬族族别的认定而举行的纪念性节日。

四、汉藏语系苗瑶语族民族的文化变迁

（一）苗族、畲族的文化变迁

西南苗瑶语族中的平坝苗族、畲族属于坝区稻作型文化。大

---

① 西双版纳傣族自治州地方志编纂委员会：《西双版纳傣族自治州志》下册，新华出版社 2002 年月 12 月版，第 505 页。

② 西双版纳傣族自治州地方志编纂委员会：《西双版纳傣族自治州志》下册，新华出版社 2002 年月 12 月版，第 504 页。

③ 西双版纳傣族自治州地方志编纂委员会：《西双版纳傣族自治州志》下册，新华出版社 2002 年月 12 月版，第 504～505 页。

部分苗族居住在山区，属于山地牧耕型文化。而瑶族属于刀耕火种型。

　　居住在平坝的苗族和畲族，种植的作物主要有水稻、玉米、荞、麦子等。居住在山区、深山区、石山区的苗族，可耕地面积少，交通不方便，与外界交往困难，商品经济不发达，属于山区牧耕型文化类型，农作物主要是玉米、马铃薯等，部分地区有少量的水田，畜牧业在经济生活中占重要地位。新中国成立以后，随着大搞农田水利建设和科学种田的推行，粮食产量不断提高。目前，不管是山区还是坝区的苗族，多数地区以大米为主食，部分地区多食旱粮，少数地区食马铃薯和其他旱粮。改革开放以来，经济作物不断种植，如文山苗族大力发展辣椒、三七产业，畲族地区大力发展烤烟种植，当地群众的收入稳步提高。部分家庭养狗出售，外出务工等，经济出现了多元化发展趋势。

　　随着经济的发展，住房也在不断变化。苗族传统的住房建筑都是就地取材，贵州中西部一带，利用当地的薄石板盖房；黔西北、滇东北一带，四壁以抹泥竹片为墙，屋顶盖茅草；川东、黔东南一带盛产木材，木结构的吊脚楼多修建在缓坡地带，房基部以长短不同的巨木支撑，上铺楼板，上层住人，并修有回廊，木雕装饰，美观适用。① 目前，苗族和畲族地区都建盖了砖瓦房，部分家庭还盖起来钢筋混凝土楼房，茅草房已经消失。

　　在衣着方面，苗族自古有种麻的习惯，苗族种麻都是为了织布制衣而用，一家人的穿衣问题全靠自己种麻来解决。苗族分布较广，支系众多，服饰有明显的地域差异。妇女较典型的装束是短上衣，百褶裙。苗族衣料过去以麻织土布为主，普遍使用独具特色的蜡染、刺绣工艺。裙子则以白色、青色居多。配饰以头、颈、胸及手等部位的银饰为多见，苗族的银饰在各民族首饰中首

_____

　　① 王绍周：《中国民族建筑》第一卷，江苏科学技术出版社1998年12月版，第24页。

屈一指。进入 20 世纪 80 年代以后，随着生活水平的不断提高和观念的更新，苗族制作衣裙的用料在逐步发生变化，特别是近年来政府为了与世界接轨，限制种麻，所以现在苗族衣服用料几乎看不到麻制品，麻布成了市场上的紧俏商品。① 20 世纪 80 年代中期以来，苗族服饰随着苗族经济条件的好转，有了新发展和变化。首先是一些读书参加工作的苗族年轻女性，用毛线织成传统格式的花衣，再缀上其他配饰，穿起来别有特色。其次，为减轻劳动强度，一些有识之士积极探索改革蜡染技术，用蜡版印制代替手工点蜡的落后技术，极大推进了苗族服饰产业的发展。第三，在服饰布料运用上，大量采用棉布、混纺布和化纤布，代替了制作工艺繁杂而古老的麻制品。第四，一些有知识、有文化的年轻女性，将苗族服饰推向市场，带动了苗族经济的发展。② 苗族男子的服装，没有妇女的复杂。目前除少数地区平时穿着，另一些地区节日穿戴仍保留一定的传统装饰外，广大地区的穿着，已同当地汉族的穿着无显著区别。③ 畲族服饰的情况，与苗族大致相当，穿着传统服装的人在减少，穿着现代时装的人越来越多。

在苗族的文化中，苗族医药作为一种传统医药和派别体系被人们认识、重视是清代以后的事。④ 新中国成立以后，特别是改革开放以来，苗医药得到了很大的发展。苗族的蜡染独具特色，新中国成立初期，蜡染很普遍。但随着社会经济的发展，蜡染已经不普遍了，会蜡染技术的人也在逐渐减少。银饰艺术是苗族的

---

① 文山壮族苗族自治州苗学发展研究会：《文山苗族》，云南民族出版社 2008 年 3 月版，第 155～156 页。

② 文山壮族苗族自治州苗学发展研究会：《文山苗族》，云南民族出版社 2008 年 3 月版，第 169 页。

③ 贵州省地方志编纂委员会编：《贵州省志·民族志》上册，贵州民族出版社 2002 年 10 月版，第 124～125 页。

④ 贵州省地方志编纂委员会编：《贵州省志·民族志》上册，贵州民族出版社 2002 年 10 月版，第 85 页。

一大特色。其中，黔东南苗族姑娘佩戴的银饰数量之多，为苗族之冠。银饰都是苗族男人制作。随着社会经济的发展，银饰虽然还是苗族的重要佩饰，但由于与银饰搭配的传统服装在日常生活中穿着的频率在减少，佩戴银饰的频率也在减少，会制作银饰的男人也在不断减少。

苗族和畲族的传统宗教信仰都带有原始宗教的色彩。苗族的宗教信仰是由阶级社会前的"万物有灵"演变而来的多神信仰。[1]而畲族地区祖先崇拜和自然崇拜流行，认为万物有灵，人死为鬼。[2] 新中国成立以后，宗教对人们的影响在不断减弱。

苗族除了滇东北地区外，其他地区没有文字。新中国成立后，于1956年开始为贵州苗族创制文字，经过试验推行和多次修改，苗文方案现已趋于完善。

（二）瑶族的文化变迁

处于刀耕火种文化类型的瑶族，大多处于贵州省的深山区、石山区、高寒山区。云南的瑶族由于迁入云南较晚，也主要居住在山区，随山迁徙。在1949年以前，基本上是"依山险而居，刀耕火种，采食猎毛，食尽则他徙"，经济发展迟缓，农业生产水平低。新中国成立以前，瑶族以玉米为主食的居多，蔬菜则以采集野菜为主。新中国成立以后，兴修水利，进行农田基本建设，耕地逐步固定；同时不断改进耕作技术，实行科学种田，粮食产量不断提高。特别是改革开放以来，绝大部分家庭吃上了大米，白菜、萝卜、辣椒、瓜类都有种植，饲养鱼、鸡、鸭、鹅、猪、牛等用作菜肴食用。[3] 居住在云南南部的瑶族，20世纪80年

① 《苗族简史》修订本编写组：《苗族简史》，民族出版社2008年4月版，第380页。
② 贵州省地方志编纂委员会：《贵州省志·民族志》下册，贵州民族出版社2002年10月版，第845页。
③ 贵州省地方志编纂委员会：《贵州省志·民族志》下册，贵州民族出版社2002年10月版，第783页。

代以来，经济作物种植面积不断扩大，商品经济不断发展。目前，刀耕火种已经成为历史。

在住房方面，贵州瑶族在新中国成立前，大多住"权权房"，新中国成立后，大多住上"干栏式"房屋，即楼下关牲畜，中层煮饭、吃饭、烤火，上层住人的木结构房屋。① 改革开放以来，砖瓦房和钢筋混凝土楼房越来越多。

在服饰方面，贵州瑶族服饰以支系区分，可分为荔波瑶山式、瑶麓式、瑶埃式、麻江河坝式、从江盘瑶式、黎平红瑶式、望谟油迈式。② 传统的衣料仍然使用麻布等，新中国成立以后，麻布不断减少。目前，已不用麻布作衣料，而是采用现代布料。穿着传统服装的人越来越少。

在节日方面，瑶族不同支系有不同的节日。其中之一是盘王节：榕江、从江等地盘瑶，在农历十月十六日，要"跳盘王"、"做盘王"、"还盘王愿"，以纪念瑶族先祖"盘王"。1984年8月17日~20日，全国各地瑶族代表集中在广西南宁商讨，议决每年农历十月十六日为全国瑶族统一的节日——"盘王节"。1993年11月29日（农历十月十六日），贵州瑶族代表聚集黔东南苗族侗族自治州从江县，举行首届瑶族"盘王节"纪念活动。③

在宗教信仰方面，贵州瑶族大多处于信仰原始宗教阶段，崇拜千神百灵。由于经济的发展和医疗卫生事业的不断改善，原始宗教对瑶族的影响在不断减弱。

五、操汉语民族的文化变迁

在西南各民族中，汉族和回族属于汉语族，语言当然是汉

① 贵州省地方志编纂委员会：《贵州省志·民族志》下册，贵州民族出版社2002年10月版，第782页。
② 贵州省地方志编纂委员会：《贵州省志·民族志》下册，贵州民族出版社2002年10月版，第783页。
③ 贵州省地方志编纂委员会：《贵州省志·民族志》下册，贵州民族出版社2002年10月版，第793页。

语。新中国成立初期，回族在贵州和四川的数量都不多，在贵州不到 5 万人。① 四川的回族比贵州多一些，但到 1978 年也只有 8 万人左右。② 云南是云、贵、川三省中回族人口数量最多的省份。西南的回族与全国一样，居住在农村的以农业为主，同时还饲养牛羊等；居住在城市的主要经营工商业和饮食业，特别是清真饮食，受到广大市民的欢迎。新中国成立以来，回族清真饮食业不断发展，成为城市饮食业的重要组成部分。

新中国成立后，在"文化大革命"时期，回族的民族文化受到极大冲击。1978 年以来，回族的宗教信仰和风俗习惯得到了尊重，更多的地区建立起了清真寺，基本满足了城乡回族穆斯林群众正常宗教生活的需要。同时，开斋节、古尔邦节等民族传统节日得到恢复。在朝觐活动方面也有了很大发展。如在云南，从新中国建立直到改革开放前的数十年间，由于国际国内形势的限制，穆斯林的朝觐活动基本中断。1985 年，国家正式开放了中国穆斯林赴麦加的正常朝觐活动。截至 2007 年，云南省伊斯兰教协会已先后组织了 23 批回族穆斯林群众 58 158 人前往麦加朝觐，基本满足了广大回族穆斯林群众的朝觐要求。③

在西南的蒙古族和满族，虽然不属于汉语族，但他们中的绝大部分成员在日常生活中使用的都是汉语。

蒙古族和满族是后进入西南地区的少数民族，在不断适应居住地环境之后，他们逐步转变为坝区稻作型的经济生产方式，一部分生活在城市。

四川满族，主要是清王朝驻防西南重镇——成都的八旗兵的

---

① 贵州省地方志编纂委员会：《贵州省志·民族志》下册，贵州民族出版社 2002 年 10 月版，第 638 页。

② 四川省民族研究所：《四川少数民族》，四川民族出版社 1982 年 8 月版，第 61 页。

③ 高发元主编：《当代云南回族简史》，云南人民出版社 2009 年 6 月版，第 129 页。

后裔。[①] 他们大多居住在城市，只有极少数从事农业生产。在辛亥革命前，成都的满族还保留着部分传统的风俗习惯。辛亥革命以后，绝大多数旗民成为小商贩、人力车夫、小手工业者等劳动者，过着贫困的生活，饱受失业的威胁。新中国成立以后，四川满族被安排在各个行业就业。经历了这些变革，四川满族的文化习俗已经与当地的汉族没有什么差别了。

在云南，散居在昆明的满族约占全省满族人口的三分之一。这些散居在昆明的满族，一部分是清代任职官员所带眷属及随行人员的后裔；一部分是清初垦荒及平定吴三桂叛乱后留居四川和云贵满族的后裔；一部分是清代流人的后裔。后来在抗日战争期间，逃避战乱或高等学校南迁后一部分人定居于昆明。也有的是1949年～1950年随人民解放军南下后留在昆明的。[②] 由于长期散居于汉族和其他少数民族之间，昆明满族的文化绝大部分已经汉化，只在生活习俗方面保留着少部分特有的习惯和生活方式。

贵州的满族居住在黔西、金沙、大方三个县的结合部，绝大部分是清朝时期进入贵州的满族的后裔，主要从事农业。由于离开了草原，生产生活方式发生了巨大的变化。新中国成立后，随着农田水利建设和科学种田种地，不断改良或引进新的技术，粮食生产有了巨大提高，经济有了全面发展。再加上与当地杂居的汉族及其他少数民族往来的不断增多，满族进一步汉化，在文化方面绝大部分都与汉族趋同，满文被汉文所代替。

居住在四川的蒙古族也主要是清朝驻防成都的蒙古族的后裔。辛亥革命以后，蒙古族的处境与满族相差无几。新中国成立以后，蒙古族的就业逐步得到解决，过上了安稳的生活。在经历与满族相同的变革以后，到了新中国成立时，四川的蒙古族与当

---

① 四川省民族研究所：《四川少数民族》，四川民族出版社1982年8月版，第87页。

② 郭大烈：《云南民族传统文化变迁研究》，云南大学出版社1997年版，第342～343页。

地的汉族在文化上也没有什么差别了。

　　云南的蒙古族主要居住在玉溪市通海县兴蒙蒙古族乡，他们是元朝时随军至滇后落籍通海的蒙古族的后裔。少量分散在其他地区。远离大草原的云南蒙古族居民，离开了马背，过着上山而樵、下水而渔、缘田而耕的生活。由于生产生活方式的改变，云南蒙古族语言、文字也发生了变化，现在文字已全部采用汉字，但语言的语音系统中，大多数的短元音和辅音、语法结构还与北方蒙古族语相近，词汇只有少数与北方蒙古语一样。在姓氏中，仍保留着旃、期、奎、华等具有民族特点的姓氏。①

　　分布在贵州的蒙古族以余姓为主，根据族谱记载，基本上是明清之际由四川迁入落籍的。据 1990 年第四次人口普查统计，其中大部分居住在毕节地区的大方县，铜仁地区的思南县、石阡县。② 贵州的蒙古族由于居住地的社会环境、自然环境发生了巨大的改变，农业生产不再以畜牧业为主，而是根据居住地的自然条件改为种植业，而且种植的主要农产品，也因受自然条件的影响有所不同。居住在黔西北的大方、织金等地的世居蒙古族以旱作农业为主，并兼有稻作农业。居住在铜仁地区的世居蒙古族，因自然条件情况的变化，则以稻作农业为主。新中国成立以前，农作物品种以当地长期培养的老的地方品系为主，习用农家肥，主要粮食产量较低。养殖业从属于农业，多数自养自食，少部分用于交换。新中国成立以后，大量推广优质品种和改变传统的种植习惯，大搞农田水利建设，粮食产量有了较大提高。同时进行农业综合开发，林业包括用材林和经济林木的种植不断扩大，养

　　① 《民族文化——蒙古族》，云南省人民政府门户网站·投资·投资云南·投资文化产业·产业状况，2006 年 12 月 28 日。
　　② 贵州省地方志编纂委员会：《贵州省志·民族志》下册，贵州民族出版社 2002 年 10 月版，第 894 页。

殖业不断扩大，成为蒙古族群众家庭的重要经济来源。[①] 由于生活环境的变化及新中国成立以来的发展，贵州蒙古族在文化上与当地交错杂居的汉族在很多方面已经趋于一致，只保留少数特殊的部分，如在节日文化习俗上不过中秋节，在生活习俗上，宰杀牲畜不是割颈而是以刺心为主。[②]

六、南亚语系孟高棉语族民族的文化变迁

西南各民族中，佤、德昂、布朗等族属于孟高棉语族。新中国成立以前，各地区佤族由于历史条件和与其他民族的关系密切程度不同，社会发展水平很不一致。居住在镇康、永德地区的佤族，较早地接受了傣族、汉族和其他民族的先进文化，成了佤族的先进部分，已经进入地主经济阶段。阿佤山边缘地区的耿马、澜沧、孟连、勐海以及沧源的大部分佤族，受傣族影响较深，已发展到封建领主制。阿佤山中心地区的西盟和沧源、澜沧的一小部分佤族，受傣族、汉族的影响不深，新中国成立前还停留在原始社会末期向阶级社会过渡的阶段。这三种情况下的佤族，以阿佤山边缘区的人数最多，镇康、永德地区的最少。而佤族特点最突出的是西盟地区。[③] 新中国成立初期，以西盟地区为核心的佤族和德昂族、布朗族主要处于刀耕火种型阶段。他们所耕种的土地主要是旱地，固定耕地很少，绝大多数是轮歇地。农作物主要是旱谷、玉米、荞、豆类等。新中国成立以后，从20世纪50年代开始，在党和政府的帮助下，开挖水田和台地，水稻逐渐成为最主要的农作物。到了20世纪六七十年代，引进了拖拉机、双

---

① 贵州省地方志编纂委员会：《贵州省志·民族志》下册，贵州民族出版社2002年10月版，第898~899页。

② 贵州省地方志编纂委员会：《贵州省志·民族志》下册，贵州民族出版社2002年10月版，第900页。

③ 田继周、罗之基：《佤族》，民族出版社1996年8月版，第9、10页。

轮铧犁、牵引犁、收割机、脱粒机、碾米机等现代农业机械，同时引进、试验和推广优良品种，开始积肥、施肥和使用化肥，加强农田水利建设，使粮食产量进一步提高，粮食作物结构进一步丰富。经济作物方面，发展棉花、甘蔗、茶叶、橡胶、蔬菜等种植。畜牧业进一步发展，牛、猪、鸡等逐渐从祭祀鬼神的牺牲品转变为佤族群众生产生活的重要财富。① 人们的生活状况进一步改善。到了20世纪80年代以后，鼓励佤族群众继续开挖水田和加强固定耕地的建设。随着固定耕地面积的逐渐扩大，除轮播地继续实行撒播外，比较平缓的坡地和台地均采用条播或点播。多数旱地实行了套种、间种或复种，在一定程度上帮助西盟各族群众走出了原始的刀耕火种的生产方式，走上了固定耕地、提高耕地利用率和提高单位面积产量的现代农业经营之路。②

　　这三个民族传统的住房都是干栏式建筑，房内设有一个或两个火塘。随着经济的不断发展，干栏式建筑也在不断发生变化，由干栏式茅草房到干栏式石棉瓦房、四墙落地的新式砖瓦房，部分地区还建盖起了钢筋混凝土楼房。

　　在宗教信仰方面，都不同程度地保留了原始宗教，所不同的是西盟佤族几乎未受到佛教的影响，德昂族、布朗族地区受南传上座部佛教影响很大。在南传上座部佛教的影响下，德昂族的思想观念和社会生活发生了巨大的变化。如德昂族的大多数节日活动都带有南传上座部佛教的色彩；在日常生活中，为了不杀生，信徒家中禁止饲养猪、鸡、鸭、鹅等，德昂族人不酿水酒和烧酒。③ 而佤族、布朗族正好相反，喜欢喝水酒，猪、牛、鸡等普

① 《佤族简史》修订本编写组：《佤族简史》，民族出版社2008年6月版，第130～135页。
② 《佤族简史》修订本编写组：《佤族简史》，民族出版社2008年6月版，第151页。
③ 《德昂族简史》修订本编写组：《德昂族简史》，民族出版社2008年10月版，第134页。

遍饲养。新中国成立以后，在"大跃进"、"文化大革命"中，宗教信仰都受到了强烈的冲击，同时在经济、教育发展的影响下，在德昂族中，南传上座部佛教的影响不断减弱，佛教戒律中那些束缚经济发展的部分已经逐渐改掉，宗教节日虽保留旧的形式，但被赋予了新的内容。青年人的世俗化已经成为趋势，大多数儿童都到学校学习科学文化知识，青年人的恋爱、婚姻也摆脱了宗教的束缚和限制。① 喜欢饮酒的人尤其是年轻人在不断增多。② 原始宗教对德昂族的影响也在不断减弱，但仍保留着不少本民族原始宗教的习俗，如驱鬼避邪、祭寨神、祭谷娘、祭房神、祭寨门等仪式和活动。③

在布朗山乡，赕佛实际上已经成为了一种群众性的聚会，对年轻人来说更像一种节日活动，充满了喜庆色彩；佛寺僧人走出家门，到勐遮、勐混等坝区佛寺当佛爷，这是他们到坝区学习新知识、接受新思想的好办法；布朗族群众到佛寺当和尚的人越来越少。④ 在受原始宗教影响很深的佤族中，木鼓房、拉木鼓、砍牛尾巴等这些具有浓厚宗教色彩的活动在绝大多数佤族村寨已经很少见了，但"做鬼"这种小型宗教活动在西盟佤族地区还比较普遍，鸡成为"做鬼"的最主要的牺牲品，不少佤族群众在生病时还是先"做鬼"，然后再去找医生看病。

嚼烟、嚼槟榔是德昂族、佤族、布朗族一种共同的传统习俗。新中国成立后，这种习俗不断变化。目前，年轻人一般都喜

---

① 《德昂族简史》修订本编写组：《德昂族简史》，民族出版社 2008年 10 月版，第 134 页。

② 《德昂族简史》修订本编写组：《德昂族简史》，民族出版社 2008年 10 月版，第 152 页。

③ 《德昂族简史》修订本编写组：《德昂族简史》，民族出版社 2008年 10 月版，第 125 页。

④ 《布朗族简史》修订本编写组：《布朗族简史》，民族出版社 2008年 4 月版，第 106 页。

欢抽卷烟，嚼烟、嚼槟榔只在部分中老年人中还保留着。[1]

饮酒的习俗也在不断发生变化。德昂族中，喜欢饮酒的人尤其是年轻人在不断增多。[2] 除了水酒外，啤酒也不断进入佤族和布朗族的生活当中。

在服饰方面，具有佤族传统特点的服饰为：男子剪发，头缠包头，穿短衣短裤；女子穿裙子，为一幅布围起来的裙子。[3] 新中国成立以后，由于受到"文化大革命"的冲击和缺少衣料，民族服装被穿着的机会大大减少，平时主要穿着现代服装，只在重大节日的时候才穿着民族服装。

在节日方面，传统的与宗教、农业有关的民族节日对人们的影响已经较少，基本被淡化了。但为了弘扬民族文化、发展经济等需要，在党和政府及佤族群众的共同努力下，在西盟佤族自治县创立了"木鼓节"，在沧源佤族自治县创立了"摸你黑节"。

新中国成立后，曾有学者借用缅文、拉丁文等创制出德昂文，但因为德昂族居住分散、人口较少等原因，这种新创制的德昂文没有被推广使用。改革开放以来，随着学校教育的不断发展，汉文已成为德昂族对外交流、交际的主要文字。[4]

第三节　西南民族文化的保护

一、文化保护的重要性

新中国成立以后，由于在探索社会主义建设过程中的失误和

---

① 《德昂族简史》修订本编写组：《德昂族简史》，民族出版社 2008年 10 月版，第 152 页。

② 《德昂族简史》修订本编写组：《德昂族简史》，民族出版社 2008年 10 月版，第 152 页。

③ 田继周、罗之基：《佤族》，民族出版社 1996 年 8 月版，第 92 页。

④ 《德昂族简史》修订本编写组：《德昂族简史》，民族出版社 2008年 10 月版，第 124 页。

现代化进程的强烈冲击，民族文化在不同时期表现出不同程度的衰退趋势。改革开放以前，主要表现为"左"的思想指导造成的对民族文化的有意压制，"大跃进"年代的"民族融合"风连带的对少数民族传统文化的排斥，以及"文化大革命"时期随着对党的民族政策的全面破坏而带来的对民族文化的全面摧残，而改革开放以后传统民族文化出现衰退则主要是因为现代化的迅猛推进而带来的冲击。①

由于不断受到冲击，西南民族文化也不断衰退。在新中国成立初期，在许多民族村寨，民族传统文化还比较深厚。但20世纪80年代以来，不少传统民族文化加速消失，如果不加以保护，若干年之后，一些传统的民族文化就会失传、绝迹。

之所以要保护民族传统文化，一个重要的原因就是随着经济的发展，民族传统文化日益成为一种重要资源。资源是指一国或一定地区内拥有的物力、财力、人力等各种物质要素的总称。分为自然资源和社会资源两大类。前者如阳光、空气、水、土地、森林、草原、动物、矿藏等；后者包括人力资源、信息资源以及经过劳动创造的各种物质财富。自然资源、社会经济资源、技术资源通常被称为人类社会的三大类资源。社会经济资源又称社会人文资源，是直接或间接对生产产生作用的社会经济因素。其中，人口、劳动力是社会经济发展的主要条件。随着经济的不断发展，民族文化在西南社会经济发展中扮演着越来越重要的角色，一个个依托于民族文化之上的文化产业、民族文化旅游项目，充分说明了民族文化是一种重要的资源——能带动民族地区发展的资源。因此，在某种程度上可以说，保护民族文化就是保护生产力。

作为一种资源，民族文化和其他许多资源一样是不可再生

---

① 王希恩主编：《当代中国民族问题解析》，民族出版社2002年3月版，第345页。

的。由于民族传统文化赖以生存的环境在不断发生变化，已经消失的传统民族文化不可能复生，正在消失的传统民族文化也不可能按照传统的方式发展，反而在不断发生变异。因此，传统民族文化作为一种资源是不可再生的。

所以，必须加大对民族文化保护的力度，把保护民族文化当做民族地区经济社会发展中的一件大事来抓。

二、西南民族文化的保护

（一）如何对待传统民族文化

处于衰退状态的民族传统文化，从其性质来讲，主要有三种：

一是有历史价值，但已不可能在现实和未来社会中存在和发展。对这类民族文化的基本工作应该是保存。要充分认识到这些东西的价值和不可再生性。应通过适当的形式，投入一定的人力和财力来进行抢救性的记录和保存。博物馆、影视、文字档案、文物收集等都是有效而应该充分利用的手段。[①] 由于这类民族文化已经失去了其存在的现实功能，其消失的速度很快，特别是改革开放以来，随着生产力的快速发展，这类民族文化正加快其消亡的步伐。如果不进行抢救，很快就见不到了。如许多少数民族中的干栏式建筑，随着国家对西南民族地区扶贫开发力度的不断加大，许多少数民族村寨都普遍建盖了砖瓦房，干栏式建筑基本见不到了。

二是属于传统文化的内容，但却与社会主义文化、现代文明相悖。[②] 对这样的少数民族传统文化，应该摒弃，尽管任其消亡好了。如一些民族中存在着的宗族观念、家支观念、原始的平等

---

① 王希恩主编：《当代中国民族问题解析》，民族出版社 2002 年 3 月版，第 359 页。

② 王希恩主编：《当代中国民族问题解析》，民族出版社 2002 年 3 月版，第 359 页。

观念、婚姻上的近亲婚习俗、"坐家"习俗和佤族的猎头习俗等。在现实生活中，千万不能因为"猎奇"等原因，对这方面的民族文化进行保护和开发，否则会成为民族文化保护中的"败笔"。

三是优秀的民族文化成分，既体现着民族特性，又属于民族文化的精粹。这样的民族文化，首先要进行保护，其次要进行开发和弘扬。① 这类民族文化也很多，如哈尼族的梯田文化和藏、苗、彝等族的医药文化等。只有不断地开发和弘扬，这部分优秀民族文化才能得到更好的保护。

（二）西南民族文化保护的现状

1. 西南少数民族古籍的整理与出版

少数民族古籍是指少数民族在历史上形成的古代书册、典籍、文献、碑刻和口传古籍。其内容包括文学、历史、地理、经济、文字、艺术、医药、法律、哲学、农技、宗教、历法、军事、政治、碑铭、拓片、文书、档案、方志、谱牒、民俗以及乡规民约和口传古籍等等。② 民族古籍是中华民族传统文化的重要载体，是少数民族文化的宝贵财富，也是祖国文化宝库中的重要组成部分。据2003年统计，现存于四川地区的各类少数民族古籍有49万余册（函），其中藏文29万册（函）、彝文17万册（函）、其他少数民族古籍3万余册（函）；还有大量流散于民间的口碑历史文化古籍，有待进一步的挖掘、搜集、整理。这些民族古籍文献是珍贵的历史文化遗产，无疑是中华民族文化百花苑中一朵璀璨夺目的奇葩。

在云南，从新中国成立后开始，以文字形式对哈尼族民间文学的搜集、翻译、整理工作就开始了。1957～1958年，中共云南

---

① 王希恩主编：《当代中国民族问题解析》，民族出版社2002年3月版，第360页。
② 李晓东：《少数民族古籍的保护与抢救》，国家民族事务委员会文化宣传司等编《中国少数民族文化发展报告》（2008），民族出版社2009年4月版，第82页。

省委宣传部组织了一大批专业人员和各大学中文系的学生，组成了"云南民族民间文学红河调查队"，到金平、元阳、红河、绿春四县进行调查，搜集到了大批哈尼族民间文学作品，如长诗《造天造地造万物》、《合心兄妹传人种》、《砍大树》、《哈尼先祖过江来》、《不愿出嫁的姑娘》等。十一届三中全会以后，形成了第二次搜集翻译整理哈尼族民间文学的高潮，涌现出了一大批本民族的学者，出版了大量哈尼族民间文学作品，如《哈尼阿培聪坡坡》、《哈尼古歌》、《十二奴局》、《哈尼族民间故事》等。① 自1984 年以来，我国更加高度重视少数民族古籍保护、抢救、搜集、整理等工作。西南少数民族古籍的整理与出版也在不断加快。2003 年11 月，《中国少数民族古籍总目提要》首卷《纳西族卷》由中国大百科全书出版社正式出版，并在人民大会堂举行首发式，标志着《中国少数民族古籍总目提要》编纂工作进入了一个全新的阶段。2005 年4 月，《白族卷》由中国大百科全书出版社出版。② 2005 年，楚雄彝族自治州投入1 000 万元编译出版《彝族毕摩经典译注》，规划出版100 卷，目前已经出版了40 卷。

在贵州，新中国培养的苗族知识分子对本民族的口头文学作了整理，使苗族世代相传的口头文学变成了用汉、苗两种文字记录的书面文学。他们用苗文和汉文整理了《苗族民间故事》、《苗族古歌》、《婚礼歌》、《开亲歌》、《指路歌》、《情歌》等，使苗族丰富多彩的民间口头文学得以保存。新中国成立后，苗族自己的专业人员对本民族的音乐舞蹈进行了收集、整理和创新，将之搬上国内、国际舞台，进行展演，受到热烈欢迎。③

---

① 《哈尼族简史》修订本编写组：《哈尼族简史》，民族出版社2008 年4 月版，第212 页。

② 李晓东：《少数民族古籍的保护与抢救》，国家民族事务委员会文化宣传司等编《中国少数民族文化发展报告》（2008），民族出版社2009 年4 月版，第86 页。

③ 《苗族简史》修订本编写组：《苗族简史》，民族出版社2008 年4 月版，第320 页。

在四川，1984 年以来，四川省少数民族古籍整理办公室搜集、整理、出版具有较高学术价值的民族古籍达 570 多种，已出版的民族古籍书籍中有 77 种获奖，尤为突出的是，有 7 部获得国家级图书奖和提名奖，即藏文古籍《藏族历算大全》、《显迷文库》、《德格印经院藏传木刻版画集》分别获得第四届、第五届、第六届国家图书奖，《中国彝族》获第十二届中国图书奖，彝文古籍《彝文典籍目录》、《彝族尔比词典》获国家图书提名奖，藏文古籍《四部医典详解》获第五届中国民族图书一等奖，《中国少数民族古籍集成》荣获第六届国家图书荣誉奖。

在古籍整理过程中也存在一些问题，其中最大的问题是缺乏资金和相关人才。在古籍整理过程中，资金主要是各地政府在投入，由于各地忙于发展经济，用于古籍整理的资金往往比较少。同时，由于懂少数民族文字的人在不断减少，这在一定程度上也影响着古籍整理工作的顺利进行。

2. 民族文物的保护与博物馆的建设

博物馆是从事文化遗产的收藏、保管、宣传、展示、研究以及教育的永久性机构。博物馆在保护西南民族文化的过程中发挥着十分重要的作用。如果没有博物馆的收藏、保管工作，人们就不可能看到许多已经消失的少数民族文化了。

西南的省级民族博物馆有云南省民族博物馆、贵州民族文化宫博物馆，其中云南省民族博物馆还是中国最大的民族博物馆。在西南还建立了一系列自治州博物馆，如四川省凉山彝族自治州博物馆、四川省凉山彝族奴隶社会博物馆、云南省楚雄彝族自治州博物馆、云南省红河哈尼族彝族自治州博物馆、云南省大理白族自治州博物馆、云南省迪庆藏族自治州博物馆、云南省文山壮族苗族自治州博物馆、贵州省黔南布依族苗族自治州博物馆、贵州省黔东南苗族侗族自治州博物馆。① 设在高校内的有云南民族大学民族博物馆、西南民族大学博物馆、云南大学人类学博物馆。

20世纪70年代出现了一种博物馆的新形态——生态博物馆。生态博物馆是指把某个生态学意义的地方（社区/社群）当做博物馆来经营和管理的机构。按照博物馆学界和文化界的说法，它是一种通过科学的、教育的以及文化的手段来管理、研究和开发某一特定社区/社群中包括自然和文化遗产在内的所有遗产的专门性机构，是公众参与社区规划和发展的工具。② 目前贵州省已经建立了7座生态博物馆：花溪区镇山布依族生态博物馆、黎平堂安侗族生态博物馆、锦屏隆里汉族生态博物馆、三都怎雷水族生态博物馆、中国民族博物馆西江千户苗寨馆、雷山郎德上寨（苗族）露天博物馆、地扪侗族生态博物馆。云南已建成生态博物馆1家，即勐海县西定乡章朗村布朗族生态博物馆。云南建成省级民族文化生态村25个，云南大学建设的民族文化生态村有6个。它们虽然没有使用生态博物馆的名称，但其内容、性质与生态博物馆基本一致。云南大学建设的6个民族文化生态村是：丘北仙人洞彝族文化生态村、新平南碱傣族文化生态村、弥勒县可邑文化生态村、腾冲和顺文化生态村、景洪的巴卡基诺族文化生态村、石林月湖彝族文化生态村。③ 这些生态博物馆在少数民族文化遗产保护与传承方面起到了不可替代的作用；在改善村容环

---

① 潘守永、宋新潮：《民族地区博物馆事业发展的历史和现状》，国家民族事务委员会文化宣传司等编《中国少数民族文化发展报告》（2008），民族出版社2009年4月版，第102页。

② 潘守永、宋新潮：《民族地区博物馆事业发展的历史和现状》，国家民族事务委员会文化宣传司等编《中国少数民族文化发展报告》（2008），民族出版社2009年4月版，第105页。

③ 潘守永、宋新潮：《民族地区博物馆事业发展的历史和现状》，国家民族事务委员会文化宣传司等编《中国少数民族文化发展报告》（2008），民族出版社2009年4月版，第106页。

境、提高生活质量和增加实际收入与保护文化遗产之间找到平衡点，成为当地居民的经济增长点；在当前的社会主义新农村建设中起到重要的示范作用。① 生态博物馆的建设，确实为保护和保持少数民族优秀传统文化提供了一个新的途径，它不是将物化的文化载体搬到传统的博物馆里面，而是将其保留在文化原生地，从而妥善地处理了民族传统文化的传承与发展中"鱼儿离不开水"关系的问题，使民族文化更深地根植于肥沃的生活土壤之中而得以生机勃勃地发展与延续。②

上述各类博物馆，保存着大量少数民族地区的文物。通过这些文物，我们可以感受到丰富多彩的民族文化。

3. 列入《非物质文化遗产名录》等进行保护

到目前为止，西南地区有云南丽江古城等被列为世界遗产。与此同时，还有一系列少数民族创造的古城被列为重要文物保护单位，一些少数民族文物被列为国家级、省级、市级历史文物而受到保护。

目前，在国务院先后公布的第一批和第二批非物质文化遗产中，就有许多西南民族文化入选。

入选国务院公布的第一批《非物质文化遗产名录》的西南少数民族文化遗产如下：

在民间文学方面，有苗族古歌（贵州省台江县、黄平县）、遮帕麻和遮咪麻（云南省梁河县）、牡帕密帕（云南省思茅市——现普洱市）、刻道（贵州省施秉县）、四季生产调（云南省红河哈尼族彝族自治州）、格萨（斯）尔（云南省等8家单位）、阿诗玛（云南省石林彝族自治县）。

在民间音乐方面，有傈僳族民歌（云南省怒江傈僳族自治州、泸水县）、川北薅草锣鼓（四川省青川县）、侗族大歌（贵州省黎平县等）、侗族琵琶歌（贵州省榕江县、黎平县）、哈尼族多声部民歌（云南省红河哈尼族彝族自治州）、彝族海菜腔（云南省红河哈尼族彝族自治州）、羌笛演奏及制作技艺（四川省茂县）、铜鼓十二调（贵州省镇宁布依族苗族自治县、贞丰县）。

在民间舞蹈方面，有弦子舞（四川省巴塘县等）、锅庄舞（云南省迪庆藏族自治州）、苗族芦笙舞（贵州省丹寨县、贵定县、纳雍县）、木鼓舞（贵州省台江县反排苗族木鼓舞，云南省沧源佤族自治县沧源佤族木鼓舞）、铜鼓舞（云南省文山壮族苗族自治州壮族、彝族铜鼓舞）、傣族孔雀舞（云南省瑞丽市）、卡斯达温舞（四川省黑水县）、V舞（四川省九寨沟县）、傈僳族阿尺木刮（云南省维西傈僳族自治县）、彝族葫芦笙舞（云南省文山壮族苗族自治州）、彝族烟盒舞（云南省红河哈尼族彝族自治州）、基诺大鼓舞（云南省景洪市）

在传统戏剧方面，侗戏（贵州省黎平县）、布依戏（贵州省册亨县）、彝族撮泰吉（贵州省威宁彝族回族苗族自治县）、傣剧（云南省德宏傣族景颇族自治州）。

在曲艺方面，有傣族章哈（云南省西双版纳傣族自治州）、布依族八音坐唱（贵州省兴义市）。

在民间美术方面，有纳西族东巴画（云南省丽江市）、藏族唐卡（四川省甘孜藏族自治州等）、苗绣（贵州省雷山县、贵阳市、剑河县）、水族马尾绣（贵州省三都水族自治县）。

在传统手工技艺方面，有傣族慢轮制陶技艺（云南省西双版纳傣族自治州）、苗族蜡染技艺（贵州省丹寨县）、白族扎染技艺（云南省大理市）、苗寨吊脚楼营造技艺（贵州省雷山县）、苗族芦笙制作技艺（贵州省雷山县、云南省大关县）、玉屏箫笛制作技艺（贵州省玉屏侗族自治县）、苗族银饰锻制技艺（贵州省雷山县等）、阿昌族户撒刀锻制技艺（云南省陇川县）、傣族纳西族手工造纸技艺（云南省临沧市、香格里拉县）、德格印经院藏族雕版印刷技艺（四川省德格县）。

在传统医药方面，有藏医药（四川省甘孜藏族自治州等）。

在民俗方面，有傣族泼水节（云南省西双版纳傣族自治州）、彝族火把节（四川省凉山彝族自治州、云南省楚雄彝族自治州）、景颇族目瑙纵歌（云南省陇川县）、羌族瓦尔俄足节（四川省阿坝藏族羌族自治州）、苗族鼓藏节（贵州省雷山县）、水族端节（贵州省三都水族自治县）、布依族查白歌节（贵州省）、苗族姊妹节（贵州省台江县）、独龙族卡雀哇节（云南省贡山独龙族怒族自治县）、怒族仙女节（云南省贡山独龙族怒族自治县）、侗族萨玛节（贵州省榕江县）、仡佬毛龙节（贵州省石阡县）、傈僳族刀杆节（云南省泸水县）、白族绕三灵（云南省大理白族自治州）。此外，还有苗族服饰（云南省保山市昌宁县苗族服饰）、水书习俗（贵州省黔南苗族布依族自治州）。

2008年6月7日，国务院公布的第二批国家级《非物质文化遗产名录》中，西南三省少数民族的非物质文化遗产入选者如下：

在民间文学方面，有仰阿莎（贵州省黔东南苗族侗族自治州）、布依族盘歌（贵州省盘县）、梅葛（云南省楚雄彝族自治州）、查姆（云南省双柏县）、达古达楞格莱标（云南省德宏傣族景颇族自治州）、哈尼哈吧（云南省元阳县）、召树屯与喃木诺娜（云南省西双版纳傣族自治州）、珠郎娘美（贵州省榕江县、从江县）、司岗里（云南省沧源佤族自治县）、彝族克智（四川省美姑县）、苗族贾理（贵州省黔东南苗族侗族自治州）。

在传统音乐即民间音乐方面，有南坪曲子（四川省九寨沟县）、姚安坝子腔（云南省姚安县）、制作号子（四川省邛崃市竹麻号子）、布依族民歌（贵州省惠水县好花红调）、彝族民歌（云南省武定县彝族酒歌）、布朗族民歌（云南省勐海县布朗族弹唱）、藏族民歌（四川省甘孜藏族自治州等）、洞经音乐（四川省梓潼县文昌洞经古乐、妙善学，云南省通海县女子洞经音乐）、芦笙音乐（贵州省丹寨县）、布依族勒尤（贵州省贞丰县、兴义市、镇宁布依族苗族自治县）、口弦音乐（四川省布拖县）。

在传统舞蹈即民间舞蹈方面，有翻山铰子（四川省平昌县）、傣族象脚鼓舞（云南省潞西市——现芒市、西双版纳傣族自治州）、羌族羊皮鼓舞（四川省汶川县）、毛南族打猴鼓舞（贵州省平塘县）、瑶族猴鼓舞（贵州省荔波县）、得荣学羌（四川省得荣县）、甲搓（四川省盐源县）、博巴森根（四川省理县）、彝族铃铛舞（贵州省赫章县）、彝族打歌（云南省巍山彝族回族自治县）、彝族跳菜（云南省南涧彝族自治县）、彝族老虎笙（云南省双柏县）、彝族左脚舞（云南省牟定县）、乐作舞（云南省红河县）、彝族三弦舞（云南省弥勒县、石林彝族自治县阿细跳月、撒尼大三弦）、纳西族热美蹉（云南省丽江市古城区）、布朗族蜂桶鼓舞（云南省双江拉祜族佤族布朗族傣族自治县）、普米族搓蹉（云南省兰坪白族普米族自治县）、拉祜族芦笙舞（云南省澜沧拉祜族自治县）。

在传统戏剧方面，有佤族清戏（云南省腾冲县）、彝剧（云南省大姚县）、白剧（云南省大理白族自治州）。

在传统美术即民间美术方面，有藏文书法（四川省德格县德格藏文书法）、羌族刺绣（四川省汶川县）、彝族（撒尼）刺绣（云南省石林彝族自治县）、建筑彩绘（云南省大理市白族民居彩绘）。

在传统手工技艺方面，有藏族黑陶烧制技艺（云南省迪庆藏族自治州）、建水紫陶烧制技艺（云南省建水县）、牙舟陶器烧制技艺（贵州省平塘县）、荥经砂器烧制技艺（四川省荥经县）、毛纺织及擀制技艺（四川省昭觉县、色达县）、苗族织锦技艺（贵州省麻江县、雷山县）、傣族织锦技艺（云南省西双版纳傣族自治州）、枫香印染技艺（贵州省惠水县、麻江县）、斑铜制作技艺

（云南省曲靖市）、藏族金属锻造技艺（四川省白玉县）、成都银花丝制作技艺（四川省成都市青羊区）、彝族漆器髹饰技艺（四川省喜德县、贵州省大方县）、伞制作技艺（四川省泸州市江阳区）、贝叶经制作技艺（云南省西双版纳傣族自治州）、普洱茶制作技艺（云南省宁洱县、勐海县贡茶制作技艺、大益茶制作技艺）、千两茶制作技艺（四川省雅安市）、豆瓣传统制作技艺（四川省郫县豆瓣传统制作技艺）、豆豉酿制技艺（四川省三台县潼川豆豉酿制技艺）、藏族碉楼营造技艺（四川省丹巴县）。

在传统医药方面，有瑶族医药（贵州省从江县药浴疗法）、苗医药（贵州省雷山县、黔东南苗族侗族自治州骨伤蛇伤疗法、九节茶药制作工艺）、侗医药（贵州省黔东南苗族侗族自治州过路黄药制作工艺）。

在民俗方面，有苗族独木龙舟节（贵州省台江县）、苗族跳花节（贵州省安顺市）、德昂族浇花节（云南省德宏傣族景颇族自治州）、江孜达玛节（西藏自治区江孜县）、灯会（四川省自贡市自贡灯会）、羌年（四川省茂县、汶川县、理县、北川羌族自治县）、苗年（贵州省丹寨县、雷山县）、三汇彩亭会（四川省渠县）、石宝山歌会（云南省剑川县）、大理三月街（云南省大理市）。

入选《第一批国家级非物质文化遗产扩展名录》的有：

在传统音乐即民间音乐方面，有薅草锣鼓（四川省宣汉县川东土家族薅草锣鼓）、侗族大歌（贵州省从江县、榕江县）、多声部民歌（羌族多声部民歌、硗碛多声部民歌、苗族多声部民歌）（四川省松潘县、雅安市，贵州省台江县、剑河县）。

在传统舞蹈即民间舞蹈方面，有锅庄舞（四川省石渠县、雅江县、新龙县、德格县、金川县）、苗族芦笙舞（贵州省雷山县、关岭布依族苗族自治县、榕江县、水城县）、铜鼓舞（贵州省雷山苗族铜鼓舞）。

在传统戏剧方面，有花灯戏（贵州省独山县、云南省花灯剧团、弥渡县、姚安县、元谋县)、藏戏 (四川省德格县、巴塘县、色达县德格格萨尔藏戏、巴塘藏戏、色达藏戏)、壮剧 (云南省文山壮族苗族自治州)、傩戏 (贵州省道真仡佬族苗族自治县仡佬族傩戏)。

在传统美术即民间美术方面,有苗绣 (贵州省凯里市)、竹刻 (四川省江安县江安竹簧)、泥塑 (四川省大英县徐氏泥彩塑、贵州省黄平县苗族泥哨)、竹编 (四川省渠县刘氏竹编、青神县青神竹编、邛崃市瓷胎竹编)。

在传统技艺即传统手工技艺方面,蜡染技艺 (贵州省安顺市)、扎染技艺 (四川省自贡市自贡扎染技艺)、侗族木构建筑营造技艺 (贵州省黎平县、从江县)、银饰制作技艺 (贵州省黄平县苗族银饰制作技艺、四川省布拖县彝族银饰制作技艺)。

在民俗方面,有傣族泼水节 (云南省德宏傣族景颇族自治州)、侗族萨玛节 (贵州省黎平县)、苗族服饰 (贵州省桐梓县、安顺市西秀区、关岭布依族苗族自治县、纳雍县、剑河县、台江县、榕江县、六盘水市六枝特区、丹寨县)。

这些被列入国家《非物质文化遗产名录》的民族文化,受到各级地方政府的高度重视,并投入一定的资金进行保护,这对民族文化的保护起到了十分重要的作用。

4. 西南民族文化的法律保护

现代社会是法制社会,民族文化保护作为社会活动的一部分,不能没有法律手段。目前西南民族文化在法律保护方面,主要体现在与民族文化有关的文物和历史文化名城的保护方面。西南少数民族中的许多文物被列为国家、省、县 (市) 级保护文物而得到很好的保护。如云南省普洱市的《民族团结誓词碑》被列入国家级保护文物;白族聚居的大理、纳西族聚居的丽江被列入国家级历史文化名城。通过法律手段,这些具有民族特色的文物和城市都得到了比较好的保护。

与此同时,还要通过立法来切实加强对民族文化资源的保护与管理。如云南省颁布了《云南省民族民间传统文化保护条例》。丽江各级人大、政府制定颁布了《丽江历史文化名城保护规划》、《丽江纳西族自治县古城保护建设管理暂行办法》、《云南省丽江历史文化名城保护管理条例》、《大研镇古城区消防安全管理办法》、《丽江纳西族自治县东巴文化保护条例》等一批法规，使古城保护有法可依。①

在贵州，2003 年 1 月 1 日也开始实施《贵州省民族民间文化保护条例》。在四川，制定了如《北川羌族自治县非物质文化遗产保护条例》等法律法规。

随着更多的法律手段的介入，西南民族文化会保护得更好。

三、西南民族文化的开发

对民族文化不能只是为保护而保护，保护不是目的，保护是为了开发和利用。因此，对西南民族文化不能只是单纯地保护，还必须与民族文化的开发相结合，以保护促开发，以开发促保护，这样才能形成民族文化保护和开发的良性循环。

当然，也不能只为了开发和利用而保护。民族文化的开发和利用会有一定的时代性，开发和利用是一个持续不断的过程。如果只从眼前的开发、利用的角度来保护，一定会把许多有价值但当前价值不大的民族文化丢失。因此，民族文化的保护是一个系统工程，不能只保护对当前有用的部分。只要是对社会没有危害的内容，都可以列入保护的范围。

目前对民族文化的开发，主要有三种：

第一，将民族文化开发为文化产业，努力推出一批具有浓郁民族特色和地方特色的民族文化精品。这方面，主要有以下两种形式：

---

① 李锐：《论云南民族文化资源的保护与开发》，载《云南行政学院学报》2004 年第 2 期。

一种是把少数民族音乐、舞蹈通过加工，搬上舞台，以舞台演出的方式展现出来。这方面，影响最大的就是杨丽萍领衔的《云南映象》。其他成功的事例也比较多，如贵州的《多彩贵州风》、丽江歌舞团推出的《丽水金沙》等。在四川，如甘孜、凉山州歌舞团和一些民营演艺机构相继推出了《康定情歌》、《火图腾》、《甘嫫阿妞》、《天地吉祥》、《藏秘》、《羌风》等一大批民族品牌歌舞节目，其中《天地吉祥》登上了 2009 年春晚的舞台，在全国引起极大反响。《康定情歌》摘得第三届全国少数民族文艺会演创作金奖。《藏秘》每年在全国巡回演出并赢得很高声誉。

另一种是把少数民族文化中的某个内容或几个内容通过加工，拍摄、制作成电影、电视，从而展现给观众，如《婼玛的十七岁》、《花腰新娘》、《茶马古道》等。

第二，将民族文化引入观光旅游，使自然景观与人文景观或人文内涵相结合，同样会产生经济价值。在这方面，云南省在西南三省中是做得比较好的。比较早的是"云南民族村"的开发，从 20 世纪 80 年代就开始。后来就比较多了，如西双版纳的"傣族园"、楚雄的"彝族十月太阳历文化园"，等等。其实，西南不少旅游线路都离不开浓郁的民族文化，如云南的丽江、大理、香格里拉，四川的九寨沟，黔南和黔东南的一些旅游线路等。从目前来看，把民族文化与旅游观光相结合进行开发，是比较成功的经验。

第三，"文化搭台经济唱戏"，搞一些民族文化节日。通过政府举办一些宏大的民族节日来对民族文化进行开发，这也是比较成功的。如彝族、白族的"火把节"、傣族的"泼水节"、佤族的"木鼓节"、景颇族的"目瑙纵歌节"等等。通过举办这些民族节日，既弘扬了民族文化，也吸引了大量游客前来观光旅游，还可以借此机会宣传民族地区，扩大招商引资的力度。

目前，西南民族文化开发取得了很大成绩，不过也存在一些问题：

第一，民族文化的开发过程中没有很好地处理好文化资源开发与创造文化的主体——少数民族群众的经济利益问题。在不少以少数民族文化为依托的景区、景点开发过程中，少数民族群众往往被边缘化，他们的经济利益没有随着景区、景点的发展而不断得到提高，甚至一些景区、景点的规划还损害了当地少数民族群众的利益。

第二，民族文化开发存在一定程度的过滥问题。在一些地方，民族文化开发的目的是为了获取更多的经济效益。而民族文化产品与一般的日常生活用品不一样，并不是每一个人都必须消费的。所以，在民族文化产品的开发中，一定要进行挑选，开发精品，这样的民族文化产品才会经得起考验，才会有更多的消费群体。

第三，民族文化的开发存在一些短视行为。在一些民族文化开发过程中，重物质方面的多，而对其精神方面的内容，往往比较忽略。

第四，对民族文化产业化的期望值过高。民族文化的保护和开发，最大的受益者应该是当地的少数民族，而不是外来游客。通过民族文化的保护与开发，最重要的是促进当地社会和谐发展，提高人们的精神生活。但现实面前，开发者往往期望通过民族文化的产业化发展，推动当地经济的快速发展，有的地区甚至要把并不典型、特色不鲜明的民族文化打造成支柱产业，从长远来看，这是不符合经济发展规律的。即使是在民族文化旅游比较发达的地区，民族文化旅游也只应该成为重要的支柱之一，应该走产业多元化的发展方向。这样才能更好地推动民族文化的保护与开发。

主要参考文献

一、主要著作

1. 军事科学院军事历史研究部：《中国人民解放军战史·全国解放战争时期》（第三卷），军事科学出版社，1987 年。

2. 温贤美：《四川通史》（第七册），四川大学出版社，1994 年。

3. 中国人民政治协商会议贵州省委员会文史资料研究委员会：《贵州文史资料选辑》第十一辑，贵州人民出版社，1982 年。

4. 中华人民共和国地方简史丛书：《当代云南简史》，当代中国出版社，2004 年。

5. 郎维伟：《邓小平与西南少数民族——在主持西南局工作的日子里》，四川人民出版社，2004 年。

6. 《贵州通史》编委会：《贵州通史》（第五卷），当代中国出版社，2003 年。

7. 中国人民政治协商会议贵州省委员会文史资料研究委员会：《贵州文史资料选辑》第九辑，贵州人民出版社，1981 年。

8. 杨超等：《当代四川简史》，当代中国出版社，1997 年。

9. 《当代云南景颇族简史》编辑委员会：《当代云南景颇族简史》，云南人民出版社，2010 年。

10. 《当代中国的云南》编委会：《当代中国的云南》（上、下册），当代中国出版社，1991 年。

11. 《民族政策文献汇编》，人民出版社，1953 年。

12. 中共中央文献研究室、中共重庆市委员会：《邓小平西南工作文集》，中央文献出版社、重庆出版社，2006 年。

13. 金炳镐：《民族纲领政策文献选编》（第二编），中央民族大学出版社，2006 年。

14. 张尔驹：《中国民族区域自治史纲》，民族出版社，1995 年。

15. 王连芳等：《马克思主义民族理论与中国解决民族问题的实践》，云南人民出版社，1996 年。

16. 中央文献研究室：《建国以来重要文献选编》（第一册），中央文献出版社，1992 年。

17. 云南省民族事务委员会：《云南民族工作大事记：1949 ~ 2007》，云南民族出版社，2008 年。

18.《云南民族工作 40 年》编写组：《云南民族工作 40 年》，云南民族出版社，1994 年。

19. 贵州省民族事务委员会：《贵州民族工作五十年》，贵州民族出版社，1999 年。

20. 贵州民族事务委员会：《贵州少数民族飞跃发展的十年》，贵州人民出版社，1960 年。

21. 梁文英：《民族问题理论在实践中的检验》，民族出版社，1999 年。

22.《邓小平主政大西南的历史经验：重庆市纪念邓小平同志诞辰 100 周年文集》，重庆出版社，2006 年。

23. 张尔驹：《中国民族区域自治的理论和实践》，中国社会科学出版社，1988 年。

24.《黔东南苗族侗族自治州概况》修订本编写组：《黔东南苗族侗族自治州概况》，民族出版社，2008 年。

25. 曲木车和：《四川民族工作 50 年》，四川民族出版社，2004 年。

26. 国家民委民族问题研究中心：《中国民族自治地方发展评

估报告》，民族出版社，2006 年。

27. 《黔西南布依族苗族自治州概况》修订本编写组：《黔西南布依族苗族自治州概况》，民族出版社，2007 年。

28. 沈林、李红杰等：《散杂居民族工作概论》，民族出版社，2001 年。

29. 四川省民族研究所：《四川少数民族人口研究》，四川民族出版社，1991 年。

30. 严天华：《贵州少数民族人口发展与问题研究》，中国人口出版社，1996 年。

31. 王川：《西康地区近代社会研究》，人民出版社，2009 年。

32. 四川省地方志编纂委员会：《四川省志·民族志》（上册），四川人民出版社，2000 年。

33. 《凉山彝族自治州概况》编写组：《凉山彝族自治州概况》，四川民族出版社，1985 年。

34. 《中国民族年鉴》，2006 年。

35. 金炳镐：《中国民族自治州的民族关系》，中央民族大学出版社，2006 年。

36. 贵州省地方志编纂委员会：《贵州省志·地理志》，贵州人民出版社，1985 年。

37. 云南省地方志编纂委员会：《云南省志》卷十七《政府志》，云南人民出版社，2001 年。

38. 西双版纳傣族自治州地方志编纂委员会：《西双版纳傣族自治州志》（上册），新华出版社，2002 年。

39. 文山壮族苗族自治州地方志编纂委员会：《文山壮族苗族自治州志》（第四卷），云南人民出版社，2001 年。

40. 迪庆藏族自治州地方志编纂委员会：《迪庆藏族自治州志》，云南民族出版社，2003 年。

41. 红河哈尼族彝族自治州志编纂委员会：《红河州志》（第

一卷），生活·读书·新知三联书店，1997 年。

42. 金炳镐：《民族纲领政策文献选编》（第二编），中央民族大学出版社，2006 年。

43. 中共云南省委党史研究室：《云南土地改革回忆录》，云南民族出版社，2008 年。

44. 秦和平、冉琳闻：《四川民族地区民主改革大事记》，民族出版社，2007 年。

45. 民族出版社：《十年民族工作成就 1949～1959》（上册），民族出版社，1959 年。

46. 民族出版社：《十年民族工作成就 1949～1959》（下册），民族出版社，1960 年。

47. 云南省宁蒗彝族自治县志编纂委员会：《宁蒗彝族自治县志》，云南民族出版社，1993 年。

48. 中共西盟县委党史研究室：《中国共产党西盟佤族自治县历史大事记》，思新出（2007）准印字 6 号，2007 年。

49. 《民族问题五种丛书》云南省编辑委员会：《佤族社会历史调查》，云南人民出版社，1983 年。

50. 王希恩：《当代中国民族问题解析》，民族出版社，2002 年。

51. 云南省编辑组：《中央访问团第二分团云南民族情况汇集》（上册），云南民族出版社，1986 年。

52. 云南省编辑组：《中央访问团第二分团云南民族情况汇集》（下册），云南民族出版社，1986 年。

53. 中共安顺地委党史资料征集办公室：《解放初期的安顺 1949—1956》。

54. 中共大方县委党史资料征集研究委员会办公室：《大方党史资料》第一辑《大方解放初期的斗争》。

55. 宋蜀华、满都尔图：《中国民族学五十年》，人民出版社，2004 年。

56. 《布朗族简史》修订本编写组：《布朗族简史》，民族出版社，2008 年。

57. 中共中央党史研究室科研管理部、国家民族事务委员会民族问题研究中心：《中国共产党民族工作历史经验研究》，中共党史出版社，2009 年。

58. 黄光学、施联朱：《中国的民族识别——56 个民族的来历》，民族出版社，2005 年。

59. 《费孝通社会学文集：民族与社会》，天津人民出版社，1981 年。

60. 贵州省地方志编纂委员会：《贵州省志·大事记》，人民出版社，2007 年。

61. 《当代中国的民族工作》（上册），当代中国出版社，1993 年。

62. 熊锡元：《民族理论基础》，民族出版社，1989 年。

63. 云南省编辑组：《云南少数民族社会历史调查资料汇编》（三），云南人民出版社，1987 年。

64. 贵州省地方志编纂委员会：《贵州省志·民族志》（上、下册），贵州民族出版社，2002 年。

65. 昭通市民族宗教事务局：《昭通少数民族志》，云南民族出版社，2006 年。

66. 保山市民族宗教事务局：《保山市少数民族志》，云南民族出版社，2006 年。

67. 峨山彝族自治县志编纂委员会：《峨山彝族自治县志》，中华书局，2001 年。

68. 云南省地方志编纂委员会：《云南省志》卷六十一《民族志》，云南人民出版社，2002 年。

69. 红河哈尼族彝族自治州志编纂委员会：《红河州志》，生活·读书·新知三联书店，1997 年。

70. 中共贵州省委教育工作委员会、贵州省教育厅：《贵州省情教程》，清华大学出版社，2007 年。

71. 唐承德：《建国五十年的贵州史学论文集〈贵州近现代史研究文集〉之七》。

72. 《北川羌族自治县概况》编写组：《四川北川羌族自治县概况》，民族出版社，2009 年。

73. 西双版纳傣族自治州民族宗教事务局：《西双版纳傣族自治州民族宗教志》，云南民族出版社，2006 年。

74. 郝时远：《田野调查实录：民族调查回忆》，社会科学文献出版社，1999 年。

75. 贵州省政协文史资料研究委员会、贵州省军区党史资料征集办公室：《贵州文史资料选辑》第十六辑，贵州人民出版社，1984 年。

76. 云南省编辑组：《云南彝族社会历史调查》，云南人民出版社，1986 年。

77. 四川省编写组：《四川省凉山彝族社会历史调查》，四川省社会科学院出版社，1985 年。

78. 马长寿主编、李绍明整理：《凉山美姑九口乡社会历史调查》，民族出版社，2008 年。

79. 四川省编辑组：《羌族社会历史调查》，民族出版社，2009 年。

80. 四川省编辑组：《四川省纳西族社会历史调查》，民族出版社，2009 年。

81. 云南省统计局：《云南统计年鉴》（2001），中国统计出版社，2001 年。

82. 四川省地方志编纂委员会：《四川省志·民族志》，四川人民出版社，2000 年。

83. 郎维伟：《四川苗族社会与文化》，四川民族出版社，1997 年。

84. 国家民族事务委员会：《中国共产党关于民族问题的基本

观点和政策》，民族出版社，2002 年。

85. 国家民族事务委员会研究室：《新中国民族工作十讲》，民族出版社，2006 年。

86. 刘先照：《论社会主义民族关系》，民族出版社，1991 年。

87. 王敬骝：《佤山纪事》，云南民族出版社，2007 年。

88. 周恩来：《关于我国民族政策的几个问题》，四川民族出版社，1980 年。

89. 马克思、恩格斯：《共产党宣言》，人民出版社，1997 年。

90. 康定民族师专编写组：《甘孜藏族自治州民族志》，当代中国出版社，1994 年。

91. 四川省普格县志编纂委员会：《普格县志》，四川大学出版社，1992 年。

92. 《攀枝花市志》编纂委员会：《攀枝花市志》，四川科学技术出版社，1994 年。

93. 唐西民：《云南省南部傣族自治区介绍：美丽丰饶的西双版纳》，新知识出版社，1954 年。

94. 李宗汉：《沧源佤族自治县民政志》，云南民族出版社，2006 年。

95. 中国人民政治协商会议迪庆藏族自治州委员会文史资料研究委员会：《迪庆州文史资料选辑》第 3 辑，1990 年。

96. 张敏：《砚山县志》，云南人民出版社，2000 年。

97. 《景东彝族自治县概况》编写组：《景东彝族自治县概况》，云南民族出版社，1990 年。

98. 《紫云苗族布依族自治县概况》编写组：《紫云苗族布依族自治县概况》，贵州民族出版社，1985 年。

99. 中共黔南州委党史研究史：《中国黔南州历史大事记1930—1989》，1996 年。

100. 中国黔东南州委党史研究室：《黔东南的土地改革》，1992 年。

101. 《甘孜藏族自治州概况》编写组：《甘孜藏族自治州概况》，四川民族出版社，1986 年。

102. 阿坝藏族羌族自治州地方志编纂委员会：《阿坝州志》，四川民族出版社，1994 年。

103. 楚雄彝族自治州地方志编纂委员会：《楚雄彝族自治州志》（第一卷），人民出版社，1993 年。

104. 西双版纳傣族自治州地方志编纂委员会：《西双版纳傣族自治州》（上、中、下册），新华出版社，2002 年。

105. 周域：《云南民族工作四十年研究》，云南人民出版社，1991 年。

106. 高发元：《当代云南回族简史》，云南人民出版社，2009 年。

107. 张锡盛等：《民族区域自治在云南的实践》，云南大学出版社，2001 年。

108. 郭家骥：《云南的民族团结与边疆稳定》，民族出版社，1997 年。

109. 金炳镐：《中国共产党民族政策发展史》，中央民族大学出版社，2006 年。

110. 黄淳：《当代云南蒙古族简史》，云南人民出版社 2009 年。

111. 云南少数民族语文指导工作委员会：《云南省志》卷五十九《少数民族语言文字志》，云南人民出版社，1998 年。

112. 段志洪、徐学初：《四川农村 60 年经济结构之变迁》，巴蜀书社，2009 年。

113. 马志敏：《中国共产党云南民族工作研究》，博士学位论文，中央民族大学，2006 年。

114. 毛泽东：《毛泽东选集》第 5 卷，人民出版社，

1977 年。

115. 国家民族事务委员会政策研究室：《中国共产党主要领导人论民族问题》，民族出版社，1994 年。

116. 云南省民族事务委员会、云南省统计局：《云南民族地区"十五"经济社会发展文献》，云南民族出版社，2006 年。

117. 沈林：《中国的民族乡》，民族出版社，2001 年。

118. 陆大道等：《中国区域发展的理论与实践》，科学出版社，2003 年。

119. 中共宁夏回族自治区委员会党史研究室：《中国共产党与少数民族地区的改革开放》（上册），中共党史出版社，2001 年。

120. 张跃、何明：《中国少数民族农村 30 年变迁》（上），民族出版社，2009 年。

121. 新平彝族傣族自治县志编纂委员会：《新平县志》，生活·读书·新知三联书店，1993 年。

122. 中央文献研究室：《建国以来重要文献选编》（第五册），中央文献出版社，1993 年。

123. 周大鸣、马建钊：《城市化进程中的民族问题研究》，民族出版社，2005 年。

124. 潘盛之：《旅游民族学》，贵州民族出版社，1997 年。

125. 吴仕民：《民族问题与中国的发展》，学习出版社，2000 年。

126. 张保华：《云南民族文化概论》，中国社会科学出版社，2005 年。

127. 费孝通：《乡土中国》，江苏文艺出版社，2007 年。

128. 施惟达、段炳昌等：《云南民族文化概说》，云南大学出版社，2004 年。

129. 黄泽：《西南民族节日文化》，云南教育出版社，1995 年。

130. 管彦波：《中国西南民族社会生活史》，黑龙江人民出版社，2005 年。

131. 郑杭生：《民族社会学概论》，中国人民大学出版社，2005 年。

132. 王绍周：《中国民族建筑》（第一卷），江苏科学技术出版社，1998 年。

133. 《白族简史》修订本编写组：《白族简史》，民族出版社，2008 年。

134. 文山壮族苗族自治州苗学发展研究会：《文山苗族》，云南民族出版社，2008 年。

135. 《苗族简史》修订本编写组：《苗族简史》，民族出版社，2008 年。

136. 田继周、罗之基：《佤族》，民族出版社，1996 年。

137. 《佤族简史》修订本编写组：《佤族简史》，民族出版社，2008 年。

138. 《德昂族简史》修订本编写组：《德昂族简史》，民族出版社，2008 年。

139. 《布朗族简史》修订本编写组：《布朗族简史》，民族出版社，2008 年。

140. 郭大烈：《云南民族传统文化变迁研究》，云南大学出版社，1997 年。

141. 国家民族事务委员会文化宣传司等：《中国少数民族文化发展报告》（2008），民族出版社，2009 年。

142. 欧杜：《西南大剿匪》，国防大学出版社，1997 年。

143. 张永泉：《中国土地改革史》，武汉大学出版社，1985 年。

144. 吴辅佐：《世纪大征战：挺进西南》（二野卷），长征出版社，2000 年。

145. 中央人民政府民族事务委员会：《中国少数民族地区旧

有政制简况》，1951 年。

146.《戍边五十年》编写组：《戍边五十年：纪念中国人民解放军第四兵团进军云南暨云南解放五十周年》，云南人民出版社，2002 年。

二、主要论文

1. 李锐：《论云南民族文化资源的保护与开发》，《云南行政学院学报》2004 年第 2 期。

2. 沈林：《城市，如何让少数民族生活得更美好》，《中国民族报》2010 年 12 月 17 日。

3. 张光雄、吴海燕：《云南民族杂居地区的民族关系及其发展》，《云南民族大学学报》（哲学社会科学版）2008 年第 6 期。

4. 温军：《中国少数民族经济政策的演变与启示》，《贵州民族研究》2001 年第 2 期。

5. 杨荆楚：《论改革开放中汉族和少数民族的关系问题》，《云南省社会科学》1993 年第 1 期。

6.《"输血"与"造血"结合 浙江东西扶贫协作走出新路》，《浙江日报》2006 年 12 月 27 日。

7. 邹渠：《浙江省对口帮扶四川省甘孜、阿坝、凉山 32 个藏区县》，《四川日报》2012 年 2 月 13 日。

8.《宁波对口帮扶普安贫困群众加快脱贫致富步伐》，《黔西南日报》2007 年 6 月 12 日。

9. 周竞红：《论社会主义市场经济条件下民族关系的新格局》，《满族研究》2001 年第 2 期。

10.《民族团结薪火相传 敢为人先再创辉煌——西南民族大学建校六十周年实录》，《四川日报》2011 年 5 月 31 日。

11. 赵廷光：《合作化时期富宁瑶族退社问题研究》，《当代云南史资料》2007 年第 1 期。

12. 沈其荣、杜国林：《略论社会主义时期云南的民族关系》，《思想战线》1984 年第 1 期。

13. 胡鸿保、张丽梅：《民族识别原则的变化与民族人口》，《西南民族大学学报》（人文社科版）2009 年第 4 期。

14. 严奇岩：《贵州未识别民族人口的分布特点和历史成因》，《民办教育研究》2009 年第 2 期。

15. 朱森全：《中国有哪些尚待识别的民族》，《四川统一战线》2008 年第 10 期。

16. 赵永忠：《改革开放以来民族识别对贵州民族区域自治的推动》，《黔南民族师范学院学报》2010 年第 1 期。

17. 庞继光：《云南省政府批复：莽人、克木人归属布朗族》，《都市时报》2009 年 5 月 12 日。

18. 赵永忠：《从自治区的设置过程看民族区域自治在西藏得以实现的条件》，《西藏民族学院学报》2009 年第 4 期。

19. 伍湛：《川东南部分群众要求更正民族成分和实行民族区域自治的调查》，《伍湛民族学术论集》，四川民族出版社 1999 年版。

20. 王文光：《中国西南民族史研究的回顾与展望》，中国史学会、云南大学编《21 世纪中国历史学展望》，中国社会科学出版社 2003 年版。

21. 王海光：《征粮、民变与"匪乱"——以中共建政初期的贵州为中心》，华东师范大学中国当代史研究中心编《中国当代史研究》第 1 辑，2009 年 4 月。

22. 徐晓萍：《当代中国民族关系的演进与调适》，《中央社会主义学院学报》2006 年第 1 期。

后 记

　　本书为云南大学"211 工程"三期重点项目"西南边疆史与中国边疆学"子项目"中国西南边疆史"课题的研究成果。

　　西南作为多民族边疆地区，一直受到专家学者的高度关注，研究成果颇多。其中，关于西南古代民族部分的研究成果最多，成就最大。近现代部分的研究成果也越来越多。当代西南民族史方面的成果，也很多。有的以某个民族为研究对象，有的以某个地区为研究对象，有的以某个阶段为研究对象。这些研究，把当代西南民族史的研究不断推向深入。但由于多方面的原因，把当代西南民族发展的历史作一个整体上的研究的成果还不多。因此，本书是在许多专家学者研究的基础上，对当代西南民族发展的历史作一个整体研究的尝试。

　　由于当代西南各民族发展变化巨大，所涉及面广，所以本书没有对所有与当代西南民族发展有关的内容都展开研究，只对与当代西南各民族紧密相关的重大问题进行研究。特别是在经济方面，新中国成立以来，西南各民族地区的经济发生了翻天覆地的变化，但由于经济方面涉及面实在太广，而且许多经济领域主要是地方经济，而非民族经济，所以本书对经济方面的具体内容涉及不多，只是从总体上给予一定的关注。这也是本书的一大不足之处。

　　本书在写作过程中，恩师王文光教授给我以巨大支持。在资料收集、内容结构等诸多方面，恩师都给了我许多指导。没有恩师的鼎力相助，本书是不可能完成的。

　　在本书的写作和出版过程中，得到了云南大学"211 工程"三期重点项目"西南边疆史与中国边疆学"的大力支持，得到了林文勋、吴晓亮教授等的关心和帮助。还得到了云南大学出版社的大力支持。总之，本书的完成，不是我一个人的功劳，是许多前辈大力支持的结果。在此，对所有为本书提供帮助的人和单位一并表示我深深的谢意。

　　由于时间仓促和本人水平有限，本书在许多方面还存在不足之处，敬请前辈和相关专家学者批评指正。

作　者

2012 年 6 月